LAÇOS QUE NÃO SE ROMPEM

Laços que não se rompem

Psicografia de
SULAMITA SANTOS

Pelo espírito
MARGARIDA DA CUNHA

LÚMEN
EDITORIAL

Laços que não se rompem
pelo espírito Margarida da Cunha
psicografia de Sulamita Santos
Copyright @ 2011-2022 by
Lúmen Editorial Ltda.

8ª edição – Janeiro de 2022

Coordenação editorial: *Ronaldo A. Sperdutti*
Assistente editorial: *Fernanda Rizzo Sanchez*
Revisão: *Alessandra Miranda de Sá*
Projeto gráfico e arte da capa: *Ricardo Brito / Designdolivro.com*
Imagens da capa: *Juanmonino e Amelia Takacs / iStockphoto e Dreamstime*
Impressão e acabamento: *AR Fernandez Gráfica*

Dados Internacionais de Catalogação na Publicação (CIP)
(Câmara Brasileira do Livro, SP, Brasil)

Cunha, Margarida da (Espírito).
 Laços que não se rompem / pelo espírito Margarida da Cunha ; psicografia
de Sulamita Santos. – São Paulo : Lúmen Editorial, 2011.

 ISBN 978-85-7813-042-8

 1. Espiritismo 2. Psicografia 3. Romance espírita I. Santos, Sulamita.
 II. Título.

11-02885   CDD-133.93

Índice para catálogo sistemático:
 1. Romances espíritas psicografados : Espiritismo   133.93

LÚMEN
EDITORIAL

Av. Porto Ferreira, 1031 | Parque Iracema
CEP 15809-020 | Catanduva-SP
17 3531.4444

www.**lumeneditorial**.com.br | www.**boanova**.net
atendimento@lumeneditorial.com.br | boanova@boanova.net

Impresso no Brasil – *Printed in Brazil*
8-1-22-1.000-12.631

SUMÁRIO

Família Cunha, **7**

Reencontro, **23**

Vida Nova, **34**

O Perdão É um Bálsamo, **49**

Revolta, **62**

Liberdade, **76**

Conhecendo José, **89**

A História de José, **107**

Fuga, **133**

Traição, **146**

Ciúmes, **161**

Plano Espiritual, **177**

O Retorno, **179**

Adeus, **189**

Negócios, **202**

Progresso, **210**

Reunião, **219**

Amanhecer, **233**

Doença, **239**

Boas-vindas, **257**

Respeito, **264**

Centro de Recuperação, **273**

A Visita, **281**

Entendimento, **293**

Tristeza, **305**

Ajuda, **324**

Descobertas, **337**

Paixão, **351**

Despertar, **370**

Amor, **389**

Desenlace, **405**

Reencontro, **414**

Abolição, **431**

Desistência, **449**

Oração e Fé, **466**

Divisão, **483**

Saudade, **494**

Família Cunha

$\mathcal{E}$ntardecia na fazenda Rio Claro. Tudo estava calmo e a paz reinava naquele lugar de extrema beleza. O dono da fazenda era o coronel Jacob, homem de princípios, justo e de caráter, cuja bondade chamava a atenção de todos os senhores das fazendas vizinhas, pois estes achavam que a maneira branda com que lidava com os escravos colocava os demais negros contra seus donos. A fazenda era muito bem-cuidada, cercada por um rio de águas límpidas.

Nos tempos do pai do coronel Jacob, coronel Alfredo, os negros eram tidos como seres miseráveis, apanhavam sem reclamar e aceitavam todas as imposições que o senhor tirano lhes impunha. Naquela época, a fazenda chamava-se São Sebastião. Depois da morte dos pais, o coronel Jacob rebatizou-a com o nome de Rio Claro, em homenagem ao rio que a circundava.

Na parte superior da fazenda ficava a bela casa com paredes alvas e janelas azuis. Seu estilo colonial demonstrava o poder econômico daquela família e o bom gosto da esposa do coronel Jacob, que havia morado em Paris por dois anos.

Logo à entrada havia uma escadaria que dava em uma grande varanda, emprestando à fachada conforto e beleza. Possuía inúmeros quartos, duas cozinhas, uma copa e uma sala enorme, em que o coronel Alfredo gostava de fazer suntuosas festas para impressionar os fazendeiros da região.

Em uma parte da grande sala havia uma mesa – que sempre estavam cobertas por uma grande toalha de renda branca trazida de Paris – e doze cadeiras. No centro da mesa, um vistoso vaso de cristal com flores, que a própria esposa do coronel Jacob fazia questão de colher.

Quando o coronel Alfredo faleceu, vítima de uma doença degenerativa, seu filho assumiu a fazenda. Havia quem comentasse que a doença surgiu por conta de uma bruxaria realizada pelos escravos em seus rituais religiosos.

Ao assumir a fazenda, o coronel Jacob desativou a senzala, onde os negros viviam como animais, pois o local facilitava a proliferação de doenças entre as crianças, devido à falta de higiene.

Como o número de negros aumentava, ele pediu que as famílias ficassem com a parte de baixo do rio e lá construíssem casas emparelhadas. Apesar de bondoso, ele não abria mão da higiene e, vez por outra, entrava nas casas para averiguar a limpeza.

Com as casas, os negros receberam um pedaço de terra, onde podiam plantar alimentos, além de terem um espaço para criarem porcos e galinhas.

As negras cuidavam das hortaliças, enquanto os homens aravam a terra.

Uma vez por mês, um boi era abatido e sua carne, dividida entre as famílias. O leite das vacas também era compartilhado, e podiam colher as frutas do pomar. Todos obedeciam à risca as ordens do coronel e a vida deles era bem tranquila.

Um dia, Jacob disse à Eleonora, sua esposa:

– Creio que cada um tem de fazer sua parte para evitar a violência. Desde que começou a escravidão no Brasil, os fazendeiros colocam capitães do mato para caçar e matar essas pobres criaturas, que não têm como se defender.

Eleonora, atrelada ao braço do marido, disse:

– Se os donos das fazendas tratassem os negros com dignidade, não haveria fuga em massa e os trabalhos renderiam a ponto de deixá-los ainda mais ricos.

– Tenho certeza de que seremos ainda mais bem-sucedidos com a safra deste ano. Percebi que os negros têm trabalhado mais felizes.

– Esse é um dos motivos pelos quais eu o amo, senhor meu marido.

Dona de uma beleza ímpar, ela mantinha um aspecto angelical, que cativava a todos; inclusive a outros fazendeiros, que, vez por outra, iam fazer reunião na casa do único coronel abolicionista da região.

❧❦

Embora Jacob fosse um homem de bom-senso, sentia no coração uma dor indefinida, afinal ele e Eleonora ainda não tinham um rebento que levasse o nome da família Cunha.

Certa feita, andando com seu cavalo alazão, ele olhou para suas terras e, com tristeza, pensou: "Por que ajuntar dinheiro se não há para quem deixar?". Com esse pensamento, resolveu conversar com Josino, um homem negro e velho, que trabalhara a vida inteira para o coronel Alfredo. Josino, ou Preto-Velho, como carinhosamente era conhecido pelos demais escravos, gostava muito de seu patrãozinho – era assim que costumava chamar Jacob, que lhe providenciava a comida vinda da casa-grande e roupas feitas pelas escravas.

– Boa tarde, Josino! Vim atrapalhar suas orações da tarde.

– Boa tarde! – respondeu o outro. – Eu sabia que o *sinhô* viria aqui hoje. Tem alguma coisa que o perturba. Conte-me, por favor. Está aborrecido e isso se nota em suas feições.

– Josino, mandei que Silvino lhe trouxesse o fumo, acaso já o entregou?

– Sim, *sinhô*! Silvino entregou-me hoje pela manhã e disse que vai trazer o jantar mais cedo.

– Silvino é aplicado e, por esse motivo, fiz questão de mantê-lo aqui, não como capitão do mato, mas como meu assistente.

– Não foi somente para saber se Silvino havia me entregado o fumo que o *sinhô* veio à minha tapera, não é?

– Não! Vim até aqui para conversar sobre outro assunto.

– Se algo o perturba, não acha que está na hora de falar?

— Bem, Josino, sinto-me preocupado, pois meu herdeiro nunca chega e estou perdendo as esperanças de ter um filho. Acredito que Eleonora tenha algum problema. Estou decidido a arranjar uma criança com outra mulher, porém, sabe como a amo. Tenho medo que, ao cometer esse ato, possa perder o amor dela. Vim até aqui para me aconselhar, pois você sempre foi meu amigo, desde que meu pai era o senhor destas terras.

— Gosto do patrãozinho desde que era moleque e, agora que é um adulto, jamais deixaria de lhe dar um bom conselho. Mas não pense em fazer determinada coisa somente para ter um herdeiro, pois nunca se esqueça de que o plantio é livre, mas a colheita é obrigatória. Pense em como dona Eleonora vai se sentir ao saber que o *sinhô* teve um filho com outra mulher! Logicamente ela duvidará de seu amor. O *sinhô*, para mim, é como um filho, a alma boa que tirou meus irmãos do sofrimento. Deus vê tudo de bom que o senhor faz. Não jogue fora todo o bem que praticou, pois, se assim o fizer, vai colher dor e sofrimento. Não se desespere, meu filho. Se ainda não teve um herdeiro foi porque não chegou a hora. Aprenda a confiar em Deus e nunca se esqueça de que não cai uma folha da árvore se Deus não permitir. Tenho fé em Deus que Ele logo vai lhe dar um rebento.

E, ao encarar a expressão entre dolorida e curiosa do coronel, prosseguiu:

— Deus há de olhar pelo *sinhô* e logo a *sinhá* vai trazer no ventre o filho que o senhor tanto espera. A dor da espera, meu filho, é cruel, mas Deus, muitas vezes, permite que isso aconteça para testar a nossa confiança Nele. Quando nos desesperamos, mostramo-nos como seres que não acreditam em nada, que não veem além das aparências! A vida é difícil, meu *sinhô*! É como espinho que acaba de machucar, mas vamos fazer o que nos é devido, pois o consolo vem de Deus, e, ademais, Jesus não disse que se tivermos fé do tamanho de um grão de mostarda nada nos será impossível? Portanto, mantenha a paciência. Por sermos pacientes, a bênção de Deus não vai ter fim. Sendo assim, aquiete seu coração e confie em Deus, que logo o seu rebento vai chegar, forte e saudável, só que não vai ser um varão, mas sim uma menina, que trará muitas alegrias, tanto para o senhor como para a *sinhá*.

O coronel Jacob admirava a sabedoria de Josino. Depois da prosa, eles se despediram. O coronel voltou para casa sentindo-se aliviado. Sabia que as previsões de Josino não falhavam.

❧❦❧

Passaram-se sete meses. Numa manhã de outono, Eleonora levantou-se indisposta, tomou o desjejum e sentiu náuseas acompanhadas de leve tontura.

A escrava Justina disse-lhe sorrindo que logo o casal teria uma novidade.

— O que quer dizer, Justina? Por favor, traga a erva-de-santa-maria para aliviar esses sintomas que estou sentindo. Acho que aquela carne de porco me fez mal.

— A senhora só vai melhorar daqui a nove luas... Não há erva que dê jeito...

— Justina, por acaso está afirmando que estou grávida?

— Tenho tanta certeza de que a *sinhá* está grávida como o sol que brilha lá fora.

Eleonora, então, chamou o menino Januário.

— Januário, vá até o celeiro e diga ao patrão que estou precisando ter uma conversa com ele.

Eleonora estava feliz em saber que estava grávida e, sorrindo, perguntou para Justina:

— Qual será a reação de Jacob ao saber que o herdeiro que ele tanto me pediu está a caminho? Tudo será alegria nesta casa a partir de hoje.

Chegando ao celeiro, Januário gritou:

— Patrão! Patrão! A *sinhá* está chamando o *sinhô* na casa-grande!

— Ó céus! Parece que o mundo está acabando!

Jacob pensou por alguns instantes e disse em voz alta:

— Eleonora nunca mandou me chamar. Deve ter acontecido algo muito grave!

Assim que chegou à casa-grande, ele entrou chamando pela esposa e, quando a encontrou, perguntou:

— Para que me chamou, mulher? Aconteceu alguma coisa?

— Meu senhor! Tenho uma notícia que você aguarda há muito tempo!

— Acaso bebeu, mulher? Não vê que estou sem tempo para brincadeiras?

— Chamei-lhe para lhe contar que o filho que tanto quer está aqui em meu ventre.

Jacob, meio confuso, começou a chorar, acariciando a barriga da mulher.

— Bendito seja Deus!

A alegria de Jacob era tanta, que naquele dia ele resolveu não mais voltar ao trabalho, dispensando todo seu tempo à esposa e ao filho que estava ali em seu ventre.

ഇ൦രു

Uma semana havia se passado desde que Jacob soubera da gravidez e, para sua alegria, ele começou a se lembrar das palavras de Josino, afirmando que eles teriam uma menina. Pensando, disse a si mesmo: "Não me importa que seja uma menina; o importante é que tenha a mesma fibra moral da mãe e seja bondosa para com os escravos".

Jacob foi à choupana de Preto-Velho para lhe dar a boa notícia e agradecer-lhe os bons conselhos:

— Josino! Josino! Onde está? Tenho de lhe contar as últimas novidades.

— O que aconteceu, patrãozinho?

— Bom dia, meu amigo Josino. Vim aqui para lhe contar que Eleonora esta grávida e, daqui a alguns meses, vou ser pai. Vim agradecer-lhe pelos bons conselhos, meu amigo.

— O senhor não tem por que me agradecer! Antes agradeça a Deus, nosso Senhor, pois só ele sabe o que é melhor para nós. Só não esqueça que seu rebento não será um menino, mas uma menina, que será grande e valerá muito mais que se fosse um homem.

— Seja como for, Josino, não me importa! Para mim, o mais importante é que não vou morrer sem ver plantada uma semente minha. A única coisa que peço a Deus é que ela venha com saúde e que siga os meus passos.

— Louvado seja Deus, *sinhô*! Essa menina será todo o seu orgulho.

— Para sempre seja louvado, Josino, e, para a festa de nascimento, você já está convidado.

 ❧

O tempo passou rápido entre os preparativos com o enxoval e os detalhes da festa. Eleonora desejava ter um menino, mas, ao saber das previsões de Josino, confidenciou ao marido:

— Jacob, eu sempre quis dar-lhe um filho varão, mas, se for uma menina, como vai recebê-la?

— Não importa se vai ser um varão ou uma menina, o importante é que venha com saúde e que siga nossos passos em relação aos escravos. Eleonora, não posso reclamar da vida, tenho tudo o que um homem sempre sonhou. Escravos fiéis, que verdadeiramente me amam, uma fazenda próspera, uma esposa que me ama e me respeita e agora para completar teremos um filho que continuará o meu trabalho.

— Jacob, Deus é pródigo para conosco e temos como obrigação sermos pródigos para com os escravos.

Ele, sorrindo, colocou a mão no ombro da esposa sentindo-se imensamente feliz.

 ❧

E assim os dias foram passando. Certa manhã, Eleonora começou a sentir as primeiras contrações. Achando que as dores eram normais, decidiu não falar nada ao marido, porém aumentaram e ela se viu obrigada a chamar por Justina, a cozinheira.

A escrava constatou que Eleonora estava em trabalho de parto e pediu que chamassem Zulmira e Jacob.

Assim que ele chegou, berrou nervoso:

— Zulmira, como está Eleonora?

— Pelo jeito a criança não vai demorar a nascer.

Ele entrou no quarto, mas ao ver o estado de Eleonora saiu, sentando-se numa cadeira no corredor.

Assim que a criança nasceu, Justina chamou Jacob, que entrou no quarto, a fim de ver com os próprios olhos o estado da esposa e da filha. Ao entrar, deparou com a criança nos braços de Eleonora, que ainda estava cansada devido ao esforço do parto.

– Eis sua filha!

– Essa criança será a continuação da família Cunha.

Zulmira, sorrindo, disse:

– É uma menina, *sinhô*!

– E valerá mais que um filho varão; será muito amada.

– A *sinhá* vai descansar e depois nós vamos banhá-la. Agora vamos lavar a criança para que ela possa mamar.

O coronel, sem controlar as lágrimas, disse:

– Descanse, querida! Hoje você me deu o melhor presente que um homem pode receber.

O fazendeiro encaminhou-se feliz para a sala e, servindo-se de licor, sorriu para Justina:

– Amanhã ninguém trabalhará na fazenda, vou dar uma festa para todos os escravos.

Depois que a menina foi banhada e vestida ele voltou ao quarto e a observou em silêncio por alguns momentos.

– Veja, Justina, como minha filha é parecida com a mãe.

A criança era alva como a mãe e, mesmo com poucos cabelos, percebia-se que ela seria loura como Eleonora. Por um momento, a criança abriu os olhos e ele viu que ela teria olhos castanhos como os seus. Numa explosão de alegria, confessou:

– Minha filha, você não imagina o quanto foi desejada! Peço a Deus que eu seja bom pai para guiá-la no caminho do bem e que um dia você comande com sabedoria os bens da família e trate os escravos com bondade.

Justina emocionou-se ao ouvir a primeira conversa que o coronel teve com a filha. A criança dormia tranquilamente. Havia tomado seu primeiro banho e estava amamentada.

O coronel sorriu para Zulmira e se retirou. Após pensar um pouco, resolveu que só faria a festa após quarenta dias, pois queria que a esposa estivesse presente.

O tempo correu e Jacob voltou ao trabalho entrando em casa várias vezes ao dia para ver a esposa e a filha, que dormia a maior parte do tempo.

Numa manhã, olhou para a esposa e perguntou:

– Qual o nome que daremos à menina?

– Ainda não sei; dê-me um tempo para que possa pensar em um nome bonito para nossa filha.

Jacob não cabia em si de felicidade, pois encontrara naquela criança um motivo a mais para trabalhar com afinco. Todas as manhãs eram iguais e sem demora chegou o quadragésimo primeiro dia. Com alegria, o coronel mandou que se abatesse um boi, afinal ele iria apresentar aos escravos a filha que daria continuidade ao nome da família.

Acompanhado de Eleonora, foi até a varanda com a criança no colo.

– Hoje cada um de vocês terá a oportunidade de conhecer o mais novo membro da família Cunha! Façam fila e venham ver a futura senhora dessas terras! Ninguém trabalhará nesta fazenda, darei o dia de folga para comemorar a vinda da criança a esta casa. Nos próximos dois dias só serão feitos os trabalhos prementes. Aproveitem para descansar e festejar conosco essa alegria!

– Viva a nova *sinhazinha*! – E logo se formou um coral de gritos de alegria pela chegada da criança.

– Eleonora, o que acha de darmos o nome de Margarida a ela?

– Sim! Essa é a mais bela Margarida do meu jardim.

– Essa criança se chamará Margarida da Cunha.

Os escravos, ao serem informados sobre o nome da criança, passaram a gritar:

– Viva! Viva! Viva a *sinhazinha* Margarida!

– Onde está Josino? – perguntou Jacob.

– Hoje ele não está conseguindo andar direito, *sinhô*! Está com muitas dores nas pernas – respondeu Bento.

– Bento, atrele a carruagem e vá buscar Josino; afinal, ele foi o primeiro a falar sobre minha filha! E assim que ele se cansar leve-o de volta à casa dele!

Passada mais de uma hora, a carruagem chegou com Josino, que desceu com dificuldade.

Jacob, ao ver o amigo se aproximar, falou:

— Sua presença é importante num momento como esse, Josino! Venha conhecer a mais nova senhora dessas terras.

Josino subiu as escadarias da fazenda e, amparado por Bento, aproximou-se do coronel.

— Não precisava dar-se o trabalho de mandar me buscar, eu viria ver a criança de qualquer jeito; se não fosse hoje, seria um dia desses, meu *sinhô*.

— De maneira alguma! Quero que participe de minha alegria. Venha, vamos entrar para que conheça Margarida, minha filha.

Ao ver a criança, ele sorriu.

— Essa menina não é um varão, mas será grande!

— Que Deus seja louvado!

Josino com alegria continuou:

— Para sempre seja louvado.

Os festejos duraram três dias. Só se ouviam as batucadas dos escravos próximo à antiga senzala.

&つ)CƆ

Na fazenda em que reinava a paz, agora reinava também a felicidade. E assim Margarida foi crescendo, amada pelos pais e sentindo o amor dos escravos, que desde criança chamavam-na de "pequena *sinhazinha*".

Margarida não se sentia diferente dos filhos de escravos, pois, desde a mais tenra idade, Eleonora a ensinou que todos eram iguais perante Deus.

Menina calma, sorriso franco, tinha uma expressão singular no olhar que cativava a todos. Já estava com cinco anos, era meiga e boa. Seus cabelos eram louros e os olhos, castanhos.

Um dia, ela perguntou:

— Papai, por que os escravos das outras fazendas são maltratados?

– Quem lhe disse que os escravos das outras fazendas são maltratados?

– Ontem, enquanto eu brincava com Januário e Ana, próximo à cerca, um negro triste se aproximou tão machucado que mal podia respirar, e eu perguntei como ele havia se machucado. Ele disse que havia sido colocado no tronco.

– Os ignorantes acreditam que os negros não têm alma e por essa razão os tratam como se fossem animais.

– Mas, pai, os escravos têm alma como nós e sentem dores como nós. Por que fazer uma coisa dessas?

– Nós sabemos disso, mas eles não sabem, e não quero que volte lá para perto da cerca. Fui claro, mocinha?

– Sim, papai. Mas por que o senhor não traz todos os escravos daquela fazenda para a nossa? Eles poderão viver aqui, afinal nossa fazenda é tão grande...

– Não posso fazer isso e, agora, deixe-me trabalhar.

Margarida, percebendo que o pai já estava se zangando por tantas perguntas, resolveu lhe obedecer e saiu.

A menina não demonstrava nenhum tipo de orgulho. Embora o pai a tivesse proibido de brincar próximo à cerca, ela continuou a fazê-lo. Certo dia, viu uma criança de aproximadamente dez anos carpindo perto da fronteira entre as fazendas.

– Quem o mandou limpar a cerca? – perguntou.

– Foi ordem do *sinhô* – respondeu o menino.

– Você passa fome?

– Aqui todos nós passamos fome, só temos angu no meio do dia e à noite.

– Seu patrão não lhe dá leite ou pão?

O menino apenas meneou a cabeça em negativa.

Margarida pensou por alguns instantes.

– Januário, vá até a cozinha da casa-grande e peça a Justina que prepare pão e leite.

– Justina não vai querer dar pão para mim, você sabe como ela é implicante.

Margarida, olhando para o menino, avisou:

– Vou buscar pão e leite; não saia daí que eu volto logo.

O menino, faminto, respondeu:

– Eu espero! Mas não posso me demorar, o capataz poderá vir atrás de mim e me bater.

– Ele não virá. Já volto.

Ao chegar à casa-grande, Margarida gritou:

– Justina! Estou com fome, quero dois pães e uma caneca de café com leite.

Justina, olhando para a criança, não acreditou em suas palavras e, com seu jeito habitual, perguntou:

– O que a *sinhazinha* está aprontando?

– Não estou aprontando nada! Apenas quero pão, café e leite!

– Foi Januário que mandou você me pedir pão?

Margarida, apesar de dócil, tinha o mesmo temperamento do pai. Com firmeza, esclareceu:

– Januário não tem nada a ver com isso, estou com fome e quero comer! Coloque os pães neste saco que levarei a caneca de café com leite.

– Mas por que não se senta à mesa para comer, menina?

– Porque não quero comer aqui! Faça o que estou lhe pedindo.

Justina fez o que lhe foi solicitado, porém ficou intrigada e resolveu segui-la. Observou que ela se dirigiu rumo à cerca da fazenda e a viu entregando os alimentos ao menino. Pensou: "Essa diabinha saiu ao pai, tem um coração de ouro".

O menino deixou a enxada e, rapidamente, comeu o lanche.

Januário, contrariado, disse:

– Vamos embora! Se seu pai souber que estamos próximos à cerca, vai me castigar.

– Deixe de ser medroso! Papai não castiga ninguém e, além do mais, eu me responsabilizo.

Quando Januário e Margarida voltaram à casa-grande, Justina perguntou:

– Cadê meu saco de pano?

– O pão não era para mim, levei para o escravo da fazenda vizinha, pois ele estava com muita fome.

– Não vou contar nada à sua mãe, mas se ela descobrir vai ralhar com você.

Margarida deu de ombros e logo ouviu o chamado da mãe para que fosse banhar-se antes do almoço. Ficou pensando nos escravos da fazenda vizinha e decidiu que sempre levaria comida para eles.

O coronel Jacob não teve conhecimento dessa atitude da filha, porém Justina contou à Eleonora, que comentou:

– Margarida saiu ao pai, tem um forte temperamento e uma força de caráter impressionante. Ela é uma boa menina e, certamente, tratará com bondade os escravos de nossa fazenda.

– Não vou negar comida à *sinhazinha* quando ela vier pedir.

– Não negue! Temos comida em abundância e não nos fará falta.

Contudo, Margarida não pediu mais comida à Justina, e a cozinheira esqueceu o fato.

Passados alguns dias, Justina percebeu que a linguiça que ela havia feito havia sumido, mas preferiu não comentar com ninguém. Justina pensava: "Tenho certeza de que o gatuno é Januário, ele sempre entra sorrateiramente na cozinha para roubar alguma coisa..."

Nesse dia, Margarida desapareceu e tornou-se alvo da preocupação de todos, mas o que ninguém sabia era que ela tinha pegado algumas linguiças e levado para os filhos de escravos da fazenda vizinha.

Januário era o único que sabia onde ela estava. Enquanto todos se desesperavam, ele permaneceu calado, esperando que ela voltasse.

Eleonora estava na sala, sozinha e nervosa, quando indagou ao menino:

– Januário, você estava com Margarida! Onde ela está?

Nesse momento, ela chegou e perguntou:

– Por que todos estão com cara de que viram assombração?

Eleonora, quase chorando, perguntou:

– Onde se meteu por quase um quarto de horas?

– Se eu lhe contar, não vai ralhar comigo?

– Não, minha flor, mamãe não vai ralhar com você.

– Bem, mamãe, ontem eu ouvi o senhor Bernardo dizer ao papai que os negros mereciam mais chicotadas do que comida. Fiquei pensando em meus amiguinhos com fome e tive uma ideia...

– Que ideia, minha filha? Já estou apavorada.

– Mamãe, roubei algumas linguiças e levei para eles. Resolvi que, sempre que puder, passarei escondida pelo vão da cerca e levarei comida para meus novos amiguinhos.

– Está bem, meu anjo! Mas saiba que não vou querer que vá sozinha à fazenda do senhor Bernardo, pois ele é muito violento com os escravos, e, se você vir uma cena ruim, isso poderá deixá-la chocada, e eu não quero que sofra.

– Sim, mamãe. Mas, por favor, não podemos deixá-los passando fome, enquanto temos tanto para comer aqui na casa-grande.

– Está bem, minha filha. Mas prometa-me que vai para a fazenda vizinha acompanhada de Januário.

– Como ele poderá me ajudar? Ele é tão medroso!

– Entenda, minha filha, se surgir algum problema ele poderá nos avisar e nós poderemos ajudá-la.

– Mamãe, talvez a senhora não saiba a força que tenho!

– Se você pensa assim... Então lamento muito, mas não poderei permitir que volte àquelas terras, cujo dono está com as mãos cobertas de sangue. Minha filha, se quer ajudá-los, terá de ir com Januário. Você escolhe: ou continua ajudando-os, mitigando a fome deles, acompanhada por Januário, ou não poderá mais vê-los.

– Está bem, mamãe, aceitarei sua imposição.

– É para o seu próprio bem!

– Está bem. Januário vai comigo, minha mãe. Mas quero lhe pedir uma coisa.

– Diga, minha filha!

– Papai nunca poderá saber o que estou fazendo. A senhora sabe o quanto ele antipatiza com o senhor Bernardo.

– Mas você terá de me prometer que não vai fazer nada sem meu consentimento. Combinado, mocinha?

– Mamãe, a senhora é uma santa...

∞⊂Ω

Margarida fez isso durante meses, até que, certo dia, o capitão do mato do senhor Bernardo, procurando por um escravo fujão, viu a menina e gritou:

— Seu pai, menina, é dono do lado de lá da cerca. Se eu pegá-la aqui novamente tomo-a pelos braços e a levo para ele!

Januário, que gostava imensamente de Margarida, envolveu-se na conversa:

— Por favor, capitão, não faça isso. Saiba que a culpa é toda minha, eu a trouxe aqui para brincarmos!

— Um negro dessa idade continua a brincar com crianças? Você não tem vergonha? Isso é falta de colocá-lo com outros negros para trabalhar na lavoura.

Margarida, apesar do bom coração, tinha uma língua ferina, e sem pensar disparou:

— Vocês só pensam em colocar os pobres negrinhos para trabalhar. O que você está fazendo que não está trabalhando? Tenho certeza de que há uma enxada para você!

O capitão do mato, revoltado, replicou:

— Suma daqui ou levarei os dois para ter uma conversa com o coronel Jacob!

A menina, insolente, ainda completou:

— Você é um homem tão mau como seu patrão! Mas saiba que em nós você não manda.

— Sumam daqui!

— Um dia você vai se arrepender. Josino tem razão quando diz: "O plantio é livre, mas a colheita é obrigatória". Você pagará por todas as suas maldades.

— Chega de conversa, sumam daqui! — gritou o capitão do mato, sentindo que estava perdendo tempo com aquela discussão.

Margarida e Januário voltaram para a casa-grande e relataram o ocorrido para Eleonora, que os proibiu de voltarem à fazenda vizinha, temendo que algo de ruim lhes acontecesse.

Depois daquele incidente, Margarida e Januário não voltaram mais à fazenda vizinha. Receavam encontrar com o capitão do mato. Assim, a menina combinou com os pequeninos de irem buscar pão e outras coisas na cerca.

REENCONTRO

$\mathcal{E}$ assim o tempo passou...

Margarida estava com nove anos quando Eleonora resolveu fazer uma visita à Isaura, esposa de Bernardo.

A menina não gostava de ir àquela fazenda, pois ficava observando o quanto aquelas criaturas sofriam. Pensava: "Um dia vou comprar todos os escravos dessa fazenda".

Bernardo, homem severo, de personalidade dura, não se compadecia de nada nem de ninguém. Maltratava os escravos, privava-lhes de alimento para castigá-los e desmoralizava-os por motivos banais.

Embora tratasse o coronel Jacob e sua família com bajulações, dizia à Isaura que não gostava de Jacob, pois ele impunha suas ideias e se achava melhor que os outros por ser o homem mais rico das redondezas.

Isaura, a esposa de Bernardo, era uma senhora triste, de modos refinados, e, vez por outra, era maltratada pelo marido, que excedia nas agressões físicas.

Bernardo vivia somente de aparências e fazia questão de mostrar que era um homem confiável e abastado.

Isaura mantinha mais que um contato social com Eleonora, assim, começou a frequentar a casa da família Cunha com assiduidade; afeiçoara-se de coração à Eleonora, que logo percebeu que sua amizade era sincera.

Sempre que podia, Eleonora visitava a amiga e saboreava os quitutes feitos pela escrava. Passou a elogiar os bolinhos, café, queijos; enfim, tudo o que lhe era servido no café da tarde.

Margarida, que não gostava de ir à fazenda de Bernardo, ficava em casa na companhia de Justina e Zulmira.

Certa tarde, na casa de Isaura, Eleonora disse:

– Isaura, a senhora tem uma dama de fogão perfeita! Ela cozinha muito bem! Gostaria muito de conhecer a dona de pratos tão saborosos.

Isaura, orgulhosa, chamou a cozinheira. Entrou na sala uma negra magra, com lenço na cabeça e olhar tristonho.

– Como se chama? – perguntou Eleonora.

– Ernestina, senhora – respondeu num resmungo, olhando para o chão.

– Como?

Isaura, irritada, perguntou:

– O que há com você, Ernestina, acaso o gato comeu sua língua?

– Chamo-me Ernestina, senhora.

Isaura, assustada com o interesse de Eleonora por sua escrava, perguntou:

– O que quer com minha escrava?

– Bem, eu quero trocar algumas receitas. Minha dama de fogão está muito idosa, apesar de cozinhar muito bem, e eu estou querendo lhe dar folgas semanais.

– Como? Folga a escravos? Não acha uma atitude anormal? E, além do mais, nenhuma dama cozinha.

– Não sou como outras esposas de fazendeiros. Costumo ver os escravos como seres humanos e não como animais. Eles envelhecem como qualquer um de nós, brancos.

Ernestina que ouvia a conversa calada gostou do que escutou. Olhou para Eleonora com carinho. Isaura cogitou que a amiga estivesse interessada em comprar sua cozinheira, e ordenou:

– Ernestina, volte à cozinha!

Ernestina se retirou.

– Por favor, Isaura, gostaria de conversar com Ernestina a fim de que me ensine a fazer alguns quitutes.

– A senhora está zombando de mim. Imagine a senhora cozinhando! Perdoe-me a franqueza, mas acho que não sabe nem acender um fogo.

– Está enganada a meu respeito, Isaura. Sempre me interessei pelos assuntos culinários. Em minha época de solteira, costumava dispensar a cozinheira somente para aprender a preparar pratos gostosos, e isso era uma constante; cozinho muito bem.

– Perdoe-me! Acho que a julguei mal, sei que não é leviana, mas a senhora há de convir que essa atitude não é muito natural para mulheres como nós. Mas, então, venha falar com a escrava.

Ao chegar à cozinha, Eleonora prestou mais atenção em Ernestina. Ela era uma mulher magra. Além do lenço na cabeça, vestia-se com um vestido feito de saco tingido. Seu aspecto era triste.

Eleonora, sorrindo, perguntou:

– Na verdade, Ernestina, estou aqui para descobrir como fazer quitutes tão gostosos, gostaria de aprender.

– Não tenho segredos! Apenas faço como minha mãe me ensinou.

– Não queremos saber com quem aprendeu a cozinhar, apenas estamos querendo que ensine a Eleonora tudo o que sabe – disse Isaura.

– Mas não há nada para ensinar, o segredo é usar tudo na medida certa.

– Insolente! Faça o que lhe mandei agora mesmo! Ensine Eleonora sem fazer perguntas.

– Farei melhor! Se a senhora me permitir, Isaura, gostaria de vir passar a tarde com Ernestina para saber como ela faz os quitutes, assim anotarei suas receitas.

Ernestina olhou para aqueles imensos olhos verdes e sentiu um carinho indefinido por Eleonora. Sorrindo, concordou.

No dia seguinte, Eleonora foi à casa de Isaura e passou a tarde ao lado de Ernestina. Isaura não ficou na cozinha.

– Ernestina, o que vai me ensinar? – perguntou Eleonora.

– O que a senhora gostaria de aprender?

– Gostaria de aprender a temperar uma leitoa antes de assar.

Ernestina não gostava de passar suas receitas a ninguém, mas, ao conhecer Eleonora, não viu problemas.

– Vou ensinar-lhe a temperar a leitoa com vinho.

Ernestina, sentindo-se uma verdadeira professora, ensinou-a, e ela foi escrevendo toda a receita. Depois, a cozinheira tirou do bolso do avental um pacotinho de papel, entregou-o a Eleonora e disse:

– Depois de temperada, a senhora coloca esse pó antes de assar. Todos vão lamber os dedos.

– Mas o que é isso?

– É o meu segredo, eu o chamo de cheiro-verde seco.

– Mas se gostar vou ter de aprender como se faz.

– *Sinhá*, é segredo.

– Um dia vou descobrir e me tornar tão boa cozinheira quanto você.

– Fique tranquila que para a *sinhá* eu vou ensinar meu segredo. *Sinhá*, eu queria muito lhe servir em sua casa.

Nesse momento, Eleonora teve uma ideia que a perseguiria por um bom tempo: comprar Ernestina.

ഇറ

Quando Ernestina sabia que Eleonora iria visitar Isaura, ela se esmerava nos quitutes para agradar a boa mulher. Nas raras vezes em que tinha a oportunidade de se aproximar da esposa do coronel Jacob, perguntava:

– E então, *sinhá*, a senhora gostou dos bolinhos que fiz?

– Você está cozinhando cada dia melhor.

Numa noite Ernestina, sentada em uma pedra na senzala, olhou para o céu e fez um pedido a Deus:

> *Deus, se é que existe Deus,*
> *Por que não tem brilho nos olhos meus?*
> *Será que estás tu atrás dos montes?*
>
> *Senhor Deus dos desgraçados,*
> *Que castiga teus filhos na chibata,*

O meu pecado é ser mulata,
Queria eu desistir desta vida ingrata.

Deus, olhas tu pelos negrinhos;
Que a cor é teu maior pecado.
O sangue escorrendo pelos pelourinhos,
A mágoa e a revolta nos têm marcado.

Tira-me desta vida,
Se não puder, dá-me mais tranquilidade.
Já estou cansada desta lida,
Eu já não suporto tanta iniquidade.

Deus, meu Senhor!
Deixa que eu acredite que tu existes,
Pela outra sinhá sinto amor.
Não deixa minha gente nesta vida triste.

Olhando para os outros negros da senzala, acomodou-se no chão e adormeceu.

Passados alguns meses, ela percebeu um movimento diferente dentro da casa-grande. Lembrou-se, então, das palavras de Josino para Benedito:

– Dito, não fique desejando a morte, porque Deus vai dar a cada um segundo o seu merecimento. *Sinhô* Bernardo levantou este império, tem mais de três milheiros de cabeças de gado, a roça se perde de vista e ele tem mais de cem 'canelas pretas' servindo-o feito um cão. Mas os mesmos ventos que trazem, levam, e ele verá tudo isso se acabar. Ficará na miséria e o responsável por sua queda será o orgulho. Portanto, não fique lastimando a sorte, pois a sua vida e também a de sua família mudará para melhor.

Passados alguns dias, todos souberam que Bernardo havia perdido grande soma de dinheiro na mesa de jogo. Sua situação era muito complicada e ele tinha duas opções: ou vendia a fazenda com a porteira fechada e saldava a dívida, ou entregava tudo a Ermelino sem contestar.

A notícia se espalhou. Ao saber, Eleonora penalizou-se pela amiga Isaura, pois apegara-se a ela de coração. Eleonora, então, decidiu pedir ao marido que comprasse Ernestina, e disse a ela:

— Conversarei com meu marido e lhe pedirei que a compre do senhor Bernardo.

— A *sinhá* fará isso por mim?

— Tudo o que tenho a fazer é conversar com Jacob. Ele nunca me nega nada.

Ao chegar à casa-grande, Eleonora encontrou o marido em seu gabinete fazendo a contabilidade da fazenda.

— Jacob...

— O que quer de mim, minha senhora? – perguntou Jacob, a expressão surpresa, pois dificilmente a esposa ia ao seu gabinete quando ele estava trabalhando.

— Meu senhor, soube do ocorrido com os Fontes, nossos amigos.

— E o que isso tem a ver conosco?

— Como sabe, interessei-me muito pela escrava de Isaura, a negra Ernestina. Sempre soube que ela jamais aceitaria vendê-la, mas como estão em uma situação difícil talvez aceite uma boa oferta.

— Ora! Não me venha com essa conversa, mulher! Não está mais satisfeita com Justina? – perguntou.

— Justina é uma excelente cozinheira e a prezo muito, porém ela já tem idade avançada e acho que está precisando tirar folgas semanais. Compreenda, meu marido, ela já está cansada. E, além do mais, gosto muito de Ernestina, não como serviçal, mas como pessoa.

— Minha querida, já temos muitos escravos na fazenda. Onde poderíamos alojá-la?

— Por enquanto, poderíamos alojá-la na casa de Justina. Depois, poderíamos fazer uma casa para ela também.

— Está bem, hoje mesmo vamos à casa dos Fontes e veremos se conseguimos trazê-la para esta casa.

Emocionada, Eleonora beijou o marido.

— Eu o amo, senhor meu marido!

Eleonora saiu muito feliz. Na cozinha, encontrou Januário descascando uma laranja e lhe deu ordens:

— Januário, quero que leve uma missiva para o senhor Bernardo Fontes. Vou pedir ao meu marido que a escreva.

Assim, Eleonora voltou ao gabinete.

— Jacob, não é de bom-tom ir à casa de alguém sem se fazer anunciar. Peço que escreva uma missiva ao senhor Bernardo Fontes.

Sorrindo, ele pegou um papel de carta e passou a escrever sobre a visita e o horário.

§)(⁣⁣⁣⁣Ⴟ

O horário da visita finalmente chegou. Jacob, percebendo a alegria da esposa, disse:

— Por que a senhora está pronta? Acaso vai sair? — Fingiu esquecer o compromisso assumido com ela.

— Meu senhor, acaso não prometeu que iríamos à casa dos Fontes assim que caísse a noite?

— Querida, estou brincando! Vamos logo, não quero me atrasar.

Ao entrar na sala da casa dos Fontes, Eleonora percebeu o abatimento de Isaura. Contudo, mesmo com tantas preocupações, Isaura desempenhou bem seu papel de boa anfitriã, recebendo o casal.

— Que bom vê-los nessa hora tão penosa para todos nós. Imagino que já saibam da tragédia que se abateu sobre nós.

— Obrigada por nos receber, realmente ficamos sabendo de seus problemas e viemos aqui para prestar nossa solidariedade.

Bernardo, que estava calado, esboçou um sorriso triste.

— Venham! Vamos tomar um licor.

Jacob, que não gostava dos modos de Bernardo, respondeu:

— Fiquei sabendo dos apuros do amigo e vim para tratar de negócios. Quero ofertar-lhe um bom preço pela escrava Ernestina. Minha esposa, Eleonora, deseja tê-la consigo para ajudá-la nos afazeres domésticos. O que me diz?

– O amigo me desculpe, mas a negra não está à venda. Estou passando por sérias dificuldades e a venda de uma escrava não resolverá em nada minha situação financeira.

– Deixe de cerimônias, Bernardo. Eleonora gostou da escrava e como sabe sou um homem que procura realizar todos os seus caprichos; peço que coloque o preço na negrinha, eu pago!

– Quanto me oferece pela escrava?

– O preço quem deve colocar é o amigo; diga o preço que pagarei regiamente.

– Cinquenta contos de réis.

– Fechado! Compro a negrinha por cinquenta contos de réis.

Eleonora vibrou de alegria ao ouvir o marido fechar o negócio.

Após acertarem o preço da escrava, Bernardo mandou que chamassem Ernestina. Olhando para a escrava, disse:

– Eis seus novos donos!

Ernestina começou a chorar convulsivamente. Nesse momento, Isaura perguntou:

– Por que está chorando? Deveria estar contente por encontrar pessoas que a querem.

Ernestina, com modos simples, chorando, disse:

– Dona Eleonora é uma santa, mas eu não posso ir e deixar minha família; portanto só vou se Dito e meus três rebentos forem comigo!

Isaura, contrafeita, disse:

– Deixa de ser piegas, Ernestina, você vai, querendo ou não!

– Se quiser, pode me matar no tronco, *sinhá*, mas sem minha família eu não vou.

Eleonora, percebendo o desespero da pobre negra, olhou para o marido.

– Preciso conversar com o senhor meu marido, peço que nos deem licença.

O casal foi encaminhado ao gabinete de Bernardo, e o marido, pressentindo o que a esposa iria lhe dizer, adiantou:

– Eleonora, sei o que está pensando, mas saiba que não há por que termos mais escravos na fazenda, os que temos dão conta do serviço; não há nada que possamos fazer. Além do mais, Bernardo exagerou no preço da negra.

Eleonora começou a chorar.

– Meu senhor, eu lhe imploro! Não podemos fazer isso com a pobre criatura. Ela viverá em nossa casa triste e aborrecida. Em vez de um pouco de alegria, iria se tornar mais amarga. Ela jamais será feliz sem sua família, tenha compaixão, meu senhor! Se me ama, faça isso por mim. Nunca mais vou lhe pedir nada, juro! – suplicou a esposa.

Jacob, olhando-a, não deixou de notar as lágrimas brilharem em seus olhos. Naquele instante, sentiu ímpetos de abraçá-la, mas sabia que o lugar era impróprio para qualquer expressão de carinho. Com suavidade na voz, respondeu:

– Está bem, não gosto de vê-la chorando; portanto, voltemos à sala para ver se eles aceitam vender a família toda.

– Jacob, eu o amei desde o primeiro momento em que o vi. Saiba que a cada dia esse sentimento aumenta mais.

– Eleonora, faço qualquer coisa para vê-la feliz.

Ao voltar para a sala, Jacob disse:

– Quanto o amigo pede pela família?

– Trezentos contos de réis.

– Está bem! Pago trezentos contos de réis.

Eleonora não se conteve e, nesse momento, não conseguiu esconder a emoção, sorrindo para o marido.

Logo todos da família de Ernestina foram chamados à sala. Eram cinco pessoas. Bernardo, comentou:

– Doravante vocês vão servir ao coronel Jacob.

Assim que a transação terminou e o coronel pagou pelos escravos, não demorou a dizer que precisava voltar à fazenda.

Isaura estava triste, afinal, apesar de seus modos grosseiros com a escrava, ela aprendera a amar aquela criatura. Era a única pessoa em quem realmente confiava.

Os negros comprados da fazenda de Bernardo chamavam-se: Benedito, Ernestina, Rosalina, Natanael e Ageu.

Jacob disse à família:

— Esperem lá fora que em pouco tempo vamos para casa.

Os cinco escravos, sentados no chão, esperavam por seus novos patrões. Benedito, revoltado, pois não suportava a ideia de serem tratados como animais, disse a Ernestina:

— Esses malditos colocam preços e nos vendem como se fôssemos coisas.

— Deixe de revolta! Nossa vida mudará para melhor.

— Espero que tenha razão!

Logo, o casal se despediu de Bernardo e Isaura e, ao sair, viu a família esperando-os do lado de fora.

Jacob sentiu pena daquelas cinco criaturas, e, com seu jeito bondoso, comentou:

— Vamos para casa! De hoje em diante, vocês sentirão o gosto da liberdade.

Enquanto caminhavam, Ernestina se lembrou da prece que fizera tempos atrás e agradeceu silenciosamente. Depois, passou a recitar:

Meu mundo de iniquidade,
Parece que está chegando ao fim.
Uma criatura bondosa,
Olhou compassivamente para mim!

Ofereceu-nos casa,
Terras, o coração.
Sinto Deus abrindo a asa,
E nos puxando pela mão!

Morrerei feliz, sempre feliz.
Nem mesmo sei por quê.
Vou para o lugar que quis,
E, nesse lugar, felizes vamos ser!

Ao chegar à fazenda, Jacob percebeu que não poderia deixar os novos escravos na casa de Justina. Sabia que a casa era pequena e não comportaria mais cinco pessoas.

— Enquanto vocês não têm uma casa para viver como família, ficarão na senzala desativada. Vou providenciar alimentos e redes para que possam se acomodar.

Silvino foi chamado para instruí-los sobre o funcionamento da fazenda.

— Qual é o nome de vocês?

Cada um disse seu nome e Silvino, com ar despreocupado, falou:

— Benedito, esteja amanhã bem cedo no terreiro de café. Lá veremos o que pode fazer. Ernestina, esteja na cozinha da casa-grande no mesmo horário, para preparar o café da manhã. Quanto aos meninos, poderão acompanhar o pai na lida. A menina poderá ficar esperando as ordens da *sinhá*.

Jacob, que ouvia as instruções de Silvino, esclareceu:

— Não sou como os outros fazendeiros que castigam os escravos. Quando tiverem algum problema, podem se dirigir a mim para conversar.

Eleonora, que estava calada, completou:

— Ernestina, quero que conheça Justina, ela cozinha para nós há anos, mas acho que poderá ajudá-la na cozinha.

Ernestina orou e dormiu tranquilamente naquele abençoado dia.

VIDA NOVA

*N*a manhã seguinte, Benedito acordou com o sino que tocava para chamar os trabalhadores. Levantou-se assustado e percebeu que a porta da senzala ficara aberta e não havia ninguém os vigiando. Sentindo-se livre, sorriu e disse para Ernestina:

— Mulher! Veja, não há ninguém vigiando a senzala, e a porta está aberta.

— Os negros desta fazenda são livres.

— Ernestina, seremos felizes neste lugar.

— Deus olhou para nós e nos deu o livramento.

Benedito, bem-disposto, fez o que lhe foi recomendado na noite anterior e, sorrindo, dirigiu-se ao terreiro de café.

Silvino passou as instruções sobre o trabalho do dia e, observando melhor Benedito, disse-lhe:

— Você está muito magro, vou lhe dar um trabalho leve. Você e seus dois filhos cuidarão do jardim de dona Eleonora.

Benedito, abismado, pensou: "Cuidar do jardim? Isso é trabalho para moleque".

Silvino prosseguiu:

— Benedito, perto da hora do almoço vamos ver um pedaço de terra para que você possa construir sua casa.

O homem não acreditou no que estava ouvindo. Fora escalado para um serviço leve e ainda teria casa e não precisaria mais se preocupar com capitão do mato nem com capataz que judiavam dos negros.

Seu coração ficou radiante. Já conhecia a fama do coronel Jacob de ser um homem bom, mas não esperava que ele fosse tão bom assim.

Ao olhar para os companheiros, percebeu que todos conversavam despreocupados, e Silvino participava da conversa. Pensou: "Quanta diferença da fazenda do *sinhô* Bernardo, lá todos eram como touros no abate, os coitados andavam mudos e com a cabeça baixa. Caso se distraíssem a chibata comia o lombo daquelas criaturas desgraçadas. Aqui tudo é diferente; vejo que meus irmãos são tratados como gente; nem mesmo o seu Silvino, que é branco, maltrata os negros. Acho que morri e estou no céu".

No dia seguinte, muito feliz, olhou para o céu, em cujo azul começavam a despontar os primeiros raios da manhã, e viu descortinar um novo horizonte em sua vida, marcada por sofrimentos dos mais diversos. Silvino chamou-o para tomar o café. Ao chegar, Benedito estranhou o caldeirão de leite com café, e a presença de Silvino, que oferecia mandioca cozida a todos. Não estava acostumado a tomar café da manhã.

— Benedito, venha, tenho uma caneca aqui para você — convidou Silvino.

Ele se levantou e, pegando a caneca, serviu-se de café com leite e de mandioca. Enquanto comia, pensava: "Na fazenda do *sinhô* Bernardo não podíamos nem tomar água pela manhã, e aqui se toma até café com leite. Se eu continuar comendo bem assim, logo vou engordar".

— O café da manhã na fazenda do senhor Bernardo era assim? — perguntou Silvino.

— Qual nada! Naquela fazenda a comida era angu malcozido, com água de feijão, porque caroço não tinha, além de ser temperada com sal de vaca. Quando alguém desmaiava na lida por fraqueza, o capitão do mato descia a chibata sem dó. *Sinhô* Bernardo vai pagar por todo o sangue que fez escorrer naquele tronco e tanto ele como o capitão do mato, o Belmiro, vão apodrecer no inferno! Ele já começou a pagar por tudo o que fez a nossos irmãos; logo perderá a fazenda, o dinheiro, a pose. Eu quero que aquele maldito siga por esta vida como um andarilho sem destino.

Silvino, percebendo a revolta de Benedito, falou:

– Não acha que está na hora de perdoar aquele senhor que tanto mal lhe fez? Pense que agora ele não é mais seu dono e não poderá fazer nada contra você. Agradeça a Deus por ter um patrão como o coronel Jacob e verá que sua vida vai melhorar. O ódio faz mal a quem o sente; por esse motivo, perdoe.

Embora não fosse mais propriedade de Bernardo, Benedito sentia-se feliz por saber da ruína daquele homem. Mas se envergonhou quando se lembrou do pai, que o ensinou a evocar os espíritos vingadores e pedir auxílio deles, além da arte de curar e de matar por meio de feitiçaria. Ele também aprendeu a preparar remédios abortivos para as mulheres das senzalas, que, muitas vezes, engravidavam dos brancos. Ernestina não concordava com isso, pois muitas engravidavam dos próprios escravos. Enquanto ele tomava seu café, resolveu que não mais faria esses remédios.

୫◑ଓ

Ernestina entrou na cozinha da casa-grande acanhada e, ao olhar em direção ao fogão, viu Justina, que, com seu jeito alegre, passou a lhe fazer perguntas sobre seus antigos donos.

Ao chegar à cozinha, Eleonora observou a mesa encantada. Havia um bolo de fubá preparado por Ernestina; pães frescos, que ela havia feito logo pela manhã; biscoito de nata; doce de abóbora em pasta; e o leite e o café fumegavam nos bules de porcelana. No centro da mesa, um vaso solitário com um único botão de rosa branca, que Ernestina havia colhido no jardim.

Eleonora em silêncio refletiu: "Como pode, apesar da afinidade que temos uma pela outra, ela conhecer todos os meus gostos: a posição dos garfos, das xícaras, o lado que eu gosto que coloque o cabo dos bules! Até uma rosa ela colocou. Ernestina realmente foi um achado, graças a Deus a terei comigo. Justina trabalha há tanto tempo aqui e ainda não aprendeu a arrumar a mesa como eu gosto".

Olhando para Ernestina, pegou em seu ombro e, sorrindo, comentou:

— Bom, Ernestina, vejo que está apta para o trabalho, mas diga-me: como conseguiu encontrar as coisas na cozinha?

— Justina me ajudou.

— Você arrumou a mesa à minha maneira, tudo está em seus devidos lugares.

Ernestina sentiu como se um fogo queimasse suas faces. Em tanto tempo servindo a outros, nunca ouvira um elogio de ninguém.

Eleonora sentou-se para esperar por Jacob e, olhando para as roupas de Ernestina, disse:

— Ernestina, assim que todos tomarem café, quero que vá comigo à sala de costura. Temos muitas fazendas de tecidos e como Zulmira sabe costurar pedirei a ela que faça algumas roupas para você e todos da sua família.

Jacob estava atrasado. Por essa razão, Eleonora continuou conversando com Ernestina. Não como senhora e escrava, mas como duas amigas que acabavam de se reencontrar.

— *Sinhá*, todos recebemos afazeres, inclusive meus dois meninos, mas quanto à Rosalina não lhe foi dada nenhuma incumbência. Gostaria de lhe pedir que não a mande trabalhar na roça. Ela é franzina e não aguentará!

Eleonora, que ainda não havia pensado na filha de Ernestina, decidiu:

— Rosalina será mucama de Margarida. Minha filha não tem nenhuma amiga para conversar.

Ernestina sorriu satisfeita e Eleonora continuou:

— Não quero que seus filhos vão para o cafezal ou para a plantação de cana. Eles são fracos, pode ser que não aguentem!

— Os meninos eu sei que aguentam, pois na fazenda do *sinhô* Bernardo trabalhavam na lida.

— Não quero que seus filhos nem seu marido fiquem no cafezal, quero os três cuidando do jardim.

Ernestina sorriu sem acreditar em tudo o que estava acontecendo.

Jacob desceu para o desjejum e, sério, comentou:

— Há mais de dez anos que não me atraso. Não sei o que aconteceu, pois esta noite dormi muito bem.

— O meu marido estava cansado; portanto, tem todo o direito de ficar um pouco mais na cama.

Jacob sorriu para a esposa. Voltando-se para Ernestina, perguntou:

– Ernestina, o que está achando do seu primeiro dia de trabalho?

Ernestina continuava admirada com aquele tratamento.

Jacob, percebendo o constrangimento dela, brincou:

– O gato comeu sua língua, Ernestina?

– Não, *sinhô*.

– Espero que goste de ficar conosco. Aqui temos uma maneira diferente de tratar os escravos e, desde que não queiram fugir, serão sempre protegidos pelas cercas da fazenda.

– Não vamos querer deixar de lhe servir, *sinhô*. Aqui me sinto liberta!

Jacob sorriu e perguntou a Eleonora:

– Ernestina está fazendo tudo a seu gosto, minha querida?

– Sim! Hoje quem arrumou a mesa foi ela.

– Pensei que você a tivesse arrumado.

– Não! Veja como ela arrumou da maneira que costumo fazer.

– Estou vendo que o dinheiro foi bem empregado.

Jacob tomou café e saiu apressado, deixando Eleonora com Ernestina.

– Ernestina, quantos anos tem Rosalina?

– Ela está com treze anos, *sinhá*.

– Margarida está com doze anos e a companhia de Rosalina fará muito bem a ela. Justina, cuide das coisas na cozinha que vou com Ernestina à sala de costura. Peça a Januário para chamar Zulmira.

Na sala de costura, enquanto as duas escolhiam o tecido, Zulmira chegou.

– Zulmira, quero que confeccione roupas para Ernestina e sua família. Faça várias mudas de roupas para cada um deles e nas roupas de Rosalina coloque os laços de seda que tenho na caixa.

– Mas colocar laços de seda na roupa de uma negrinha? Não acha um desperdício?

– Por que toma por prejuízo eu querer ver os trabalhadores desta família bem-arrumados? Aqui não há distinção entre negros e brancos, patrões e empregados; perante os olhos de Deus somos todos iguais.

Enquanto elas estavam na sala de costura, Margarida desceu para tomar seu desjejum. Ao chegar à cozinha, viu Rosalina ajudando Justina.

– Quem é você?

– Sou Rosalina, *sinhazinha*. Seus pais nos compraram ontem à noite do *sinhô* Bernardo.

Margarida sorriu para Rosalina e disse:

– O que minha mãe a mandou fazer?

– Por enquanto sua mãe não me mandou fazer nada, por esse motivo, estou ajudando Justina.

– Rosalina, você ainda não tomou café. Sente-se naquela mesa e espere as ordens da *sinhá* – disse Justina.

Margarida, observando as roupas de Rosalina, comentou:

– Rosalina, venha até meu quarto, certamente há algum vestido que lhe sirva.

Rosalina ficou calada e olhou para Justina, estranhando a atitude da menina. Justina, então, disse:

– Não pode dar seus vestidos sem antes falar com a *sinhá*.

– Posso dar o que eu quiser, Justina! Os vestidos são meus e faço deles o que bem entender.

– Deixe de ser marota, menina! Como pode fazer algo sem antes conversar com sua mãe?

Nesse momento, Justina virou-se para o fogão e Margarida passou a fazer careta atrás dela. Ambas deram risada. Justina voltou sua atenção para a pequena Margarida de novo:

– Por que estão rindo?

As meninas ficaram em silêncio. Justina colocou a caneca de café com leite para Rosalina, que disse:

– Justina, é muito leite.

– Você não consegue tomar uma caneca de leite? É por essa razão que está magra como uma vara. Deixe de bobagem e trate de tomar o café e comer os bolinhos que sua mãe fez.

Margarida fitou Rosalina com carinho.

– Se não comer, acabará doente.

Rosalina, sem muita vontade, passou a entornar vagarosamente o leite e a comer o bolinho.

— Você tem de comer. Se a *sinhá* vir você comendo com esse descaso todo vai ralhar – disse Justina.

— Rosalina, tome todo o leite e coma pelo menos cinco bolinhos. É uma ordem!

— Essa menina saiu à mãe! Com essa pestinha da *sinhazinha* você vai engordar em pouco tempo...

Assim que Rosalina tomou o café, Margarida convidou:

— Venha, tenho um vestido que não uso há algum tempo, tenho certeza de que ficará bom em você. Afinal, você é bem menor que eu.

— Quando essa menina coloca alguma coisa na cabeça não há quem tire. Rosalina, obedeça, pois ela é pirracenta que só – disse Justina.

Assim que entraram no quarto, Rosalina, boquiaberta, não se conteve:

— Que quarto lindo! Tem cortinas, tapetes; enfim, tem tudo o que uma moça rica pode ter.

Margarida, diante da perplexidade da outra, falou:

— Você nunca entrou em um quarto como este?

— Só entrava no quarto da *sinhá* para ajudar a limpar, mas o dela não é tão bonito quanto este.

Margarida, sem dar muita atenção, abriu o baú e pegou um vestido verde com fitas brancas.

— Experimente este. Tenho certeza de que ficará bom em você.

— Perdoe-me, *sinhazinha*, mas não posso vestir este vestido.

— Por que não? Veja, está no baú, e os vestidos do baú não me servem mais.

— Sou uma escrava e conheço bem o meu lugar.

— Se você fosse minha amiga, aceitaria o vestido?

— Sim! Somente assim eu aceitaria um vestido como este.

— Você pode ser minha amiga e assim ficar com o vestido.

Nesse instante, Eleonora entrou no quarto da filha e, ao ver as duas meninas, sorriu.

— O que fazem aqui, meninas?

Margarida relatou o fato de querer presentear Rosalina com o vestido e ressaltou sua recusa.

— Por que não quer aceitar o presente de minha filha?

— Por que sou escrava, *sinhá*!

— Rosalina, tem uma coisa que vocês ainda precisam aprender: em nossa fazenda não há escravos, há cooperadores que trabalham para o bom funcionamento de tudo. Agora, tire esses trapos e vista o vestido que Margarida está lhe ofertando.

Margarida, ao ver que a menina não tinha roupa de baixo, perguntou:

— Você não usa calçola?

Rosalina, envergonhada, não respondeu. Margarida abriu uma de suas gavetas e pegou uma calçola de renda, que entregou à Rosalina.

Logo depois que Rosalina colocou o vestido e a calçola, Margarida continuou:

— O seu cabelo está feio, acho que é preciso pentear.

— Filha, o cabelo de Rosalina é diferente do nosso. Por ora, acho que está de bom tamanho ela estar vestindo roupas decentes.

— Mamãe, posso pentear os cabelos de Rosalina?

— Vou chamar Ernestina para pentear o cabelo dela.

Rosalina não cabia em si de felicidade. Depois daquele dia, as duas meninas nunca mais se separaram. A menina chamava Margarida de *sinhazinha*, mas, com o passar do tempo, certas formalidades foram deixadas de lado.

Margarida passou a dar aulas à Rosalina, e ambas passavam o tempo entre as aulas e as brincadeiras ao pé das árvores.

Durante a noite, Rosalina ficava com a família, que já residia em uma casa na fazenda. O tempo passou e a paz foi abalada quando Jacob deu uma triste notícia à Margarida.

— Minha filha, você já é quase uma moça e vejo que está na hora de você estudar na cidade. Uma dama precisa ampliar seus conhecimentos.

— Não vejo necessidade, o que sei já me é suficiente.

— Você vai para um colégio na cidade e não se fala mais nisso!

Margarida tentou conter seu temperamento ao responder.

— Perdoe-me, meu pai, mas não vou estudar em colégio algum! Sei ler, escrever, fazer contas e bordar, não acha que é suficiente?

– Como pode achar que é suficiente, se não tem a educação esmerada de uma dama? Sua mãe estudou em Paris e sua educação é invejável.

Margarida começou a chorar quando percebeu que seu pai não ia mudar de ideia.

– Não faça isso, meu pai – suplicou –, se eu for para a cidade, vou me sentir muito só. Além do mais, sou muito feliz aqui com todos.

– Você vai para o colégio da cidade!

Ao contar para Rosalina sobre a decisão do pai, Margarida abraçou a mucama.

– Como serão tristes os meus dias longe de você, minha irmã. Nada tenho a fazer a não ser obedecer ao meu pai.

– Vou perder minha irmã branca, pois, quando voltar, já terá uma nova amiga.

Margarida, com os olhos rasos d'água, abraçou-a e jurou que isso nunca aconteceria. Sentindo a dor invadir seu coração, disse à Rosalina:

– Rosalina, vamos fazer um passeio? Estou precisando desanuviar meus pensamentos.

Passeando pelas cercanias da fazenda, Margarida pegou um anel de arame que a própria Rosalina havia feito e passou a sua corrente de ouro por dentro do anel. Pegando com força nas mãos de Rosalina, disse em voz alta:

– Por Deus, juro que nossa amizade será mais firme que o ouro e estará mais unida que o cordão e o anel. Assim como esse cordão e esse anel estarão juntos para sempre, também nós estaremos juntas pela eternidade, e nosso coração estará sempre entrelaçado.

Nesse momento, as duas pegaram um graveto e fizeram um buraco próximo à cerca.

– Minha irmã, faço a você um juramento: mesmo que passem dias, meses e anos nada mudará entre nós. Nem a vida, nem a morte poderão me fazer esquecê-la. Nossa amizade será tão indissolúvel quanto o material depositado aqui. Que Deus a proteja todos os dias de sua vida. De hoje em diante, nossa amizade será eterna e infinita, assim como as estrelas do céu – disse Margarida.

As duas meninas, chorando, abraçaram-se como se fosse a última vez que estariam juntas. E, com os olhos marejados, Margarida continuou:

— Vamos à casa de Josino, tenho certeza de que ele terá bons conselhos a nos dar.

೮つೞ

— Boa tarde, Josino! Faz três dias que não nos vemos e hoje vim lhe trazer uma notícia que está corroendo nosso coração. Daqui a uma semana viajarei para a cidade porque preciso estudar. Meu pai acha que os conhecimentos que adquiri com dona Lola não são suficientes. Estou muito contrariada, pois a sua decisão me parece um tanto arbitrária. Ele nem se importou com os meus sentimentos! E, na verdade, o que mais me perturba é a ausência de minha amiga Rosalina, pois ela tem sido minha companheira há anos. Crescemos juntas, brincamos e fizemos muitas traquinagens. Quando me tornar a dona destas terras, eu mesma darei a ela a carta de alforria.

— Margarida, minha filha, já falamos sobre isso. Vocês não são irmãs de carne e sangue, mas o são de espírito, filhas do mesmo Pai, Deus, nosso Senhor. Os laços espirituais são os mais valiosos. Você já ouviu falar sobre o que aconteceu na fazenda dos Silva anos atrás?

Margarida, dizendo não se lembrar, passou a ouvir a narrativa do Preto-Velho.

— Leôncio da Silva, homem de má fama, tinha como hábito praticar crueldades com todos, especialmente com os negros. Achava que eles não eram gente, que tinham forma humana, mas eram animais. E, talvez por ter um coração tão cruel, foi que ele pagou tão caro. Leôncio tinha dois filhos: Pedro e João. Pedro era como o pai, castigava os negros sem piedade. Certa feita, numa taberna, ele gastou todo o dinheiro que tinha, pagando vinho a todos os presentes e na companhia de mulheres que cobravam caro pelos seus serviços. Só saiu da taberna quando seu dinheiro acabou. Sua esbórnia lhe custou caro. Chegou em casa antes de raiar o dia e correu ao seu quarto, fingindo dormir. Seu pai, que de nada desconfiou, o chamou.

Naquele dia, ele cumpriu com todas as suas obrigações, mas ficou pensando em como poderia voltar à taberna. Foi quando teve uma infeliz ideia: arrumaria uma confusão, dizendo que seu dinheiro havia sido roubado. Em casa, contaria ao pai que seus quinze contos de réis haviam desaparecido. E assim ele fez.

"– Papai, antes de percorrer a fazenda com o senhor, resolvi contar o dinheiro que me deu e imagine a surpresa que tive quando deparei com a guaiaca vazia. Fui roubado! Como passarei sem dinheiro?

"– Mas como foi roubado? Em nossa casa nunca sumiu um réis sequer!

"– O senhor não fará nada para castigar o culpado?

"Leôncio tinha mais afinidade com esse filho, nem sequer questionou sobre o assunto e permaneceu calado quando ele começou a falar impropérios sobre o irmão.

"– Na certa foi o João, pois só ele sabia que eu tinha essa quantia!

"Leôncio, então, resolveu apurar os fatos. Mandou que Firmino, o capataz, chamasse João, que estava no celeiro. O pai, assim que viu o filho, esbravejou:

"– João, houve um roubo em nossa casa, todo o dinheiro de seu irmão sumiu! Tem alguma coisa a dizer?"

– O que o João disse? – interrompeu Margarida, interessada.

– João negou o fato. Afinal, nada sabia sobre o desaparecimento do dinheiro. Leôncio, conhecendo muito bem o filho, acreditou nele. Pedro, percebendo que o pai acreditava em João, revoltou-se:

"– Se não foi o João, alguém o fez! O dinheiro estava em minha guaiaca, que agora está vazia.

"João era diferente de Pedro, era honesto, não tinha vícios, e não gostava da falta de caráter do irmão. Por tudo isso, eles mal se falavam.

"Leôncio mandou que Firmino fosse até seu gabinete e, interrogando-o, nada conseguiu arrancar dele. O capataz desconhecia os fatos; sequer desconfiou de que estava sendo o suspeito. Mas Leôncio, querendo dar logo o caso por encerrado, preferiu acusar Firmino, lançando-lhe pragas e dando a sentença:

"– Será preso no tronco e receberá cem chibatadas.

"João, intercedendo por Firmino e sabendo das escapadas do irmão à taberna do Chico à noite, argumentou:

"– Senhor meu pai, não faça isso, pode estar cometendo uma injustiça.

"– Está bem, João, se não quer que Firmino vá para o tronco, ele não irá. Mas preste atenção no que vou fazer. Daniel, pegue um facão e corte um dedo da mão direita desse ladrão!

"João, inconformado com a tirania do pai, jurou descobrir a verdade, pois sabia que Firmino jamais roubaria qualquer um daquela casa; afinal, fazia muitos anos que ele trabalhava na casa-grande e isso nunca havia acontecido.

"Pedro, por sua vez, ficou contente com a decisão do pai, pois seria reembolsado com os quinze contos de réis.

"Naquela noite, João fingiu dormir e escutou o barulho do cavalo preso à mangueira, constatando que Pedro saíra. Assim, levantou-se disposto a ir até a taberna do Chico. Contudo, não foi sozinho; levou Honório, um negro de meia-idade muito esperto que, com seu jeito matuto, ficou ouvindo as conversas na taberna. Não foi difícil descobrir sobre os abusos de Pedro.

"Chico, o dono da taberna, que bebia animadamente com uma mulher, disse a Honório:

"– Pedro é um dos meus melhores fregueses, pois gastar quinze contos de réis em uma única noite não é para qualquer um.

"Assim que Honório descobriu isso, procurou João.

"– Patrãozinho, fiquei sabendo por Chico que Pedro gastou quinze contos de réis na noite passada com bebida, mulheres e jogo.

"– Miserável! Papai precisa saber o filho que tem.

"Ao chegar a casa, João encontrou o pai dormindo a sono solto. Chamou-o na sala e lhe contou tudo o que havia descoberto sobre as leviandades do irmão.

"Leôncio ficou aborrecido, mas se sentiu ainda pior ao saber que Firmino falecera durante aquela mesma noite, esvaindo-se em sangue.

"– Derramou sangue de um inocente! Tentei impedi-lo de cometer tal desatino, mas o senhor não me deu ouvidos, preferindo acreditar nas mentiras de Pedro, que inventou essa história de roubo, por saber que o senhor lhe daria outros quinze contos de réis, como de fato ocorreu, mas a vida de Firmino não poderá ser resgatada.

"A partir desse episódio, Leôncio mandou que Sebastião guardasse a casa e atirasse em quem saísse, para matar. Pedro ficou sabendo que sua farsa havia sido desmascarada e começou a nutrir verdadeiro ódio no coração, mas resolveu permanecer em casa, pois sabia que corria risco de morte caso saísse.

"Depois de certo tempo, quando todo aquele incidente parecia esquecido, Pedro começou a se aproximar de João, fingindo que havia mudado. João, acreditando na aparente mudança de Pedro, deixou-se levar pelas conversas sutis do irmão.

"Certo dia, Pedro, sabendo que era mais forte que João, convidou-o a ir banhar-se no rio que ficava fora das terras de Leôncio. João, sem desconfiar das armações dele, o acompanhou. Ao chegarem, Pedro tirou a roupa e entrou no rio. Na parte funda, fingiu que estava sentindo fortes cãibras na perna e começou a gritar por socorro. Quando João se aproximou, ele começou a lutar com o irmão tentando afogá-lo. Só conseguiu seu intento quando João foi vencido pelo cansaço. Ao perceber que o irmão estava morto, deixou-o ali e voltou para a margem. Vestiu-e foi para a casa como se nada tivesse acontecido.

"Mas, como nada fica escondido... Um escravo viu o que Pedro havia feito e contou para outros escravos da fazenda. Contudo, a história não chegou ao ouvido do patrão, pois os escravos tinham medo de falar, temendo punição.

"Quando começaram as buscas por João e o corpo foi descoberto, Leôncio se desesperou, e Pedro também fingiu uma dor que estava longe de sentir.

"Leôncio, consternado, chorou muito ao ver o filho morto e, abraçando Pedro, desabafou:

"– Meu filho, tudo o que é meu é seu; já não tenho mais o João, mas ainda me resta você.

"Leôncio, depois da morte do filho, já não era mais o mesmo e, com o passar do tempo, perdeu a alegria de viver. A esposa já havia falecido havia quase vinte anos.

"Mas os rumores do assassinato começaram a correr. Leôncio, temendo que os boatos fossem verdadeiros, chamou o filho para uma conversa e, para sua surpresa, Pedro confessou ao pai sobre seu erro. Irado, ele mandou o filho embora sem nenhum dinheiro para garantir sua sobrevivência.

"Arrependido, Leôncio foi definhando e antes de morrer acabou com todos os seus bens. Vendeu a fazenda, os gados, os escravos, as plantações. Alguns dizem que ele enterrou o dinheiro, outros que ele colocou tudo em um saco e jogou no rio. Pedro foi trabalhar em uma fazenda como capataz e passou a maltratar os negros.

"Certa vez, quando foi castigar um negro, este o matou com golpes de capoeira. Portanto, tudo o que fazemos, sempre volta para nós."

– Que história triste – disse Rosalina.

– É, minha filha. Como disse Jesus: "Quem com a espada fere, com a espada será ferido".

– Talvez Pedro tenha achado que ninguém iria descobrir as suas maldades – afirmou Margarida.

– Muitas vezes, fazemos algo achando que ninguém saberá, porém tudo vem à tona em seu devido tempo. Além do mais, podemos até esconder um passo em falso, mas jamais poderemos fugir de nossa consciência, que cobra dia após dia pelo nosso erro. Lembrem-se de que Pedro, por mais que tentasse levar a sua vida normalmente, sempre carregou o peso da culpa nos ombros. Além disso, ficou obsediado pelo espírito de Firmino, que passou a persegui-lo.

– Mas o que isso tem a ver com o problema que estamos enfrentando? – perguntou Margarida.

– Essa história tem muito a ver com vocês. O fato é que vocês são unidas pelo espírito, embora não tenham o laço de sangue. Pedro e João tinham laços de sangue, mas não laços do espírito, porque, se assim o tivessem, Pedro jamais pensaria em fazer mal a João. Quando os laços espirituais unem duas pessoas, elas simplesmente se amam, sem cobranças. Quando há o amor fraternal, nem mesmo a morte poderá separá-las, porque a morte acaba com o corpo e não com o espírito e os sentimentos.

– Mas como o espírito pode manter os mesmos sentimentos? – perguntou Rosalina ingenuamente.

— É simples: quando a pessoa morre, ela continua sendo a mesma de antes e mantém os mesmos sentimentos. A morte não existe, apenas deixamos de viver em corpo de carne e passamos a viver em espírito, que é a verdadeira vida. O amor que as une continuará a uni-las sempre. Vocês estão ligadas a um sentimento mais forte, que é o amor fraterno, e esse sentimento vai acompanhá-las para aonde quer que vão. Rosalina, procure entender que não é o fato de Margarida estudar na cidade que vai separá-las. O amor que as une não se apagará com a distância, apenas vai gerar saudades, e alegria quando se reencontrarem.

Rosalina pensou: "Preto-Velho é sábio mesmo! Cheguei aqui com o coração oprimido e agora já estou me sentindo aliviada. Mesmo que Margarida fique na capital por muito tempo, ela continuará a ser sempre minha irmã".

Margarida, embora tenha permanecido calada, pensou o mesmo e, sorrindo, estendeu a mão à Rosalina, como a selar para sempre aquela amizade. Depois comentou:

— Josino, preciso voltar para a casa-grande; minha mãe ralha quando demoro.

— Vá em paz, pois você vai para a capital, mas quando voltar será para ficar.

Rosalina e Margarida se aproximaram de Josino, beijando-lhe as faces.

— É por essa razão que as duas se dão bem: são duas pestinhas!

Antes de chegarem à casa-grande, Rosalina falou, satisfeita:

— Hoje descobri uma coisa importante: apesar de termos a cor da pele diferente e você ser a minha *sinhazinha*, será sempre a minha irmã em espírito.

— Rosalina, eu nunca a vi diferente, para mim você sempre foi igual a mim e sempre será. Mesmo que eu vá para a cidade, sempre estará comigo em meu coração.

O Perdão É um Bálsamo

Os dias passaram rapidamente e, embora as duas meninas soubessem que eram irmãs no espírito, o coração delas estava abatido pela separação.

Quando chegou a hora da partida, Margarida e Rosalina se abraçaram chorando, ambas se lembrando da promessa que haviam feito.

Rosalina ficou observando a carruagem levantar poeira pela estreita estrada e, chorando, disse baixinho:

— Você sempre estará em meu coração.

Eleonora chorava copiosamente por ver a filha partir. Os escravos que ficaram observando a cena também sentiram-se tristes.

Os dias passavam e para Rosalina tudo era tristeza e solidão. Embora os dias primaveris fossem lindos, a mocinha sentia a falta de Margarida.

Rosalina passou a ajudar a mãe na cozinha, uma vez que Justina ficava em sua casa. Eleonora começou a se preocupar com a menina, pois, à medida que os dias passavam, ela comia menos e emagrecia a olhos vistos. Não era incomum encontrá-la chorando no quarto de Margarida.

Certa noite, quando estavam deitados, Eleonora falou ao marido sobre sua preocupação.

— Jacob, estou preocupada com Rosalina.

— Preocupada com Rosalina? O que ela aprontou desta vez?

– É justamente por isso que estou preocupada. Rosalina já não é a mesma menina vibrante de antes, agora vive escondida no quarto de Margarida chorando sua falta.

– Isso passa! Com o tempo ela se acostumará a viver sem nossa filha.

– Não vê que a pobrezinha está sofrendo?

– O que você quer que eu faça? Nossa filha precisa aprender bons modos e não pense que vou trazê-la de volta porque a mucama está sentindo sua falta.

– Jacob, nunca pensei que você fosse tão indiferente aos sofrimentos alheios!

– A culpa de tudo isso é sua! Se tivesse dado mais trabalho para Rosalina ela não teria se apegado tanto à Margarida!

Eleonora, ignorando as últimas palavras do marido, calou-se a fim de evitar uma discussão.

No dia seguinte, Jacob levantou-se e, indo diretamente à cozinha, perguntou a Ernestina:

– Como está Rosalina?

– Está sentindo falta da *sinhazinha*. Nunca pensei que fosse sofrer tanto com essa separação.

– Vou tomar o café da manhã e, assim que ela vier ajudá-la, diga que quero conversar com ela em meu gabinete.

Ernestina achou que o patrão fosse ralhar com a filha, porém fez o que ele havia ordenado. Jacob estava em seu gabinete quando ouviu as batidas suaves à porta.

– Entre!

– O *sinhô* quer falar comigo? Fiz alguma coisa errada?

– Eleonora está preocupada com você! Disse que não se alimenta direito e vive no quarto de Margarida.

– *Sinhô*, não irei mais ao quarto de Margarida.

– Rosalina, compreendo que sente falta de Margarida, mas ela precisa aprender os bons modos de uma dama. Não quero que fique sem comer e saiba que logo ela voltará para nos visitar.

– Eu sei que Margarida virá para passar uns dias na fazenda, mas nada mais será como antes, agora ela tem novas amigas e já não se lembrará mais de mim.

– Entenda uma coisa, mocinha, minha filha a tem como uma irmã; portanto, se esse é seu medo, pode ficar sossegada. Na semana passada recebi uma carta de Margarida em que ela perguntava sobre você. Mandou dizer que não é para esquecer da promessa.

Nesse momento, o rosto de Rosalina iluminou-se em um sorriso, pois somente elas sabiam daquela promessa.

– Não quero vê-la triste pelos cantos, antes quero que volte a ser a menina alegre de outros tempos e que se alimente, pois quando Margarida chegar não pode pensar que a estou colocando no tronco! – brincou o fazendeiro, que se condoía pela situação da menina.

– Farei o que está mandando! De hoje em diante, vou comer melhor e não vou mais chorar por Margarida.

– Mas agora me diga: que promessa é essa que fizeram?

– Nunca devemos falar a ninguém sobre a promessa que fazemos, *sinhô*. – Dizendo isso, pediu licença e saiu.

Jacob pensou: "Esse sentimento é puro e jamais farei alguma coisa para atrapalhar".

Depois dessa conversa ela não foi mais vista tristonha e procurou comer mesmo contra a vontade, para que quando a amiga chegasse não a encontrasse tão magra.

Enquanto isso, no colégio, Margarida estudava com afinco, sonhando com o momento de voltar para sua casa. Levou a sério o juramento que fez à mucama, de modo que não se entrosou com nenhuma menina.

Os anos se passaram rapidamente e Margarida, embora escrevesse cartas para os pais todas as semanas, vez por outra se pegava pensando em Rosalina e no que estaria fazendo.

Certa tarde, depois de sair da aula de música, Margarida sentiu seu rosto queimar em febre. Como não havia se alimentado, desmaiou. Mas sua febre piorou e ela tossia sem parar. Embora a professora de bordado fizesse de tudo para a febre baixar, ela persistia.

Maria, a professora de música, chamou um médico, que chegou rapidamente ao colégio e constatou que Margarida contraíra pneumonia. Dona Bernadete, preocupada com o contágio, tratou de informar os pais de Margarida e mandou-a para casa.

Ao saber da notícia, Eleonora ficou desesperada, pois muitos morriam em decorrência da doença. Rosalina disse:

— Fique calma, *sinhá*, eu cuido dela e faço isso de coração, pois, se ela tiver de morrer, que Deus a poupe e me leve em seu lugar.

Eleonora, ao ouvir o comentário da menina, ficou impressionada. Chorando, abraçou-a.

— Bendita a hora em que eu os trouxe para esta casa, vocês só me trouxeram alegria.

Rosalina sentia um misto de emoções. Ao mesmo tempo que se sentia alegre porque teria Margarida de volta, não deixava de ficar preocupada com o seu estado de saúde.

Depois de cinco dias, Margarida chegou. Sentia-se feliz por estar em casa, mas também cansada devido à febre, que não dava tréguas.

Rosalina, ao ver a moça descer da carruagem, correu ao seu encontro sentindo grande felicidade no coração. Abraçou-a e percebeu que ela estava muito abatida.

Margarida, retribuindo o abraço, sorriu para a mucama.

— Rosalina, não sabe a falta que senti de você durante todo esse tempo...

Jacob, observando a alegria das duas meninas, pensou: "Separar essas criaturas foi mesmo uma maldade..."

Preocupado com a filha, chamou o doutor Afonso para uma consulta. Margarida recebeu visitas de alguns escravos, como a de Josino.

Com o passar dos dias e o carinho de todos os que a amavam, ela foi melhorando. Eleonora passou a ficar a maior parte do tempo no quarto da filha.

Numa noite, Eleonora acordou ao ouvir um ruído vindo do quarto de Margarida. Preocupada, levantou-se e, ao chegar à porta, qual não foi sua surpresa ao ver Rosalina se deitando lentamente no chão, ao lado da cama de Margarida.

Eleonora voltou para o seu quarto e acordou o marido.

– Jacob! Acorde!

– O que há? Aconteceu alguma coisa com Margarida?

– Acalme-se, homem de Deus! Margarida está bem.

– Se está tudo bem, por que me acordou?

Eleonora passou a falar baixo sobre o que viu no quarto da filha, e Jacob, sorrindo, respondeu:

– Eleonora, acho que cometi um grande erro em mandar Margarida à capital da província; separar essas duas crianças foi uma maldade.

– Venha! Veja com os próprios olhos.

Jacob levantou-se vagarosamente e viu Rosalina dormindo no chão ao lado da cama, com a cabeça apoiada sobre o braço. Voltando ao quarto, falou:

– Providencie uma cama para Rosalina e coloque ao lado da cama de Margarida.

– Minha filha não podia ter escolhido amiga melhor e mais fiel que Rosalina. Somos testemunhas do quanto ela sofreu durante o tempo em que nossa filha esteve na capital.

– Por favor, deixe-me dormir, estou cansado e tenho de levantar cedo.

Eleonora não sabia que Rosalina já havia ido dormir às escondidas no quarto de Margarida havia três noites.

No dia seguinte, Eleonora mandou que fosse colocada uma cama ao lado da cama de Margarida, o que deixou as duas meninas felizes.

Assim que Margarida melhorou, Eleonora não mais permitiu que a menina voltasse ao colégio. Rosalina exultou, pois tudo saíra como imaginara.

A paz e alegria continuavam a residir no lar da família Cunha; todos estavam bem.

A amizade das meninas se estreitou ainda mais com a doença de Margarida. Enquanto Rosalina desfrutava da companhia da *sinhazinha*, as coisas na fazenda transcorriam normalmente.

Benedito trabalhava com alegria na casa do coronel Jacob. Embora continuassem sob o regime de escravidão, os negros da fazenda eram livres, cada família tinha sua casa com direito a horta e os que desejavam podiam até criar galinhas para seu sustento. Domingo era dia de descanso e podiam pescar, caçar e fazer o que bem desejassem. Além disso, ali ele trabalhava ao lado dos filhos.

Na fazenda vizinha, o capataz os obrigava a trabalhar separados, pois acreditava que juntos o serviço não rendia. Na verdade, era uma desculpa de Bernardo, que temia que os negros se juntassem com os filhos e fugissem para o quilombo.

A cada dia Jacob se afeiçoava mais a Benedito, que, com o tempo, descobriu ter uma personalidade alegre e espirituosa. O escravo era um bom contador de anedotas, e também gostava de cantar.

Era comum nas tardes de verão Benedito procurar por Josino para conversar. Em uma dessas visitas, Benedito comentou:

– Josino, sou feliz aqui neste lugar como nunca imaginei ser um dia, mas, às vezes, penso que não mereço tanto...

– Dito, aprenda a aceitar tudo o que vem de Deus, pois cada um tem o que merece e, se você está sendo feliz, é porque Deus achou que você merecia.

Todas as vezes que Benedito saía da casa de Josino, olhava para o céu e agradecia a oportunidade recebida. Nas noites enluaradas, Benedito fazia fogueira no terreiro e convidava todos os negros para se reunir em volta do fogo. Se antes Benedito era arredio e introspectivo, ali passou a mostrar sua alegria por estar servindo tão bom senhor.

Em uma noite quente de verão, Benedito fez uma fogueira e os negros se reuniram ali. Os mais velhos ficaram conversando, enquanto as crianças brincavam em volta da fogueira.

Naquela noite, Benedito estava inspirado e passou a inventar anedotas, com as quais todos gargalhavam alto. Jacob, que havia terminado o jantar, ouviu as gargalhadas dos negros e o alarido das crianças. Assustado, disse para a esposa:

– Eleonora, o que está acontecendo lá fora? Ouça! Não é um ritual religioso, ouço gargalhadas.

– Que bom que estão gargalhando, isso mostra que estão felizes. Essas pobres criaturas já sofreram tanto...

– Vamos ao terreiro para saber o motivo de tanta alegria.

– Mas o que faremos lá? Eles não nos convidaram...

– Não preciso de convite, afinal, sou o dono do terreiro.

Assim, Jacob ofereceu o braço à esposa e juntos saíram. E qual não foi a surpresa ao ver que Benedito era o centro das atenções. Benedito, sempre solícito, ficou satisfeito ao ver o coronel e a esposa entre eles. Sorrindo, correu para arranjar-lhes cadeiras para que pudessem se sentar.

Naquela noite, Benedito estava inspirado e continuou a contar anedotas e casos descabidos somente para fazer os outros rir.

Ernestina chegou e não gostou de ver o marido contando mentiras; por esse motivo, de cenho fechado, disse:

– Dito! Pare de falar besteira!

– Vamos ser felizes, mulher! A vida é muito curta e precisamos aproveitar.

Eleonora acabou concordando com ele, que tornou a contar lorotas para que todos continuassem a rir.

Jacob, tarde da noite, falou:

– Por hoje chega! Amanhã levantaremos cedo e mandarei ao tronco aquele que chegar atrasado – brincou o patrão.

Benedito respondeu:

– O *sinhô* pode mandar Ernestina em meu lugar!

Ernestina, que já estava irritada com Benedito, ficou calada enquanto Jacob caiu na gargalhada.

A irreverência de Benedito era comentada por todos, e por este motivo ele se tornou muito querido, fazendo com que sempre perguntassem por ele quando, por um motivo qualquer, não estivesse presente.

Para o trabalho, Benedito nunca fora indolente. Mas desde que chegou àquela fazenda habituou-se a realizar trabalhos leves, pois o próprio coronel poupara-o de trabalhos pesados para que à noite ele estivesse bem-disposto.

Jacob também comentava com Eleonora que comprar Benedito fora a melhor coisa que havia feito.

Em uma manhã, Silvino estava distribuindo tarefas quando percebeu que Carmosino não estava bem e, fixando o olhar no negro, perguntou:

– O que está havendo com você, Carmosino?

– Não estou me sentindo bem! Estou com febre.

Silvino lembrou-se das ordens do coronel e, com olhar compassivo, disse ao homem:

– Volte para casa e tome remédio! O patrão não quer que ninguém trabalhe doente.

Carmosino, obedecendo às ordens de Silvino, retirou-se e voltou para casa. Silvino ficou pensando em quem colocar no lugar de Carmosino, no celeiro. Depois de olhar para todos os negros, escolheu Benedito, que, embora não gostasse da ordem, resolveu obedecer, pois sabia que o coronel repreendia aqueles que desobedeciam às ordens de Silvino.

Ao chegar ao celeiro, Benedito viu que havia muitas sacas de café para empilhar e, mesmo sendo franzino, não demorou para arrumar tudo.

Assim, a parte da manhã transcorreu tranquilamente. Logo depois do almoço, Benedito, percebendo que os companheiros que estavam costurando sacas não estavam vencendo o serviço, resolveu encostar-se a uma das sacas e, vencido pelo cansaço, adormeceu.

Silvino ficou mais de um quarto de hora sem entrar no celeiro e, ao se lembrar de Benedito, foi ver o que ele estava fazendo. Ao entrar, o capataz ouviu um barulho estranho.

Andando lentamente, constatou que o barulho era de ronco e, sorrindo, saiu sorrateiramente a fim de chamar o patrão para que visse com os próprios olhos. Silvino encontrou Jacob observando os trabalhos dos negros.

– Patrão, peço que venha até o celeiro, o senhor precisa ver algo...

– Mas o que está havendo no celeiro?

– É melhor o senhor ver com os próprios olhos, pois, se eu disser, talvez o senhor não acredite em mim.

– Que barulho é esse? – perguntou Jacob ao entrar no lugar.

– Veja o senhor mesmo!

Jacob caminhou na direção apontada por Silvino e, ao chegar mais perto, gritou:

– Benedito! O que é isso?

Benedito, que dormia a sono solto, assustou-se e, abrindo os olhos e vendo a fisionomia brava do patrão, levantou-se em um só pulo.

– Escravo preguiçoso!

Tremendo, ele ficou segurando o chapéu enquanto ouvia a bronca.

– Sempre procurei tratar a todos da sua gente com bondade e o que recebo em troca? Nada! A não ser o pão da preguiça. Vou colocá-lo à venda; antes mandarei reerguer o pelourinho somente para castigá-lo! E, com você, vai toda sua família, pois não quero separá-los.

Benedito, com lágrimas nos olhos, suplicou:

– Por Deus, senhor! Não faça isso comigo. Se quiser pode me colocar no tronco e até me matar, mas não venda nem a mim nem a minha família. Eles não são culpados pelos meus erros.

Chorando, Benedito caiu aos pés do coronel Jacob. Silvino não pensou que o coronel fosse ficar tão bravo e, sentindo remorso por tê-lo informado, tentou intervir em favor de Benedito.

– Patrão, peço que dê uma chance a Benedito, mesmo porque fui o responsável por ele cometer essa infração. Se ficasse de olho, ele jamais teria feito o que fez!

– Silvino, em minha fazenda os negros são livres; não suporto a ideia de os negros trabalharem sob pressão.

Jacob não estava falando sério quando disse aquelas palavras duras; sabia que jamais teria coragem de vender Benedito e sua família.

– *Sinhô*, por Deus eu lhe peço, não faça isso! Cometi um erro, bem sei, mas juro que isso não vai mais se repetir!

– Levante-se, não farei nada desta vez, mas, se outra acontecer, você verá do que sou capaz!

Jacob saiu do celeiro e continuou a andar pensando na cena que havia presenciado. Sem se conter, caiu na gargalhada; afinal, nunca pensara em pegar um negro dormindo a sono solto em pleno horário de trabalho.

Benedito voltou ao trabalho. Nunca mais incorreu em erro algum, pois temia que Jacob fizesse o que havia prometido; afinal, trabalhar para aquele bom homem era sua alegria.

ఇరణ

Os filhos de Benedito eram completamente diferentes entre si. Ageu era revoltado com sua situação de escravo, já Natanael tinha um temperamento mais calmo e um bom coração, como os pais. Em seus momentos de folga, conversava com Josino, pois admirava a sabedoria daquele homem de idade avançada.

Em uma tarde em que o sol já se escondia no horizonte, Natanael admirava a beleza da natureza e passou a fazer indagações sobre Deus. Não conseguiu chegar a lugar algum, e por essa razão decidiu que iria conversar com Josino.

Silvino havia dado ordem para recolher as ferramentas. O dia havia chegado ao fim. Natanael continuou observando o sol que caía rapidamente e isso o levou a pensar: "Por que tudo é tão bonito enquanto a vida dos negros continua tão feia? Será que realmente Deus existe ou será apenas mais um conto para preencher nossa mente vazia?"

— Pai, vou visitar Josino, logo volto para casa.

Benedito aconselhou:

— Não demore, pois, se sua mãe chegar da casa-grande e não o encontrar, vai ralhar comigo.

Natanael prometeu que não demoraria, de modo que rodopiando nos calcanhares seguiu em direção à casa do Preto-Velho. Encontrou Josino sentado no alpendre. Sorrindo, cumprimentou-o.

Josino gostava muito de Natanael e retribuiu o cumprimento com um sorriso de satisfação.

— Pelo jeito teremos um bom dedo de prosa.

— Não é para isso que estou aqui? Como sabe, gosto de conversar com o senhor, pois sempre aprendo alguma coisa.

Natanael passou a falar sobre os trabalhos na fazenda e em como estavam abarrotados os celeiros do coronel Jacob. A conversa transcorria tranquilamente quando o rapaz perguntou:

— Josino, responda-me, quem é Deus?

— Bem, meu filho, Deus é a inteligência maior, a inteligência que criou todas as coisas e todas as formas de vida. Observe o céu — continuou

Josino –, veja as estrelas; elas evidenciam a grandiosidade de Deus. Tudo o que respira é criação de Deus, mas o que não respira também é, assim como as estrelas, que não respiram, não têm vida própria, mas exprimem a beleza e o bom gosto do Criador. Deus, meu filho, criou o homem, as plantas, os animais; enfim, Deus criou tudo com as condições certas para sobreviver. Durante o dia, temos o sol que serve para aquecer e também como fonte de energia; ele faz tudo o que plantamos crescer. Deus, com seu amor, deu-nos dois grandes presentes: o sol e a lua, que enfeita as noites enchendo nosso coração de alegria por estarmos vivos. Tudo isso nos faz pensar em um Ser inteligente, que criou todas as condições possíveis de vida. Já imaginou se não tivéssemos a lua à noite, como tudo seria escuro e tenebroso?

Natanael, que olhava para as estrelas, concordou com Josino.

– Mas por que Deus fez tudo isso?

– Deus, em sua grande sabedoria, criou tudo com amor. Deus é amor, e, por esse amor, criou tudo o que você está vendo, desde a formiga até o imenso sol. Portanto, nada escapa aos olhos atentos de Deus.

– A terra e os céus são lindos, só temos motivos para agradecer a Deus por tanta beleza – respondeu Natanael.

– Deus criou todas as belezas que vemos, mas com tanta beleza também há responsabilidades, pois o plantio é livre e a colheita é obrigatória.

– Por que você diz isso?

– Porque nossas ações são como um plantio, tudo o que quisermos fazer, poderemos fazê-lo, pois Deus nos deu o livre-arbítrio. Mas não devemos esquecer que Deus não vai nos poupar das consequências; portanto, o plantio são as nossas ações, e a colheita, o resultado delas. Se as nossas ações forem más, a dor virá sem demora. Por outro lado, se forem boas, colheremos a bondade à beira do caminho. É muito simples de entender: não é comum ouvirmos histórias sobre as fugas em determinadas fazendas? Os negros, muitas vezes, morrem durante a captura, e, quando isso não acontece, mesmo passando fome, frio e coisas assim, eles se arriscam para chegar ao quilombo.

Natanael não conseguia compreender onde o ancião estava querendo chegar, por essa razão ficou calado esperando Josino concluir a explicação.

– Muitos fazendeiros acabam tendo grandes prejuízos com esses negros fujões. Eles não se preocupam com a dor dos negros, tampouco com seu sofrimento. Por outro lado, os escravos pouco se importam com que a fuga vá acarretar prejuízos aos senhores de escravos. Tudo isso é consequência dos atos praticados pelos *sinhôs*. Em contrapartida, pense no *sinhô* Jacob. Os negros daqui, embora não sejam alforriados, são livres; as famílias têm suas casas, vestem-se bem, têm alimento em abundância, mas têm de cultivar a terra, porque o coronel dá terra para todos, folgas semanais e proíbe o uso da chibata, porque sabe que isso humilha nossos irmãos. Somos tratados com respeito, não há capitão do mato e por tudo isso ninguém vai embora. Sabe por quê?

– *Ara*, Josino, porque aqui ninguém é louco de fugir, como o senhor mesmo disse. Embora continuemos cativos, somos livres sob os cuidados do coronel Jacob.

– Muito bem! – disse Josino com um sorriso. – Os negros daqui não vão embora porque levam uma vida decente e tudo o que está ao alcance do coronel, ele faz para ajudá-los. O coronel Jacob tem a gratidão de todos e eles jamais ousarão fugir para o quilombo, causando-lhe prejuízos. Esse é o retorno por ser bom para a nossa gente. É como dizia um velho ditado que aprendi com minha mãe: "O bom de si se serve". Isso quer dizer que pelo fato de ser bom ele está se servindo de um bom retorno. Nesta vida temos dois caminhos a seguir: o primeiro é o caminho do bem e do amor ao próximo, cujos benefícios receberemos prontamente por fazê-lo, e o segundo caminho é o do mal. O coronel Jacob está plantando bondade e, ao mesmo tempo, colhendo gratidão. Natanael, procure seguir o caminho do bem e você compreenderá plenamente o que estou querendo dizer. Há muitos de nossa gente que não perdoam os *sinhôs* e os capitães do mato; talvez, se perdoassem, viveriam melhor.

– Quando éramos escravos do *sinhô* Bernardo, sempre ouvíamos o Tobias falar que uma hora ele iria entrar escondido na casa-grande e matar o *sinhô*. Meu pai o aconselhava a tirar essa ideia da cabeça. Um dia Tobias estava com uma negra com quem o capitão do mato havia se enrabichado e por conta disso foi chicoteado, mas, com vários golpes de capoeira, Tobias acertou o capitão do mato, que passou a gritar por socorro. Na noite seguinte, o capataz foi até a senzala e viu a mesma negra sorrindo maliciosamente para Tobias. Depois dessa noite ela ficou prenha e Tobias não pensava em outra coisa a não ser em se vingar do capitão do mato. Mas, com o tempo, Tobias enlouqueceu e um dia acabou matando o capitão do mato no meio do cafezal.

— E o senhor acha que o ódio de Tobias o enlouqueceu?

— Sim. O ódio faz mal a quem o sente e também a quem é objeto dele.

— Por quê?

— Lembro-me de quando o pai do coronel comandava estas terras. Ele era tirano e maltratava os negros. Havia um escravo que se chamava Osório e o odiava porque ele havia vendido seus filhos. O ódio o fez adoecer e ele morreu dizendo que mesmo depois de morto iria se vingar do coronel Alfredo. Quando odiamos alguém, os primeiros efeitos desse sentimento nocivo são contra nós mesmos, só depois atingem o objeto do ódio. Quem odeia, paga muito caro por esse sentimento. Jesus sabia disso, por esse motivo exortava seus seguidores a perdoar sempre, não uma ou duas vezes, mas setenta vezes sete. Isso quer dizer ilimitadamente. Jesus tinha motivos para odiar os seus algozes, mas pediu a Deus por eles, solicitando que Ele os perdoasse. O ódio é uma ferida que dilacera o coração, e o perdão é o bálsamo curativo. Sempre que formos impelidos a fazer o mal, devemos fazer uma oração. Dessa forma, irmãos que habitam o outro lado da vida virão nos ajudar com bons pensamentos. Deus, meu filho, está sempre disposto a nos ajudar, cabe a nós pedirmos ajuda e termos bons pensamentos.

Natanael ficou surpreso com as explicações de Josino, que eram simples e de fácil entendimento. Sonhava em se tornar um ser tão sábio quanto Josino. Depois dessa conversa, Natanael se despediu.

REVOLTA

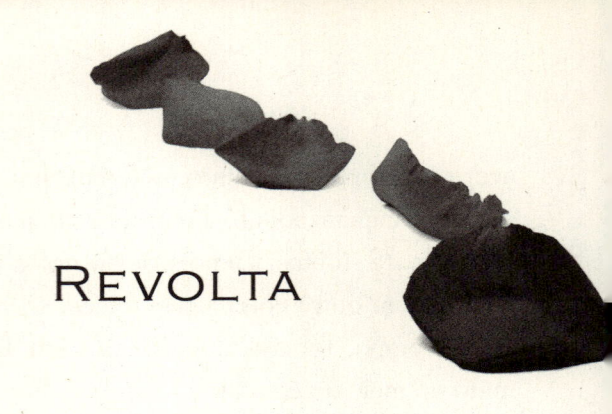

Certa feita, Ageu e Natanael foram conversar com Josino, e este perguntou a Ageu:

— Está feliz por trabalhar com um *sinhô* bom como o coronel?

— Quem é feliz sendo escravo?

— Aqui na fazenda do coronel ninguém é escravo, e cada família de tem alimento em abundância e casa para morar.

— Vocês se enganam quando pensam que o coronel é diferente; na verdade, ele é apenas mais esperto que os demais fazendeiros.

— Por que pensa que o coronel é esperto, Ageu?

— Porque ele dá algumas migalhas aos negros, e eles, em gratidão, aumentam a produtividade, enchendo seu celeiro e bolso com centenas de contos de réis.

— Ageu, os negros têm regalias na fazenda, mas o coronel poderia fazê-los trabalhar como os outros fazendeiros o fazem.

— O patrão está ficando cada vez mais rico. E nós, o que temos? — Ageu perguntou com raiva, confrontando Josino. — Nada! Nem mesmo nossa liberdade.

— Ageu, tome cuidado, você já foi contaminado pela serpente venenosa da revolta, mas, enquanto sentir esse ódio em seu coração, não aproveitará esse momento em que o nosso povo é feliz sob os cuidados do coronel.

— É por essa razão que somos escravos! Em vez de lutarmos pela liberdade, ficamos gratos pelas migalhas que esses brancos malditos nos dão.

Josino, com pena do menino, decidiu se calar.

❧❧❦

Na tarde seguinte, o coronel Jacob, sentindo falta de Josino, resolveu lhe fazer uma visita no fim do dia. Ao chegar ao casebre, o coronel encontrou o Preto-Velho arrancando o mato que crescera ao lado de sua casa. Percebendo a dificuldade do pobre ancião, indagou:

— Josino, o que está fazendo?

— Estou arrancando o mato. Mas, como os anos pesam, não posso mais com o peso da enxada.

— Não precisa fazer isso, amanhã mandarei alguém aqui para limpar seu quintal.

Josino sorriu e agradeceu o gesto do patrão.

— Percebo que o patrão não está nada bem! Aconteceu alguma coisa?

Jacob, desanimado, sentou-se no banco que ficava ao lado da soleira da porta e, levando a mão à cabeça, desabafou:

— Josino, estou preocupado com Ageu. Cada dia que passa ele está ficando mais revoltado. Procuro tratá-lo com bondade, não permito que faça trabalhos pesados, e mesmo assim ele continua a sentir ódio. O que lhe fiz para me odiar dessa maneira?

— Coronel, compreenda que não podemos esperar dos outros o que eles não têm condições de dar. Ageu é diferente, não enxerga bondade nos atos alheios.

— Hoje vi que ele estava trabalhando com descaso e perguntei: "Venho percebendo que você não está satisfeito. Tem alguma coisa que o incomoda? Conte-me, quem sabe podemos sanar o problema!"

— E qual foi a resposta do menino, *sinhô*?

— Ageu olhou-me e disse com ironia que ninguém pode ser feliz sendo cativo. Disse-lhe que ele podia se considerar liberto, pois tanto ele quanto os outros eram livres, não moravam em senzala, não sofriam a Lei do Pelourinho, tinham o domingo para descansar, usufruíam de roupas decentes, possuíam uma professora que ensinava as crianças a ler e escrever, além de todas as famílias terem a própria casa e horta, galinhas, e nas noites quentes de verão podiam se reunir para se distrair livremente. Mas o menino não reconhece nada do que faço por eles, e ainda me trata como se eu fosse um tirano. Hoje, ele me pediu a carta de alforria.

— Mas ele pediu a carta de alforria só para ele?

— Não! Ele quer que eu liberte todos os escravos de minha fazenda. Josino, meu bom amigo, se não fossem os escravocratas, eu juro que daria essa bendita carta de alforria a todos os negros de minha fazenda! Pensar que vocês não são livres me dói na consciência.

— Patrão, tenho certeza de que, mesmo que o *sinhô* desse a todos a carta de alforria, ninguém iria embora.

— Será que eles realmente não iriam embora? Talvez muitos dos negros pensem como Ageu.

— Como pode duvidar dos negros que lhe são fiéis? Saiba que Ageu pensa dessa maneira e não escondeu nem mesmo do *sinhô*, mas, quanto aos outros, eles sempre dizem que querem morrer na fazenda em que sempre foram e são felizes.

— Você tem razão! Não posso me deixar levar pelas ideias desatinadas de Ageu, pois ele é ainda um menino.

— Coronel, se o *sinhô* libertar Ageu, isso vai lhe causar muito prejuízo?

— De maneira alguma! Graças a Deus tenho mais do que o suficiente para viver.

O que Jacob não sabia era que Josino estava testando sua bondade. Em tom de preocupação, Josino prosseguiu:

— Por que, em vez de mantê-lo preso, o *sinhô* não lhe dá a carta de alforria?

— Não posso fazer isso! Se eu lhe der a carta de alforria ele vai embora e, longe de minha proteção, sofrerá muito. O amigo não imagina como as pessoas são preconceituosas com negros alforriados! Além do mais, ninguém lhe daria trabalho; o máximo que ele conseguiria seria trabalhar por um prato de comida.

— Então, patrão, deixe-o ir. Só assim ele aprenderá que sua revolta não vai levá-lo a lugar algum e acabará mudando suas atitudes.

– Meu amigo, não quero que Ageu seja uma pessoa triste! Faço de tudo para que, em minhas terras, todo escravo seja feliz.

– Então precisamos arrumar uma maneira de ajudá-lo, pois a revolta poderá metê-lo em sérios apuros.

– Se ele continuar com esses pensamentos de liberdade, serei obrigado a alforriá-lo, mas sei que vai sofrer, e, sinceramente, não desejo isso; afinal, sinto afeição por ele. Não sei por que, mas, às vezes, parece que já o conheço e suas atitudes me trazem um sentimento de culpa que não entendo.

Josino, compreendendo a angústia daquele bom homem, disse:

– Patrão, quando uma coisa está além das nossas possibilidades, devemos entregá-la nas mãos de Deus, pois só Ele poderá mudar esse rumo.

– Como assim? – perguntou o coronel curioso.

– Muitos não acreditam no poder da prece, dizem que Deus sabe de tudo, até mesmo de nossas necessidades, e que não precisamos pedir nada. Mas quem pensa assim engana-se profundamente. Jesus já nos ensinou que a prece ajuda a nos aproximar Dele e que tudo o que pedimos, recebemos. Ao orarmos com o coração puro, somos agraciados por bons espíritos que nos dão bons conselhos.

– Esses espíritos que o senhor diz são os anjos?

– Esses espíritos aos quais me refiro são bons espíritos, que nos ajudam em momentos de desespero, mas lembre-se de que para termos esses bons espíritos como companhia devemos orar e pedir a Deus que nos ilumine. O *sinhô* não deve ter sentimentos de culpa, pois só aprendemos as coisas de duas maneiras: pelo amor ou pela dor. Se Ageu escolher o sofrimento, o senhor não poderá fazer nada.

– Josino, eu não quero que Ageu enfrente a maldade dos brancos sozinho. Ele pensa que quero mantê-lo cativo, no entanto, só estou preocupado com sua segurança.

– Já pensou que essa afeição por Ageu pode ser coisa do passado?

Jacob empertigou-se no banco em que estava sentado e, assombrado, perguntou:

– Que coisa do passado? Do que está falando, meu bom amigo?

– Bem, coronel Jacob, não pense que o senhor está aqui na terra pela primeira vez. O senhor, assim como todos nós, já viveu inúmeras vezes na

Terra, mas em outro corpo. Nosso espírito é sempre o mesmo, porém o nosso corpo e as situações mudam a cada nova vida. Isso explica por que, muitas vezes, sentimos certo antagonismo ou simpatia por alguém que acabamos de conhecer. As pessoas se reencontram a cada nova existência, pois a morte acaba somente com o corpo físico, mas o espírito leva consigo seus sentimentos mais ternos. Talvez o senhor já tenha se encontrado com Ageu em alguma existência passada. O *sinhô* já teve a impressão de conhecer alguém que estava vendo pela primeira vez?

– Sim – respondeu Jacob.

– Muito bem – disse Josino –, tudo indica que o *sinhô* e Ageu já viveram juntos. Embora as pessoas não reconheçam alguém do passado, o espírito reconhece e, por esse motivo, há a atração ou a repulsa.

– Curioso, Josino. Tenho um bom sentimento por Ageu, embora sinta que ele não me suporta. Por que isso acontece?

– Porque temos de voltar a este planeta quantas vezes for necessário, para que aprendamos a corrigir nossos modos e nos elevemos moralmente. É por essa razão que a Lei do Retorno à vida corporal é importante. Todos nós temos de aprender a ser melhores, mas essa elevação moral e espiritual demora a acontecer, por esse motivo ninguém sabe quantas vezes ainda terá de voltar como espírito encarnado. Sabemos apenas que teremos de voltar, muitas vezes, pois a Terra é uma escola em que todos aprendemos alguma coisa antes de retornar ao mundo espiritual. No caso de Ageu, só lhe resta pedir a Deus por ele, para que possa entender que o senhor lhe deseja o melhor. Seja como for, patrão, não se culpe pela revolta de Ageu. Se ele age dessa maneira é porque não tem a evolução necessária para compreender determinadas coisas. A colheita por essa revolta será dolorida; porém o *sinhô* não terá culpa. Apenas aceite que ele talvez precise dessa lição que a vida vai lhe dar.

Jacob não compreendia plenamente o que o Preto-Velho estava querendo dizer, mas a ideia de viver várias vezes na Terra em corpos diferentes era fantástica.

– Josino, quem lhe ensinou sobre essas coisas? Estou pensando e, às vezes, acho que isso chega a ser inverossímil.

– Sabe, meu *sinhô*, eu sempre converso com a Rosa, minha esposa. O *sinhô* deve se lembrar dela.

– Como pode conversar com Rosa se quando ela morreu eu era apenas um menino?

– Coronel, seu corpo físico morreu, mas seu espírito continua vivo, e quando ela vem me visitar conversa comigo e me explica muitas coisas.

– Como assim, Josino? Não o estou entendendo.

– O senhor se lembra de uma conversa que tivemos muito tempo atrás?

– A qual conversa se refere?

– Sobre o fato de dona Eleonora não conseguir engravidar.

Imediatamente, o coronel se lembrou, mas não conseguiu encontrar relação com a conversa que ambos estavam tendo.

– Eu não disse que ela engravidaria e teria uma menina?

– Sim – respondeu o coronel –, mas o que tem uma coisa a ver com a outra?

– Como eu poderia saber da gravidez e ainda que o fruto do seu casamento seria uma menina?

– É verdade... Conte-me: como isso pôde acontecer? Eu sempre ouvi dizer que quem morre não volta mais.

– Bem, meu senhor, quando morremos, na verdade, quem morre é a matéria, o corpo, que volta para a Terra. Contudo, o espírito continua vivo em outro lugar, porque ele não morre, é eterno. E, muitas vezes, volta para nos ajudar; outras vezes somente para aconselhar.

– Não posso acreditar em tudo isso! Minha mãe morreu há muito tempo e nunca veio me visitar ou contar se onde está é bom ou ruim.

– Não são todos os que têm o dom de ver ou falar com eles. Mas saiba que eu não sou o único e, para falar a verdade, todos nós temos, em maior ou menor grau, essa capacidade, que em alguns aflora e em outros não. Muitas pessoas sentem os espíritos, mas não os veem nem ouvem, de modo que deixam isso para lá, pensando não ser real.

Jacob nunca duvidou de Josino, mas ao pensar que ele falava com espíritos ficava assombrado pois sempre fora católico e nunca aprendera que isso fosse possível.

– A prosa está muito boa, mas preciso voltar em tempo para o jantar – disse Jacob.

– Patrão, se quer ajudar Ageu, peça a Deus que ilumine seus pensamentos.

– Está bem, farei isso.

୫୦୯୫

O coronel saiu dali pensativo. Por mais que soubesse que Josino era um homem sincero, não conseguia compreender o fato de ele conversar com o espírito de sua esposa falecida havia tantos anos.

Após o jantar se recolheu, afirmando cansaço. Eleonora, percebendo que algo o preocupava, recolheu-se também a fim de descobrir o motivo daquele silêncio. A sós com o marido, questionou o porquê de tanta preocupação.

Jacob lhe contou a conversa que tivera com Josino e, somente depois que ele terminou, Eleonora disse:

– Realmente faz sentido. Depois de algum tempo que minha avó Mariquinha morreu, comecei a vê-la ao lado de minha cama. No começo tinha medo, mas depois me acostumei. Nas noites em que eu não a via, sentia sua falta e, quando ela estava presente, meus sonhos eram agradáveis e eu acordava mais disposta, com uma agradável sensação de paz.

– E ela parou de vir?

– Na última noite em que a vi, ela me informou que se ausentaria por um tempo, mas seu coração estaria comigo. Disse muitas outras coisas, porém não me lembro de nada. Tenho a sensação de que essa conversa foi apagada de minha memória.

Jacob olhou para Eleonora e viu as lágrimas brilharem nos olhos da esposa, por isso procurou mudar de assunto. Após algum tempo de conversa ele adormeceu e Eleonora ficou pensando em tudo o que o marido lhe contou. Resoluta, decidiu: "Amanhã mesmo vou conversar com Josino, somente ele poderá me explicar muitas coisas que preciso saber".

Ansiosa, não via a hora de o dia clarear para ter sua conversa com o bom velho.

ℰↃᏯℛ

Ernestina já havia feito tudo como de costume: preparado o café, arrumado a mesa para o desjejum, fervido o leite, feito alguns bolinhos que o coronel gostava e os pães. Ao observá-la, Eleonora refletiu: "Meu Deus, será que Josino tem razão? Muitas vezes, tenho a impressão de que conheço Ernestina há muito tempo! Isso me parece estranho; ela também parece me conhecer, e tudo o que ela faz me agrada nos mínimos detalhes".

Eleonora havia dispensado Justina dos afazeres domésticos; afinal ela já havia trabalhado demais e a patroa achava justo o descanso. Agora, a velha escrava só ajudava na cozinha em ocasiões especiais.

Eleonora se aproximou de Ernestina e perguntou:

— Na casa de dona Isaura você arrumava a mesa dessa maneira, Ernestina?

— Por quê, *sinhá*? Tem alguma coisa errada? Se tiver basta me falar que eu não faço mais.

— Não, Ernestina! É que me lembrei de que, desde que chegou aqui, tem feito tudo à minha maneira, inclusive as posições dos talheres, taças, xícaras; enfim, você faz tudo da maneira que eu gosto, e o mais impressionante é que eu nunca lhe expliquei nada. Quando Justina tomava conta da cozinha, eu sempre arrumei a mesa porque por mais que ela se esforçasse nunca conseguia deixar a mesa do meu gosto.

— Bem, *sinhá*, quando eu estava com dona Isaura eu não arrumava a mesa, pois ela fazia questão de arrumar. Acho que nunca arrumei uma mesa assim. Mas acho que tudo sai ao seu gosto porque faço com o coração. Para a senhora não é novidade nenhuma a afeição que tenho pela *sinhá* e que começou no dia em que a conheci.

Eleonora, observando a sinceridade da escrava, levantou-se rapidamente e, sem pensar em sua posição, deu-lhe um abraço.

— Ernestina, muitas vezes tenho a impressão de que já a conheço há muito tempo e que você também me conhece, pois você, minha amiga, agrada-me em tudo, até mesmo nas pequenas coisas.

— Isso é incrível, *sinhá*. Eu também tenho essa impressão! A senhora se lembra quando mandou que me chamassem na casa da dona Isaura?

Pareceu-me que a *sinhá* já era minha amiga, só que eu não me lembrava de onde nem quando. Recordo que naquela noite fiz uma prece pedindo a Deus que eu viesse a lhe servir.

– Você acredita em espíritos, Ernestina?

– Sim! A *sinhá* pode não acreditar, mas já tive provas mais que suficientes sobre a existência deles.

– Que provas?

– Quando era escrava do *sinhô* Bernardo, por diversas vezes acordei vendo alguns negros que haviam morrido andando de um lugar a outro na senzala. Lembro-me de Durvalino, um negro fujão que, em uma de suas tentativas de fuga, foi capturado e morto no tronco. Ele tinha a mania de ficar fumando cigarro de palha em um canto da senzala. E, quando o vi, estava se ajeitando para se sentar no mesmo lugar, porém continuava com o corpo todo machucado, devido ao açoite que sofrera. Fiquei olhando para Durvalino e ele disse que iria se vingar do capitão do mato e do *sinhô* Bernardo. Parecia carregar muito ódio no coração.

– Cruz-credo! Durvalino se tornou alma penada e confesso que morro de medo desse tipo de coisa!

– Quem morre, *sinhá*, não está morto porque o que morre é a carne, o espírito continua vivo.

– Quem lhe disse isso, Ernestina?

– Não foi preciso que ninguém me contasse, eu mesma vi aquele espírito. Além disso, havia um negro chamado Tobias que vivia dizendo que seu pai aparecia para ele. Isso é natural, *sinhá*. Josino ainda conversa com Rosa, sua esposa que morreu há tantos anos. Tobias vivia falando sobre as conversas que mantinha com seu pai e, certa vez, disse ao negro Anastácio que não era para ele tentar fugir, pois ele iria morrer.

– Mas o negro queria fugir?

– Sim! Ele havia planejado a fuga sem contar nada a ninguém, e não deu atenção às palavras de Tobias. Em uma noite, ele fugiu da senzala e o *sinhô* mandou que o capitão do mato o capturasse e lhe desse cinquenta chibatadas. E assim foi feito. Anastácio ficou três dias no tronco e no quarto dia foi levado para a senzala. Com ferimentos intensos, ele não conseguia nem falar. A febre o consumiu e ele morreu, confirmando a veracidade das palavras de Tobias.

— Mas quem lhe disse que Josino conversa com Rosa?

— *Ara, sinhá*! Todo mundo sabe, ele mesmo conta para os outros. Anastácio assombra a fazenda e até o capitão do mato já o viu andando do lado de fora da senzala.

— Como nós nunca ficamos sabendo disso?

— Quanto a isso eu não posso dizer, *sinhá*, mas todos os escravos têm conhecimento desse fato.

A conversa foi interrompida com a chegada do coronel.

— Bom dia, senhor meu marido! Dormiu bem?

— Não sei, esta noite sonhei com minha mãe e ela estava toda suja num lugar horrível, e pedia ajuda.

— Acalme-se, Jacob! Você está impressionado por conta da conversa que teve com Josino.

— Tem razão, Eleonora. Preciso deixar de me impressionar tão facilmente.

Após terminar seus afazeres, Eleonora disse a Ernestina:

— Vamos, Ernestina! Faça-me companhia. Preciso conversar com Josino, fazer algumas perguntas a ele.

Ao chegarem à casa de Josino, ele estava como sempre, de cócoras no alpendre, fumando seu cachimbo e entregue a reflexões.

Ao avistar Eleonora, cumprimentou:

— Boa tarde, *sinhá*, eu sabia que a senhora viria porque tem alguns assuntos que a preocupam; seus pensamentos estão confusos!

— Como sabia que eu viria e que tinha em meus pensamentos certas aflições?

— Rosa me contou. E disse que a senhora conversou com o coronel e que ele sonhou com a mãe dele na noite passada.

Perplexa, Eleonora ficou observando Josino com olhar indagador.

— Como Rosa poderia lhe contar se está morta há tanto tempo?

— O corpo de carne de Rosa morreu, não o espírito. Tanto é verdade que como eu poderia saber que o coronel tinha encontrado com sua mãe?

– Como ele pôde se encontrar com a mãe dele?

– Bem, *sinhá*, nunca ouviu falar que quando dormimos o espírito se liberta do corpo e se encontra com outros espíritos que deixaram o corpo de carne? E, para nós, que ainda estamos numa vestimenta carnal, quando fazemos tal passeio temos a impressão de que sonhamos. Só que esse sonho é diferente dos comuns, pois sentimos todas as emoções que o espírito sente quando se vê livre da matéria. O coronel sonhou com a *sinhá* Isabel?

– Sim – respondeu Eleonora, pensativa –, porém, minha sogra estava com um vestido sujo e os cabelos em completo desalinho.

– A *sinhá* Isabel não era diferente do marido e talvez não esteja em um lugar muito bom.

– Como pode afirmar isso?

– Senhora, como sabe, sou um preto-velho que vive da bondade de todos, sou um negro ignorante, mas tudo o que conheço é porque me contam. Depois da morte da Rosa, passei a conhecer muitas coisas do mundo dos espíritos, ela me conta tudo.

Eleonora se penalizou ao ver tamanha humildade e, com educação, passou a relatar sua experiência com sua avó Mariquinha.

Josino esperou que ela terminasse de contar suas experiências e então falou:

– Pelo que me contou, posso dizer que a *sinhá* é dotada de sensibilidade, mas não é todo mundo que tem essa capacidade, e isso vem lhe confirmar que tudo o que falo é verdade.

– Por que minha avó, que sempre me foi tão querida, não me dá mais notícias? Por que se afastou de mim?

– Não amofine seu coração, pois dona Mariquinha não se afastou. Vez por outra, vem lhe fazer companhia, só que a *sinhá* não percebe.

– Mas quem lhe contou que minha avó me faz companhia?

– Foi dona Mariquinha mesmo. E, para lhe falar a verdade, ela está aqui neste momento, bem perto da *sinhá*.

– Perdoe-me, Josino, custa-me crer que minha avó esteja ao meu lado, pois há muito tempo nem mesmo sonho com ela.

— *Sinhá*, eu posso ver e ouvir os espíritos e dona Mariquinha está aqui no momento. Seu olhar é de muito carinho e paz.

Eleonora, olhando novamente para os lados, sentiu o perfume de sua avó e, sem duvidar mais, sorriu para Josino.

— *Sinhá*, dona Mariquinha quer que eu transmita palavra por palavra tudo o que ela vai dizer.

— Então diga, meu amigo! Por favor, quero saber o que minha avó tem para me contar.

— Minha filha, sei que sofreu muito na ocasião do meu desenlace, mas, como pode ver, continuo viva, não somente no seu coração, mas em outra dimensão. Sei que guarda como recordação meu crucifixo de ouro.

Eleonora estava atônita, pois realmente estava com o crucifixo.

— Vovó, por que somente agora a senhora resolveu dizer que está viva?

— Minha filha, para tudo há um tempo determinado debaixo do sol: há tempo para plantar, colher, rir e chorar; tempo para fazer sol e chover; dessa forma, chegou o tempo de você conhecer um pouco mais sobre o mundo dos espíritos, e Deus, nosso Pai, permitiu que essa hora chegasse; portanto, devemos ser gratas a Ele por mais este ato de bondade.

— Vovó, o que tem feito por todos esses anos?

— Minha filha, quando desencarnei estava muito debilitada devido à doença que me acometeu na vida carnal. Fui socorrida pelo seu avô Constantino, que me levou a um lugar de tratamento no outro lado da vida. Após minha recuperação, fui conduzida a uma casa onde moravam duas companheiras, Margaret e Maria Joaquina. Comecei, então, a estudar e aprender como viver em espírito. Trabalhei e continuo trabalhando no caminho do bem, que é a única maneira de nos aproximarmos de Deus. Sempre, minha filha, estou com você, intuindo-a a tratar com bondade os negros, que também são nossos irmãos, a ter paciência e resignação com coisas que, muitas vezes, não estão em nossas mãos e ficam além de nossas forças; portanto, minha filha, não pense que sua atitude a respeito da escravatura será resolvida no tempo que você espera. Tenha paciência e, principalmente, confiança em Deus, nosso Criador, que criou a todos da mesma forma. Os negros serão libertados da escravidão, mas isso ainda vai levar certo tempo. Nossos irmãos estão aprendendo lições valiosas, que só entenderão no momento adequado. Deus sabe o que é melhor para nós; portanto, faça sempre o bem e procure confiar em Deus mantendo a serenidade nas horas em que sentir que vai desfalecer. O amor é a alavanca que nos conduz a mundos melhores; portanto, continue agindo no bem, pois um dia, não muito longe, verá os resultados de suas boas ações.

Ernestina, que se mantinha calada observando a conversa, pensou: "Vou perguntar a ela se Ageu vai embora como vem dizendo. Afinal, isso está desgastando minha alma e meu coração de mãe".

O espírito, na pele de Josino, voltando-se para Ernestina, esclareceu:

— Entendo que está com o coração dorido, temendo a partida de seu filho, mas saiba que tudo o que nos acontece é com a permissão divina. Seu filho aprenderá de uma maneira ou de outra, pois, quando não se aprende pelo amor, fatalmente se aprende pela dor.

O espírito de Mariquinha voltou a dizer à neta:

— Não chore por mim, pois já presenciei várias vezes você chorar e lamentar a minha partida! Saiba que estou bem e um dia nos reencontraremos.

— Vovó, desde que a senhora partiu, nossa casa nunca mais foi a mesma, todos sofremos muito, e a tristeza passou a fazer parte de nossa vida. Por que Deus fez isso conosco?

— Minha neta, a vida não erra nunca e tudo está certo. Um dia chegamos, em outro fatalmente temos de ir; e minha hora chegou, assim como um dia chegará a sua. Aceite os fatos com resignação, pois, se hoje não compreende certas coisas, um dia compreenderá e verá a sabedoria e o amor de Deus. Você se lembra quando soltou Cosme do tronco? Nunca ninguém soube que foi você e, por diversas vezes, fui questionada sobre quem o havia soltado.

Nesse momento, Eleonora não conteve a emoção, pois somente ela e a avó conheciam esse fato. Todas as suas dúvidas se dissiparam.

Logo, o espírito de Mariquinha disse suas últimas palavras:

— Entenda que nossa separação foi temporária e necessária. Um dia estaremos juntas.

Ernestina, ainda atônita, indagou:

— Josino, como o espírito da *sinhá* Mariquinha respondeu a uma pergunta antes mesmo que eu a fizesse?

— Ernestina, os espíritos ouvem nossos pensamentos, de modo que nada lhes fica oculto. Por esse motivo, devemos tomar cuidado com o que pensamos, pois espíritos existem por toda a parte e, infelizmente, nem todos são bons; alguns podem se aproveitar do que se pensa e usar isso contra a pessoa.

Eleonora sentia-se feliz e com uma indescritível sensação de paz.

LIBERDADE

A cada dia que passava, Jacob ficava mais preocupado com Ageu, pois o rapaz estava sempre mal-humorado, respondendo com grosseria a todas as perguntas que vez por outra o coronel lhe fazia. Para castigar a rebeldia do rapaz, o coronel deu ordem a Silvino para que o colocasse no cafezal, pois imaginava que o rapaz mudaria sua postura em relação a ele. Contudo, Ageu ficou ainda pior. Foi então colocado para conferir as sacarias no celeiro. Ainda assim, continuou muito revoltado com o coronel.

Certa manhã, o fazendeiro resolveu saber quantas sacas havia no celeiro. Lá, perguntou a Ageu quantas sacas haviam entrado no dia anterior. Ageu, com toda a arrogância que lhe era habitual, respondeu:

— Como o senhor pôde descer tão baixo? Acaso me colocou aqui somente para travar conversa comigo? Saiba que eu não sou bobo como os outros, sei que quer me conquistar somente para que eu aumente a minha produtividade e encha as suas burras de dinheiro.

— Negro insolente! Se continuar agindo dessa maneira vai me obrigar a colocá-lo no tronco!

— Vai fazer como seu pai, que matava os escravos assim?

Nesse momento, o coronel ficou cego de raiva e avançou em Ageu, dando-lhe alguns socos. Silvino entrou e viu aquela cena grotesca, não demorando a tomar as dores do patrão.

Ao voltar a si, o coronel olhou para Ageu, caído ao lado de uma saca de café, e viu seu rosto coberto de sangue, os olhos inchados e dois dentes que haviam sido quebrados por Silvino. Este tinha o sangue de Ageu na camisa, fazendo constatar a selvageria do capataz. Sem pensar, Jacob gritou:

– Agiu como um animal, não precisava machucá-lo dessa maneira! Afinal, essa criatura já sofre o bastante com suas mágoas e revolta.

Silvino, envergonhado, respondeu:

– Perdoe-me, patrão! Mas quando vi o senhor surrando esse negro miserável pensei em protegê-lo. Ageu não é como o restante da família, temi por sua vida.

– Leve-o até a casa-grande; precisamos cuidar de seus ferimentos, e, além do mais, tenho de me explicar com Benedito.

Olhando Ageu, ainda desfalecido, o coronel pensou indignado: "Como pude fazer tamanha maldade? Quanta revolta, meu Deus, em um único coração. O que poderei fazer para me desculpar? Ageu nunca vai me perdoar, mas preciso ajudá-lo antes que o ódio o destrua".

❧

Ernestina estava cuidando de seus afazeres quando Silvino, carregando Ageu, entrou.

– Meu Deus! O que houve com Ageu?

O coronel Jacob, que vinha logo atrás, respondeu:

– Sossegue, Ernestina. Ageu me afrontou e Silvino deu-lhe um corretivo.

Ernestina, sem compreender a atitude do filho, perguntou:

– Onde Ageu está com a cabeça, afrontar o *sinhô*! Bem que Benedito me falou que a revolta de Ageu iria nos trazer problemas...

Jacob deu ordens à Ernestina para cuidar dos ferimentos de Ageu e, assim que ele foi colocado em uma cama na casa-grande, Jacob sentou-se, pensando em tudo o que havia acontecido.

Logo em seguida, Ageu recobrou a consciência e, chorando, disse para a mãe:

– Sei que provoquei toda essa situação, mas não me arrependo. Quero ser livre! Trabalhar para mim e não para esse *sinhô*, que finge ser bom, mas na verdade é como uma cascavel. Prefiro morrer a continuar aqui nesta fazenda, sendo obrigado a fazer coisas que não tenho vontade. Mãe, por que Deus me fez escravo? Se a senhora me ama, pegue uma faca e crave em meu peito. Só assim serei liberto de verdade! Deus, sei que o Senhor existe, peço que me mate de uma vez!

– Meu filho, se estamos vivendo em tão triste condição é para que possamos aprender alguma coisa. Sua revolta não mudará os fatos.

Nesse momento, Ernestina abraçou o filho, que chorava copiosamente, enquanto ela também soluçava.

***

O coronel caminhava com Silvino e, sem perceber, começou a desabafar:

– Silvino, meu bom amigo, agradeço por se preocupar comigo, sinto-me tão cansado, tão vazio, que não sei se o que faço é bom ou não.

– Bem, patrão, eu não sei o que dizer para o senhor, mas o acho muito benevolente com esses negros ingratos. Não seria melhor o senhor levantar um tronco para impor respeito? O senhor procura tratar esses negros como gente e o que recebe? Se me permitir, eu mesmo levanto o tronco e dou umas boas chibatadas em Ageu.

– Não! Essas pobres criaturas são tão gente como você e eu; nunca mais repita uma coisa dessas! Se eu fizer isso, que diferença terei dos demais fazendeiros? Além do mais, isso vai contra todos os meus princípios! Enquanto estiver vivo, defenderei os negros, pois dinheiro para mim não é tudo.

– *Sinhô*, Ageu é rancoroso e sua presença aqui é perigosa. Ele pode influenciar outros negros a se revoltarem trazendo-lhe sérias dificuldades.

– Vou alforriar Ageu! Não é liberdade que ele quer? Liberdade ele terá! – Dizendo isso, pensou: "Silvino me é fiel, porém acalenta um ódio pelos negros que poderá me trazer problemas".

Desanimado, Jacob decidiu conversar com Eleonora sobre os últimos acontecimentos na esperança de ouvir um bom conselho. Assim que entrou na casa, foi para o seu gabinete e mandou que Januário a chamasse.

Mas, antes de conversar com a esposa, resolveu ir ao jardim conversar com Benedito, pois sentia que lhe devia uma explicação pela violência da qual Ageu fora vítima.

Benedito cuidava das hortênsias quando o coronel Jacob se aproximou, demonstrando em sua fisionomia o seu desgosto. Sem cordialidade, disse a Benedito:

– Venha, por favor, até a varanda. Precisamos conversar!

Na varanda, o coronel se sentou em uma confortável cadeira e falou:

– Sente-se, Benedito! Vamos ter uma longa conversa.

Jacob, observando que Benedito transpirava em excesso, pediu que Januário avisasse Ernestina para trazer uma jarra de limonada.

Após o coronel tomar a limonada, começou a falar com a voz meio embargada pela emoção:

– Benedito, você sabe muito bem o motivo desta conversa. Resta-me fazer-lhe uma pergunta: está satisfeito em trabalhar na fazenda, tendo-me como patrão?

– Ora, patrão! Trabalhar aqui é uma bênção, hoje posso lhe dizer que sou feliz.

– Pois bem, sabe o que aconteceu entre mim e Ageu. Devo admitir que você, com todos os seus, são meus criados, mas não são minha propriedade, assim como meus cavalos ou minhas terras... Estou pensando em dar a carta de alforria a Ageu. Se quiser, poderei dar a sua carta assim como para toda a sua família. Você sabe muito bem o quanto os estimo, mas não posso prendê-los junto a mim. Ageu está insatisfeito e isso poderá me trazer problemas com os outros escravos...

Como Benedito não dizia uma só palavra, Jacob continuou:

– Volte ao trabalho e pense na oferta que lhe fiz. Quando decidir, procure-me.

Levantando-se da cadeira em que estava, decidiu voltar ao seu gabinete para conversar com Eleonora. Ao entrar, encontrou a esposa à espera, bordando uma toalha. Percebeu que estava insatisfeita e perguntou:

— Como está Ageu?

— Vai melhorar, ainda é um rapazote e todas as feridas nessa idade são curadas, menos as da alma, isso ele vai levar para sempre dentro dele.

Irritado, o coronel esbravejou:

— Está me recriminando? Acaso acha que sou o culpado pelo ocorrido? Saiba que, se Silvino não chegasse a tempo, você seria viúva.

— Por Deus, senhor meu marido! Você acha que um menino poderia tirar a vida de alguém? Ainda mais a sua! Você é bem mais forte que ele. Não subestime minha inteligência! Ele é apenas uma criança, e não seria capaz de matar nem uma galinha sequer! Não tente justificar seus erros incutindo a culpa nos outros. O senhor se portou como um animal! Reconheço que Ageu não é como os outros, mas não precisava ter machucado tanto aquela pobre criança!

— Vejo que não conhece todos os fatos, minha senhora.

— E o que de fato aconteceu no celeiro, senhor meu marido?

Jacob resolveu relatar o ocorrido nos mínimos detalhes. Após ouvir, ela, sentindo que cometera uma injustiça, disse:

— Perdoe-me, senhor meu marido.

O coronel continuou lhe contando sobre a proposta que fizera a Benedito. Apesar de estar com o coração apertado, vendo o desgosto de Jacob, resolveu apoiá-lo.

— O que o senhor acha que Benedito decidirá?

— Ele vai escolher a carta de alforria; afinal, a liberdade é o sonho de todo escravo.

Eleonora, sentindo um nó em sua garganta, pediu licença e foi ajudar Ernestina na cozinha.

O coronel, angustiado, decidiu procurar Josino para uma boa conversa. Foi à cozinha e avisou:

— Eleonora, vou ter um dedo de prosa com Josino, espero que compreenda se eu me atrasar para o jantar.

— Não se preocupe, vamos esperá-lo.

Jacob saiu lentamente com seu cavalo em direção ao casebre de Josino, porém, para sua surpresa, ele não estava sentado no alpendre como de costume. Preocupado, o coronel desceu do seu cavalo e entrou na casa de Josino. Para sua surpresa, ele também não estava lá. Jacob pensou: "Será que aconteceu alguma coisa com Josino? Ele nunca sai de casa... vou esperá-lo por um tempo e se ele não aparecer vou convocar alguns homens para procurá-lo".

Depois de muito esperar, montou em seu cavalo e retornou à casa-grande. Passou na choupana de Silvino e mandou-o convocar alguns homens para procurar por Josino.

Silvino, sem compreender, falou:

– Coronel, o velho Josino está na casa-grande com Ageu! Pensei que o senhor havia lhe contado o que tinha acontecido...

– Como Josino foi visitar Ageu se ninguém lhe contou nada sobre o ocorrido?

– Esse velho é um bruxo!

– Não diga bobagens! Alguém o avisou.

– Nenhum dos negros foi à casa de Josino, digo isso porque eu mesmo os vi dizendo que o dia foi puxado e eles queriam descansar.

Jacob, intrigado, voltou para a casa e, ao entrar na cozinha, viu Preto-Velho sentado, comendo tranquilamente com Ernestina e Rosalina.

O coronel indagou:

– Josino, o que faz aqui? A última vez que saiu de casa foi na ocasião do nascimento de Margarida.

– Fiquei sabendo o que houve com Ageu e como ele não vai conversar comigo tomei a liberdade de vir conversar com ele.

– Mas quem lhe contou sobre o que aconteceu?

– Quem me contou não importa, o importante é ajudar Ageu a compreender que a alforria vai lhe trazer problemas.

– Meu amigo, fique à vontade, vou me arrumar para jantar e depois preciso conversar com você.

Josino observou o coronel sumir porta afora e, encarando Ernestina, disse:

– O *sinhô* tem um bom coração e por esse motivo sofre tanto.

Ernestina, aproveitando a situação, perguntou:

– Josino, Ageu vai embora da fazenda?

– Como vou saber? Deus deu o livre-arbítrio a cada um de nós; portanto, não se pode prever uma decisão. Estou preocupado com ele porque vai sofrer muito se sair por esse mundo de meu Deus. Enquanto está na fazenda, está sob as asas do coronel Jacob e protegido.

– Dito e eu já tentamos conversar, mas ele não ouve ninguém; para ele todos os brancos são iguais e ele não consegue ver que somos livres apesar de continuarmos a ser escravos.

– Ageu ainda tem muito o que aprender, mas não se preocupe, um dia ele compreenderá que o *sinhô* Jacob quer o seu bem.

Assim que o coronel terminou o jantar, foi à cozinha à procura de Josino. Foi informado de que o Preto-Velho o aguardava na varanda.

Jacob e Eleonora foram para lá.

– Então hoje o amigo fugiu de casa? – comentou o fazendeiro.

– O *sinhô* me conhece desde criança e sabe que só saio de minha tapera se for por um motivo especial.

– O amigo sabe o que Silvino e eu fizemos a Ageu?

Josino, sem querer comentar o assunto, apenas confirmou com a cabeça. Jacob então lhe contou com riqueza de detalhes tudo o que havia acontecido no celeiro, enquanto Eleonora permaneceu em silêncio. O coronel não cansava de se lamentar pelo fato, e Josino, percebendo o abatimento do patrão, aconselhou:

– Deixe de amofinar seu coração. O que Ageu fez, receberá de volta. A vida é um retorno contínuo. Eu já lhe disse, *sinhô*, Ageu tem muita coisa a aprender e talvez se tornar livre e enfrentar o mundo sozinho seja bom para seu espírito. Não estou dizendo que a atitude de Silvino foi correta, porque não foi.

– Como soube de tudo o que aconteceu? Eleonora, foi você quem comentou com Josino?

– A *sinhá* Eleonora não me contou nada; portanto, não se apoquente. Acaso não sabe que estamos rodeados por espíritos o tempo todo? Foi Rosa quem me contou.

Jacob se lembrou da conversa que tivera com Preto-Velho dias antes e resolveu mudar de assunto. Conversaram por mais uma hora, quando Josino decidiu voltar para casa. O coronel então disse:

– Josino, vou acompanhá-lo.

– Não tem necessidade de o *sinhô* me acompanhar, a lua cheia clareia o caminho.

– A lua pode clarear o caminho, mas não a ponto de fazê-lo enxergar uma cobra que talvez esteja escondida.

– Mas, se houver uma cobra, morderá só a mim, já se o senhor estiver comigo morderá nós dois.

– Josino, vou levá-lo em minha carruagem, pois não me atreveria a ir a cavalo. Será assim, não discuta.

O coronel mandou que Januário atrelasse a carruagem e, em pouco mais de quarenta minutos, os dois homens saíram em direção à casa de Josino.

Depois de pouco mais de vinte minutos, o coronel já estava de volta à casa-grande e Eleonora o esperava na sala. Assim que entrou, perguntou:

– Eleonora, por que não foi dormir?

– Você sabe que nunca me deito antes de você.

Jacob, sorrindo, enlaçou a esposa e, com a mão em sua cintura, ambos subiram a seus aposentos. Assim que se deitaram, perguntou à esposa:

– Josino é um homem sábio, não acha, querida?

– É um homem simples, porém há muita sabedoria em suas palavras.

– Nunca duvidei de suas palavras, pois tudo o que ele me disse sempre aconteceu. Lembro-me de quando me contou que você teria um bebê e que seria uma menina. Sinceramente, para mim, o dia do nascimento de nossa filha foi o mais feliz da minha vida. Agora ele disse que Ageu precisa aprender as lições que a vida vai lhe oferecer; portanto, não serei eu a atrapalhar seu aprendizado. Amanhã mesmo vou fazer a carta de alforria dele, porém sua família deverá decidir se vai com Ageu ou não.

– Eu o amo muito, senhor meu marido, por ser esse homem bom! E tenho plena convicção de que tomou a decisão correta. Fico triste em saber que poderei me afastar de Ernestina, mas cabe a eles decidir. Deixarei claro as dificuldades que terão de enfrentar, se caso resolverem ir embora.

– Tenho certeza de que estou fazendo tudo o que está ao meu alcance para ajudar essa família, mas, se decidirem acompanhar Ageu e um dia quiserem voltar a trabalhar para mim, vou aceitá-los de braços abertos e farei de conta que nada aconteceu.

Assim concluindo, logo adormeceu. Eleonora ficou pensando em Ernestina e Rosalina, e fez uma prece pedindo a Deus que Benedito não acompanhasse o filho. Em seguida, dormiu placidamente.

∞

Benedito, encostado ao fogão de lenha, ficou pensando na conversa que tivera com o coronel Jacob; afinal, sonhara a vida inteira com a liberdade, mas agora estava em dúvida se iria aceitá-la ou não. Ele aguardava Ernestina e Ageu chegarem da casa-grande.

Natanael já dormia quando a mãe voltou. E assim que Ernestina entrou em casa Benedito lhe disse:

— Tina, tenho uma notícia para lhe dar.

Ageu, com o corpo dorido, falou:

— Vou me deitar, estou com dor pelo corpo todo.

Benedito olhou para o filho e percebeu que ele estava com dois dentes quebrados. Em tom de reprovação, esbravejou:

— Ageu, por que você não é como seu irmão? Natanael nunca me arranjou problemas, mas você não vive sem encrenca.

— Com todo o respeito, meu pai, o senhor também vive em encrenca. Enquanto formos cativos estaremos encrencados. Só quero minha liberdade, nada mais.

— O coronel e sua família são bons para nós, não vejo motivos para querer a liberdade; saiba que desde que aqui cheguei me considero livre e, além de tudo, temos casa, comida em abundância e a compreensão do coronel.

— Vocês são como cachorrinhos dele: ele sorri e vocês abanam o rabo. Não sou assim; quero mais, muito mais, quero minha liberdade.

Ernestina, que ouvia a conversa, ponderou:

— De que adiantará ser um negro forro se não terá para onde ir e muito menos o que comer?

– Vocês não entendem que livres poderemos trabalhar e ter dinheiro por nosso próprio esforço?

Benedito, que já havia conversado com Josino, completou:

– Você acha que vai ser simples assim? Ninguém dá trabalho para negro forro. Por que vão pagar se têm trabalhadores de graça? Você está com essa ideia fixa de liberdade, mas assim que o coronel der sua carta de alforria você vai se ver obrigado a continuar aqui.

Ageu, cuspindo no chão, proferiu:

– Morro por esse mundo de meu Deus, mas não peço trabalho para esse maldito!

Ernestina, irritada com a postura do filho, falou:

– Você é ingrato, Ageu! Depois de tudo o que o coronel fez por nós você ainda se rebela contra ele.

Ageu encarou a mãe sem dizer nada. Benedito então prosseguiu:

– O coronel me chamou para uma conversa e disse que se quisermos acompanhá-lo ele dará a carta de alforria a todos nós.

– Essa é a notícia que mais esperei minha vida inteira! Mãe, amanhã a senhora arruma nossas coisas e assim que o coronel nos der a carta de alforria vamos embora, sem olhar para trás.

– Eu não quero carta de alforria nenhuma! Por que vou embora se aqui tenho tudo de que preciso? – disse Ernestina.

– Eu também não quero ir! Sou feliz aqui com o patrão e com nossa gente – concordou Benedito, aliviado.

– Vocês não entendem? É liberdade! É isso que nosso povo quer! E nós teremos essa oportunidade.

Benedito chamou Natanael que, acordando assustado, levantou-se da rede e perguntou:

– O que está acontecendo?

Benedito, em poucas palavras, contou sobre a conversa que tivera com o coronel.

– Você quer acompanhar seu irmão?

– Pai, não quero sair da fazenda.

Ernestina sorriu e abraçou o filho.

– Sempre soube que era um menino ajuizado.

Benedito lembrou-se de Rosalina, que estava dormindo com Margarida.

– Certamente Rosalina não vai querer essa maldita carta de alforria; portanto, está decidido: ficaremos na fazenda.

– Por causa de vocês vou continuar sendo escravo.

Benedito, olhando seriamente para o filho, respondeu:

– Acho que o coronel vai dar a carta só para você, mas se isso acontecer não esqueça que o mundo é o tronco e todos os que se expõem acabam levando dolorosas chibatadas.

– Prefiro ser açoitado pela vida a apanhar como apanhei hoje nas mãos daqueles malditos!

No dia seguinte, assim que Benedito se apresentou ao trabalho, Silvino disse:

– Dito, o coronel o está esperando na cozinha da casa-grande. Onde está Ageu?

– Ageu disse que não viria trabalhar, está sentindo muitas dores pelo corpo.

– Ele fez por merecer para estar com o corpo dolorido!

Benedito, voltando o chapéu na cabeça, obedeceu às ordens do patrão, indo para a cozinha da casa-grande.

Ao chegar, Rosalina, Ernestina e Natanael já estavam esperando pela chegada do coronel. Rosalina estava irritada, pois desde que começara a confusão dizia que não concordava com o irmão. O coronel e Eleonora chegaram e ele, olhando para os quatro, perguntou:

– Onde está Ageu?

Benedito respondeu, cabisbaixo:

– Ageu disse que não vai trabalhar hoje, *sinhô*. Alegou que está sentindo muitas dores pelo corpo.

Jacob chamou Januário e o mandou buscar Ageu. E, enquanto ele não chegava, resolveu tomar o café da manhã. Rosalina estava apreensiva, não queria ir embora da fazenda. Passados pouco mais de vinte minutos Ageu entrou mancando na cozinha. O coronel, assim que ficou sabendo que Ageu havia chegado, foi ter com ele e encontrou os cinco de pé, aguardando-o.

Jacob, com naturalidade, pediu:

– Quero que se sentem. Não gosto de conversar de pé.

Todos se sentaram e Jacob perguntou a Ageu:

– Como se sente?

– Estou sentindo dores.

– Sente-se, querida – disse o coronel para Eleonora. Jacob continuou: – Vocês sabem a razão de estarmos juntos nesta manhã. Como Ageu não está satisfeito em minhas terras, decidi que alforriarei todos vocês. Nunca encarei os negros como animais, assim como fazem outros fazendeiros. Na minha fazenda não há castigo, todos têm casa, folgas semanais, mas, infelizmente, para Ageu isso não é o suficiente. Ontem minha atitude foi monstruosa, bem sei; mas se o fiz foi porque Ageu me fez chegar ao limite. Farei as cartas de alforria para todos, mas peço que, assim que as pegarem, retirem-se de minhas terras.

Rosalina, ao pensar em ficar longe de Margarida, disse:

– Se o *sinhô* quiser dar as cartas de alforria para minha família, pois bem, o faça; mas eu não quero carta alguma, tampouco quero ir embora da fazenda.

Eleonora, olhando com carinho para Rosalina e esboçando um sorriso, completou:

– Ninguém vai embora se não quiser.

Benedito, aproveitando-se da coragem da filha, expressou:

– *Sinhô*, conversei com Ernestina ontem à noite e decidimos que também não queremos ir embora.

O coronel, desviando o olhar para Natanael, perguntou:

– E você? O que decidiu?

– Também não quero ir, *sinhô*; quero ficar com minha família.

Satisfeito, o fazendeiro voltou-se para Ageu.

– Quanto à sua carta de alforria, ficará pronta antes da hora do almoço; portanto, assim que pegá-la, saia de minhas terras. Sinceramente não era isso o que eu queria para você. Um dia vai compreender que eu só quis protegê-lo da discriminação e das necessidades que consequente-mente vai passar. Mas não se preocupe, vou lhe dar dinheiro para suas ne-cessidades primárias.

Levantando-se, o coronel olhou para todos com carinho e colocou a mão no ombro de Benedito.

– Não esperava outra atitude sua, meu amigo – agradeceu.

– O senhor sabe que somos gratos por trabalhar aqui, e pensando bem achei melhor que o senhor não nos mandasse embora de suas terras, pois gostamos tanto do trabalho como do tratamento dispensado a nós; afinal, quem molestou o *sinhô* não foi nem eu, nem Rosalina, Tina ou Natanael.

– Benedito, eu sabia que você era um homem de bem.

Enquanto os outros voltaram aliviados para suas tarefas diárias, Ageu foi chamado ao gabinete do coronel. Como era costume, um negro alfor-riado passava a assinar o sobrenome de seu último dono, portanto, Ageu passaria a assinar Ageu da Cunha. O coronel terminou a carta e lhe entre-gou, dizendo:

– Neste momento, você é um homem livre, mas saiba que a vida fora de minhas terras será difícil. Se um dia se sentir em apuros não deixe de nos procurar.

Ageu pegou a carta sorrindo e foi à cozinha para mostrar seu ates-tado de liberdade à mãe. Ernestina chorou copiosamente ao pensar no so-frimento pelo qual o filho passaria. Olhando-o com tristeza, disse:

– O bom filho à casa torna! Se um dia quiser voltar, estaremos aqui esperando-o.

Ageu abraçou a mãe e pediu que ela se despedisse dos outros por ele. Com a carta na mão, dizia:

– Agora sou um homem livre!

Conhecendo José

Os dias passavam tranquilos, sem nenhum aborrecimento na fazenda Rio Claro...

Numa tarde, Jacob perguntou a Benedito:

– Tem tido notícias de Ageu?

– Não senhor, aquele ingrato esqueceu-se de nós. Ernestina chora sua falta. Para mim – continuou Benedito –, é como se eu não tivesse tido esse filho, pois ele é o pior filho que um pai pode desejar. Sempre foi diferente de Natanael e Rosalina, pois o coração dos dois é de pura bondade. Quanto a Ageu, seu coração é negro como a noite.

– Não diga isso, Benedito. A revolta de Ageu o levou ao sofrimento. Tenho certeza de que ele já deve ter passado por muitos momentos ruins e agora se arrepende por ter ido embora. Se ele chegasse aqui, agora, eu o receberia de braços abertos, pois para mim será sempre o menino que resgatei da fazenda do senhor Bernardo.

Benedito encarou o patrão como se o estivesse vendo pela primeira vez e percebeu que o coronel gostava verdadeiramente de seu filho.

☙❧

Enquanto isso, a amizade de Rosalina e Margarida estreitava-se de forma estrondosa, pois as duas tinham até as mesmas manias.

O coronel, achando que precisava de mais mão de obra, comprou a fazenda que havia sido de Bernardo e que estava sendo leiloada. Com a compra, vieram vinte e um negros.

Jacob a comprou com a finalidade de juntar as duas fazendas, de modo que, depois dessa compra, a fazenda Rio Claro passou a ter duas sedes.

Entre os negros havia um que se destacava dos demais pelo seu porte, sua altivez e seus traços mestiços, que lhe compunham diferenciada beleza. Seu nome era José. Media aproximadamente um metro e noventa e oito e sua pele era mais clara que a dos demais. Ele era filho de uma negra com um senhor de engenho. Seus olhos eram cor de mel; seus cabelos, lisos; sua personalidade era firme, porém respeitosa; e seu temperamento, calmo. Falava pouco e, sempre que se dirigia aos demais, tratava-os com cortesia.

Alguns negros não gostavam de José por achá-lo orgulhoso como um branco, porém ele, com seu jeito calado, procurava tratar todos com bondade, pois, segundo pensava, sua condição de escravo era transitória e um dia ele experimentaria a liberdade tão desejada.

Estava com vinte e quatro anos quando passou a servir o coronel Jacob. José era brando com os outros escravos, e acabou por conquistar a simpatia de todos da fazenda Rio Claro.

Numa tarde de verão, quando o sol começava a se pôr, Rosalina disse a Margarida:

– O que acha de passearmos às margens do rio?

– Não estou com vontade de sair de casa, Rosalina, sinto-me indisposta.

– O que está havendo com você? Ultimamente sempre que a convido para passear você diz estar indisposta.

– Está bem, não podemos nos demorar, pois minha mãe não gosta de me ver fora de casa por muito tempo.

Rosalina, satisfeita, enganchou o braço no de Margarida e as duas moças saíram em direção ao rio. Ao se aproximarem, Margarida começou a colher algumas flores silvestres quando viu José banhando-se com o peito nu.

Ela se esqueceu por alguns minutos de Rosalina e passou a observar aquele negro másculo banhando-se calmamente. Percebendo os braços fortes, as coxas grossas, a menina, que detinha o olhar perdido em tão bela espécime de homem, sentiu-se envergonhada, pois nunca vira alguém do sexo oposto banhar-se antes.

José acabou cativando a atenção da moça, que não entendia o que realmente estava sentindo. Embora quisesse deter o olhar, não conseguiu. Olhando para o rapaz, perguntou à Rosalina:

– Quem é aquele negro? Nunca o vi na fazenda antes.

– Aquele é José, ele veio da antiga fazenda do senhor Bernardo.

– Você se lembra dele?

– Não! Pelo que meu pai disse, ele foi comprado pelo novo dono da fazenda logo após o *sinhô* Bernardo sair.

Margarida ficou intrigada com rara beleza e passou a fazer várias perguntas sobre o mulato. Rosalina nada percebeu. Ao voltar para a casa-grande, Margarida não pensava em outra coisa a não ser na cena que presenciara momentos antes.

O jantar já estava sendo servido quando Eleonora lhe disse:

– Minha filha, venha jantar, hoje Ernestina pediu para ir embora mais cedo.

– Mamãe, não vou jantar, estou sem fome. Rosalina e eu comemos uma broa antes de sair.

– Margarida, quantas vezes terei de dizer para não comer nada antes das refeições?

– Desculpe. Estou sentindo uma dor de cabeça incômoda e vou me deitar.

Rosalina, que observava a cena, ficou sem compreender a repentina dor de cabeça de Margarida, de modo que decidiu conversar com ela.

– *Ara*, o que há com você, Margarida? Estava bem durante o passeio e agora vem dizer que está com dor de cabeça?

– Rosalina, estou com dor de cabeça e no momento quero ficar sozinha!

– Margarida, por que você ficou tão enjoada de um momento para outro?

– Por favor, respeite minha privacidade, peço que vá ajudar sua mãe na cozinha e me deixe em paz!

Ao se ver sozinha, Margarida passou a falar consigo mesma em voz alta: "Por que aquele negro me chamou tanto a atenção? Por que me sinto estranha ao pensar naquele rapaz? Que bobagem! Perder tempo pensando em um escravo que se banhava no rio... Sempre fui uma pessoa sensata, meu comportamento é de uma verdadeira dama! Por que comecei a pensar em determinadas coisas? Ainda mais sendo um escravo de meu pai! Acho que estou perdendo o juízo. Realmente é um belo homem, mas é um escravo. Não que um escravo não mereça ser amado, mas daí a ter pensamentos pecaminosos com ele, vai uma longa distância. Vou evitar revê-lo e, com o tempo, esquecerei essa bobagem".

No dia seguinte, ansiando por ver novamente José, decidiu convidar Rosalina para um novo passeio:

– Rosalina! Vamos fazer um passeio pelas imediações da fazenda?

– Agora não posso! Estou ajudando minha mãe na cozinha!

– Rosalina, o que há com você?

– Nada! Apenas não posso passear agora.

– Está bem! Se não quiser me acompanhar, vou sozinha!

– Então eu vou com você...

– O que acha de vermos os escravos trabalharem?

– O que está acontecendo com você, Margarida? Nunca se interessou em ver o trabalho dos escravos antes.

Margarida, dissimulando a ansiedade, falou:

– Rosalina, logo isso tudo será meu; portanto, é natural que eu me interesse.

– Cruz-credo! Parece até que a *sinhazinha* está desejando a morte de seus pais! – expressou Rosalina, assombrada.

– Rosa, todo mundo amadurece um dia e acho que isso está acontecendo comigo.

Ao entrarem no celeiro, encontraram Carmosino empilhando sacarias. Margarida, olhando para o escravo, perguntou:

– Carmosino, onde está meu pai?

– Está vendo os negros costurarem sacas no terreiro de café.

Ao chegarem lá, viram o coronel observando os negros trabalharem. Ao vê-las, Jacob perguntou:

– O que fazem aqui?

– O motivo é simples, meu pai: estou querendo ver como é o trabalho na fazenda.

Percebendo que José não estava nas sacarias, Margarida convidou Rosalina:

– Rosa, vamos até o cafezal?

– Margarida, o cafezal é um pouco longe, e você poderá rasgar seu vestido.

– Quero ir ao cafezal!

– Margarida, hoje você está mais enjoada que de costume.

Não demorou muito, as duas moças chegaram ao lugar. Margarida se aproximou de um pé de café e começou a explicar à Rosalina:

– A qualidade desse café é arábica! Estes grãos produzem café de altíssima qualidade; veja, eles são esverdeados, por essa razão meu avô só plantou essa qualidade, pois sabia do bom preço das sacas.

– Margarida, você está tão estranha... Nunca se importou com café antes.

– Sempre me importei, embora nunca tenha dito. Ouvindo meu pai conversar com minha mãe sobre o assunto, aprendi muitas coisas.

– Você não me trouxe aqui somente para me dar aula sobre grãos de café, não é mesmo?

– Vamos até a outra plantação onde os homens estão trabalhando.

Caminharam por entre os pés de café quando, de repente, Margarida viu José carregando um balaio. Ficou sem fôlego, o ar lhe faltou e, sem se importar com a amiga, ficou paralisada observando o rapaz. Rosalina, ao ver José, sorriu, animada, mas logo foi repreendida por Margarida.

– Rosalina, tenha modos! Onde já se viu ficar se oferecendo dessa maneira?

A outra, sem se importar com as palavras de Margarida, foi em direção a José, que, sorrindo, colocou o balaio no chão. Rosalina disse:

– José, aquela é a *sinhazinha* Margarida.

O negro, observando Margarida, tirou o chapéu, fazendo-lhe reverências. Ela apenas meneou a cabeça, retribuindo o gesto humilde do rapaz. Rosalina sorria abertamente para o moço, enquanto ele olhava furtivamente para a moça que estava mais atrás.

Margarida então convidou:

– Rosalina, vamos voltar à casa-grande.

A moça, obedecendo a ordem de Margarida, despediu-se do rapaz. A amiga mostrava-se irritada.

– Rosalina, não é de bom-tom uma moça ficar se oferecendo para um rapaz como você fez! Se continuar com esse fogo todo sob as saias não vou mais sair em sua companhia.

– Que bicho mordeu você, Margarida? Nunca me repreendeu! Quer saber? Você está muito chata!

– Olha o linguajar! Nunca lhe dei liberdade para se dirigir a mim dessa maneira!

Rosalina, ofendida, passou a andar rapidamente, deixando Margarida para trás.

৪০০৪

Os dias se passaram e Margarida não conseguia tirar o moço dos pensamentos. Certo dia, sentada na varanda, viu-o se aproximar da casa-grande. Seu coração sobressaltou-se e ela não pôde desviar o olhar. Ele caminhava a passos rápidos pela escadaria. Ao se aproximar, cumprimentou:

– Boa tarde, *sinhazinha*! O coronel mandou me chamar.

Margarida, que pela primeira vez se viu a sós com ele, respondeu:

– Meu pai está em seu gabinete. Vá até a cozinha e mande chamá-lo.

Nesse instante, Rosalina se aproximou. José foi caminhando para os fundos da casa-grande.

– José é o negro mais bonito que já vi – suspirou Rosalina.

– Realmente, esse rapaz é muito bonito.

– Estou percebendo certo interesse de sua parte, Margarida.

Ela, que não conseguia esconder nada de Rosalina, confidenciou seus pensamentos secretos à amiga, e arrematou:

– Não sei o que se passa comigo, não paro de pensar nele. Guardo comigo a certeza de que já o conheço de algum lugar, mas não sei precisar de onde.

– Margarida, você está apaixonada por José...

– Nunca mais repita isso! Se meu pai ouvir um comentário dessa natureza, não hesitará em vendê-lo.

Rosalina constatou que todo o mau humor de Margarida se devia àquele amor impossível. Não demorou para que Eleonora chamasse a filha para almoçar e Margarida, levantando-se rapidamente, obedeceu ao chamado da mãe.

Januário entrou na sala de jantar e disse ao patrão:

– José está na cozinha esperando pelo *sinhô*.

Margarida, ao ouvir o nome de José, sentiu um nó na garganta e passou a comer lentamente, enquanto o coronel ordenava:

– Mande Ernestina dar um prato de comida a José. Assim que eu terminar, mandarei chamá-lo.

O almoço transcorreu tranquilamente, e os pais dela nem perceberam que a filha mal tocou na comida.

– Vou conversar com Rosalina e, em seguida, descansar – disse Margarida à mãe, assim que terminou de almoçar.

– Não entendo o motivo de tanta conversa.

– Essas meninas são assim mesmo, ficam matraqueando sem parar – disse Jacob.

Margarida entrou na cozinha e viu Rosalina sentada diante de José, conversando. Observando a pressa com que o rapaz comia, Margarida avisou:

– Não precisa se apressar, o almoço de meu pai é demorado. Ele ainda não se levantou da mesa e, depois, ele ainda toma uma dose de licor; portanto, fique tranquilo.

José, ao encarar Margarida, sentiu seu coração palpitar. Conversando com Ernestina, vez por outra olhava o rapaz furtivamente, e ele retribuía.

Rosalina percebeu que ambos estavam apaixonados e passou a incluir Margarida na conversa.

O negro era um rapaz calado que, vez por outra, sorria em ouvir as histórias de Rosalina. Margarida não se sentia à vontade, mas não conseguia arredar o pé da cozinha. Depois de algum tempo, Eleonora entrou na cozinha e disse ao rapaz que o coronel o estava esperando no gabinete. Januário o acompanhou.

Assim que o rapaz saiu, Margarida disse à mãe que iria descansar e que a deixasse dormir.

Quando as duas amigas estavam a sós, Rosalina, compreendendo o motivo pelo qual a moça estava querendo ficar sozinha, comentou:

– Margarida, vai dormir ou vai ficar pensando em José?

– Está louca! Imagina se minha mãe ouve uma coisa dessas! O que vou dizer a ela?

A moça foi para o seu quarto e trancou a porta. Jogando-se na cama, começou a pensar em José e em seu belo sorriso. Logo enterneceu-se, dizendo a si mesma: "Rosalina tem razão! Estou apaixonada por ele".

Sem conseguir esconder a emoção, se pôs a soluçar abraçada ao travesseiro e logo adormeceu. Sonhou que estava caminhando lentamente em um belo riacho cujas águas eram tão límpidas que dava para ver as pedras sob a cortina d'água.

A cena era tão bela que seu sonho parecia real: ouvia o cantar dos pássaros, o barulho da cigarra embrenhada no mato, e assim sentiu o cheiro das flores silvestres e uma brisa que banhava seu rosto. Nesse momento, tudo era paz e felicidade. Ao avistar aquele homem, que caminhava ao seu encontro, não pôde distinguir seu rosto. A distância que os separava impediu sua visão.

Embora não visse o rosto do rapaz, sabia que amava aquele homem com toda fibra de seu coração. Assim que se aproximou, Margarida viu o rosto de José. O rapaz era branco, tinha cabelos louros e olhos verdes. Seu jeito era arrogante, mas ele era muito belo. Ela lhe disse:

– Bartolomeu, estava à sua espera.

Ele a enlaçou com um caloroso abraço. Nesse instante, a moça sentiu que algo a atingiu. Desfaleceu lembrando do olhar assustado do rapaz.

Acordou assustada sentindo muita dor em suas costas. Margarida pensou: "Que sonho estranho... Sabia que era José, mas o chamei de Bartolomeu e ele me olhava com imenso carinho... Só posso ter sonhado com ele, porque ele não me sai do pensamento".

E, procurando não pensar mais no assunto, saiu do quarto e foi à procura de Rosalina, encontrando-a na cozinha com Ernestina.

– Rosa, preciso que me ajude a tirar o vestido. Com esse calor, eu preciso me banhar.

Rosalina, sem sorrir, seguiu Margarida sem dizer uma única palavra. Esta, intrigada com o mutismo da mucama, indagou:

– Rosalina, o que está acontecendo?

– Você não é mais a mesma, agora sempre quer ficar sozinha dizendo que está com dor de cabeça. Hoje quando disse que ia descansar nem me chamou para ajudá-la com o vestido. Sabe o que penso? Você é uma moça mimada e chata! De hoje em diante, serei apenas uma mucama como outra qualquer...

– Rosa, não a chamei para me fazer companhia porque sabia que se você ficasse comigo eu não iria dormir, pois você fica matraqueando o tempo todo.

– Ah! Então sou tagarela, não é mesmo? Pode ficar tranquila, *sinhazinha*. A partir de hoje, falarei somente o necessário.

Margarida, sorrindo, abraçou Rosalina.

– Não diga bobagem! Você é minha irmã e sempre continuará a sê-lo; portanto, peço que me respeite quando digo que quero ficar sozinha. Rosa, você é a única irmã que Deus me deu e não quero que fique zangada comigo.

Rosalina, satisfeita, sorriu para Margarida, e passou a falar como de costume.

Assim que as duas moças entraram no quarto, Margarida contou sobre o sonho que tivera com José.

– José branco? Isso nunca vai acontecer! – disse Rosalina gargalhando.

– Rosa, vou lhe contar uma coisa, mas ninguém poderá saber.

– O que está acontecendo, Margarida?

— Estou apaixonada por José.

— Você está louca? Como pode dizer que está apaixonada por ele? Esqueceu que José é escravo de seu pai? Tire isso da cabeça, pois, se o coronel imaginar uma coisa dessas, sua vida vai virar um inferno. Seu pai vive dizendo que se alguém se meter a engraçadinho com você vai para o tronco e ele não se importa que seja negro ou branco!

Margarida sentiu medo do pai naquele momento.

— Rosa, não consigo parar de pensar em José e sinto que nunca me apaixonarei por mais ninguém.

— Não quero mais ouvir falar nesse assunto! O duro é que seu pai colocou José para trabalhar aqui dentro da casa-grande.

— O quê? José está trabalhando aqui?

— Pois é, seu pai mandou que José viesse à casa-grande para ajudar nas tarefas domésticas e também para ajudá-lo nas contas da fazenda, uma vez que José sabe ler e escrever.

Nesse momento, Margarida sentiu um misto de emoção. Ao pensar que poderia ver José todos os dias, seu coração se encheu de alegria; porém, lembrou-se das ameaças do pai e com isso passou a temer pela vida de José.

ஐസ்

José sentiu a mesma coisa por Margarida desde o primeiro momento em que a viu. Resignado, colocava-se em seu lugar sabendo que o amor da filha do coronel era imensamente impossível.

Jacob incumbiu José de ajudar nos trabalhos domésticos: pegar água do poço, buscar lenha e ajudar Ernestina no cultivo da horta, que ela mesma fizera perto da casa-grande. E, ainda, como José sabia ler e escrever, ajudá-lo na contabilidade da fazenda.

Com o tempo, o coronel aprendeu a gostar muito de José; afinal, tratava-se de um negro inteligente e bastante discreto.

José passava a maior parte do tempo com Ernestina. Margarida logo deixou seus passeios de lado, e sempre que podia ia à cozinha conversar com Ernestina, embora a sua atenção estivesse concentrada em José, que sentia seu coração bater mais forte quando via a filha do coronel.

Margarida evitava conversar com ele, pois temia que alguém descobrisse sua paixão pelo escravo. Ernestina, que a princípio não gostou de saber que teria ajuda na cozinha, com o tempo aprendeu a gostar dele. Sua beleza era notada por todos, até mesmo por Eleonora, que chegou a comentar a respeito com Ernestina.

Certa tarde, estando Ernestina na sala de panos com Eleonora, disse à patroa:

— *Sinhá*, quando o coronel deu ordem para que José me ajudasse na cozinha, confesso que fiquei muito aborrecida, mas com o tempo esse negrinho ensinou-me a gostar dele.

— José é um rapaz educado e pronuncia corretamente as palavras.

— Ele é diferente dos outros negros. Sabe ler e escrever, sem contar que se trata de um belo rapaz. A vinda dele à casa-grande foi uma bênção.

— Jacob não cansa de elogiá-lo e diz que ele faz contas como ninguém. Ernestina, às vezes fico observando-o e não deixo de notar sua beleza. Acredito que com o tempo haverá uma miscigenação de raças, e que nascerão pessoas lindas como ele.

— Muitas negrinhas vivem suspirando por ele.

— E qual é a postura de José?

— Não dá atenção a nenhuma delas e, na semana passada, disse ao Benedito que não vai se casar, pois não quer ver um filho seu na condição de escravo.

— Desde a primeira vez que o vi percebi que José era diferente dos demais. Jacob me disse que aqui na fazenda tem os galanteadores.

— O Ezequias é o pior deles. Fiquei sabendo que, às vezes, ele chega a namorar duas moças ao mesmo tempo.

— Já fiquei observando os modos de José; ele nem parece que é um escravo, pois sua postura é de um lorde.

— Se eu fosse trinta anos mais jovem e não tivesse família, eu me colocaria na lista para conquistá-lo.

José, que a princípio não falava com Margarida, com o tempo passou a tratá-la de modo sério e respeitoso.

Rosalina, que sabia da paixão da *sinhazinha* pelo escravo, observava os olhares e a maneira como Margarida mudava seus modos quando o rapaz estava perto. Um dia, teve uma ideia.

Assim que Margarida subiu ao seu quarto, Rosalina foi à cozinha para conversar com José, mas, para sua surpresa, ele não estava lá.

– Mãe, onde está José? – perguntou a Ernestina.

– O que você quer com ele?

– Nada!

Ernestina, achando que Rosalina estava apaixonada pelo rapaz, advertiu:

– Rosa, sei que está interessada em José, mas ele não dá atenção a moça nenhuma; portanto, não fique alimentando esperança, pois ele me falou por diversas vezes que não pretende arranjar uma companheira.

– Mãe, não estou interessada em José, gosto dele como amigo.

– Já tive sua idade, moleca! Sei muito bem o que se passa sob esse pixaim.

Rosalina não gostava quando a mãe desdenhava de seu cabelo, de modo que saiu batendo o pé. Sabia que, quando José não estava na cozinha, estava cuidando da horta, assim se dirigiu para lá. Quando viu o rapaz arrumando a terra, perguntou:

– O que vai plantar aqui?

– Vou plantar cenouras, pois sua mãe plantou somente verduras e eu quero plantar todo tipo de hortaliças.

Rosalina passou a fazer perguntas sobre a horta, e o rapaz, percebendo que a moça queria lhe dizer alguma coisa, falou:

– Rosalina, nunca se interessou pela horta; você não me engana! Acaso está querendo me dizer alguma coisa?

– Soube que Margarida lhe emprestou alguns livros.

José, sem compreender aonde a moça queria chegar, perguntou:

– Sim! Mas o que tem isso?

– José, se você é esperto saiba que também sou. Percebi que você está apaixonado por ela.

– Que conversa é essa, Rosalina? Pare de falar essas coisas, que vai me arranjar confusão.

– Por que você não escreve uma carta e coloca no meio de um dos livros que ela emprestou?

– Escute aqui, moleca, não vou fazer isso, pois a *sinhazinha* é minha patroa e, além do mais, não sinto nada por ela – respondeu, zangado.

– José, vou lhe dizer uma coisa: se quiser continuar escondendo seus sentimentos, isso é problema seu, mas estou querendo ajudá-lo.

– Rosalina, espere aqui, vou conversar com sua mãe e volto em um instante.

José foi à cozinha e, encontrando Ernestina, disse:

– Ernestina, a senhora vai precisar ainda de mim?

– Não! Mas por que a pergunta?

– Estou pensando em dar um passeio com Rosalina. A senhora me permite?

– Pode ir, José, mas lembre-se: uma moça e um rapaz juntos é como a palha e o fogo! Se não tomar cuidado vira um fogaréu...

– Não se preocupe! Apenas vou convidá-la para passear pelas imediações da fazenda.

– Vá, mas não se demore!

Quando o rapaz se afastou, ela, com alegria, disse:

– Quem diria que José fosse se interessar pela minha Rosa...

Nesse momento, Eleonora entrou na cozinha, elogiou o cheiro do doce e, ao observar o sorriso de Ernestina, perguntou:

– Por que está rindo sozinha?

– *Sinhá*, Rosalina está apaixonada.

Eleonora, que gostava de Rosalina quase como uma filha, perguntou preocupada:

– Como? Rosalina está apaixonada? Por quem?

– Rosa está apaixonada por José.

– José é um bom moço e fico feliz por sua escolha. Mas ele também está apaixonado por ela? Não quero ver Rosalina sofrendo por amor. Você me disse que ele nunca se interessou por nenhuma moça aqui da fazenda!

– Acho que minha Rosa fisgou o coração de José, pois ele acabou de me pedir permissão para passear com ela pela fazenda.

– E você deixou que os dois fossem passear sozinhos? Esses dois vão acabar aprontando e a culpa vai ser sua.

– Não se preocupe, *sinhá*. Ele me disse que vai ficar por aqui...

– Espero que Rosalina tenha juízo.

Ernestina sorriu satisfeita ao ver a preocupação estampada no rosto de Eleonora.

ເ໐ສ

Rosalina logo viu José voltar e, para sua surpresa, o rapaz lhe disse:

– Rosa, acompanhe-me. Precisamos conversar.

– Para onde vai me levar?

– Não se preocupe, vou levá-la a um lugar onde poderemos conversar.

Rosalina, percebendo a sinceridade do rapaz, tratou de acompanhá-lo. Os dois saíram em direção ao pasto e José passou a falar:

– Rosalina, preciso conversar com alguém sobre o que me vai no coração.

– Sempre soube que estava apaixonado por Margarida e sei também que ela sente o mesmo por você.

– A *sinhazinha* falou alguma coisa a você?

– José, esqueceu que Margarida e eu somos como unha e carne? Ela me conta tudo!

– Mas o que ela disse a meu respeito, Rosalina?

– Disse que também está apaixonada por você – disse a garota.

José ficou feliz com a notícia, mas ao mesmo tempo sentiu-se triste ao se lembrar de sua condição de escravo. Com amargura na voz, acrescentou:

– Rosalina, não encha meu coração de ilusão; por mais que a *sinha-zinha* tenha algum sentimento por mim, isso será impossível.

– A *sinhazinha* gosta muito de poemas. Por que não escreve alguns poemas e coloca no meio dos livros que vai lhe devolver?

– Não posso fazer uma coisa dessas. Se o fizer, estarei traindo o coronel, que sempre foi muito bom para mim...

– O coronel não precisa saber. Aliás, ninguém precisa saber. Esse será um segredo nosso. O que foi agora, José?

– Não tenho sequer um tinteiro e muito menos papel para escrever.

– Por que não pede tinteiro para o coronel? Ele tem tantos tinteiros pela casa que não se incomodará de lhe dar um.

– Rosalina, você é uma moleca travessa.

– Agora terei de voltar à casa-grande – falou a moça, e saiu correndo.

"Rosalina é uma boa moça! Não permitirei que nenhum rapaz tente se aproveitar de sua pureza. Hoje ganhei uma irmã a quem tenho como dever proteger", pensou José.

Rosalina entrou resfolegante na cozinha e encontrou Ernestina conversando com Eleonora.

– O que aconteceu nesse passeio com José, Rosalina?

– Não aconteceu nada, *sinhá*!

– Não quero vê-la saindo sozinha com um rapaz pelos matos da fazenda; espero que me obedeça – disse Eleonora.

– Mas por que a *sinhá* está ralhando comigo? Não fiz nada...

– E espero que não faça! Fique com Margarida, é o melhor que tem a fazer.

Rosalina sentiu as lágrimas virem a seus olhos, mas procurou contê-las a fim de não dar esse gosto à *sinhá*.

Eleonora, ao ver Rosalina se afastar, disse a Ernestina:

– Desde que Margarida ficou doente e eu vi Rosalina dormindo no chão para lhe fazer companhia jurei a mim mesma que iria cuidar dessa menina; portanto, não se zangue, Ernestina, com meus modos para com ela.

– *Sinhá*, não fico zangada com a senhora. Compreendo que quer o bem de minha filha.

– Você não imagina o quanto eu gosto dessa diabinha...

Ernestina sorriu sem nada dizer.

❧❧❧

José trabalhou como de costume e depois do almoço foi ao gabinete para ajudar o coronel na contabilidade da fazenda.

O coronel, olhando os registros das contas, perguntou:

– Quanto recebemos pelas últimas cem sacas de café?

– O *sinhô* recebeu trezentos contos de réis. Tomei a liberdade de ir ao celeiro e vi que ainda há lá duzentas e cinquenta e seis sacas.

– Muito bem, José. Amanhã você vai comigo à cidade para vendermos o restante das sacas. José, você trabalha comigo há pouco mais de um ano; portanto, sei que está querendo me dizer alguma coisa.

– *Sinhô*, na verdade gostaria de lhe pedir um favor.

– O que quer? – perguntou, intrigado.

– Gostaria de lhe pedir um tinteiro e algumas folhas de papel.

– Mas o que vai fazer com tinteiro e papel?

– Gosto de escrever poesias, mas não tenho tinteiro nem papel.

Jacob, sorrindo, olhou para o tinteiro que estava sobre a mesa e, depois de pensar, ofereceu:

– Fique com esse tinteiro, pois o usei pouco. E, quanto às folhas de papel, pegue quantas quiser.

José agradeceu a generosidade do patrão. Ao cair da noite, o escravo, que morava sozinho em uma pequena casa perto do rio, acendeu o lampião e se pôs a escrever. Pensou muito antes e se lembrou de uma poesia de Castro Alves. Passou a colocá-la no papel. Ele tinha uma bela letra e, assim que terminou de escrever, disse em voz alta:

– Creio que não devo mandar esse poema para a *sinhazinha*. E se ela mostrar ao coronel? O que direi?

Com esses pensamentos, teve ímpetos de rasgar a folha, mas, em seu coração, sentia que devia enviar aquela poesia para Margarida, dentro de algum livro, como sugerira Rosalina. Por essa razão, dobrou o papel com carinho e colocou-o no meio de um deles.

Naquela noite, José não conseguia parar de pensar nas palavras de Rosalina e, vencido pelo cansaço do dia, o rapaz adormeceu.

No dia seguinte, levou o livro e entregou-o a Rosalina, que, sabendo do que se tratava, levou-o para a amiga. Mas antes, vencida pela curiosidade, entrou em um dos quartos vagos da fazenda e passou a ler a poesia que José havia escrito.

Desde que Margarida assumira para si mesma que estava apaixonada por José, passara a evitá-lo, pois temia a reação do pai se soubesse de tal desatino. Ela estava sentada diante do espelho quando Rosalina entrou em seu quarto.

— Margarida, José mandou que eu lhe devolvesse o livro.

— Deixe-o sobre a mesa.

— Não vai ver se o livro voltou como você emprestou?

— Certamente não está faltando nenhuma página, e, mesmo que estivesse, já li esse livro e não pretendo lê-lo novamente.

Rosalina ficou de costas para Margarida e, abrindo-o propositalmente, deixou que o papel fosse ao chão.

— Margarida, como empresta seu livro e deixa suas anotações nele? — disse, surpresa.

— Rosa, não tenho mania de deixar anotações em livros.

Margarida, levantando-se, pediu para ver o papel que estava na mão de Rosalina. Assim que abriu, percebeu que a caligrafia devia ser de José, e, com as mãos trêmulas, passou a ler, em voz alta, a poesia de Castro Alves que José havia lhe enviado. Sentiu a emoção tomar conta de seu ser. A menina não teve dúvidas de que José sentia o mesmo que ela, de modo que decidiu emprestar-lhe outro livro, porém desta vez ela é que lhe escreveria uma carta.

— Você vai responder à carta de José?

— José não me mandou uma carta, mas sim um poema de Castro Alves.

— Pode não ser uma carta, mas ele deixou claro o que sente por você.

Margarida, irritando-se com as palavras da mucama, respondeu:

— José só escreveu esse poema em agradecimento por eu lhe ter emprestado o livro.

Rosalina, desaprovando o mau humor de Margarida, comentou:

— Está bem, se preferir se enganar o problema é seu. Mas se não quer nada com o rapaz deixe isso claro a ele, pois você não deve alimentar suas esperanças.

— Por favor, vá ajudar sua mãe na cozinha. No momento não estou precisando de seus favores.

– Você anda muito enjoada! Sabe de uma coisa? Fique sozinha e depois não venha me pedir desculpas.

Rodopiando rapidamente nos calcanhares, Rosalina saiu do quarto, deixando Margarida sozinha relendo a poesia.

"Não tenho dúvida de que José me ama, mas Rosalina tem razão. Não posso ficar alimentando suas esperanças", pensou.

A História
de José

E assim os dias foram passando. Margarida evitava José, porém, quando o via andando pela cozinha ou indo ao gabinete do pai, a mocinha sentia um frio percorrer-lhe a espinha.

O escravo, apesar da paixão que sentia pela filha do patrão, continuava a desempenhar bem o seu trabalho, ora ajudando Ernestina, ora ajudando na contabilidade da fazenda.

Numa tarde, Jacob estava irritado, pois o preço da saca de café havia caído sensivelmente e, pela primeira em tantos anos, o coronel percebeu que teria prejuízos.

– Terei de vender as minhas sacas de café pelo preço do mercado, mas mesmo assim ficarei no prejuízo – disse, irritado.

– *Sinhô*, não o aconselho a vender suas sacas agora. Como sabe, o café em grão dura bastante; portanto, deixe para vendê-lo quando o preço aumentar – disse José com humildade.

– Não posso ficar com aquelas sacas estocadas no celeiro! Daqui a alguns dias, não terei onde colocar sacas de café, pois o local já está ficando pequeno.

– Só há uma solução, patrão: mandar erguer outro celeiro.

– Mas onde posso construir outro?

– O *sinhô* comprou a fazenda do *sinhô* Bernardo, mas o celeiro de lá é muito pequeno. O *sinhô* não acha que pode derrubá-lo e fazer um maior? Quando o café recuperar o preço, o senhor terá estoque.

– José, acho que estou desperdiçando seu talento colocando-o para ajudar Ernestina na cozinha. Vou nomeá-lo administrador daquela fazenda.

José surpreendeu-se com a decisão do coronel e, embora fosse uma boa promoção, ele não se sentiu feliz. Sabia que não iria ver Margarida todos os dias como havia se acostumado.

– O *sinhô* não acha que a melhor pessoa para essa tarefa é Silvino? O pobre homem trabalha com o *sinhô* há muito tempo e, certamente, vai se sentir passado para trás.

– Silvino é um bom homem e, além de tudo, é fiel! Mas não posso lhe atribuir um cargo dessa natureza porque ele não tem inteligência para realizá-lo. Você é muito inteligente e, além do mais, também é de confiança; portanto, colocarei você como administrador da outra fazenda.

José decidiu se calar temendo que o coronel desconfiasse de que ele estava enamorado de Margarida. Naquela mesma tarde, Jacob convocou todos os escravos para comparecerem no sopé das escadarias e informar sua decisão.

Silvino estava presente e, assim que o coronel informou sobre o cargo que José assumiria a partir daquele momento, pensou: "Negro dos infernos! Mal chegou à fazenda e já foi nomeado administrador, enquanto eu, que trabalho há tanto tempo aqui, continuo apenas a cuidar dos negros!"

Com rancor, disse em um tom de voz que só ele podia ouvir:

– O coronel me paga! E esse negro infernal pode se considerar um homem morto.

Enquanto os outros negros ficaram felizes com a notícia, Silvino não conseguiu esconder sua insatisfação. Jacob decidiu escalar alguns escravos que trabalhariam com José. Por um momento, José olhou para Silvino e logo percebeu que ele não ficara feliz com a notícia, de modo que sentiu um frio percorrer-lhe a espinha. O coronel, sabendo da distância de sua casa até a outra fazenda, ordenou que José assumisse também a casa-grande.

Ao ouvir a última frase, Silvino resmungou:

– Esse é o maior despautério que ouvi em toda a minha vida: um negro morando na casa-grande...

Jacob não percebeu a insatisfação de Silvino e, tão logo deu a notícia, voltou ao interior da casa para comunicar sobre sua mais nova decisão a Eleonora.

José ficou parado na varanda observando a alegria dos outros escravos e, ao olhar mais uma vez para Silvino, comentou:

– Silvino, vou precisar de sua ajuda, não me acho digno para tão nobre trabalho.

– Você é um negro! E pelo fato de ser administrador na outra fazenda do coronel não deixará de sê-lo!

Ao dizer essas palavras, Silvino se retirou a passos firmes em direção ao celeiro. Benedito não cabia em si de felicidade, pois nunca imaginou que um irmão de cor chegasse a tal alto posto. Silvino, ao se afastar, disse em voz alta:

– Isso não vai ficar assim! Não sou homem de ser ofendido e ficar quieto!

ℴ)C℞

No dia seguinte, José mudou-se para a casa-grande e com ele foram Eleontina e Zulmira. Embora José pudesse escolher qualquer quarto na casa-grande, decidiu dormir em um quarto que ficava perto da despensa.

Os negros que acompanharam José gostavam da humildade do rapaz, de modo que trabalhavam felizes. Ele não dava ordens, pedia tudo com educação, fazendo com que os escravos se sentissem respeitados.

Na hora do almoço, José chamava todos os negros para almoçar na cozinha da casa-grande. Era tão respeitoso que não tirou nem mesmo os lençóis dos móveis, e raramente entrava em outras dependências da casa. Apesar de manter um cargo de confiança, continuou exercendo suas mais belas qualidades: compaixão, lealdade e companheirismo.

Os negros estavam felizes, pois trabalhar com Jacob era bom, mas era ainda melhor trabalhar com José, que dizia ser como qualquer um deles.

A cada notícia do trabalho de José, Silvino ficava mais irado.

José não dava ordens e mantinha-se acessível a todos os que, vez por outra, estivessem com problemas. Ele foi responsável pela planta do novo celeiro, à qual o coronel aprovou nos mínimos detalhes. Logo, o celeiro ficou pronto. E as sacas de café começaram a ser estocadas ali. Quando houve a recuperação do preço do café, o coronel não se fez de rogado para vendê-las. Ganhou muito dinheiro, pois era o único fornecedor de café da região, e sua fortuna aumentou vertiginosamente.

Jacob, em reconhecimento ao trabalho do escravo, deu a José quinhentos contos de réis, que constituía uma pequena fortuna na época. Silvino ficou sabendo e sentiu-se ainda mais ultrajado, pois, enquanto ele ganhava apenas vinte contos de réis por mês, o negro havia recebido vinte e cinco vezes mais em apenas três meses.

Silvino começou a incutir a revolta nos demais negros e passou a dizer:

– Vocês estão felizes com a alegria de José, mas saibam que, enquanto vocês trabalham feito mulas, é ele quem recebe todos os créditos.

Os negros, porém, não deram ouvidos às palavras do capataz, pois sabiam se tratar de inveja.

E assim o tempo foi passando...

Rosalina levava livros para José e esse não ficava mais que uma semana com eles, devolvendo em seguida. Ele escrevia poesias para Margarida e ela, por sua vez, mandava-lhe outras.

Certo dia, José teve coragem de se declarar em uma carta a Margarida.

Querida Margarida
Estou observando o clarão da madrugada e seu semblante não me
sai do pensamento.
Não tenho direito de sonhar venturas junto a ti, mas apenas lamen-
tar pelo que não vivi, e nisso se constitui todo o meu tormento.
Sinto-me duas vezes cativo: pela cor e pelo coração.
A ti, querida donzela, sinto-me preso como uma andorinha em
um alçapão.

*Queria me livrar da primeira algema e da segunda continuar
atrelado a ti até meus últimos dias de vida. Não posso sonhar
contigo, pois és nobre de alma e coração, querida.*
Minha doce Margarida.
O que me resta fazer nessas noites claras de solidão?
Pensar no que poderia ser se um dia aceitasse meu amor.
*Mas isso são sonhos dourados, que guardarei em meu peito,
feito um jardim em flor.*

Ao escrever essa declaração José pensou em amassar o papel, porém
decidiu dobrá-lo e guardá-lo no livro de Margarida. No dia seguinte, Rosalina foi buscar o livro. Rosalina era o elo entre Margarida e José.

Margarida, ansiosa para ler o que José havia escrito, ao ver a mucama, pediu:

– Apresse-se! Vamos ao meu quarto! Preciso ler o que José me escreveu!

A amiga não sabia, mas Rosalina sempre era a primeira a ler as cartas
de José. Pegando o livro, Margarida sentou-se na cama e passou a ler a carta
que José lhe mandara. Sem conter as lágrimas, confessou:

– Sinto o mesmo por você, José. Mas, infelizmente, nosso amor é
impossível e nada poderei fazer para mudar o rumo das coisas.

– Margarida, a única coisa que pode fazer é fugir e se casar com José,
pois, depois que estiver casada, seu pai nada mais poderá fazer.

– Que estupidez está falando, Rosalina? Meu pai colocaria Silvino
atrás de mim e José para morrer no tronco!

– Está bem! Decida o que fará com esse amor, pois eu vou ajudar
minha mãe na cozinha.

Desde que Margarida se apaixonara de José, não passeara mais com
Rosalina, ficando a maior parte do tempo em seu quarto ou, vez por outra,
bordando na varanda da casa-grande.

Margarida, com o pretexto de emprestar mais livros a José, respondeu
à sua carta:

José,
Compartilho contigo o mesmo sonho dourado,

E meu coração se sente esmagado de dor e solidão,
Mas por que a vida impede-nos de sermos felizes?
E por essa dor só há trovoada em meu coração.
O que me resta fazer nesse momento?
Chorar pela ausência de sua presença
Nessa casa, que se tornou vazia e inóspita, assim como meu
coração.

Margarida não sabia se expressar tão bem quanto José, de modo que logo parou de escrever, deixando uma lágrima pingar sobre o papel. Colocou-o no meio de um livro. Sofrendo por aquele amor impossível, debruçou-se na cama e chorou copiosamente. Assim que conseguiu se controlar, lembrou-se da ideia de Rosalina, porém decidiu não pensar mais naquele assunto.

ଚ୨୦ଓ

José passou a conversar todas as tardes com Ernestina, de quem aprendeu a gostar de coração.

Margarida, ao saber que José estava indo à casa-grande, voltou a ficar na cozinha com Ernestina a maior parte do tempo. Quando José chegava, Margarida caía num mutismo, que era observado por todos. Rosalina, para não deixar a mãe desconfiar que a *sinhazinha* estava amando um escravo, tomava toda a atenção para si. Margarida ficava a um canto observando José e, vez por outra, entrava na conversa.

Em uma noite, José estava falando com Rosalina quando Eleonora entrou na cozinha e com amabilidade disse:

— O que faz aqui tão tarde, José?

— *Ara, sinhá!* José veio me ver.

Ernestina se sentiu envergonhada com as palavras da filha e, sem pensar, disse:

— Rosalina, isso são modos de uma moça? E, além do mais, dona Eleonora é nossa *sinhá*.

Eleonora riu com as palavras de Rosalina, sem se importar com o constrangimento de Ernestina. Sorrindo, perguntou:

– E então, quando pretendem anunciar o casamento?

Margarida sentiu as pernas bambearem.

– Mamãe, isso não são modos de uma dama.

Eleonora concluiu:

– Que mal há em perguntar? Esses dois já estão há um bom tempo de namorico, porém nada oficial.

– José é meu amigo! – disse Rosalina.

– Já vi muitos namoricos como esse acabarem em ajuntamento em senzalas... – disse Eleonora.

Rosalina, sentindo-se ofendida, respondeu:

– *Sinhá*! Não sou desfrutável como essas negrinhas de outras fazendas, saiba que me dou o respeito.

Margarida gostou da postura de Rosalina e, atenuando a situação, disse:

– Mamãe, vamos fazer companhia para papai?

Eleonora, sem desconfiar do que estava acontecendo, acompanhou a filha até a sala onde o coronel Jacob estava.

Rosalina acompanhou José até o terreiro e, estando a sós com ele, avisou:

– José, você e Margarida precisam tomar logo uma atitude! Não posso deixar que a *sinhá* continue a fazer má ideia de minha pessoa.

– Mas o que posso fazer? Sou um escravo, e o fato de ser administrador da fazenda do coronel não muda essa situação.

– Fuja com ela! Você tem aquele dinheiro que o coronel lhe deu! Só voltem depois que se casarem.

José, estupefato com as últimas palavras de Rosalina, disse:

– Nunca poderei fugir com Margarida! Nenhum padre vai realizar nosso casamento. Esqueceu que sou negro e como tal não tenho direito de nem mesmo entrar na igreja, quanto mais esperar que um padre celebre meu casamento com a filha de um coronel?

– José, então você jamais poderá ficar com Margarida, pois a *sinhá* não permitirá que você viva em pecado com sua única filha.

– Não podemos lutar contra os costumes, nosso amor não é forte o suficiente para enfrentarmos todas as pressões... Acho melhor dar o caso por encerrado e tirar Margarida do meu coração.

– Só há uma maneira de vocês ficarem juntos, tornando-se um negro forro.

– Rosalina, podemos ter uma carta de alforria, porém nunca seremos totalmente livres. Infelizmente, seremos sempre escravos do preconceito e da maldade dos brancos. Se insistir para que Margarida fique comigo, vou arrastá-la para o mundo doloroso do sofrimento.

Rosalina viu que José estava desistindo do amor de Margarida. E, percebendo o adiantado das horas, decidiu se aprontar para dormir. No dia seguinte, teria de ir à cidade com Eleonora para comprar algumas fazendas de tecidos.

José viu Rosalina se dirigir ao interior da casa-grande e, andando lentamente, olhou para o céu.

– Nunca amarei ninguém como amo Margarida – afirmou –, e, se não puder ficar com ela, não ficarei com mais ninguém.

୫୦୯ଓ

Rosalina entrou no quarto e encontrou Margarida penteando os cabelos. Cuidadosamente, contou para a *sinhazinha* toda a conversa que tivera com José, não escondendo nenhum detalhe.

Margarida, com lágrimas nos olhos, constatou:

– Rosa, José é um rapaz ajuizado. Ele tem razão quando diz que nunca será totalmente livre, pois a sociedade nunca o verá como meu marido e passarei de dama a uma mulher qualquer na boca do povo.

– Só há um caminho para vocês.

– Qual?

– Esquecer esse amor louco e deixar esse assunto para lá.

– Se fosse tão fácil esquecer... Nunca vou deixar de amar José, nem mesmo depois de morta.

– Credo! Não fale bobagem, Margarida! Agora quero dormir. Amanhã tenho de ir à cidade com sua mãe comprar panos para vestir alguns negros que estão precisando de roupas.

Margarida viu Rosalina se ajeitar na cama e, sentando-se na escriva-ninha, acendeu o lampião e colocou-o ao lado do papel e do tinteiro. Pegou um livro de poemas e começou a copiar um.

Lembrou-se de uma poesia que sua mãe gostava e se sentiu impelida a mandar para José. Desde que se apaixonara pelo escravo, passava longas horas lendo e relendo os poemas de José da Natividade Saldanha, a quem admirava. Olhou para Rosalina e viu que ela já estava dormindo. Entre lágrimas, deitou-se e soluçou ao travesseiro.

 ⅒ 

No dia seguinte, Margarida acordou com o barulho de Rosalina se vestindo e, passando a mão nos olhos, pediu:

— Rosa, quero que leve este livro para José.

Rosalina, que estava mal-humorada por ter de acompanhar Eleonora à vila, comentou:

— Margarida, você vai mandar o mesmo livro, com tantos que trouxe da capital da província?

Margarida, sentando-se rapidamente na cama, refletiu.

— Você tem razão! Hoje você levará outro livro para José.

— Essa sua história com José vai me arranjar confusão. Se o coronel souber, mandará erguer um tronco só para mim.

— Confio em você! Ademais, se não fizer nenhuma besteira ninguém vai desconfiar.

— Sua mãe já está desconfiada. Antes, você só entrava em seu quarto para se arrumar ou dormir, agora fica trancada horas a fio.

— Mamãe não pode saber de nada. E, se algum dia ela ficar sabendo, terei certeza de que foi você quem contou.

— Margarida, jamais faria uma coisa dessas com você; está na hora de confiar mais em mim.

Margarida, percebendo que havia sido rude com Rosalina, contemporizou:

— Rosalina, confio em você; afinal, é minha irmã do coração.

– Então pense antes de falar, pois me senti terrivelmente ofendida com esse seu comentário.

Nesse instante, as duas ouviram as batidas à porta e, em seguida, uma voz:

– Rosalina! Está pronta? Venha tomar café! Sairemos em poucos minutos.

Margarida, pensando no comentário de Rosalina, correu para abrir a porta e disse à mãe:

– Mamãe, gostaria de ir com vocês.

– Margarida, você não gosta de ir à vila. O que está acontecendo?

– Nada, apenas não quero ficar sozinha.

– Vocês duas não podem se separar por nem um quarto de hora, não é mesmo? Desçam para tomar café. Silvino é quem conduzirá a carruagem e ele não gosta de ficar esperando.

Rosalina, ao ouvir o último comentário de Eleonora, disse:

– Silvino não tem de gostar ou desgostar, ele simplesmente tem de obedecer à *sinhá* e ao coronel.

Eleonora olhou com curiosidade para Rosalina.

– Muito me admira você dizendo uma coisa dessas; embora Silvino seja um empregado da fazenda, ele tem o livre-arbítrio de gostar ou não das atitudes dos patrões.

Naquele momento, Rosalina sentiu o sangue subir às suas faces e, envergonhada, ficou calada. Eleonora se retirou em seguida.

Um pouco depois, as três mulheres saíram em direção à vila.

∞

Ao retornarem, Margarida, tentando evitar que a mãe desconfiasse de alguma coisa, chamou Rosalina para um passeio pelas imediações da fazenda. Rosalina gostou do convite, pois se havia algo de que gostava era de passear com Margarida e falar tudo o que lhe vinha à mente. As duas moças saíram e tomaram o sentido da fazenda que outrora fora de Bernardo. Caminharam por entre os pastos e logo perceberam que estavam na outra parte da fazenda do coronel. Margarida falava sobre José da Natividade Saldanha e seus poemas enquanto Rosalina não parava de lhe fazer perguntas sobre os fatos de seu romance a distância.

Como era verão, Margarida estava ruborizada devido ao calor que fazia e, cansada de andar, as duas pararam sob a copa de uma árvore. Continuaram conversando quando viram um homem se aproximar.

Margarida, ao perceber de quem se tratava, abriu um sorriso. Era José. Rosalina, ao vê-lo, também abriu um sorriso de satisfação.

– José! Que bom vê-lo.

– A satisfação é minha em ver tão belas damas.

Margarida o olhou intrigada. Nunca vira um escravo ter educação tão esmerada.

José se juntou a elas e, sorrindo, perguntou:

– O que fazem nessas paragens?

Rosalina, tomando a frente de Margarida, respondeu:

– A *sinhazinha* Margarida decidiu fazer um passeio e com isso saímos a esmo.

José, ignorando o comentário de Rosalina, perguntou a Margarida:

– A *sinhazinha* deve estar com sede, o que acha de irmos até a casa-grande para tomar alguma coisa?

– Boa ideia! Papai comprou esta fazenda e eu ainda não tive a oportunidade de ver como está a casa-grande.

Rosalina percebeu o flerte velado entre os dois.

– Fiquem aqui, vou até o córrego – avisou.

Margarida e José passaram a conversar. Falaram sobre muitos assuntos, inclusive a respeito das cartas. José, sentindo seu coração bater descompassadamente, confessou:

– Margarida, estou apaixonado por você e, às vezes, penso que vou enlouquecer diante da tormenta que arrebata meu coração.

– O mesmo acontece comigo, mas, infelizmente, não poderemos sonhar com tal ventura, pois isso constituiria graves problemas em minha casa.

– Compreendo perfeitamente o que me diz, mas não consigo impedir que esse sentimento continue a aumentar. Não tenho a pretensão de desposá-la, pois isso seria grande humilhação para o coronel; portanto, cabe sufocar todo o amor que trago no peito pela *sinhazinha*.

Os dois, envolvidos pela emoção, deixaram que o silêncio falasse por eles naquele momento. Enquanto isso, Rosalina, que dizia ter ido ao córrego, ficara à espreita observando o casal de longe.

Margarida e José continuaram conversando tranquilamente sob a copa da árvore. A moça observava os modos dele, percebendo que era diferente de todos os outros escravos. Ela já se sentia à vontade na presença do rapaz e, tomada de curiosidade, perguntou:

– José, fale-me um pouco de seu passado.

– Sou filho de uma negra com um senhor de engenho. Minha mãe se chamava Gertrudes e meu pai é o afamado senhor Felipe Couto, que depois de seu pai é o segundo homem mais rico da região. Minha mãe foi comprada pelo *sinhô* Felipe quando tinha dezessete anos, e, como ela era uma moça bonita, o *sinhô* logo se interessou por ela à primeira vista.

– Mas ele já era casado?

– Sim – respondeu José –, dona Generosa achava vergonhosa a atitude do marido, porém, como sempre foi uma mulher submissa, acabou se calando, pois era comum o *sinhô* surrá-la quando ela dizia alguma coisa. Minha mãe, com o passar do tempo, acabou ficando grávida e logo começou o boato de que o filho que a negra trazia no ventre era do *sinhô* Felipe. Ele sabia que eu era filho dele, mas nunca me viu como tal. Tem duas filhas e seu desejo sempre foi ter um filho varão, porém dona Generosa em seu último parto acabou secando, de modo que não pôde mais engravidar. Minha mãe trabalhava na casa-grande e depois que nasci o *sinhô* Felipe nunca mais a procurou. E assim fui crescendo entre as filhas do *sinhô* Felipe, e as moças acabaram por me ensinar a ler e a escrever. Dona Generosa, vez por outra, emprestava livros para que eu lesse e com isso fiquei conhecendo os poemas de Castro Alves e outros. O *sinhô* Felipe não gostava da minha presença em sua casa, dizendo que seu erro ficava a andar dentro do seu lar. Dona Generosa gostava de minha mãe, pois sabia que ela não tinha culpa e que era obrigada a se deitar com o patrão. Mas, quando eu estava com dezoito anos, ele acabou me vendendo para o *sinhô* Ermelino.

Margarida, nesse momento, lembrou-se dele.

— Ermelino não foi o que ganhou a fazenda do senhor Bernardo na mesa de jogo?

— Sim! Ele ganhou a fazenda com as porteiras fechadas e com isso me levou para trabalhar em sua fazenda. Mas, como sempre foi inconsequente, acabou perdendo grandes somas de dinheiro e sendo obrigado a vender as terras que ganhou na mesa de jogo do *sinhô* Bernardo. Seu pai, que sempre teve tino para negócios, comprou a fazenda. Tem grandes lucros e diz para todos que vai lhe dar esta fazenda de presente de casamento.

Margarida sentiu-se mal ao saber dos propósitos do pai, porém, permaneceu calada.

— Minha mãe chorou muito quando o *sinhô* me vendeu, e, quando me viu indo embora, jurou: "Meu filho, esse desgraçado vai me pagar!"

— E sua mãe fez alguma coisa para se vingar do senhor Felipe?

— Acredito que sim! Pois o *sinhô* Felipe foi acometido por uma doença misteriosa e acabou ficando na cama. Maria das Dores, a filha mais velha, acabou tomando conta dos negócios do pai com a mãe e ficou solteira. Marieta, a mais jovem, acabou se casando. Depois disso, nunca mais tive notícias de minha mãe e do *sinhô* Felipe e sua família.

Margarida notou a expressão sofrida do rapaz.

— José, você tem ódio de seu pai?

— Não! Antes tenho pena, pois, se ele ainda estiver vivo, certamente tem tempo suficiente para pensar nas maldades que praticou. Confesso que minha vida na fazenda do *sinhô* Ermelino não foi fácil, pois ele era tão mau quanto meu pai, mas logo tive a felicidade de trabalhar para o *sinhô* Jacob e conhecer um pouco da liberdade que sempre sonhei; ademais tenho em meu coração um sentimento que não se compra com dinheiro, que é o amor que sinto por você. Não paro para pensar no passado, sinto saudades de minha mãe, mas estou guardando dinheiro para pedir a seu pai que compre minha mãe e a traga para morar comigo.

Margarida, ao ouvir aquelas palavras, sentiu seu coração enternecer de uma maneira nunca experimentada antes.

— Mas o meu pai lhe deu quinhentos contos de réis, certamente sua mãe não custa tudo isso.

– Tenho dinheiro, mas não tenho coragem de falar com o coronel sobre meus planos.

– Não se preocupe, falarei com meu pai e ele não se negará a atender a um pedido como esse.

Rosalina, que cansou de observar o casal de longe, voltou a se aproximar.

– Margarida, precisamos voltar. A *sinhá* deve estar preocupada com você e já deve ter colocado Januário para nos procurar.

Margarida levantou-se e se despediu de José. Ao chegar à casa-grande foi interpelada por sua mãe:

– Onde esteve, Margarida? Seu pai já está à mesa.

– Fui dar um passeio pela outra fazenda e acabei me esquecendo do horário.

– Um dia vocês vão me deixar louca.

Assim que se sentou à mesa, disse:

– Papai, hoje Rosalina e eu encontramos com José e ficamos conversando com ele.

– Mas o que duas moças têm para conversar com um rapaz no meio do mato?

– Foi por acaso que o encontramos, e o senhor sabe que Rosalina está interessada nele, não é?

– José é bem-apessoado, não sei o que viu em Rosalina, que é magrela e feia.

– Papai, não gosto que fale assim de Rosalina, pois para mim não há nesse mundo pessoa mais bonita.

Eleonora sorriu ao ouvir o comentário da filha.

– Margarida, nunca ouviu falar que quem ama o feio bonito lhe parece? Pois bem, você ama Rosalina e por essa razão a acha tão bonita.

– Nunca mais quero que façam um comentário como esse a respeito de Rosalina – pediu a moça –, pois ela pode não ter a beleza com a qual vocês estão acostumados, mas sua beleza interior é invejável até pela mais bela dama da corte.

Jacob, colocando fim ao assunto, perguntou:

– Mas o que conversaram com José?

Margarida contou todos os planos do rapaz sobre a compra de sua mãe, inclusive sobre o dinheiro que ele tinha guardado.

– Jacob – disse Eleonora –, você não pode negar isso ao rapaz; afinal, graças a ele e a sua inteligência você ganhou muito dinheiro. Além do mais, ele é um excelente escravo, sempre obediente e submisso.

Jacob pensou por alguns instantes e disse:

– Não se preocupem, farei isso por José, pois ele realmente é um bom rapaz.

Margarida abriu um sorriso.

– Amanhã mesmo vou contar a ele sobre a novidade.

– Você não vai dizer nada! – falou o pai. – Vou à fazenda de Felipe Couto e farei uma boa oferta pela negra.

Eleonora olhou com carinho para o marido.

– É por essas e outras tantas coisas que eu o amo.

No dia seguinte, o coronel foi até a fazenda de seu amigo Felipe Couto e, ao saber sobre a saúde dele, entristeceu-se. Foi encaminhado ao gabinete e encontrou com Maria das Dores sentada à mesa do pai. Com solicitude, ela perguntou:

– Coronel Jacob, que bons ventos o trazem à minha casa?

– O que me traz à sua casa é a negra Gertrudes.

Maria das Dores, sem compreender aonde o coronel queria chegar, perguntou:

– Mas o que há com Gertrudes?

– Estou interessado em comprá-la.

Maria das Dores, que gostava imensamente de Gertrudes, foi categórica:

– Mas minha escrava não está à venda, senhor.

Jacob contou sobre o fato de estar com José e o bom trabalho que o rapaz estava desenvolvendo em sua fazenda. E finalizou:

– Embora José seja um excelente escravo, ele se sente muito só, por esse motivo gostaria de lhe dar essa alegria.

Maria das Dores pensou por alguns instantes, depois pediu licença e foi ter com sua mãe.

Passada pouco mais de meia hora, voltou e disse:

– Coronel, gostaria que soubesse que gostamos muito de Gertrudes, porém ela, desde que José foi vendido pelo meu pai, sente-se muito triste. É uma boa escrava, mas sua tristeza muito nos incomoda; portanto, vamos vendê-la ao senhor.

Jacob, feliz com a notícia, perguntou:

– Diga-me qual é o preço!

– O preço de Gertrudes será de duzentos contos de réis.

Jacob levou a mão ao bolso do paletó e tirou um maço de notas. Depois de separar algumas cédulas, entregou-as a Maria das Dores.

– Pode contar! Peço que faça logo o recibo e mande chamar a escrava, ainda tenho algumas coisas para fazer na fazenda.

Maria das Dores mandou chamar Gertrudes e assinou o recibo de compra para o coronel Jacob.

Gertrudes entrou ressabiada no gabinete e foi o próprio coronel Jacob quem lhe disse:

– A partir de hoje você voltará a viver com seu filho José em minha fazenda. Ele se sente muito só e seu desejo é voltar a morar com você.

Gertrudes, tomada de grande felicidade, ajoelhou-se aos pés do coronel.

– Que Deus o ilumine, meu *sinhô*! Meu sonho é ter meu filho de volta.

– Levante-se! Em pouco tempo você estará com ele – desconversou o coronel.

Gertrudes se levantou e saiu do gabinete chorando. Com grande comoção, passou a se despedir de todos os escravos da casa e das patroas também. Olhando para Generosa, disse:

– *Sinhá*, gostaria muito de me despedir do *sinhô*, a senhora me permite?

Não era novidade para Generosa o ódio que Gertrudes sentia pelo patrão, assim disse:

– Gertrudes, esqueça o que meu marido lhe fez, pense que daqui por diante você será feliz com seu filho. Os boatos que correm pelas redondezas é que o coronel é muito bom para os escravos.

– *Sinhá*, quero ver o *sinhô* para lhe dar a notícia pessoalmente.

Generosa, sorrindo, concordou com o pedido e a acompanhou até os aposentos do marido. Felipe, desde que adoecera, proibiu a entrada de Gertrudes no quarto, pois sua presença lhe fazia mal. Ele se lembrava das vezes que a havia violentado flagrantemente e, para alívio de sua consciência, preferia não vê-la. Contudo, naquele momento de alegria, Gertrudes e Generosa desobedeceram as ordens de Felipe.

Ao entrar, o fazendeiro a olhou com rancor.

– O que faz em meus aposentos, negra insolente?

Generosa, que estava logo atrás, falou:

– Gertrudes veio se despedir, ela está indo embora para junto de seu filho.

Felipe, que não estava compreendendo o que a esposa lhe contava, perguntou:

– Como? Gertrudes vai embora para junto do seu filho bastardo?

– Sim! Ela vai para junto de seu filho bastardo, que pariu graças à sua misericordiosa ajuda!

Gertrudes se aproximou de Felipe.

– Meu filho é escravo de um bom homem e hoje esse mesmo homem me comprou para viver junto dele.

Felipe, apesar de estar entrevado na cama, disse:

– Não dei ordem para que se vendesse escravo algum!

Generosa, sorrindo com ironia, respondeu:

– Você sempre disse que jamais poderia deixar de atender a um pedido do coronel Jacob; portanto, só seguimos os seus conselhos.

Percebendo que não poderia fazer nada, enterrou ainda mais sua cabeça no travesseiro. Generosa disse à escrava:

– Despeça-se de Felipe e desça. Não é de bom-tom deixar o coronel esperando.

Gertrudes acompanhou com o olhar a *sinhá* se afastando e, se aproximando do ouvido de Felipe, sussurrou:

– O *sinhô* desgraçou minha vida, abusou de mim de todas as maneiras e fez-me sentir a pior das criaturas; portanto, desejo que seque na cama como uma árvore velha, que seca nas tardes frias. Vou embora para junto de meu filho e sei que serei feliz. Quanto ao *sinhô*, terá tempo para pensar em todas as maldades que me fez assim como a meu filho. Quero que sua morte seja lenta e dolorosa e que cada gota de sangue que o *sinhô* fez escorrer no tronco seja uma dor para esse corpo velho e doente. O *sinhô* não tem paz e nunca terá, pois meus irmãos. que já morreram pelas suas mãos. virão se vingar até seu último dia de vida e, depois, no inferno, que é o lugar para onde vai. Capeta dos infernos! Morra com sua maldade!

Generosa, que estava atrás da porta, ouviu somente a última frase e confirmou o ódio que a negra trazia em seu coração. Por um momento, Felipe sentiu medo da escrava e, principalmente, de suas pragas. Assim, deixou que as lágrimas escorressem pelo seu rosto enquanto observava a escrava sair do quarto.

O coronel Jacob e Gertrudes saíram da casa de Felipe, e a negra, olhando para trás, disse:

— Nunca mais porei meus pés neste lugar!

Jacob, observando a fisionomia fechada dela, comentou:

— Gertrudes, compreendo que essa fazenda lhe traga más recordações, mas perdoe, pois somente assim conseguirá ser feliz.

Ela o olhou surpresa e se lembrou dos comentários sobre sua bondade. O silêncio se fez presente e depois de muito andarem pelas estradas poeirentas, enfim chegaram à fazenda. Gertrudes, apesar de todo o sofrimento, não aparentava sua idade. Jacob desceu da carruagem e a instruiu:

— Espere aqui na varanda, vou conversar com Eleonora e logo mais iremos à outra fazenda para se juntar a seu filho.

Gertrudes sentiu-se imensamente feliz, pois havia muito tempo que não via José. O coronel trouxe Eleonora para que conhecesse a escrava e, depois das apresentações, sugeriu:

— Eleonora, gostaria que fosse conosco levar Gertrudes.

Ela, sorrindo, concordou prontamente, pois ficara a manhã toda imaginando o reencontro de mãe e filho.

Sem demora, os três seguiram para a outra fazenda. Assim que chegaram, desceram. O coronel viu Sebastião e perguntou:

– Sebastião, onde está José?

– Está no celeiro, *sinhô*.

– Vá chamá-lo. Diga-lhe para vir imediatamente.

José entrou na casa-grande e deparou com Jacob e sua esposa. Trêmulo, perguntou:

– O *sinhô* mandou me chamar?

– Sim! Trago notícias de sua mãe.

Eleonora havia mandado que Gertrudes aguardasse sua chamada do lado de fora. José, ao ouvir falar em sua mãe, deixou uma lágrima brilhar em seus olhos e, não suportando o silêncio, perguntou:

– Minha mãe morreu, meu *sinhô*?

– Não! Ela disse que está sentindo muitas saudades de você.

– Pensei que houvesse acontecido alguma coisa com ela.

– Há quanto tempo você não vê sua mãe?

– Há mais ou menos seis anos, meu *sinhô*.

Nesse momento, o coronel disse à esposa:

– Eleonora, traga Gertrudes para ver o filho.

José sorriu entre lágrimas.

– *Sinhô*, por caridade, não faça assim, pois minha mãe continua nas mãos do *sinhô* Felipe.

– Sua mãe agora viverá com você, pois eu a comprei do amigo Felipe.

José deixou de sorrir e passou a chorar copiosamente. Eleonora, com lágrimas nos olhos, foi até a porta que dava para a varanda.

– Venha, Gertrudes, abrace seu filho.

Gertrudes, ao ouvir a voz do filho, chorou muito, deixando Eleonora com lágrimas nos olhos. Assim que entrou na sala, sem se conter, disse:

– Quanto sonhei com este momento, meu filho! Que Deus o abençoe!

José, sem nada dizer, correu em direção à mãe e a envolveu em um caloroso abraço, que lhe transmitiu toda a saudade que estava sentindo naquele momento. Eleonora emocionou-se com a cena e o coronel ficou com os olhos úmidos pela emoção. José abraçava, passava a mão na cabeça da mãe, sorria e chorava ao mesmo tempo. Passados os primeiros momentos de emoção, foi até seu pequeno quarto, que ficava perto da cozinha, e trouxe um pacote, que entregou ao coronel, dizendo:

– Deus o abençoe, *sinhô*, por trazer minha mãe!

Jacob, curioso, pegou o pacote e assim que abriu viu que eram os mesmos contos de réis que ele dera a José pelo bom resultado da venda do café. Naquele momento, emocionou-se ainda mais, por ver o caráter do rapaz.

– José, esse dinheiro é seu e não vou aceitá-lo, você me é fiel e, além do mais, tem feito muito bem o seu trabalho; portanto, aceite este presente.

– Não posso acreditar que isso esteja acontecendo comigo, saí do inferno e vim direto ao céu... – disse Gertrudes sorrindo.

Eleonora interrompeu a conversa.

– Gertrudes, aqui você será livre, sua única obrigação é cuidar de seu filho.

Jacob, não se dando por satisfeito, continuou:

– Gertrudes, não vou lhe dar a carta de alforria, porque isso incitaria revolta em minha fazenda, mas saiba que não será obrigada a fazer nada. Prepare as refeições de José, assim como dos outros escravos, e cuide da casa-grande. Eleonora pouco vem a esta fazenda; portanto, vamos confiar que tudo ficará em ordem por aqui.

Gertrudes, sorrindo, perguntou:

– *Sinhô*, onde vou ficar?

– Talvez queira ficar perto de José, o quarto dele fica próximo da despensa; mas perto dquele quarto há outro menor, se quiser poderá ficar alojada nele.

– Que Deus o abençoe, *sinhô* coronel, pois nunca pensei que seria tão feliz!

– Senhor meu marido, preciso voltar, pois Ernestina tem muita coisa para fazer e gosto de ajudá-la.

Gertrudes olhou para Eleonora com carinho e, se aproximando dela, falou:

– Deus a abençoe por ter me trazido.

Jacob e Eleonora se retiraram, deixando José sozinho com a mãe. Enquanto voltavam para casa, Eleonora comentou:

– Nunca vi duas criaturas tão felizes por se reencontrar. Você viu como a pobre mulher tremia ao abraçar o filho?

– O amigo Felipe agiu mal quando separou mãe e filho. Se ele se sentia culpado por ter um filho negro, a culpa era somente dele.

– Há muitos fazendeiros que se aproveitam de sua situação e usam as negrinhas sem pensar nas consequências. Jacob, alguma vez você se sentiu atraído por alguma escrava?

– Por Deus! Como ousa duvidar de meu caráter, Eleonora?

– Acredito em você, meu marido, mas há muitos senhores que se aproveitam, pois para terem esse tipo de comportamento certamente sentiram-se atraídos por elas. Soube que seu pai se aproveitou de uma negrinha se deitando com a pobre contra a vontade dela.

– Meu pai foi um canalha, mas saiba que eu não sou; portanto, peço que nunca mais volte a fazer essa pergunta, pois se há uma coisa que sempre soube foi separar as coisas.

– É por esse motivo que sinto orgulho de você, meu querido.

A carruagem parou diante da casa-grande e o coronel não entrou em casa; dirigiu-se ao celeiro para se pôr a par dos trabalhos.

❧❦

Depois daquele dia, era comum Margarida chamar Rosalina para passear próximo à fazenda que José administrava. Rosalina, que era uma moça sagaz, sabia os verdadeiros motivos pelos quais Margarida queria passear por aquelas paragens.

Certa tarde, ambas passeavam pelos vastos pastos das fazendas quando encontraram com José andando a esmo. Estendendo um largo sorriso, Margarida disse:

– Boa tarde! O que faz por aqui, José?

– Estou olhando esses pastos para colocar alguns bois; seu pai me deu quinhentos contos de réis e estou querendo comprar algumas cabeças de gado.

Rosalina, com seu jeito matreiro, comentou:

– Onde já se viu negro escravo ter bois em pasto?

– Tenho dinheiro para comprar cabeças de gado e o farei; caso contrário, o que farei com o dinheiro que o coronel me deu?

Margarida, apoiando a decisão de José, respondeu:

— Faz muito bem! Não é bom ter dinheiro guardado e não usá-lo.

Rosalina, não se dando por vencida, perguntou:

— Mas como vai comprar bois? Nenhum fazendeiro vai vender bois para um escravo.

— Estou pretendendo conversar com o coronel, certamente ele não me negará um favor com esse. Além do mais, isso é apenas um plano, pois o coronel precisará autorizar-me para colocar bois neste pasto.

Margarida, que já estava se irritando com a intromissão de Rosalina, sugeriu:

— Rosa, por que não vai procurar jabuticabas?

— Deixe de bobagem! Não sabe que não é tempo de jabuticabas?

Margarida lançou um olhar raivoso para Rosalina, que logo entendeu que a *sinhazinha* queria ficar sozinha. Fazendo beiço, não disse nada e se afastou, deixando-a a sós com José.

— *Sinhazinha!* Venha, sente-se sob a copa daquela paineira. O sol poderá lhe fazer mal.

Margarida olhou para a velha árvore e procurou sentar-se sob a copa em cima de um pedaço de tronco que José havia colocado propositadamente para ela.

— E como está sua vida agora que tem sua mãe por perto?

— O coronel não poderia me dar melhor presente. Minha mãe faz comida para mim, cuida das minhas roupas, e todas as noites conversamos até sentirmos sono. Minha mãe é uma mulher encantadora, às vezes fico pensando que ela nem parece a mesma mulher da fazenda do senhor Couto.

— Mas como era sua mãe para lhe causar tal estranheza?

— Minha mãe sempre sentiu muito ódio do senhor Couto, pois, quando ele cansou de abusar de seu corpo e ficou sabendo que ela estava grávida, entregou-a ao capitão do mato para que ele também abusasse dela sem compaixão. O capitão, embora soubesse que ela estava grávida do patrão, realizou seus desejos insanos com ela. Esse fato foi algo que minha mãe nunca perdoou. Ela gostava da *sinhá* e de suas filhas, mas tinha verdadeiro ódio do *sinhô*. Não me lembro de vê-la cantar como canta hoje. Às vezes a pego cantando enquanto mexe nas panelas.

Margarida sentiu pena da mãe de José e, com seriedade, falou:

– O senhor Felipe corria sério risco de sua mãe envená-lo, uma vez que ela era a cozinheira da casa dele.

José, olhando para um ponto indefinido, respondeu:

– Minha mãe se vingou do *sinhô* sem precisar colocar as mãos nele.

– Como assim?

– Minha mãe obteve muitos conhecimentos de magia com meu avô, e aprendeu a trabalhar com os espíritos daqueles que já morreram. Os escravos trouxeram com eles sua religião e sabem que podem recorrer aos espíritos para se vingar daqueles que lhe fazem mal.

– Mas como um ser humano pode entrar em contato com esses espíritos?

– Esses espíritos são de negros que já morreram e muitos levaram consigo ódio no coração. Mamãe, para agradá-los, faz oferenda e, em troca, pede favores, aos quais eles não se negam. Quando um pedido é realizado, os espíritos deixam claro que aceitaram a oferenda.

– Os escravos da fazenda do meu pai não fazem oferendas, se limitam a cantar e dançar.

– O canto e a dança são apenas um ritual que os escravos fazem questão de manter, mas, na verdade, é depois que eles fazem suas oferendas, seguidas de seus pedidos. Na fazenda do *sinhô* Couto, há um congá, um altar semelhante aos que existem nas igrejas católicas. A maioria dos donos de escravos os batizaram na igreja católica. Os negros, para não desagradar seus senhores, esculpiram imagens e deram-lhes nomes que conheciam, fazendo uma correspondência com os santos católicos. Na religião africana, apesar de os santos terem nomes católicos, há uma grande diferença entre eles, pois a religião dos escravos mexe diretamente com espíritos. A religião de minha mãe costuma trabalhar com os Exus, ou seja, espíritos justiceiros e vingadores. Na religião dela são realizados despachos com animais, como galos e galinhas pretas, e também com pólvora e objetos da pessoa a quem quer se prejudicar. A maioria dos *sinhôs* não tem conhecimento dos despachos, pois eles são feitos tarde da noite nas senzalas. Minha mãe, que sempre foi considerada poderosa entre os escravos, fazia despachos para todos os que pediam, e se tornou muito respeitada entre os escravos da fazenda.

— Mas o senhor Couto nunca ficou sabendo das oferendas que sua mãe fazia?

— Os brancos nunca acreditaram em magias, de modo que pouco se importavam com o que os negros faziam nas senzalas.

— Mas como se pode acabar com um trabalho como esse?

— Sempre acreditei que não havia nada para se fazer para desmanchar trabalhos, mas, ultimamente, tenho conversado muito com Josino e ele me disse que há, pois Deus não permite que alguém sofra indefinidamente.

— Josino faz despachos também?

— Josino não é homem de se entregar à magia, mas antes procura depositar fé em Deus.

— Mas se sua mãe sabe sobre como comandar um despacho, certamente ele também sabe!

— Talvez Josino saiba até fazer os despachos para prejudicar outras pessoas, porém, o que difere ele dos demais negros é o amor que traz no coração. Mesmo que saiba, ele jamais fará uma coisa dessas. Na semana passada estava conversando com Josino e lhe perguntei se havia meios de destruir um despacho. Ele me disse que esses trabalhos têm a ver com a atração espiritual e que, conforme a semeadura, há também a colheita. Também me explicou que a feitiçaria é o mau uso da sensibilidade, e que, no devido tempo, essas pessoas terão de prestar contas pelos seus atos. Deus permite que essas coisas aconteçam porque ainda vivemos em um mundo imperfeito, que está em processo de evolução.

Margarida, ao pensar em Josino, sentiu seu coração enternecer e, sorrindo, afirmou:

— Josino é um grande homem!

— Se todos os que têm a sensibilidade aflorada pensassem como Josino, não haveria doenças misteriosas, que matam lentamente os *sinhôs* maus.

— Você acha que sua mãe fez algum trabalho para que o senhor Couto ficasse acamado?

— Não tenho dúvidas disso, acho estranho que tanto o *sinhô* como o capitão do mato estejam na mesma situação. O capitão do mato, como não tem ninguém, vive em uma tapera que o *sinhô* mandou construir para ele. Apenas os escravos levam-lhe comida, ninguém mais se atreve a lhe dar qualquer coisa.

— E, vendo os dois nessa situação, o que sua mãe diz?

— Minha mãe continua a guardar ódio em seu coração, de modo que só os chama de malditos!

— Credo! Sua mãe deveria ter um pouco mais de compaixão com o sofrimento alheio.

— Josino me disse que cada ser humano está em uma escala evolutiva diferente, e que, com o tempo, minha mãe aprenderá o caminho do perdão.

— Sempre há tempo para aprender, e com sua mãe não será diferente.

— O *sinhô* Felipe vai morrer, mas quem o deixou doente foram os espíritos vingadores.

Margarida sentiu pena do homem, mas ficou ainda mais penalizada pela mãe de José. O que José não sabia, era que Gertrudes continuara a se vingar de Felipe, mesmo na cama. Sem que ninguém visse, ela entrava no quarto dele e dizia:

— Está sofrendo, maldito! O que está sofrendo é pouco diante do sofrimento que me fez passar! Traga o médico que quiser da capital da província, pois eles não encontrarão nada e o *sinhô* vai secar como uma árvore morta!

Gertrudes saiba que o coronel sentia fome, porém tudo o que comia acabava vomitando, de modo que ela colocava comida em seu avental e ia comer diante dele, dizendo:

— *Tá* com fome, maldito? Eu não! Esse bolo de fubá está uma delícia!

Por várias vezes ele disse:

— Negra dos infernos! Saia daqui!

Mas, como mal podia gritar diante da fraqueza que sentia, ela se aproveitava para lhe dizer impropérios. Embora Gertrudes estivesse vivendo com o filho sob condições melhores, não conseguia deixar de pensar em tudo o que o senhor Felipe Couto lhe fizera.

Rosalina, de cenho fechado, aproximou-se.

— Margarida, está na hora de voltarmos para casa. Certamente, a *sinhá* deve estar preocupada com nossa demora.

Margarida, não se importando com o azedume de Rosalina, despediu-se de José e voltou para casa.

Rosalina, demasiadamente brava, disse:

– De hoje em diante se quiser passear, vá sozinha, eu não vou sair com você para ficar andando sem companhia.

– Rosalina, se não quiser passear comigo o problema é seu; mas saiba que não mais me importarei quando sua mãe lhe der trabalhos para fazer!

Rosalina, sentindo-se ofendida, deu longos passos, deixando a moça entrar sozinha em casa.

FUGA

tempo foi passando e logo Gertrudes ficou sabendo que o senhor Felipe havia falecido com fortes dores e confusões mentais. Ao receber a notícia, começou a dançar e a cantar uma música que conhecia.

José, ao entrar na cozinha, viu a mãe feliz.

– Qual é o motivo de tanta alegria?

– O maldito desceu para o inferno! Agora, só falta o capitão do mato!

– Mãe, por que tanta alegria na infelicidade dos outros?

– Por que tenho de ficar triste com a morte daquele canalha? Ele destruiu minha vida e, além do mais, separou-me de você!

José baixou a cabeça e resolveu voltar ao trabalho. Enquanto caminhava em direção ao celeiro, pensou na esposa de Felipe e em suas meias-irmãs, em como estariam sofrendo com a morte do patriarca da família. Assim, abaixou a cabeça e fez uma oração pedindo a Deus que as fortalecesse naquele momento e que a família enfrentasse com dignidade aquele triste passamento.

ജഇ

A família Cunha estava presente ao funeral e enterro de Felipe Couto. Embora o coronel não sentisse grande simpatia pelo finado, portou-se como verdadeiro cavalheiro perante a família.

Naquele dia, José trabalhou normalmente, porém sentia que seu coração estava de luto e decidiu que naquela tarde não encontraria com Margarida.

೮೦೦೮

Felipe acordou e, ainda em seu quarto, sentia dores atrozes nas pernas. Assim, passou a chamar pela esposa. Como ninguém apareceu, esbravejou:

– Ninguém veio me atender! O que estará acontecendo nesta casa? Estou com fome e sede, tragam-me algo para comer e beber!

Como ninguém apareceu, ele se cansou e permaneceu em silêncio. De repente, viu uma figura se formar diante de seus olhos e, com medo, perguntou:

– Quem é você? O que faz em meus aposentos?

– Grite! Vamos, chame sua esposa – disse uma voz de homem, gargalhando sinistramente.

Felipe olhou aquela figura e percebeu se tratar de um negro que havia morrido sob as forças das chibatas. Encolhendo-se, indagou:

– Tobias, é você?

– Sim! E vim aqui para acertarmos as contas; afinal, você mandou aquele maldito capitão do mato me dar cem chibatadas e eu não aguentei e acabei morrendo pelos ferimentos.

Felipe, olhando para a porta, disse:

– Isso é um pesadelo! Não estou vendo Tobias; afinal, mandei que o matassem no tronco.

– Estou morto, e o *sinhô* também! Até pouco tempo o senhor era *sinhô* das terras, decidia quem vivia ou morria, mas agora o *sinhô* já não é mais nada! Agora, saberá o que é ser escravo e se sentirá como nossos irmãos, que viveram sob suas mãos de ferro. Vamos!

Felipe fechou os olhos e passou em sua mente, como num filme, tudo o que havia feito com os negros e também com sua família. Mantendo a soberba de sempre, bradou:

– Não vou a lugar algum com um negro sujo como você!

Tobias, tomado de ódio, pegou no braço de Felipe e o levou para o umbral, onde havia tanto brancos como negros. Felipe olhou assustado para aquele lugar lúgubre, e sentiu medo pelo que lhe poderia acontecer. Estavam sob a luz de archotes; o lugar era frio; e as pessoas se mostravam feias. Havia algumas árvores ressequidas e o cheiro do lugar era terrível.

Felipe se encolheu e percebeu que devia permanecer calado. De repente, uma figura horrenda se aproximou da luz e notou se tratar de Tobi, um negro agitador que fazia de tudo para fugir ao Quilombo, incitando outros a acompanhá-lo.

– Amarre esse maldito naquela árvore – disse ele. – Hoje ele saberá o que é ser surrado sem poder se defender. Começarei a dar a primeira chibatada e depois cada um de vocês fará o mesmo.

Felipe relutou, porém sentia que não teria forças para resistir por muito tempo. Logo, os negros, gargalhando, amarraram-no e, rasgando-lhe a camisa, deixaram suas costas à mostra.

Tobi, que havia feito um chicote de trança de couro e ponta de ossos, deu a primeira chibatada, dilacerando a carne de Felipe. Os outros continuaram. Como eram muitos, as costas do homem acabaram em carne viva.

Tobi, então, ordenou que parassem.

– Vamos deixá-lo amarrado para que ele tenha tempo de pensar em todo o mal que causou a nós e a nossos irmãos.

E, assim, todos se retiraram. Felipe levou as chibatadas sem chorar e sem nem mesmo reclamar, o que deixou Tobi indignado.

– Maldito! Não chorou nem se lamentou, acho que devíamos continuar com as chibatadas. Quero vê-lo implorar, assim como implorei quando o capitão do mato me matou naquele tronco! – disse para Tobias.

– A vingança é um prato que se come frio... E lembre-se de que ele terá todo o tempo do mundo para pensar em tudo o que cometeu.

E assim Felipe ficou à mercê dos vingadores por muitos anos, sem ter noção do tempo, muito menos de onde estava sua família.

❧◊❧

Os encontros de Margarida e José se tornaram cada vez mais frequentes, e não passou muito tempo para que os dois estivessem namorando às escondidas.

Rosalina não gostou de saber que Margarida estava namorando, e, embora aconselhasse a amiga a terminar o romance, a moça não a ouvia. Os pais perceberam que a filha estava diferente. Eleonora, desconfiada de que algo estava acontecendo, chamou Rosalina para uma conversa.

— Rosalina, estou percebendo que Margarida está diferente, acaso está sabendo de algo que ainda não sabemos?

— Mas o que poderia estar acontecendo, *sinhá*? Margarida continua a mesma de sempre.

— Tem razão! Margarida mal sai de casa, acho que estou vendo chifres em cabeça de cavalo. Está na hora de arranjarmos um bom casamento para ela.

Rosalina, ao ouvir o comentário, pediu licença e foi informar Margarida sobre os planos da mãe. A menina, ao saber que a mãe estava pensando em casá-la com um filho de fazendeiro qualquer, decidiu:

— Não me casarei com ninguém! Vou fugir com José; afinal, ele é o homem que amo!

— Você perdeu a razão, Margarida? O coronel vai até o fim do mundo para trazê-la de volta. E, além do mais, como vai viver?

— José tem os quinhentos contos de réis que papai lhe deu e eu posso vender minhas joias.

— Não vou deixar que faça uma loucura dessas! Já pensou que seus pais vão me castigar por causa dessa sua sandice?

— Não vou deixá-la aqui para responder por meus atos, você vai conosco.

— Margarida, não faça uma coisa dessas. Seus pais jamais vão perdoá-la.

Margarida, dando de ombros, correu até o guarda-roupas e, pegando uma caixa, despejou suas joias sobre a cama.

— Minhas joias valem pelo menos vinte mil contos de réis.

— Isso não vai dar certo...

Naquela mesma tarde, Margarida conversou com José sobre seus planos. Ele achou o plano audacioso demais para um negro escravo, mas como amava Margarida concordou com ela. Passaram a conversar então sobre a fuga que fariam em algumas semanas.

❧❧

O coronel começou a perceber que os rendimentos do café estavam diminuindo, de modo que perguntou a José:

— O que está acontecendo? Sempre fui o melhor produtor de café das redondezas, mas agora percebo que a produção está diminuindo.

— *Sinhô*, a produção do café continua a mesma, porém há algum tempo venho percebendo que estão sumindo sacas de café do celeiro. À tarde, quando faço a contagem, a produção é sempre boa, mas, no dia seguinte, estão faltando sacas.

Jacob, abismado, disse:

— Você acha que estão roubando as sacarias de café?

— Creio que sim! Pois não há outra coisa a se pensar.

— Quem você acha que está fazendo isso?

— Não sei dizer quem é o responsável; mas uma coisa posso lhe garantir: não é ninguém que trabalha comigo.

— Vou comprar correntes grossas e colocar um cadeado no celeiro. Quero que as chaves fiquem com você.

— Já havia pensado nisso, *sinhô*.

E assim foi feito. Todas as tardes, depois do encerramento do trabalho, José contava as sacarias e marcava o número no livro.

Depois que foram colocadas chaves no celeiro, as sacas de café deixaram de sumir e, embora o coronel estivesse tranquilo, algo ainda o perturbava; afinal, quem o estaria roubando?

Certa noite, José pensava em Margarida quando decidiu caminhar pelos arredores. Ao olhar para o celeiro, viu um vulto. Pensou se tratar do ladrão e gritou:

— O que está fazendo aí?

O homem correu e José não pôde ver quem era. No dia seguinte, José contou ao coronel sobre o que havia acontecido e este ordenou que se colocasse um homem para vigiar o celeiro. José assim o fez, mas o tal homem não mais voltou.

O que José não sabia era que o homem misterioso que estava roubando as sacas de café era Silvino, que, por inveja, fazia de tudo para prejudicá-lo.

E as coisas voltaram ao normal. O namoro de Margarida e José caminhava a passos rápidos, mas o rapaz, que sempre fora respeitador, não se deixava levar pelas seduções da moça.

Numa noite em que a família Cunha estava jantando, Jacob olhou para a filha.

– Margarida, está na hora de arranjarmos um bom casamento para você.

– Não pretendo me casar, meu pai. Estou muito bem assim.

– Minha filha, nossa propriedade é muito grande e seu pai logo estará cansado. Vai precisar de um homem para ajudá-lo a administrar as duas fazendas.

– Não me arranjem casamento, porque não vou me casar com um rapaz que não conheço!

Jacob, conhecendo o temperamento da filha, decidiu mudar de assunto e passou a falar sobre a última reunião que tivera com os escravocratas. Com seriedade comentou:

– O senhor Amaro é contra a Lei do Ventre Livre e disse que vai reivindicar contra ela.

– Mas que lei é essa da qual não ouvi falar? – Eleonora perguntou.

– Se for promulgada, todos os negros que nascerem automaticamente serão livres.

– Mas isso é uma maravilha! Corta-me o coração ver os filhos dos negros trabalharem desde a tenra idade.

– Sinceramente, sou a favor dessa lei; mas antes que isso aconteça muitos fazendeiros criarão problemas.

Margarida, que não estava prestando atenção à conversa, pediu licença e se retirou para o seu quarto. Rosalina a acompanhou. Ela adentrou o aposento completamente irritada, jogando a almofada na parede.

– Não vou me casar com filho de fazendeiro algum!

Rosalina, tentando acalmar a amiga, disse:

– Para que você não se case com um rapaz rico da região, terá de fugir o quanto antes com José.

– Está certo! Amanhã mesmo vou conversar com José e saberei o quanto ele me ama.

Na tarde seguinte, Margarida saiu para encontrar-se com José e, sentando-se sob a copa da paineira, ficou esperando a chegada do rapaz. Quando José se aproximou sorridente, Margarida, de cenho fechado, perguntou:

– José, você me ama?

– Por que essa pergunta agora?

– Você me ama?

– Amo-a mais que minha própria vida.

– Está na hora de provar o quanto.

– Mas aonde quer chegar, Margarida?

– Proponho que vá embora comigo para um lugar bem distante e que juntos possamos constituir uma família para sermos felizes.

– Margarida, uma decisão como essa não deve ser tomada dessa maneira. Devemos pensar para onde vamos e como faremos para não sermos encontrados pelo seu pai.

– Você não me ama! Iludi-me quando pensei que me amava da maneira como o amo.

– Amo-a, não como um nobre, pois sou um simples escravo, porém o que trago em meu peito é mais sincero que o amor de muitos nobres que dizem amar.

Margarida, chorando, passou a contar ao rapaz sobre os planos de casamento de seus pais. José pensou por alguns segundos e, ao imaginar Margarida sendo desposada por outro homem, sentiu uma dor profunda em seu coração.

– Está bem! Quando quer fugir?

Margarida, radiante com a decisão, respondeu:

– Quero sair de casa antes que meus pais me apresentem algum pretendente, pois para eles estarem falando nisso certamente já têm alguém em mente.

José, apesar de ver a alegria de Margarida, continuava preocupado.

– Margarida, você sabe o que vai me acontecer quando seus pais nos encontrarem?

– Não vai lhe acontecer nada, pois meus pais não vão nos encontrar e só retornaremos quando estivermos casados. Quer saber, por que demorarmos para tomar essa decisão? Acho que devemos nos preparar para fazer isso ainda nesta madrugada.

Embora José tivesse concordado com Margarida, no fundo temia que isso pudesse não dar certo. Mas Margarida começou a planejar a fuga e José permaneceu calado. Ela propôs:

– Vamos fugir a cavalo, deixe três cavalos atrelados atrás do celeiro.

José, espantado, perguntou:

– Por que três cavalos?

– Não posso deixar Rosalina. Quando meus pais perceberem que fugi de casa, não darão sossego a ela, e eu não posso fazer isso.

– E como vamos viver? Só tenho quinhentos contos de réis, que dará para nosso sustento apenas por algum tempo.

Margarida, sorrindo, respondeu:

– Não se preocupe, vou vender minhas joias, que devem valer pelo menos vinte mil contos de réis.

José percebeu o quanto Margarida era voluntariosa e intempestiva. Não querendo se indispor, concordou. Ela, dando-lhe um suave beijo no rosto, tranquilizou-o:

– Não se preocupe, tudo dará certo!

Margarida e Rosalina voltaram à casa-grande. Rosalina então comentou:

– Margarida, não faça uma sandice dessas; não dará certo!

– Fique longe de mim, ave agourenta! Tudo dará certo e você vai ver como seremos felizes juntos.

Margarida estava radiante e, naquela noite, jantou normalmente. Assim que terminaram o jantar, Margarida pegou um livro de José da Natividade Saldanha e começou a declamar uma poesia.

Eleonora percebeu que ela estava mais falante que de costume, e perguntou:

– Qual é o motivo de tanta felicidade?

– Que segredo posso ter que a senhora não conheça? Apenas li uma poesia do meu poeta preferido, minha mãe; nada mais que isso.

– Não sei não... Aí tem coisa.

Jacob voltou o olhar para a esposa.

– Deixe de ver chifres em cabeça de cavalo! Que mal há em ver nossa filha feliz?

Eleonora nada respondeu, mas seu coração de mãe sabia que a filha estava aprontando alguma coisa. Rosalina, desesperada, assim que as duas chegaram ao quarto, falou:

– Deixe de bobagens, Margarida, a *sinhá* já está desconfiando.

– Do que minha mãe está desconfiada? Nunca lhe dei motivos para isso.

– Se quiser ir embora com um escravo o problema é seu; eu não vou!

– Se não quiser ir o problema é seu também, mas saiba que tudo recairá sobre seus ombros e eu não estarei aqui para protegê-la.

Rosalina, contrariada, viu Margarida arrumar uma pequena trouxa, pegar as joias e colocá-las em um saco de veludo vermelho. Quando todos estavam dormindo, ambas saíram sorrateiramente para não acordar ninguém. Logo estavam no grande terreiro de café da fazenda. Caminharam por mais de vinte minutos e, assim que chegaram ao local combinado, encontraram José, que as esperava com os cavalos atrelados. Ele estava visivelmente nervoso, pois saíra sem falar com a mãe, que dormia a sono solto, e ignorava completamente o namoro do filho com a filha do coronel. Os três saíram vagarosamente em seus cavalos, mas, de repente, ouviram o estampido de um tiro.

Rosalina, assustada, disse:

– Falei que isso não ia dar certo!

José mandou que elas se abaixassem, quando ouviram outro tiro, porém desta vez o tiro acertou José, que caiu do cavalo.

As duas moças olharam para o lado e viram a figura de Silvino, com um sorriso maldoso no rosto.

– Aonde a *sinhazinha* vai com dois escravos?

Margarida desceu rapidamente do cavalo e correu em direção a José, que gritava de dor. O coronel, ao ouvir os estampidos, levantou-se da cama e, percebendo que o tiro havia sido em suas fazendas, voltou ao quarto, vestiu-se rapidamente e dirigiu-se à porteira da outra fazenda. Ao chegar, encontrou José com a cabeça apoiada no colo de Margarida, que chorava copiosamente e pedia que ele não morresse.

– O que houve? – perguntou o coronel.

Silvino se adiantou:

– Coronel, esse negro atrevido estava fugindo com sua filha e com a mucama, e eu disparei dois tiros para impedi-los de fugir.

Jacob mandou que Silvino ajudasse a levar o rapaz para a casa-grande, pois não poderia deixar o pobre escravo morrer ali, feito um animal. Silvino pegou José com raiva enquanto gritava:

– Tantas mulatas para você namorar e você foi se meter logo com a filha do patrão?!

– O que estava pretendendo fazer, Margarida? – perguntou o coronel.

– Sempre amei José, porém o seu carrasco fez questão de abatê-lo, como se faz com os bois.

Jacob não sabia o que pensar e, assim que colocaram José em uma cama da casa-grande da fazenda principal, Eleonora mandou chamar Ernestina para ajudá-la a estancar o sangue que jorrava impiedosamente. José, apesar de ferido, estava lúcido. O tiro acertou-lhe as costas.

Jacob não estava entendendo o que realmente estava se passando, mas, como naquele momento estava preocupado com o estado de saúde do rapaz, deixou para conversar com Margarida quando as coisas se acalmassem.

Gertrudes, ao saber que seu filho fora alvejado por duas vezes, correu até a casa-grande em desespero. Jacob chamou Carmosino e mandou-o ir até a vila buscar o doutor Afonso de Moraes.

Silvino estava radiante; pensava que, assim que o negro morresse, ele seria o mais novo administrador da outra fazenda.

Os minutos passavam lentamente e, enquanto Eleonora fazia de tudo para estancar o sangue, José lentamente ia sentindo sono e frio. Não demorou muito para que o médico da vila chegasse.

– Doutor Afonso, faça o que for preciso para salvar a vida desse rapaz, e não se preocupe com seus honorários, pois pagarei regiamente – disse o coronel.

Enquanto o médico o examinava e tomava as medidas necessárias, José avisou:

— Estou sentindo muito frio e sono.

— Mantenha-se desperto! Não durma, pois passará por um processo dolorido, mas tudo ficará bem.

— Doutor, não sinto minhas pernas.

O médico percebeu que a bala havia interrompido algum ligamento. Depois de quase três horas de atendimento, o médico enfim saiu do quarto.

— Tirei a bala, porém ele não andará mais, pois a bala acertou sua espinha.

Jacob, preocupado, perguntou:

— Mas como ele está, doutor?

— No momento está dormindo, acredito que o pior já passou, mas logo ele apresentará um quadro febril e teremos de controlar a febre por meio de remédios.

Jacob não foi trabalhar naquele dia. Estava atordoado com os últimos acontecimentos. Aproximava-se da hora do almoço quando o médico disse que José estava com febre e que era para Gertrudes fazer compressas com pano úmido em sua testa. O médico pediu que o coronel mandasse alguém ao boticário da vila para buscar alguns antibióticos.

E assim o tempo foi passando. Somente depois do quarto dia a febre deu trégua. O médico chamou Jacob para uma conversa.

— O rapaz não vai morrer, porém, como lhe disse, não poderá mais andar.

— Cuidaremos desse rapaz até o último dia de sua vida.

Jacob, como havia prometido, pagou duas vezes mais o que o médico havia pedido, e designou Gertrudes e Carmosino para cuidarem de José. Quando os ânimos se acalmaram, ele chamou Margarida a seu gabinete para terem uma conversa. Ela estava abatida e, desde o acontecimento, já não se alimentava direito.

Jacob perguntou:

— O que estava pretendendo fazer, Margarida?

— Estava querendo ir embora com José antes que o senhor me arranjasse um marido. Amo José como nunca amei ninguém em minha vida e a ideia de me desposar com outro homem me assustou.

Jacob, perplexo com a resposta da filha, disse:

— Minha filha, isso seria um escândalo, a filha de um coronel fugir com um escravo!

— Papai, José pode ser um escravo, mas antes de tudo é um homem, e saiba que esse escravo como diz é o homem mais honrado que já conheci.

— Por que não nos contou?

— Se tivesse contado que estava apaixonada por um escravo, prontamente o senhor o venderia — respondeu entre lágrimas.

Jacob percebeu que ela estava com a razão.

— Não vou lhe arranjar casamento algum! — decidiu o coronel.

— Pai, o que será de José?

— Esse rapaz não poderá mais andar, ficará sob meus cuidados aqui em nossa casa.

— Papai, não acha que Silvino merece um castigo? Veja bem, ele não atirou para afugentar José, atirou para matar.

— Silvino fez o que fez somente para protegê-la.

— Enquanto viver, nunca mais vou dirigir a palavra a esse verme; ele quis matar José. — Dizendo isso, ela saiu do gabinete.

"Margarida tem razão. Silvino atirou para matar, mas por enquanto nada falarei e o deixarei pensar que tudo está resolvido. Tenho quase certeza de que era Silvino quem roubava as sacas de café do celeiro, pois ficou com ciúme quando incumbi José de administrar a outra fazenda...", pensou Jacob.

ଛଠଉ

E assim os dias foram passando...

Margarida só saía do lado de José nos momentos do banho e na hora de dormir. Ela fazia questão de fazer com que o rapaz se alimentasse bem, de modo que Gertrudes passou a gostar sinceramente da moça. Todos os dias, Margarida pedia a Ernestina que fizesse algo diferente para que José não enjoasse da comida. Eleonora apenas observava a dedicação da filha e um dia disse à Ernestina:

– Se soubéssemos que era Margarida e não Rosalina que estava apaixonada por José, nunca teríamos nos oposto ao enlace.

Ernestina, que tinha determinada intimidade com a *sinhá*, respondeu:

– *Sinhá*, embora o coronel seja o melhor homem da região, ele jamais permitiria que sua única filha se casasse com um negro cativo.

Eleonora, embora não gostasse do comentário, em seu íntimo concordou com a escrava.

TRAIÇÃO

Certa feita, o coronel foi comercializar o café e, ao chegar à venda, deparou com um fazendeiro, Gustavo Rosa Pinto, que também havia ido comercializar a colheita.

Gustavo tinha uma fazenda não muito perto da do coronel Jacob e, olhando para as carroças do coronel, falou:

– Vejo que a colheita do amigo foi farta este ano.

– Graças ao bom Deus, minha colheita foi muito boa.

– Onde está Silvino? Acaso não vai vender sua colheita?

– Silvino? Não estou entendendo o que o amigo está tentando dizer.

– Há algum tempo, Silvino me vendeu uma colheita a preço bom, pois me disse que herdara uma pequena propriedade próxima à ponte seca e que havia alguns pés de café.

– Mas eu não estou sabendo de herança nenhuma, muito menos que Silvino vendeu café para o amigo.

– Vendeu sim. Como o preço era bom, para não perder a oportunidade, comprei a colheita e ele passou a me vender café quase todos os dias.

– Mas que horas Silvino ia vender café para o amigo?

– Sempre aparecia à noite. Depois de fazer a transação, ele mesmo levava as sacas para o meu celeiro.

– Quantas sacas o amigo comprou de Silvino?

– Não posso dizer com certeza, preciso ver em minhas anotações, mas se não me falha a memória chegou perto de trezentas sacas ou mais; porém, depois de um tempo, ele não apareceu e eu deduzi que estava guardando seu café para vender aqui na vila.

Jacob lembrou-se das sacas de café que haviam sumido do celeiro novo e, já não querendo conversa, convidou:

– Vamos entrar na venda. Acho que o comprador já chegou.

Jacob vendeu o café e, como estava atormentado com a história de Gustavo, resolveu voltar para a fazenda, coisa que ele raramente fazia, pois era de costume ficar conversando sobre política e as últimas novidades na corte com os outros fazendeiros. Assim que chegou à fazenda, não teve dúvida de que Silvino havia roubado as sacas de café para prejudicar José. Ao entrar em seu gabinete e guardar o dinheiro da venda do café, mandou que Januário fosse chamar Silvino.

Este, tirando o chapéu, bateu à porta e ouviu:

– Entre!

– Mandou me chamar, coronel?

– Silvino, estou pensando em comprar algumas propriedades lá para os lados da ponte seca.

– Mas para que o patrão quer mais propriedade?

– Isso é assunto meu! Fiquei sabendo que você tem uma pequena propriedade lá...

Nesse momento, Silvino passou do rubor à palidez, pois sabia que havia contado essa mentira somente ao senhor Gustavo e, certamente, o fazendeiro já tinha dado com a língua nos dentes.

– Sim, senhor, tenho uma pequena propriedade que herdei de um tio.

– Bem, então coloque preço em sua propriedade que eu a compro!

– O coronel não vai gostar do lugar, o terreno é muito acidentado e o lugar é medonho.

– Silvino, até quando vai continuar mentindo? Você não tem propriedade alguma; muito menos tem parentes; portanto, diga a verdade!

– O coronel está certo! Realmente não tenho propriedade alguma.

— Gustavo me disse que você estava lhe vendendo café a bom preço. Onde conseguiu as sacas de café?

— Do que o coronel está falando? Não vendi nada ao *sinhô* Gustavo.

— Mas o amigo me disse que você vendeu mais de trezentas sacas a bom preço para ele.

— Não vendi nada ao *sinhô* Gustavo, e não sei por que ele está querendo me prejudicar.

— Preciso saber quem está falando a verdade; mandarei chamar Gustavo e o colocarei na sua frente para saber quem está falando a verdade.

— Não precisa trazê-lo aqui. Vou lhe contar a verdade.

Jacob ajeitou-se tranquilamente em sua cadeira.

— Fale a verdade!

— Quando o *sinhô* colocou José como administrador da outra fazenda, senti-me profundamente ultrajado, pois há muito tempo trabalho aqui na fazenda e o *sinhô* colocou um negro no lugar que era meu. O negro teve direito até de morar na casa-grande enquanto eu moro na colônia dos negros aqui na fazenda. Como se não bastasse tudo isso, o *sinhô* deu quinhentos contos de réis para aquele negro maldito!

— Se coloquei José para administrar a outra fazenda é porque ele tinha competência para isso, ademais sempre fora honesto e trabalhador. E, embora seja negro, sempre se mostrou muito inteligente; portanto, sabia muito bem o que estava fazendo.

— O negro lhe era tão fiel que estava pretendendo roubar sua filha.

— Minha filha já me contou a história e confessou que o pressionou para fugirem; portanto, a culpa de tudo isso é de Margarida, e não de José. Não há perdão para o que fez! Traiu-me quando roubou minhas sacas de café e vendeu a preço de banana para Gustavo. Não confio mais em você! Não agiu decentemente e, como se não bastasse, aleijou um de meus melhores trabalhadores; portanto, está despedido e quero que saia de minha fazenda agora! Dou-lhe tempo somente para pegar suas coisas, nem um minuto a mais!

— Vou embora, e quanto ao *sinhô* desejo que fique entrevado em uma cama mendigando uma caneca de água!

– Não tenho medo de suas pragas, pois Deus sabe que não mereço tal castigo! Agora, vá embora e não tenho nada a acertar com você, pois o seu dinheiro você já recebeu quando vendeu as sacas de café!

Jacob nesse momento sentiu um cansaço e logo se encurvou na mesa, completamente desanimado. Eleonora, ao ver Silvino sair a passos firmes, decidiu ter uma conversa com o marido. Ao entrar, encontrou o coronel com a cabeça entre as mãos. Com ternura perguntou:

– O que houve, Jacob? Qual o motivo da discussão com Silvino?

Jacob contou tudo para a esposa que, indignada, disse:

– Nunca poderia supor que Silvino fosse tão invejoso! Ele fez tudo isso por inveja de José.

– E agora José está lá, entrevado na cama, dependendo da ajuda dos outros até mesmo para fazer suas necessidades.

– Desde que Silvino atirou em José, ele caiu em meu conceito; portanto, digo que fez o certo!

– Eleonora, peço que me deixe sozinho, tenho muitas coisas para resolver e não quero mais pensar no assunto.

Eleonora, vendo o abatimento do marido, saiu sorrateiramente sem dizer uma única palavra.

Jacob, ao se ver sozinho, passou a dizer:

– Por que nunca percebi a índole de Silvino? Como fui ingênuo todos esses anos; talvez ele sempre me roubasse e eu não percebi...

Com esses pensamentos, ele decidiu contar o dinheiro da venda do café e fazer algumas anotações.

∞

Eleonora, ao sair do gabinete, foi procurar pela filha. Sabia que ela estava ao lado de José. Ao entrar no quarto do rapaz, encontrou Margarida lendo algumas poesias de Castro Alves. Ao olhar para os dois sentiu uma espécie de comiseração pelo rapaz e, sorrindo, perguntou:

– Como está se sentindo hoje, José?

– Estou me sentindo bem, *sinhá*! Graças a Deus minha mãe está aqui para cuidar de mim, caso contrário, não sei o que faria.

Eleonora relatou tudo o que havia acontecido ao casal. Enquanto Margarida ficava encolerizada, José ouvia calmamente. Margarida puxara ao pai, tinha bom coração e ao mesmo tempo um temperamento difícil.

— Antes que esse miserável vá embora preciso ter uma conversa com ele!

José, olhando com ternura para Margarida, falou:

— O que resolverá conversar com Silvino agora? O que está feito está feito, e isso não mudará os fatos.

— Silvino ouviu o que meu pai tinha a dizer, mas ainda não ouviu o que eu tenho a dizer!

— Flor-do-campo — assim ele costumava chamá-la —, não faça nada, tudo está certo como está! Talvez Silvino tenha até nos feito bem.

— Bem? Que bem há em ficar entrevado em uma cama? Esse canalha destruiu minha vida.

— Margarida, aprendi com Josino que quando algo dessa natureza acontece é um bem para o espírito; portanto, peço-lhe que não vá ter com Silvino. Deixe-o ir; ele certamente pagará muito caro pelas maldades provocadas pela inveja.

Eleonora, naquele momento, percebeu o quanto o rapaz era bom. Sorrindo, concordou:

— José tem razão, minha filha. Não devemos pagar o mal com o mal. Deixe-o a sós com a própria consciência.

Margarida, irritada, retrucou:

— Silvino não tem consciência; se tivesse não faria o que fez!

José, olhando para Eleonora, concluiu:

— Ele pode não pensar agora em tudo o que fez, mas chegará o dia em que sua consciência o atormentará; portanto, ele é digno de piedade, e não de ódio.

Margarida, por fim, concordou:

— Você tem razão! Não quero ficar diante daquele monstro!

Eleonora, sentindo-se aliviada, mudou de assunto.

— Deixe-me ver como está o andamento do almoço, não gosto de deixar Ernestina sozinha, pois é muito trabalho para ela.

José, ao ver a *sinhá* se retirar sorrindo, disse:

– Flor-do-campo, você tem uma família maravilhosa...

Margarida sorriu com ternura e beijou o rosto do rapaz.

ଛଠଇ

Jacob pensava: "Sempre tive Silvino como um homem fiel; mas estava enganado. Eu o despedi não por roubar as sacas de café, mas antes por ter atirado em José para matá-lo. Não quero mais saber desse sujeito em minhas terras e, se o vir por aqui, eu mesmo vou colocá-lo para fora com as minhas próprias mãos".

Ele não percebeu, mas havia um vulto ao seu lado, que lhe inspirava ódio por Silvino. Sentia cada vez mais raiva dele, e decidiu impedi-lo de ir embora sem antes dar-lhe uma boa surra.

Nesse momento, levantou-se e foi até a casa de Silvino. Ao chegar à casa encontrou as portas escancaradas e deduziu que ele já havia partido. Sentindo seu coração esmagado, resolveu ir ter com Josino, pois sabia que, sempre que conversava com o velho homem, seu coração ficava em paz.

Ao chegar à casa de Josino, encontrou-o na cozinha entornando café em uma caneca. Ao vê-lo, o homem disse:

– O coronel está com um vulto atrás de si, certamente está lhe tirando a paz.

O coronel, então, olhou para trás, mas, como não viu nada, pensou: "Josino já deve estar caducando! Não há ninguém atrás de mim".

– Tome este café, por certo vai acalmá-lo.

Jacob sentou-se e, sem conseguir esconder sua agitação, relatou todos os fatos ao Preto-Velho, que, sorrindo, disse:

– Há quanto tempo o coronel não faz uma oração?

– Não tenho tempo para rezar, ando trabalhando muito e, além do mais, cometi um erro pelo qual jamais vou me perdoar.

– O que acha de fazermos uma oração? Acredite em mim, logo vai se sentir melhor.

O coronel concordou com a cabeça, sem dizer uma única palavra. Josino passou a fazer uma sentida prece em favor do coronel e a pedir que aquela entidade que estava próxima a ele fosse levada a um lugar de seu merecimento. Assim que a prece terminou, o coronel sentiu a paz invadir-lhe o ser:

— Isso é incrível! Não estou sentindo aquela agonia de momentos atrás.

— Muitas pessoas não dão valor à prece, mas, se realmente soubessem de seu valor, não deixariam de fazê-la um dia sequer.

— E aquele vulto que o senhor viu, continua comigo?

— Não! Aquela entidade o estava perturbando e no momento da prece foi levada daqui.

— Josino, meu ódio por Silvino era tanto que tive vontade de matá-lo, mas agora já não penso mais assim.

— Ao nos sentirmos angustiados e com maus pensamentos, devemos pedir a Deus por ajuda, e Ele certamente nos ouvirá. O que a maioria das pessoas desconhece é que, muitas vezes, somos assediados por espíritos, e eles têm a capacidade de influenciar até mesmo nossos pensamentos; portanto, há pensamentos que são nossos, outros nos são incutidos. E nós, como somos pequeninos em assuntos espirituais, aceitamos maus pensamentos como sendo nossos.

— Estranho! Fui à casa de Silvino somente para lhe dar uma surra antes que partisse. Sentia que minha raiva aumentava cada vez mais.

— A entidade que estava ao seu lado estava lhe incutindo maus pensamentos.

— Mas o que esses espíritos ganham em brincar com nossos sentimentos?

— Devemos compreender que, assim como há pessoas de toda espécie, há também espíritos de toda espécie; afinal, esses espíritos já foram pessoas que viveram aqui na Terra. Há espíritos brincalhões, perversos, perdidos; enfim, há várias espécies deles. Muitas vezes eles querem realizar coisas e, como não conseguem, acabam intuindo um encarnado. Quantas vezes o *sinhozinho* viu na fazenda os cavalos de seu pai com as crinas trançadas?

— Várias vezes, mas sempre ouvi dizer que eram os sacis que faziam isso para nos assustar.

— Saci, na verdade, não existe, o que existem são espíritos brincalhões, que fazem isso somente para se divertir. Muitas vezes, a pessoa é calma e tranquila, mas por alguns momentos se deixa levar por uma ira que nem ela mesma sabe explicar.

Jacob, compreendendo o teor da conversa, perguntou:

– Mas por que isso acontece?

– Porque algum espírito odiento se aproximou da pessoa, assim como aconteceu com o *sinhozinho* há pouco.

– Como podemos nos proteger de tais espíritos?

– Jesus não disse que deveríamos orar e vigiar? Orar significa que não devemos descuidar da prece pedindo a Deus por ajuda e proteção; e vigiar significa ficarmos atentos aos nossos pensamentos e ações, pois na maioria das vezes esses espíritos são atraídos por nós mesmos. Por esse motivo, devemos tomar cuidado com o que pensamos e fazemos, pois, se vamos atrair bons ou maus companheiros, isso só dependerá de nós.

Jacob tratou de conversar sobre outros assuntos com Josino, incluindo a saúde de José. Depois de certo tempo, despediu-se de Josino e voltou para casa mais tranquilo.

ಬಂಜ

Margarida se afastou do pai sensivelmente, pois em seu íntimo o culpava pelo que Silvino havia feito. Jacob percebia o distanciamento da filha, porém evitava tocar no assunto. Se ele chegava no quarto onde José estava, a moça logo se retirava sem dizer uma única palavra. Margarida nunca gostara de Silvino e, por várias vezes, tentou alertar o pai, mas o coronel nunca lhe deu atenção e sempre dizia a mesma coisa:

– Minha filha, você vive implicando com Silvino, mas ele me é fiel. Suas afirmações não têm fundamento.

Margarida se lembrava das conversas que tivera com o pai e como ele nunca lhe dera ouvidos. Assim, passou a culpá-lo veladamente pela desgraça que se abatera sobre José.

Eleonora, que sempre estava às voltas com a filha, certo dia indagou:

– Minha filha, você mal conversou com seu pai durante o almoço, o que está havendo?

— Mamãe, a senhora está vendo coisas onde não existem, não tenho nada contra papai.

Eleonora, que conhecia bem a filha, sabia que ela não estava falando a verdade, mas acabava mudando de assunto para não aborrecê-la. Embora a moça tivesse um bom coração, era fácil de se enfezar.

Certa noite, o coronel conversava com Eleonora antes de dormir.

— Eleonora, sinto que Margarida já não é mais a mesma, está arredia e sempre evita a minha presença.

— Margarida está passando por um momento difícil; portanto, eu o aconselho a ter mais paciência com ela.

— Margarida nunca mais será a mesma! José está entrevado na cama e, pelo que o médico disse, jamais recuperará os movimentos das pernas.

— Um dia nossa filha compreenderá que você não teve culpa pelas loucuras de Silvino.

No dia seguinte, Jacob estava sentado à mesa para fazer seu desjejum quando viu Rosalina passar sorrateiramente. Ao observá-la, perguntou:

— Onde está Margarida?

— A *sinhazinha* Margarida está terminando de se arrumar e descerá em seguida, coronel.

— Rosalina, Margarida disse algo a você a meu respeito?

— Não, *sinhô*!

Jacob, percebendo que a mulata estava mentindo, voltou a perguntar, porém desta vez em tom mais enérgico:

— Rosalina, não minta para mim, pois se assim o fizer mandarei que a coloquem no cafezal para trabalhar com os outros escravos.

Rosalina, com lágrimas nos olhos, respondeu:

— Mas eu não sei de nada, *sinhô*! *Sinhazinha* Margarida não anda conversando muito comigo. Nos últimos tempos ela só fica com José, lendo livros e falando com ele.

— Está bem! Agora vá chamá-la e diga que a estou esperando em meu gabinete.

Rosalina, temendo o coronel, saiu correndo em direção ao quarto de Margarida.

– Margarida, o coronel a está esperando no gabinete.

– O que ele quer? Não tenho nada para falar com meu pai.

Rosalina, sem prestar atenção ao descaso da moça, disse preocupada:

– É melhor você se apressar, pois ele não está com uma cara boa. Acho bom você não demorar.

– Não tenho nada para conversar com meu pai; portanto, diga a ele que estou ocupada e se ele quiser poderemos conversar mais tarde.

– Eu não vou dizer nada ao *sinhô*, pois pelo jeito ele está bravo e eu não vou cutucar onça com vara curta. Se quiser, diga você.

– Fale a meu pai que já estou indo ter com ele.

Rosalina sentiu-se aliviada. Sabia que, quando o coronel ficava bravo, dizia o que lhe vinha à cabeça. No entanto, Margarida ficou penteando os cabelos com lentidão, pensando em que consistiria a conversa que o pai queria ter com ela. Ao terminar, olhou-se no espelho e disse:

– Estou pronta, Rosalina. Por favor, arrume o quarto e depois diga a José que logo estarei com ele.

Rosalina ficou pensando: "Desde que Margarida se apaixonou por José, nunca mais foi a mesma. Agora, passa o dia ao lado dele ajudando-o a comer e a fazer-lhe companhia. Antes ela me chamava de irmã, agora vive a me ordenar que arrume o quarto, que faça isso ou aquilo..."

Embora não admitisse, ela sentia ciúme pela atenção que a moça dava ao rapaz, porém ficava em silêncio, não querendo desgostar a amiga.

Margarida desceu para conversar com pai e, antes de fazer o desjejum, bateu à porta do gabinete. Ouviu a voz do pai dizendo:

– Entre!

– Mandou me chamar, meu pai?

Jacob voltou sua atenção para a filha e, com suavidade na voz, disse:

– Sim! Percebo que, desde que houve o lamentável acidente com José, temos coisas para acertar.

– Não vejo motivos para essa conversa, para mim tudo está certo. Afinal, o que não tem remédio, remediado está!

– Sempre tivemos um bom relacionamento, mas, desde o incidente com José, você vem me fazendo acusações veladas sobre o ocorrido. Não me sinto culpado de nada! Silvino fez o que fez sem meu conhecimento. E hoje ele não está mais entre meus trabalhadores.

— Papai, o senhor só dispensou Silvino ao descobrir que ele o havia roubado, e não pelo mal que fez a José e a mim.

— Isso não é verdade, minha filha! Permiti que Silvino continuasse a trabalhar conosco porque sempre desconfiei que ele fosse o autor do roubo, mas para isso eu precisava de tempo e provas para desmascará-lo.

— Mas, depois que ele aleijou José, o senhor continuou a tratá-lo da mesma maneira. Ou pensa que não o vi conversando amigavelmente com aquele demônio sob minha janela?

— Minha filha, eu não podia agir de outra forma, pois, se ele soubesse que eu estava desconfiando dele, poderia ir embora e isso me impossibilitaria de dizer a ele tudo o que tinha vontade.

— Papai, não vejo motivos para tantas explicações. Silvino não está entre nós e o mal que ele causou a José é irreversível. Aquele monstro destruiu todas as possibilidades de um dia eu ser feliz ao lado de José.

— Minha filha, acaso você não é feliz com seus pais? É uma moça privilegiada, possuidora de grande fortuna e de admirável beleza, o que mais pode querer?

— De que me valem a beleza e a riqueza se não tenho o que meu coração aspira? Como posso ser feliz se o homem que amo está entrevado em uma cama, sem nenhuma possibilidade de cura? Papai, eu trocaria tudo o que tenho para ser feliz ao lado dele.

Jacob, com lágrimas nos olhos, perguntou:

— Minha filha, por que não me disse que estava enamorada de José?

— Porque o senhor jamais permitiria que sua única filha se envolvesse com um escravo, meu pai.

— Certamente não permitiria; porém, acredito que se soubesse de tal envolvimento o que aconteceu jamais teria acontecido, e hoje José estaria com suas funções na outra fazenda.

Nesse momento, Margarida deu livre curso às lágrimas, deixando o pai consternado em ver o seu estado. Tentando consolá-la, contemporizou:

— Minha filha, você é jovem e logo encontrará outro que vai substituir o amor de José.

– Papai, será que o senhor não entende? Nunca me apaixonarei por ninguém, pois José foi o único homem que amei. Não haverá outro. Esse sentimento é o que trago de mais belo em meu coração. Nem mesmo o tempo conseguirá destruí-lo.

– Mas, filha, eu não tive culpa por tudo o que aconteceu. Jamais imaginei que Silvino fosse capaz de tais baixezas.

– Por que o senhor não me ouviu quando eu disse que Silvino não era digno de confiança? Minha mãe e eu sempre duvidamos da lealdade dele, porém o senhor estava sempre a defendê-lo; de certa forma foi culpado por tudo o que aconteceu, pois, se tivesse dado ouvidos a sua filha, a desgraça teria sido evitada.

– Concordo que Silvino agiu mal; porém você estava prestes a fugir com José. Como pensava viver com ele?

– Não pense que iria morrer de fome, pois José é um homem trabalhador e honesto. Tenho certeza de que viveríamos decentemente.

– Mas como José trabalharia decentemente se ele não tinha carta de alforria para apresentar a seus empregadores? Margarida, tenha certeza de que você enfrentaria muitos problemas, pois os quinhentos contos de réis de José logo acabariam. Como fariam?

– Naquela noite eu havia pegado todas as joias que o senhor e mamãe me deram. Certamente ganharia um bom dinheiro com elas.

– Minha filha, se sua fuga tivesse dado certo, vocês enfrentariam muitos dissabores. Primeiro, pela falta de dinheiro; depois, pela falta de emprego. Além do mais, você teria de enfrentar a dor da discriminação para com seu marido, e depois para com seus filhos. Você sempre foi uma moça ponderada, minha filha, por que não pensou em tudo isso? Eu jamais aceitaria esse casamento. Não por José ser negro, mas antes pelos netos que viriam dessa união.

– Papai, o senhor tem razão em tudo o que diz; mas saiba que amo José e enfrentaria esses problemas com coragem, pois o amor supera todas as coisas.

– Minha filha, você desconhece o casamento e, por mais que ame esse rapaz como diz amar, a paixão se acaba e você teria de enfrentar todos os problemas sem poder reclamar, pois, como sabe, a discriminação contra os negros é severa no Brasil, e logo você se tornaria alvo de comentários de pessoas maldosas. Coloque-se em meu lugar por um momento e pense em como me sentiria ao ver que minha filha estava sendo vítima de pessoas maledicentes.

Margarida pensou por alguns instantes e percebeu o quanto seu pai estava sendo sincero. Com os olhos marejados, respondeu:

— Compreendo suas razões, meu pai. Peço-lhe perdão por ter sido intransigente para com o senhor, mas, como lhe havia dito, não tente arranjar casamento para mim, certamente não aceitarei. Amor na vida de uma mulher é só um, e o meu é José, independentemente das condições em que ele esteja.

— Margarida, não é do meu agrado que fique solteira, pois sempre sonhei em ver nossa casa cheia de netos, mas, se você não quer, não vou obrigá-la.

— Sempre senti orgulho do senhor meu pai; não por ser o homem mais rico da região, mas por ter o caráter que tem. Saiba que, a partir deste momento, meu orgulho aumentou e agora sei que não existe pai melhor que o senhor.

Tomada de indefinível ternura, ela se levantou e, ao se aproximar do pai, que permanecia sentado em sua cadeira, abraçou-o com carinho.

— Se sente orgulho de mim por ser seu pai, saiba que meu orgulho por você é ainda maior, por ser a pessoa que é. Espero que não me evite mais, minha filha, pois, se acaso eu entrar e você sair, vou puxá-la pelos cabelos – brincou.

Assim que Margarida saiu, Jacob fechou o cenho.

— Minha filha tem um grande coração, saiu à mãe... Mas, se sua fuga tivesse dado certo, eu não teria alternativa a não ser abençoar o casal.

Imaginando ter netos mestiços, pensou sorrindo: "José é um mestiço bem-apessoado, e Margarida é branca como a parafina: meus netos seriam lindos. Mas depois do que aconteceu isso é humanamente impossível, pois José se tornou meio homem. Silvino acabou com a possibilidade de um dia eu ser avô...". Duas lágrimas escorreram de seus olhos.

Sentindo-se extenuado, encostou a cabeça nas mãos, que repousavam sobre a mesa, e deu livre curso às lágrimas. Nesse instante, ouviu uma batida leve à porta e, enxugando o rosto com as costas da mão, respondeu:

– Entre!

Fingindo escrever alguma coisa, levantou a cabeça e percebeu tratar-se da esposa, que, ao ver o abatimento do marido, perguntou:

– Jacob, acaso esteve chorando?

– Não diga bobagens, mulher! Desde quando sou homem de me derreter em lágrimas?

Eleonora, percebendo que o marido fingia uma força emocional que estava longe de sentir, respondeu:

– Que vergonha há em chorar, senhor meu marido? Saiba que chorar é algo humanamente normal e pelo que sei você não é um deus. As lágrimas existem para exorcizar a dor; e você não está imune às dores que a vida oferece.

Jacob, não conseguindo mais conter as lágrimas, baixou a cabeça e soluçou copiosamente com a cabeça repousada sobre as mãos. Eleonora o observou por alguns momentos, depois disse:

– Chore, meu querido! Jogue fora o espinho que está lhe espetando a carne.

– Quando meu avô comprou estas terras, decidiu que faria delas um lugar próspero. Mas por que ele fez isso? Trabalhou pensando em um dia deixar para seus descendentes. Meu pai herdou as terras de meu avô e multiplicou os bens, pensando em um dia deixar para mim, uma vez que meu irmão morreu afogado no rio. Eu, por minha vez, não fugi à tradição: quando meu pai me deixou esta fazenda, continuei trabalhando para deixar para meu descendente. Trabalho feito um louco e até consegui comprar outra fazenda, multiplicando ainda mais o que meu pai me deixou. Mas agora lhe pergunto: para que tanto esforço, se minha descendente não terá para quem deixar tudo isso?

Eleonora, sem compreender aonde o marido queria chegar, perguntou:

– Do que está falando, Jacob?

O coronel relatou a conversa que tivera com Margarida na íntegra, incluindo principalmente o fato de ela se recusar a se casar e lhe dar netos.

Desapontada por saber sobre a decisão da filha de permanecer solteira, Eleonora tentou consolar o marido:

– Não se preocupe com isso! Nossa filha logo encontrará um rapaz e se apaixonará. Quando menos esperar, ela estará se casando.

– Não acredito nisso. Apesar de ser mulher, ela tem mais palavra do que muitos homens que já conheci.

Eleonora, percebendo que suas palavras não haviam surtido o efeito desejado, teve uma ideia.

– Por que você não vai à casa de Josino? Esse bom homem tem o dom de acalmá-lo em momentos de desespero.

– Você tem razão, vou à casa de Josino ter um dedo de prosa com ele, que sempre tem uma boa palavra em momentos difíceis.

– Diga que lhe mandei recomendações.

Jacob, após ouvir as palavras da esposa, pegou seu chapéu e se retirou.

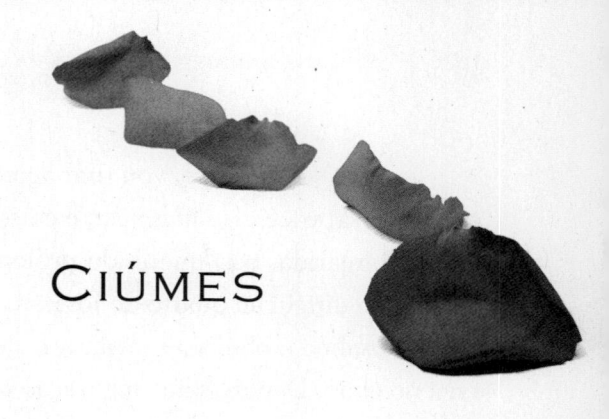

CIÚMES

Rosalina estava inconformada. Desde que José fora para a casa-grande, Margarida não lhe dava mais a atenção costumeira. Ela passava a maior parte do tempo com a mãe na cozinha.

Naquela manhã, viu que os olhos de Margarida estavam vermelhos e perguntou:

— Margarida, o que houve? Por que chorou?

— Hoje fiz as pazes com meu pai e nossa conversa foi emocionante.

— Mas o que seu pai lhe disse que a deixou nesse estado?

— À noite conversaremos. Agora tenho de ver José e saber como ele está.

— Margarida, desde que aconteceu essa desgraça com José, você não me dá mais atenção; não quero que me conte nada, pois a sua vida agora você divide com José, aquele aleijado!

— Não gosto que fale de José dessa maneira, saiba que, se não o respeitar, passarei a tratá-la como uma escrava qualquer!

— Então, assim será! A partir de hoje não mais dormirei em seu quarto, voltarei para a casa com minha mãe e trabalharei com ela na cozinha!

Margarida, que já estava irritada com as cobranças de Rosalina, respondeu:

— Se é isso o que quer, não posso fazer nada! Só peço que tire suas coisas do meu quarto ainda hoje.

– Não se preocupe, vou tirar agora mesmo, minha mãe é que sempre esteve certa, você é a *sinhazinha*, e eu sou apenas uma escrava!

Margarida, não querendo prolongar a conversa, saiu sem pedir licença e se dirigiu ao quarto de José.

Rosalina a observou se afastar, ajeitando o vestido cuja barra encostava no chão. Depois, saiu em direção à cerca onde anos atrás elas haviam feito um pacto de amizade e, ao se lembrar de cada palavra de Margarida, soluçou baixinho sem que ninguém visse.

Margarida entrou no quarto de José contrafeita e, ao fitá-lo, perguntou:

– Como passou a noite, meu querido?

José, que era observador por natureza, não respondeu e fez outra pergunta:

– O que houve com você? Por que parece tão zangada?

– Não houve nada! Estou bem.

– Por que insiste em dizer que está bem se vejo em seu semblante que algo a está incomodando?

– Meu problema se chama Rosalina. Estou farta de tantas cobranças, ultimamente ela anda me sufocando.

– Acaso brigaram?

Margarida, não escondendo as lágrimas, passou a contar tudo o que havia acontecido momentos antes. José, interrompendo seu relato, pediu que ela o ajeitasse na cama. Assim que estava sentado confortavelmente, disse:

– Por favor, continue, preciso saber o que a incomoda tanto.

Assim que ela terminou, ele comentou:

– Minha flor-do-campo, não acha que Rosalina tem razão? Antes, vocês não se desgrudavam e, agora, você mal tem tempo para conversar com ela. Coloque-se no lugar dela e pense em como está se sentindo.

– Nunca a tratei como escrava, mas antes como a irmã que não tive, mas isso não lhe dá o direito de se meter em minha vida!

– Não vejo Rosalina como intrometida, apenas ela sente sua falta. Antes que eu aparecesse em sua vida, vocês dividiam tudo. Agora você mal lhe dá espaço para uma simples conversa. A pobrezinha se sente preterida e isso é absolutamente normal.

— Rosalina tem de entender que ela é minha amiga, quase irmã, e que você é o homem que amo.

— O fato de você me amar não lhe dá o direito de desprezar a pessoa que sempre esteve ao seu lado. Acaso não foi você quem disse que ela ficou dormindo ao lado de sua cama quando esteve doente? Pois bem, aprenda a separar as coisas. É claro que sinto sua falta, porém ela, que convive com você há mais tempo, sente ainda mais. Portanto, não se zangue com a pobrezinha porque ela lhe cobra atenção, saiba que se ela o faz é porque a ama verdadeiramente, como a uma irmã.

— Não a mandei embora do meu quarto; foi ela mesma quem decidiu ir.

— Margarida, compreenda que, se há uma pessoa que verdadeiramente a ama, além de seus pais, esse alguém é Rosalina. Estive conversando com ela tempos atrás e ela me disse que você é um presente de Deus e que é tão importante para ela que não consegue viver sem você. Além disso, disse que, se um dia você estivesse à beira da morte, daria a vida dela em troca da sua. Querida, a afinidade de vocês vai além da cor da pele, pois vocês se amam como verdadeiras irmãs. Certa vez, Josino me disse que o verdadeiro amigo é mais que um irmão; portanto, Rosalina é sua irmã no coração. Não deixe que o orgulho venha a destruir esse sentimento bonito que as une. Rosalina está magoada e com razão.

Nesse momento, Margarida se lembrou do juramento que fizera à beira da cerca e, não contendo a dor, começou a chorar copiosamente. Compreendeu que os laços que as uniam não seriam facilmente rompidos e sentiu necessidade de fazer algo para remediar a situação.

— Não posso permitir que Rosalina saia de nosso quarto; afinal, há muito tempo ela tem sido minha companheira de todas as horas.

— O que me une a você é um sentimento diferente, mas o sentimento que une você e Rosalina é um dos mais belos que há, pois o verdadeiro amigo está ao nosso lado até mesmo nas adversidades.

Margarida pediu licença e saiu em disparada em direção a seu quarto, pensando que encontraria Rosalina arrumando suas coisas, mas, para sua surpresa, a amiga não estava lá. Margarida desceu até a cozinha e, ao ver Ernestina, perguntou:

— Ernestina, onde está Rosalina?

— Rosa estava aqui me ajudando, mas sumiu e não e sei onde ela se meteu.

— Onde poderei encontrá-la? – perguntou, saindo com pressa e passando a correr pelos arredores da casa.

Como não a encontrou, ficou intrigada. Não conseguia andar com mais rapidez, pois sentia que o espartilho estava demasiadamente apertado. Desanimada, sentou-se na varanda e se lembrou novamente do pacto de amizade. Assim, dirigiu-se à cerca em busca dos objetos que elas haviam enterrado ali. Ao se aproximar, viu que havia terra fofa e deduziu que Rosalina havia estado no local. Chorando, disse em voz alta:

— Rosalina, onde você se meteu?

Resolveu verificar se os objetos ainda estavam enterrados ali e, sem se preocupar de sujar as mãos, abaixou-se e começou a mexer na terra. Logo encontrou o cordão de ouro que havia enterrado, porém, o anel de arame de Rosalina já não estava ali, o que aumentou ainda mais o seu desespero.

— Como pude ser tão grosseira com ela? Sempre me foi mais fiel que uma irmã! Quanto a mim, retribuí com ingratidão.

Margarida voltou o cordão ao mesmo lugar e o cobriu com terra. As lágrimas escorriam sem pedir licença. Assim, voltou à casa-grande para ver se Rosalina havia retornado. Chegando à cozinha, perguntou para Ernestina:

— Ernestina, acaso viu Rosalina?

— *Sinhazinha*, onde sujou seu vestido?

— Sabe onde Rosalina está?

— Rosalina passou por aqui e disse que ia a nossa casa para levar uma rede para dormir. Acaso vocês brigaram?

Margarida, sem responder, saiu em direção à colônia dos negros. Desta vez, tinha pistas de onde a mucama estava. Ao chegar à pequena casa de Benedito e Ernestina não se preocupou e foi entrando. Viu Rosalina, que chorava sentada perto do fogão a lenha. Com lágrimas nos olhos, falou:

— Rosa, sei que fui rude com você e estou aqui para me retratar.

– Você poderia ter se poupado desse trabalho.

– Rosa, uma amizade como a nossa não acaba assim, você não é somente minha mucama, é antes minha irmã, alguém com quem a vida me presenteou. Sei que disse palavras duras, mas saiba que foram palavras irrefletidas, que não vieram do meu coração.

– Margarida, há muito você não é mais a mesma. Durante a noite, quando quero conversar, você diz que está com sono. Durante o dia, você fica a maior parte do tempo com José. Antes, conversávamos sobre tudo e todos, mas agora mal nos falamos e, para complicar as coisas, você me expulsou do seu quarto. Não adianta nos enganarmos, as coisas não são como antes.

– Compreenda que as coisas não podem ser como antes porque nós mudamos todos os dias e as circunstâncias também. Ontem, éramos crianças e não tínhamos problemas. Hoje, somos adultas e cada qual vive um problema diferente todo o dia. Querer que as coisas sejam como quando éramos crianças chega a ser uma utopia, pois os bons tempos ficaram para trás. Embora os anos tenham passado e nós sejamos adultas, só tem uma coisa que não mudou: o amor que sinto por você. Esse, minha irmã, eu levarei comigo ainda que morra.

– Margarida, compreendo que as coisas mudaram, mas nossa amizade deveria permanecer a mesma. Infelizmente, isso não aconteceu. Hoje, você está sempre às voltas com José, e quando vou falar com você, sempre desconversa dizendo: "Será que José está precisando de alguma coisa?". Há tempos isso vem acontecendo e, embora eu não diga nada, venho sentindo a distância que se formou entre nós.

– Você tem razão, passo o dia com José ajudando em suas necessidades especiais e me esqueço de que você também precisa de mim; por esse motivo, peço-lhe perdão pela minha insensibilidade.

Rosalina sentiu ímpetos de abraçar Margarida, porém, o orgulho a fez ficar parada. Margarida então tomou o primeiro passo. Assim que se aproximou e a abraçou, Rosalina não se conteve e se entregou ao choro pungido. Margarida, com carinho, disse:

– Prometo que de hoje em diante voltaremos a fazer tudo o que fazíamos antes: vamos passear e conversar à noite. Só não lhe prometo que serei a mesma menina que você conheceu, porque isso seria impossível. Uma dúvida: onde está o anel que estava entrelaçado ao cordão que deixamos enterrados anos atrás?

Rosalina levou a mão ao bolso da saia e, tirando o anel, mostrou-o a Margarida, que não se conteve e, novamente, abraçou a escrava, chorando.

– Minha irmã, vamos devolver o anel ao seu lugar, pois o que sinto por você não mudou.

– Margarida, por um momento senti que a havia perdido; mas agora vejo que você voltou a ser a mesma de antes.

Margarida, enxugando as lágrimas, deu a mão a Rosalina e juntas saíram para colocar o anel no lugar.

Assim, as duas moças enterraram o anel, e Margarida voltou a dizer:

– Rosalina, você tem de entender que a amo como minha irmã, e amo José de uma maneira diferente. Talvez no dia em que se apaixonar você entenda o que estou falando.

– Eu sei que os sentimentos são diferentes.

– Então, não seja infantil. Quando uma amizade é verdadeira nunca a perdemos. Pode haver um afastamento natural, mas o carinho e a afeição estarão guardados dentro do coração.

– Agora sei que seu sentimento por mim não mudou.

As duas moças entrelaçaram as mãos e, juntas, voltaram para a casa-grande.

ᔕᗢᑕᘓ

Depois de alguns anos que José havia levado o tiro que o confinara a uma cama, Januário entrou no seu quarto e percebeu que ele não estava bem. Levando a mão ao rosto do rapaz, constatou que ele estava com febre alta. Assim, tratou de cuidar de sua higiene. Quando tudo estava limpo, chamou Gertrudes. José falava coisas desconexas. Ao chegar, a mãe constatou que o filho estava muito mal.

– Precisamos informar o coronel sobre o estado de saúde dele, pois a febre está provocando uma confusão mental.

Gertrudes colocou um pano molhado na testa de José, que dizia:

– O coronel vai pensar que sou eu quem está roubando as sacas de café, preciso falar com ele urgentemente.

– Meu filho, acalme-se, o coronel já sabe de tudo. Procure descansar.

José olhava para a mãe como se não estivesse entendendo o que ela dizia e voltava a repetir a mesma frase.

Januário, preocupado, entrou na copa onde o coronel e a esposa estavam tomando café.

– Coronel, José não está nada bem. Ele está com febre alta e falando que não foi ele quem roubou as sacas de café – anunciou.

– Por que não me chamou antes?

– Para que esteja falando coisas do passado, certamente a febre está muito alta – disse Eleonora. – Mas ele está resfriado?

Januário disse:

– Há mais de duas semanas ele vem tossindo muito, e Ernestina sempre estava fazendo um chá.

Jacob, com seu jeito bruto, respondeu:

– Vocês com essas manias de chás! Por que não me avisaram? Vá ao terreiro e peça que Carmosino venha até aqui.

Enquanto o rapaz saiu, Jacob e Eleonora foram ver José. Ao entrarem no quarto, ouviram um acesso de tosse que chegou a incomodar Eleonora.

– Jacob, esse rapaz não está nada bem. Precisamos fazer alguma coisa.

– Mandarei Carmosino chamar o médico da vila para cuidar de José.

Carmosino entrou na cozinha e perguntou a Ernestina:

– O que o coronel quer comigo?

– José não está nada bem, talvez ele mande você ir até a vila chamar o médico.

Carmosino ficou triste por saber do estado de saúde de José. Não demorou para que o coronel entrasse na cozinha.

– Carmosino, vá até a vila e chame o doutor Afonso. Estamos precisando de seus serviços.

O moço, sem responder, correu até o estábulo e, depois de colocar a sela no cavalo, dirigiu-se à vila.

O doutor Afonso, ao saber do chamado, comentou:

– Deve ser o negro fujão que está com problemas!

Carmosino não gostou do comentário do médico, mas ficou calado.

O médico continuou:

– Diga ao coronel que vou cuidar de um paciente e vou logo em seguida.

Assim, Carmosino voltou à fazenda para informar o coronel.

O médico não gostava de fazer o coronel esperar, por esse motivo cancelou sua visita ao senhor Alberto Barros e seguiu em direção à fazenda. Ao chegar, encontrou o coronel em seu gabinete, enquanto Eleonora e Margarida se revezavam em colocar compressas frias na testa de José, que continuava delirando e dizendo que alguém estava roubando as sacarias do celeiro. Vez por outra, tossia e, em uma dessas vezes, a secreção veio sanguinolenta.

O médico, assim que viu o estado do rapaz, não demorou em diagnosticar:

– Ele está com tuberculose, e, infelizmente, trata-se de uma doença que não tem cura.

Margarida se desesperou.

– Doutor, por favor, não o deixe morrer!

O médico ficou o dia inteiro cuidando de José e disse a Eleonora:

– Todos os objetos pessoais do rapaz devem ser separados, pois não conhecemos muito dessa doença, apenas sabemos que se trata de uma doença altamente contagiosa. Deverão colocá-lo em um quarto com janelas para que o ar seja ventilado. Vou passar alguns remédios, que deverão ser obtidos no boticário da vila. Sinto muito, mas não há nada que possamos fazer, essa doença está levando muita gente e, pelo que vejo, a doença está em estágio avançado. Agora, é só aguardar e procurar proporcionar a ele conforto para que possa morrer em paz.

Eleonora chorava enquanto Margarida, abraçada a Rosalina, dizia:

– José não vai morrer! Deus não faria isso comigo.

O médico sentiu pena da moça.

– Recomendo que não fiquem próximos a ele, pois poderão se contagiar.

O coronel, ao ficar sabendo sobre a doença do rapaz, levou a mão à cabeça.

— Minha filha já está sabendo da doença do rapaz?

O médico disse que sim. Jacob, percebendo que não havia mais o que fazer, pagou os honorários do médico e foi até o quarto de José.

Margarida não conseguia parar de chorar ao pensar na sina de José e, resoluta, disse à mãe:

— Mesmo que o doutor Afonso tenha dito para eu ficar longe de José, não ficarei. Vou continuar a lhe fazer as visitas diárias.

Eleonora, atordoada com a teimosia da filha, ponderou:

— Margarida, você não vai ficar junto de José o tempo todo como antes. Ele está com uma doença contagiosa e isso poderá prejudicá-la.

— Ninguém vai me afastar de José, nem mesmo a senhora poderá fazê-lo, pois o que sinto por ele é bem mais forte que uma doença ruim.

Enquanto mãe e filha discutiam, não viram o coronel, que se aproximou e não deixou de ouvir parte da conversa.

Jacob interrompeu o diálogo:

— Você não ficará no quarto de José, isso é uma ordem!

— Mas quem poderá me impedir?

— Você é minha filha! Tem como obrigação obedecer às minhas ordens!

— O senhor é meu pai, mas não é meu dono! Vou continuar a cuidar de José e ninguém vai me impedir.

— Vou colocar três dos meus melhores homens na porta do quarto. Quando você se aproximar, eles não deixarão que entre, pois poderá contrair a doença e eu não quero perder minha única filha!

Jacob sentia pena de Margarida, mas sabia que estava fazendo o bem para a moça, e que um dia ela compreenderia.

Os dias passaram e a febre foi aumentando vertiginosamente. José tinha febre o tempo inteiro. Margarida entrava no quarto acompanhada pela mãe, porém não se aproximava da cama, ficando a olhá-lo de longe. O quadro clínico dele foi piorando dia a dia até que, certa manhã, Januário entrou correndo na cozinha.

— Ernestina, José está frio e já não fala mais! Será que devo avisar o patrão?

Ernestina, sem pensar em seus afazeres, foi até o quarto onde José estava e não demorou em constatar que o rapaz estava morto. Margarida, assim que ficou sabendo da morte de José, caiu em soluço pungido, comovendo até mesmo seus pais. Gertrudes ficou o tempo todo no quarto, abraçada ao filho morto. O coronel, entristecido, mandou fazer um caixão para o escravo. Como a doença de José era altamente contagiosa, Eleonora mandou fechar o caixão.

O corpo de José seguiu para a capela. O padre veio especialmente da vila para celebrar uma missa de corpo presente. Os escravos foram até a capela e cada um expressava sua dor de uma maneira diferente. De repente, alguns negros decidiram tocar os tambores e cantar músicas fúnebres no idioma deles.

Eleonora, assustada, disse ao marido:

— Como podem cantar e dançar num momento como esse?

Jacob, olhando para os negros que dançavam sobre um círculo que haviam feito na terra, e cantavam, apenas respondeu:

— Deixe-os! Essa é a maneira de prantearem a perda de um ente querido.

Margarida ficou ao lado do caixão o tempo todo, embora a mãe a mandasse sair. Josino foi ao funeral e fez uma prece em favor de José. Ele foi enterrado ao lado dos pais do coronel.

— Você vai enterrar um negro no campo santo da família? – perguntou Eleonora.

— E por que não faria isso? José não era um negro qualquer; era o homem que nossa filha amava.

— Nunca conheci homem mais honrado que você, meu marido.

Quando o caixão baixou à sepultura, os negros se afastaram, ficando apenas Januário e Carmosino, que cobriram o caixão de terra.

Margarida voltou para a casa acompanhada pelos pais e amparada por Rosalina. Josino se aproximou.

— *Sinhozinho*, peço sua permissão para ir até sua casa para conversar com a menina.

– Josino, essa realmente é uma boa ideia, pois Margarida está precisando de algumas palavras para trazer paz a seu coração.

Josino entrou na cozinha e, ao olhar para Ernestina, disse:

– Não chore, mulher! José não morreu. Ele ainda vive, só que de uma maneira diferente que nós. Enquanto os homens não aprenderem que a morte não existe, continuarão sofrendo por aqueles que partiram.

– José era um homem bom e é impossível não chorarmos a sua partida. – Josino se calou por alguns minutos. Margarida entrou na cozinha acompanhada pelos pais. Já havia trocado de roupa e seus cabelos estavam arrumados. Com os olhos vermelhos e marejados, ela disse:

– Meu pai disse que o senhor quer conversar comigo.

– Minha filha, todos os que vêm a esta terra abençoada têm a certeza de que um dia terão de partir. Alguns vão mais cedo, outros mais tarde, mas não importa, o caminho de todos é a morte.

– Se Silvino não tivesse atirado em José certamente ele estaria entre nós.

– Margarida, tem uma coisa que aprendi: ninguém vai antes da hora; mesmo que Silvino não tivesse atirado em José, o dia dele chegou, e certamente ele iria do mesmo jeito.

– Então quer dizer que todos nós temos o dia certo de morrer?

– Assim como tivemos a hora certa de nascer, temos a hora certa de morrer, e temos de aceitar esse fato. Mas, antes, temos de compreender que a morte não existe, o que existe é a passagem para o outro lado da vida. José fez essa passagem e um dia todos nós a faremos.

Eleonora, que estava sentada ao lado de Josino, perguntou:

– Mas como a morte não existe? Todos os dias pessoas morrem e são enterradas.

Josino, sorrindo, respondeu:

– A morte só existe para o nosso corpo físico, pois o espírito é eterno e quando uma pessoa deixa de viver em corpo de carne passa a viver em espírito.

Jacob, que ouvia a conversa, envolveu-se perguntando:

– Mas, se o espírito continua vivendo, por que nem todos conseguem vê-lo e ouvi-lo?

– Por que nem todos têm a sensibilidade de vê-lo ou ouvi-lo, mas sempre haverá aqueles que têm essa capacidade e podem transmitir algumas mensagens de seus entes queridos.

Margarida, pensando em José, indagou:

– Onde está José?

– Há duas semanas, recebi a visita de um amigo espiritual e ele disse que logo fariam o trabalho de desligamento de José, e que ele seria ajudado.

– Mas como ele reagirá ao saber que já não vive entre nós?

– Como passou alguns anos preso a um leito, agora que seu espírito está livre do corpo enfermo terá de compreender que vive do outro lado da vida e se adaptar.

– Mas lá onde ele se encontra também ficará acamado?

– *Sinhazinha*, compreenda que o corpo físico de José estava inválido, mas seu espírito passará por um tratamento e logo ele recobrará todos os seus movimentos.

Margarida, sorrindo entre lágrimas, ingenuamente desabafou:

– Agora que ele viverá em outro lugar, fatalmente vai se esquecer de nós.

– De maneira alguma! A morte não muda o que somos nem o que sentimos. O amor que ele nutriu por você enquanto estava na carne, continuará a senti-lo, mesmo vivendo de outra maneira. Minha filha, há muitos espíritos presos à Terra. Há os odientos que mesmo depois de mortos continuam a odiar seus desafetos, e os que amam e continuarão amando.

Margarida olhou para Rosalina com um sorriso.

– José foi o único homem a quem amei. Quando morrer espero encontrá-lo novamente.

Josino, olhando os patrões com respeito, continuou:

– A morte não existe! A morte nos dá ideia do fim de tudo, mas, como podem ver, nem tudo acaba com a morte, pois o espírito é eterno.

Ernestina, que ouvia a conversa, tratou de servir café para todos os que estavam em volta da mesa.

– Deus criou-nos primeiro em espírito e para nosso aperfeiçoamento moral ele criou a Terra como um meio de crescermos como espíritos. Por esse motivo, a Terra se tornou um lugar de sofrimento, pois, como ainda somos infantis, espiritualmente falando, só aprendemos pela dor – continuou Josino.

Eleonora, que até aquele momento estava calada, perguntou:

– Mas por que Deus fez a uns escravos e a outros senhores? Não acha isso uma injustiça?

– Se olharmos somente para o presente momento talvez pensemos que se trata de uma grande injustiça da parte do Criador, mas o que as pessoas desconhecem é o fato de já terem vivido por diversas vezes na Terra. Esta não é a primeira nem a última vez que vestiremos um corpo carnal; portanto, temos de aceitar que a cada semeadura haverá uma colheita. Hoje, ao vermos os negros presos nas diversas fazendas espalhadas pelo país, os consideramos como pobres criaturas desafortunadas pelo destino. Mas, se analisarmos com cuidado, perceberemos que Deus não erra nunca e que a vida está certa como é. Os negros de hoje talvez já tenham sido os senhores de ontem, e como não praticaram boas ações vieram como escravos para sentir na pele o que fizeram a seus subalternos. O que cada um tem de compreender é que ninguém sofre inocentemente e que a vida dá uma lição para o espírito.

Dona Eleonora empertigou-se com as palavras de Preto-Velho e perguntou:

– Desculpe, Josino, mas não estou entendendo aonde quer chegar.

– Minha boa *sinhá*, o que estou querendo dizer é que a esta terra abençoada voltamos várias vezes para resgatar erros passados, e a escravidão existente neste país é um meio de disciplinar o espírito. Já trabalhei com muitos escravos e vi a revolta em muitos deles, porém havia outros que aceitavam tudo com resignação. Estes estavam aprendendo a lição, enquanto os outros ainda relutavam. José, por exemplo, era um homem resignado e mesmo nas diversas vezes que vim visitá-lo nunca o vi reclamar pela sua sorte. Talvez ele tenha aprendido o que a vida quis lhe ensinar.

Margarida lembrou-se do sonho que tivera com José nos primeiros dias que o conhecera; porém, achou sensato permanecer em silêncio ouvindo o que ele dizia.

– Um dia, a escravidão deixará de existir, mas para que isso ocorra será necessário que uma boa parte dos negros tenham aprendido a lição.

Margarida disse:

– Mas José era um homem bom e não merecia ter nascido negro.

Josino, compreendendo a dor da moça, disse com cautela:

– *Sinhazinha,* se José nasceu nessas condições é porque precisava aprender a lição que a vida estava querendo ensinar. Certamente, deve ter aprendido, pois, se não fosse assim, ele não teria recebido ajuda imediata como recebeu.

– Mas como o senhor sabe que José recebeu ajuda?

– Muitas vezes a minha falecida esposa vem conversar comigo e quando tem permissão me conta alguns fatos. Ela me disse que José abandonaria o corpo carnal e logo receberia ajuda por ter sido um homem bom.

Jacob, que até aquele momento estava calado, perguntou:

– Mas que tipo de ajuda é essa, Josino?

– Quando o homem de bem deixa o corpo, ele recebe ajuda dos bons espíritos, que vêm socorrê-lo no momento da morte. Para esse homem, a morte é como o livramento, pois ele deixa o corpo para gozar a verdadeira vida, que é a espiritual. Portanto, no momento da morte, o espírito, que acaba de abandonar o corpo físico, passa por um entorpecimento, que podemos comparar ao sono. Infelizmente, não é assim para todos, pois para aquele que se deixou levar pelas suas más paixões, que fez do egoísmo seu modo de vida e que praticou a maldade, sem nem mesmo lhe pesar na consciência, a morte é uma tortura.

Margarida sentiu seu coração aliviado e, com sofreguidão, afirmou:

– Dói-me pensar que nunca mais verei José.

– É aí que a *sinhazinha* se engana! Assim como José partiu, um dia todos nós deixaremos esta terra abençoada e poderemos nos unir àqueles que amamos. Deus é justo e bom; portanto, devemos saber que, por mais difícil que seja uma separação, ela não é definitiva. Um dia estaremos juntos relembrando algumas passagens da última existência. Portanto, minha filha, não fique a se lamentar ou a prantear a partida de José, isso vai atrapalhá-lo no lugar onde ele se encontra.

– Como as lágrimas de minha filha poderão atrapalhar José? – questionou Eleonora.

– Dona Eleonora, quando nos desprendemos do corpo de carne e passamos a viver no corpo espiritual, tornamo-nos muito sensíveis e, embora, muitas vezes, estejamos passando pelo sono reparador, conseguimos sentir em nosso íntimo a dor dos que ficaram na terra, e isso se constitui uma perturbação. Quando o espírito desperta, sente a angústia dos que ficaram na terra. Em vez de ficarmos chorando pelos seres amados que partiram, devemos orar.

Margarida pensou por alguns instantes.

– Não vou atrapalhar José. De hoje em diante não mais chorarei a sua partida. Farei orações todas as noites para que ele possa ser feliz no lugar onde se encontra.

Eleonora e Jacob se entreolharam e sorriram. Viram que as palavras de Josino haviam surtido o efeito desejado.

Josino então disse:

– Preciso voltar para casa. Pelo jeito vai chover e não quero tomar outra chuva.

Jacob disse:

– Hoje você não voltará para casa; jantará conosco e ficará no quarto que era de José. Amanhã de manhã você volta com Carmosino.

– Agradeço a preocupação, mas preciso voltar, tenho de fazer minhas preces.

Eleonora, sorrindo, respondeu:

– Por que não faz suas preces aqui? Certamente Deus ouvirá da mesma forma.

– O homem que envelhece tem suas manias, e eu não sou diferente. Gosto da minha casa e de fazer as coisas que estou acostumado a fazer; portanto, agradeço a preocupação dos patrões, mas não poderei aceitar o convite.

Jacob, irritado, disse:

– Mas isso não é um convite, é uma ordem!

Eleonora assustou-se com o tom de voz do marido, e contemporizou:

– Josino não é homem de receber ordens. Ele é livre para ir e vir, e você não poderá fazer nada.

– Desculpe! Não quis ser rude, é que sua presença me faz muito bem.

– Já que o patrão gosta da minha presença, aceitarei o convite, mas se fosse uma ordem eu iria embora.

Nesse momento todos desataram a rir. Eleonora deu ordens a Ernestina para que arrumasse o quarto que fora de José. A partir daquela conversa, Margarida nunca mais chorou a morte de José e todas as noites fazia uma oração pedindo que ele aceitasse sua nova situação, acreditando que um dia estariam juntos.

PLANO ESPIRITUAL

José acordou e quando abriu os olhos viu um homem ao seu lado na cama. Era branco e tinha grandes olhos azuis.

José, sem se mexer, perguntou:

– O senhor é médico?

O homem sorridente respondeu:

– Não! Trabalho neste lugar aonde os doentes vêm para se restabelecer.

– Desde quando estou aqui?

– Antes que eu lhe faça alguns esclarecimentos, deixe que me apresente: chamo-me Elias e estou aqui para ajudá-lo a recuperar a saúde.

– Chamo-me José e sou escravo do coronel Jacob, da fazenda Rio Claro.

– Você não é mais escravo do senhor Jacob; agora, pode se considerar um homem livre.

– Por quê? O coronel me deu a carta de alforria?

Elias, sorrindo, passou a explicar:

– José, você não precisa de carta de alforria para ser livre. Deus o libertou da escravidão.

– Como? Deus me libertou?

– Sim! – continuou o outro. – Você contraiu tuberculose e seu corpo carnal não aguentou, agora você continua vivo em espírito, e por esse motivo está nesse lugar de recuperação.

José olhou para os lados e viu um quarto comum com uma cama e uma mesa ao canto com um jarro com água. Intrigado, perguntou:

– Mas esse quarto não é diferente dos quartos da casa-grande.

– A Terra é uma cópia imperfeita do plano espiritual; portanto, o que há na Terra há também aqui, só que de maneira perfeita.

– Mas quando morri eu estava paraplégico. Continuarei assim?

– De maneira alguma! Você logo voltará a andar e sua saúde será perfeita.

– Mas por que ainda não consigo mover minhas pernas?

– Porque você ainda está sob a influência do seu corpo de carne, mas logo deixará de senti-la e voltará a andar normalmente.

– Há quanto tempo estou aqui?

– Há quarenta e três dias.

– Engraçado, dormi esse tempo todo e sequer tive sonhos...

Elias sorriu da ingenuidade dele e explicou:

– Esse sono não é como quando se está na Terra, trata-se de um sono reparador em que o espírito se recupera a cada dia. Percebeu que você já não tosse mais?

José prestou atenção em sua respiração.

– Eu não havia percebido que não estava tossindo, isso é um milagre!

– Não é um milagre, é apenas a Bondade Infinita de Deus em ação.

José estava curioso para saber mais coisas sobre o plano espiritual, porém Elias disse:

– Vou lhe transmitir energias para que volte a dormir e quando acordar vai se sentir melhor.

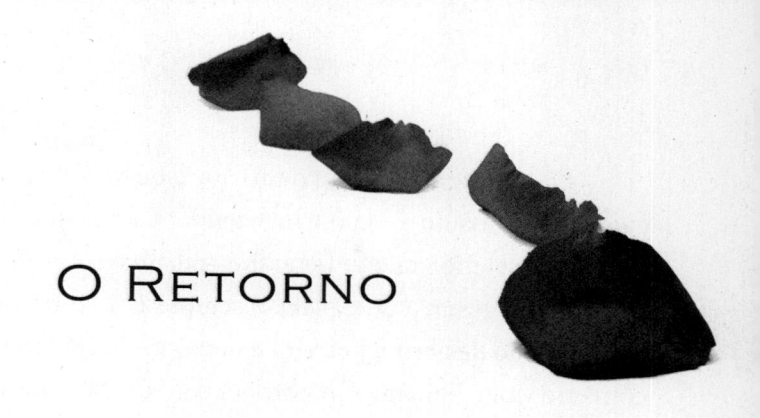

O RETORNO

aquela manhã Jacob estava agitado. Havia sonhado com Ageu, o filho de Benedito. No sonho o rapaz lhe pedia ajuda. Sem nem mesmo tomar café, ele foi ao celeiro conversar com Benedito.

Assim que entrou no celeiro, viu Benedito empilhando algumas sacas de café e perguntou:

— Benedito, tem tido notícias de Ageu?

— Que Ageu? Não conheço ninguém com esse nome.

— Compreendo que esteja magoado com seu filho, mas chegar a ponto de fazer de conta que esse filho não existe mais chega a ser um exagero!

Benedito, olhando para uma das sacas de café, respondeu:

— Aquele filho ingrato nunca mais deu notícias! Mesmo sendo escravos, sempre procuramos dar aos nossos filhos um pouco de amor que, aliás, é a única coisa que temos para oferecer, mas e ele, o que fez? Quis ser livre e viver como bem entendesse sem se preocupar com a dor da mãe. Ernestina chora quase todas as noites ao falar em Ageu e o senhor ainda quer que eu o tenha como filho? Para mim esse filho ingrato está morto!

Jacob compreendeu a dor nas palavras de Benedito e mudou de assunto. Disse que o celeiro estava cheio e que as demais sacas deveriam ser levadas para o celeiro da outra fazenda.

Desde que José levara o tiro que o deixara na cama, o próprio coronel cuidava dos assuntos da outra fazenda. Carmosino passou a ser o responsável pelo celeiro em que Benedito trabalhava.

Jacob gostava de cavalgar, sempre ia à outra fazenda pela estrada e fazia questão de abrir a porteira e deixá-la aberta até o anoitecer. Depois da conversa com Benedito, o coronel saiu da fazenda e, ao passar por uma grande árvore de jacarandá, viu um homem deitado de bruços. Olhou assustado, pois teve a impressão de tratar-se de um negro fujão. Assim, ele desceu do cavalo e, ao se aproximar, viu que o homem estava desacordado. Abaixando-se, virou o homem e, para sua surpresa, reconheceu Ageu. O coronel levou a mão ao peito do rapaz e comprovou que ele ainda respirava. Sem pensar, carregou-o e o colocou em seu cavalo. Com medo que Ageu caísse, ele decidiu puxar o cavalo até a fazenda.

Enquanto caminhava foi pensando: "Por que estou fazendo isso por Ageu? Acaso não foi ele quem quis a liberdade? Deveria deixá-lo aqui para morrer, pois não quis me ouvir, achando que eu o explorava na fazenda".

Ao olhar novamente para o negro que estava com os cabelos compridos e barbudo, sentiu pena, e com isso disse a si mesmo: "Não sei por que gosto tanto desse rapaz, ele me afrontou e disse mentiras a meu respeito".

Ao chegar à fazenda, gritou por Ernestina, que correu para ver o que estava acontecendo. Ao olhar o coronel suarento e o homem em seu cavalo, perguntou:

– Quem é esse homem, coronel?

– Acaso não conhece seu filho?

Ernestina empalideceu e, ao olhar para o rapaz, reconheceu Ageu. Com lágrimas nos olhos, indagou:

– Mas o que houve com o meu filho?

– O que houve eu não sei. Encontrei-o caído perto da árvore de jacarandá à beira da estrada.

O coronel ajudou Ernestina a colocar o rapaz na cama que outrora fora de José. Ela chamou Rosalina para continuar com seus afazeres na cozinha enquanto cuidava do filho. A menina, ao ver o estado do irmão, não se conteve e começou a chorar baixinho, enquanto o coronel foi chamar Benedito para ver o filho. Ao chegar ao celeiro, disse:

– Benedito, venha cá! Encontrei Ageu caído sob o jacarandá à beira da estrada!

Benedito ficou sem fôlego, pois jamais imaginou que seu filho voltaria à fazenda. Com o coração cheio de mágoa, disse:

– Não sei quem o *sinhô* encontrou na estrada, meu filho Ageu morreu no dia em que saiu da fazenda deixando sua mãe a chorar.

– Benedito, agora não é hora para ressentimentos! Seu filho voltou e quando acordar certamente vai querer vê-lo.

– O *sinhô* me desculpe, mas agora não posso sair daqui, estou costurando sacas e empilhando.

– Não se preocupe com isso, mandarei que outro faça seu serviço.

Benedito acompanhou o coronel a contragosto, pois em seu coração havia a mágoa que o filho havia deixado no dia em que pedira alforria e fora embora sem se preocupar com o seu sentimento. Ao chegar à cozinha da casa-grande, ele encontrou Ernestina chorando, aflita, sem saber o que acontecera ao filho para estar desacordado durante todo aquele tempo.

Benedito, ressentido, disse:

– Deixe de chorar, mulher! Ageu está nesse estado porque assim escolheu, e o que é de gosto é regalo da vida!

– Dito, como você pode dizer uma coisa dessas? Quando Ageu saiu daqui era um menino com o coração cheio de esperança, e agora está desacordado. Será que você esquece que ele é nosso filho?

Benedito deu de ombros quando, de repente, Rosalina entrou na cozinha.

– Mãe, o Ageu acordou!

Ernestina dirigiu-se ao quarto em que o filho estava deitado e, ao vê-lo acordado, perguntou:

– Meu filho! Por onde andou? Foi embora, nem sequer nos deu notícias.

Ao ver a magreza dele, constatou que seu estado de saúde não era dos melhores e, com lágrimas nos olhos, pensou: "Meu filho logo deixará esse mundo e quanto a mim não sofrerei com a dor da espera!".

Benedito se aproximou da soleira da porta e ficou olhando o estado do filho sem demonstrar emoção. Jacob, ao saber que o rapaz havia acordado, ordenou a Ernestina que fizesse uma canja de galinha a fim de reanimá-lo.

Ernestina obedeceu às ordens do patrão, porém continuava a chorar ao pensar na triste sina do filho que, um dia, havia se rebelado contra sua condição de escravo.

Quando soube do retorno de Ageu, seu irmão Natanael deixou o serviço e foi vê-lo. Mas, como Ernestina estava demasiadamente nervosa, o rapaz ficou ao lado da mãe na esperança de acalmá-la.

Embora os olhos de Ageu abrissem lentamente, logo voltaram a se fechar, dando a entender que estava semimorto. Jacob, sentindo ternura por aquele rapaz, percebeu que havia vários ferimentos em sua cabeça e que seus cabelos estavam grudados com o sangue coagulado. Preocupado, disse a Ernestina:

— Ageu está com vários ferimentos na cabeça. Traga uma bacia com água morna e panos. Benedito, traga uma tesoura para cortar os cabelos de Ageu.

Rosalina, ao olhar para os cabelos do irmão, constatou:

— Ageu desde que foi embora daqui nunca mais cortou os cabelos!

Ernestina a toda hora pegava a barra do avental e passava no rosto, que estava molhado por conta das lágrimas que escorriam.

Benedito cumpriu as ordens do patrão e em pouco tempo deixou os cabelos de Ageu bem baixos a fim de verem os ferimentos em sua cabeça.

Eleonora entrou no quarto e, ao observar o estado do rapaz, não conseguiu conter as lágrimas.

Margarida não entrou no quarto, pois desde que José partira ela nunca mais entrara naquele local que um dia fora de seu amado, porém ficava na cozinha a fim de ter notícias.

Benedito, de maneira fria, comentou:

— Esses ferimentos estão parecendo facadas! Certamente ele deve ter se envolvido em alguma briga.

Jacob ficou observando Ernestina e Rosalina limparem os ferimentos enquanto torciam os panos nas bacias de água morna. Não aguentando olhar para a magreza do rapaz, o coronel decidiu que ficaria em seu gabinete. Quando entrou, trancou a porta e sentou-se atrás de sua mesa. Ao pensar no estado do rapaz deu livre curso às lágrimas. "Como posso ser tão piegas a ponto de me apegar a um negro que só me desacatou e fez com que eu lhe desse a carta de alforria? Não sei o que sinto por ele, mas tenho certeza de que existe algo que eu ainda desconheço. Talvez Josino tenha razão: somente a reencarnação explicaria o carinho que nutro por Ageu".

Assim, o coronel decidiu que faria de tudo por Ageu e que, se ele quisesse continuar por ali, ocuparia o lugar de José na administração da outra fazenda. Os dias passaram e Ageu começou a apresentar melhoras.

Ernestina, que já estava pensando no funeral do filho, ficou imensamente feliz quando ele enfim acordou e sorriu para ela dizendo que o lugar dele era ao lado dos pais.

Benedito, embora soubesse da melhora do filho, não mais voltou ao quarto, pois tinha ímpetos de esbofeteá-lo.

☙❧

Embora Jacob tivesse ficado ressentido na época em que Ageu havia partido, ele evitava tocar no assunto com o rapaz e, vez por outra, falava sobre os últimos acontecimentos da fazenda. Ageu ouvia calado e pensava: "Como pude me iludir a tal ponto que o mundo lá fora era melhor que os cuidados do coronel? Ele nunca me recriminou e ainda me trata como aquele menino que um dia partiu daqui com o coração cheio de esperança".

Naquela tarde, o coronel levou algumas frutas que havia colhido do pomar e as entregou a Ageu. Pela primeira vez, perguntou:

– Ageu, o que fez quando foi embora da fazenda?

Com lágrimas nos olhos, Ageu passou a relatar tudo o que havia acontecido com ele.

– Quando eu saí daqui estava radiante, pois imaginava que não iria mais ser escravo e que ninguém mais iria me humilhar. Após a conversa que tive com o senhor, despedi-me de minha mãe e saí sentindo uma esperança muito grande no coração: um dia eu plantaria para comer e ninguém mais me faria um desaforo. Comecei a gastar o dinheiro que o senhor me deu desmedidamente e, quando notei, já estava sem nenhum conto de réis nem mesmo para comer. Procurei trabalho em muitas fazendas, mas ninguém dava trabalho para um negro alforriado, pois a maioria tinha um salário para o branco, mas, para os negros, não. Como eu não tinha nem mesmo o necessário, comecei a fazer pequenos furtos para comer. Entrava nas roças e colhia milho-verde, mandioca e outras coisas.

Jacob ouvia o relato do rapaz e, vez por outra, sentia que seus olhos estavam úmidos. Passou a se esforçar para não chorar.

– Um dia, entrei na fazenda do senhor Ferreira e roubei cinco réis para comprar um pouco de comida. Mas não contava com o negrinho Josias, que havia me visto entrar na casa-grande e sair sorrateiramente. Quando o senhor Ferreira deu falta do dinheiro, o menino contou-lhe o que havia visto. Tentei fugir das terras dele, mas não consegui. O *sinhô* Ferreira me pegou, tomou-me o dinheiro e me entregou ao chefe de polícia. Quando fui preso, passei por todas as humilhações que até então nunca havia passado. Numa noite fria, em que a geada estava castigando, o guarda mandou que eu tirasse a roupa e jogou água fria em mim.

O coronel, com a voz embargada pela emoção, ouvia o relato em silêncio. Ageu continuou:

– Ele me disse que, se eu contasse alguma coisa para alguém, iria me colocar numa barrica cheia de água.

– Por quanto tempo você ficou na chefatura de polícia?

– Fiquei preso por dois meses, foi quando o senhor Ferreira ficou sabendo que eu havia roubado para comer e mandou que me soltassem. Nas ruas, passei fome, frio e apanhei de um grupo de jovens brancos. E foi nessa última surra que me machucaram desse jeito. Passaram ossos pontiagudos em meu corpo todo, não deixando nenhum ponto são na minha carne.

Nesse momento, Ageu deixou escorrer lágrimas pungentes.

– Está vendo essa cicatriz aqui na minha barriga? – continuou. – Foi um tiro que tentaram me dar e que apenas cortou minha pele, provocando febre e muitos calafrios. Ao pensar em tudo o que vivi e na última surra que levei, decidi morrer perto das pessoas que realmente gostavam de mim. Estava olhando para a fazenda quando minha cabeça voltou a sangrar, e eu, não aguentando os ferimentos, desmaiei e não vi como me trouxeram até aqui.

Jacob, penalizado com a situação, confessou:

– Pouco tempo depois que você foi embora, eu comprei a fazenda vizinha, que outrora fora do senhor Bernardo Fontes. Como não tenho quem cuide dela, vou para lá todas as manhãs. Não gosto de cavalgar no meio do mato, prefiro a estrada. Foi então que o vi deitado sob a copa do pé de jacarandá. A princípio, pensei se tratar de um negro fujão, mas depois vi que era você. Então o coloquei na sela de meu cavalo e o trouxe.

Ageu olhou surpreso para o coronel e, envergonhado, perguntou:

– O coronel não tem raiva de mim?

Jacob, olhando com ternura para Ageu, respondeu com toda a sinceridade:

– De maneira alguma! Quando somos jovens costumamos sonhar com uma vida que não existe, e você não foi diferente dos jovens que conheço.

– Coronel, eu nunca soube o porquê fiz de tudo para agredi-lo; enquanto eu estive fora, pensei muito no senhor e, para ser sincero, tenho-lhe muita afeição. Embora não quisesse aceitar, sempre o vi como um pai.

Jacob ficou emocionado com a confissão de Ageu e, mirando os olhos tristes do rapaz, respondeu:

– Sempre tive afeição por você e senti muito quando partiu.

Ageu, não se contendo, deixou que as lágrimas escorressem livremente pelo seu rosto.

– Perdoe-me por tudo o que lhe fiz e por todas as afrontas que cometi. Se eu melhorar, gostaria muito que o senhor me aceitasse novamente como seu escravo.

O coronel Jacob se curvou e abraçou o corpo magro de Ageu.

– Como sabe, não posso mais tê-lo como escravo; afinal, já lhe dei a carta de alforria. Mas se quiser poderá trabalhar na fazenda e receberá pelo seu trabalho.

Ageu naquele momento não se conteve e retribuiu o abraço do coronel. Sorrindo, continuou:

– Coronel, eu juro que nunca mais vou lhe dar desgosto, tampouco afrontá-lo novamente.

Jacob percebeu naquele momento que todas as mágoas e ressentimentos eram coisas de um passado esquecido, e voltou a dizer:

– Como sabe, tenho a outra fazenda, porém sou apenas um para comandar duas. O que acha de trabalhar na outra fazenda como administrador?

– Não posso aceitar, afinal o senhor tem escravos fiéis que merecem esse cargo mais que eu. O senhor me deu a carta de alforria, mas eu nunca me senti livre, pois onde quer que entrasse as pessoas logo me chamavam de negro forro e outras cuspiam quando eu cruzava o caminho delas.

– Ageu, quando você me obrigou a lhe dar a carta de alforria, eu sabia que sua vida não seria fácil, pois, ainda que um negro tenha essa carta que atesta sua liberdade, não é livre da discriminação e do ódio da maioria das pessoas. A verdadeira liberdade é despida de qualquer tipo de preconceito e, mesmo que os negros sejam libertos, eles sempre enfrentarão a discriminação por parte dos brancos, que se julgam uma raça superior.

De repente, Ageu perguntou:

– Onde está a roupa que eu estava vestindo?

Jacob não soube responder e chamou Ernestina.

– Eu as lavei. Estavam imundas – disse ela em resposta.

– Mas a senhora viu a carta que havia no bolso da calça?

– Sim! Fique tranquilo, meu filho, a carta está comigo.

– Mãe, por favor, traga-me a carta.

Jacob, sem compreender, disse:

– Deixe-a com sua mãe! Se algum dia precisar, ela devolverá.

– Mãe, por favor, dê-me a carta.

Ernestina olhou para o patrão, e ele, sorrindo, concordou:

– Traga a bendita carta a Ageu, senão ele não vai sossegar.

Ernestina foi até a cozinha e, pegando uma lata, tirou um papel e voltou ao quarto, entregando-o ao filho.

– Tome, coronel! Não preciso disso para ser feliz. – Ageu estendeu a carta.

– Não posso aceitar sua carta de alforria; afinal, eu lhe dei, e quando damos algo nunca pegamos de volta.

Ageu voltou sua atenção para a carta e, repentinamente, rasgou-a. Ernestina chorou ao ver aquela cena.

– Por que fez isso, meu filho?

– Porque sou feliz aqui, pena que eu não soube enxergar isso anos atrás.

Jacob, satisfeito, passou a mão no rosto de Ageu.

– Vou pedir a Januário que faça sua barba, pois se há algo que não suporto é ver um homem barbudo.

Ageu, sorrindo, pegou na mão do coronel e beijou-a ternamente. Jacob, voltando-se para Ernestina, instruiu:

– Cuide bem do seu filho que ele precisa voltar logo ao trabalho; afinal, chega de mordomias!

&)(&

Naquela manhã, Ernestina, ao ver a *sinhá* entrar na cozinha, disse:

– *Sinhá*, Ageu já está melhor e eu gostaria de pedir sua permissão para levá-lo para casa.

Eleonora, sabendo que Benedito estava ressentido com o filho, sugeriu:

– Ernestina, compreendo sua aflição, mas no momento não acho prudente que Ageu volte para casa. Pelo que Jacob me disse Benedito continua dizendo que só tem dois filhos: Rosalina e Natanael. Se você insistir vai arranjar problemas com Benedito.

Ernestina entristeceu-se, porém sabia em seu coração que a patroa tinha razão. Com o passar dos dias, Ageu melhorou e ganhou peso; afinal, Ernestina cuidou dele com esmero. Os ferimentos na cabeça cicatrizaram, embora naqueles locais não nascessem mais cabelos.

Não demorou muito para que Ageu, mesmo se sentindo um pouco fraco, levantasse da cama e, como não era homem de ficar parado, passasse a cuidar da horta que Ernestina havia feito próximo ao galinheiro.

Certo dia, Ageu estava cuidando da horta quando viu Benedito, seu pai, se aproximando.

– Pai, o senhor viu como a alface está bonita?

Benedito, ignorando a conversa do filho, começou a andar em sentido contrário. Ageu, sentindo as lágrimas retidas, gritou:

– Pai, será que um dia o senhor vai me perdoar? Errei, mas quando saí de casa imaginei arranjar dinheiro para comprar a sua liberdade e a da mãe!

– Nunca lhe pedimos que comprasse nossa liberdade, pelo contrário, queríamos que tivesse ficado aqui conosco sem reclamar da sorte, mas o que fez? Saiu de casa sem se importar com o sofrimento de sua mãe.

– Pai, cometi um grande erro, mas quero que saiba que me arrependi muito. Peço que me perdoe, pois o arrependimento muito me tem castigado.

Benedito, fitando o filho nos olhos, viu as lágrimas escorrerem-lhe torrencialmente e, sentindo seu coração apertar, não se conteve. Correu em direção ao filho lhe dando um forte abraço.

O coronel Jacob, ao ficar sabendo que pai e filho haviam feito as pazes, ficou feliz, pois decidira colocá-los para trabalhar juntos na outra fazenda.

Jacob cumpriu com sua palavra e deu a Ageu o cargo que antes fora ocupado por José. O coronel ficou feliz com o bom desempenho de Ageu. O celeiro se tornou pequeno.

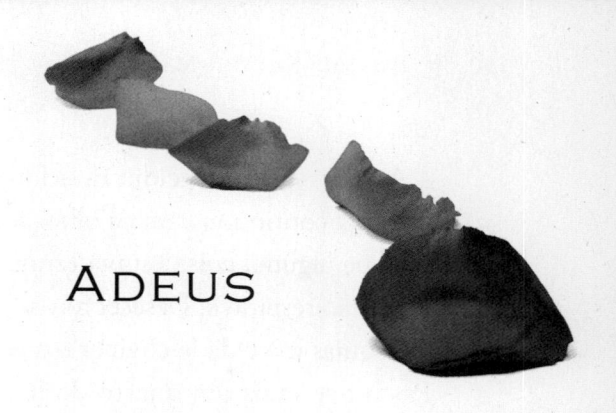

ADEUS

Alguns anos depois que Ageu voltou, já não se sentia com a mesma jovialidade de antes. Tinha uma dor no braço esquerdo e fortes dores no peito. Como não era homem de reclamar, ficava calado tomando chás caseiros e acreditando que iria melhorar.

Benedito sentia orgulho do filho e a relação dos dois melhorara muito desde que começaram a trabalhar juntos. Ageu recebia duzentos réis por semana, e entregava tudo à mãe. Ernestina guardava o dinheiro, pois não tinha em que gastar. Certa manhã, Ageu acordou sentindo fortes dores no braço esquerdo e o fôlego pesado. Resolveu chamar Gertrudes, que ainda cuidava da casa-grande, dizendo que não estava se sentindo bem.

Ela, que gostava do rapaz, ao ver que ele estava com os lábios arroxeados, aconselhou:

– Fique deitado! Não é prudente que vá trabalhar doente.

– Não posso! Preciso ver o café que está secando no terreiro.

– Hoje você não vai sair da cama, vou avisar o coronel que está doente.

Gertrudes pediu para Malaquias avisar o coronel sobre o estado de saúde de Ageu.

Passado um quarto de hora, o coronel entrou no quarto onde Ageu estava e pensou que ele estivesse dormindo.

– Acorde, Ageu! Decidiu tirar folga sem minha permissão?

O rapaz continuou com os olhos fechados e foi então que o coronel percebeu que alguma coisa estava errada. Jacob se aproximou de Ageu e viu que ele não respirava. Desesperou-se e gritou para que Gertrudes mandasse Malaquias ir à cidade chamar o médico.

Passou-se mais um quarto de hora, e o médico enfim entrou no quarto e não demorou a constatar que Ageu estava morto. Jacob, ao ouvir aquelas palavras, ficou paralisado. O médico continuou:

– Caro amigo, o coração do rapaz não aguentou e, infelizmente, não havia nada que pudéssemos fazer para ajudá-lo.

Jacob saiu do quarto e sentou-se na cozinha pedindo a Gertrudes que lhe fizesse um chá. Assim que o tomou, encarregou-se de voltar para casa e avisar Ernestina, pois naquele dia Benedito estava trabalhando no celeiro da sede da fazenda. Assim que chamou todos da família, ele disse com voz embargada pela emoção:

– Ageu não se sentiu bem esta manhã e seu coração não aguentou; ele morreu.

Ernestina, ao ouvir que o filho estava morto, desmaiou. Benedito deixou as lágrimas escorrerem livremente. Rosalina chorava abraçada à Margarida, e Eleonora cuidava de Ernestina. Natanael olhava aturdido para o coronel como se não acreditasse naquelas palavras. Jacob, fingindo-se de forte, levou a família para ver Ageu enquanto dava ordens a Carmosino para providenciar um caixão.

Assim que viu o filho morto, Ernestina debruçou-se sobre ele, gritando:

– Meu Deus, por que fez isso a meu Ageu? Por que não me levou em seu lugar?

Jacob decidiu que o funeral seria feito na sala da casa-grande. Todos os escravos foram prestar suas últimas homenagens a Ageu, que, embora tivesse trabalhado relativamente pouco tempo como administrador, havia feito muitos amigos. Josino foi ao velório e, ao ver as pessoas chorando a partida do filho de Benedito, passou a dizer em voz alta:

– Meus irmãos, estamos pranteando a morte de Ageu no dia hoje; mas por que chorar? Deveríamos chorar se acaso a morte fosse o fim de tudo, o que felizmente não é. Deus, em sua Bondosa Sabedoria, antes de nos fazer em corpo de carne, fez-nos primeiro em espírito e, como tal, precisamos crescer. Por esse motivo, Deus nos enviou a esta terra abençoada. Todas as dores que enfrentamos servem para o nosso crescimento espiritual, pois, por meio delas, provamos que aprendemos ou não as lições que a vida nos dá. Muitos de nossos irmãos se revoltam com a condição de escravos, assim como um dia Ageu o fez, mas, se nascemos escravos e servimos a *sinhôs* tiranos, é porque isso tem uma razão de ser, ou seja, crescermos como espíritos. Quanto mais sofre um espírito, mais ele aprende as lições que a vida está querendo lhe dar. O espírito é eterno e, como tal, Ageu continuará vivendo, porém de maneira diferente da nossa. Isso nos serve de alento, pois um dia, se for da vontade do Pai, estaremos todos juntos no mesmo lugar. Ageu partiu cedo, mas certamente acordará em um lugar melhor e gozará finalmente da verdadeira liberdade. Em vez de chorarmos e lamentarmos a sua partida, muito ajudará se fizermos preces para que seu espírito fique em paz.

Josino, olhando para Ernestina, que ouvia atentamente seu comentário, continuou:

– Enquanto acreditarmos que a morte é o fim de tudo e que nunca mais veremos nossos entes queridos, ficaremos como cegos a vaguear no deserto; porém, se aceitarmos que a morte é apenas uma passagem, compreenderemos que ela não existe. A prova disso é que ainda tenho contato com minha falecida esposa. Portanto, Ernestina e Benedito, não se deixem abater pela passagem de Ageu, pois ele será feliz como nunca foi aqui nessa terra.

Apoiando-se em seu bastão de madeira, Josino convidou todos a fazer uma prece em favor de Ageu. Ernestina acompanhou-o na prece e sentiu-se melhor, enquanto os outros foram para o terreiro e começaram a tocar seus tambores e a cantar músicas fúnebres em seu idioma.

Naquela manhã, o corpo de Ageu baixou à sepultura sob lágrimas de todos, inclusive de Jacob.

Ageu acordou em sua cama e se lembrou de ter tido fortes dores no peito e no braço esquerdo. Tentou chamar Gertrudes, porém percebeu que sua voz não saía. Voltou a se encostar no travesseiro e depois disso não se lembrou de mais nada.

Ele não viu, mas em seu quarto havia uma pequena equipe constituída de cinco pessoas e o líder se chamava Simão. A equipe, percebendo que o corpo dele não mais respondia a estímulos, passou a fazer o trabalho de desligamento. Ageu não sabia o que havia acontecido, pois, ao abrir os olhos, não viu ninguém no quarto. Pensou ter se tratado de um mal-estar e que já estava melhor. Não sentia dores no braço nem no peito. Assim, levantou-se, mas encontrou Gertrudes chorando na cozinha. Preocupado, perguntou à pobre mulher:

– Gertrudes, por que chora?

Ela, que socava café no pilão, continuou a fazê-lo, de modo que Ageu novamente perguntou:

– O que está acontecendo?

Como a mãe de José não respondeu, ele saiu irritado, indo para o celeiro. Ao ver Carmosino dando ordens a alguns homens, disse:

– Carmosino, mande que se empilhem as sacas de café do lado esquerdo do celeiro, pois assim não congestionamos a entrada.

Carmosino, sem nem mesmo olhar para o lado, disse a Tobias:

– Depois que terminar, ajude a recolher o café do terreiro.

Ele, indignado, gritou:

– Carmosino! Quem manda aqui sou eu; portanto, o café não deverá ser recolhido, mas antes coberto por causa do sereno.

Carmosino saiu sem olhar para trás. Ele, percebendo que todos o ignoravam, disse:

– O que está acontecendo com essa gente? Será que todos ficaram loucos?

Sentindo-se indisposto, o rapaz decidiu que devia se deitar e que no dia seguinte retornaria ao trabalho. Naquela noite, ouviu uma voz parecida com a de Josino, que dizia:

– Santo Deus, permita que Ageu possa compreender seu estado e que ele seja feliz em sua nova vida.

Ageu olhou para os lados na esperança de vê-lo, porém não havia ninguém. Depois desse momento, duas figuras sorridentes se formaram diante dele. Desesperado, perguntou:

– Quem são vocês? Acaso são almas penadas?

– Não se aflija, somos seus irmãos e queremos ajudá-lo. Meu filho, você estava doente e seu corpo, cansado de tanto sofrimento, não resistiu. Meu nome é Simão, sou pai de sua mãe, consequentemente seu avô, e estou aqui para ajudá-lo.

– Vovô? O senhor morreu há muito tempo, lembro-me vagamente do senhor na senzala do senhor Bernardes.

– Meu filho, enquanto estava com seu corpo de carne, não se preocupou em adquirir conhecimentos que seriam valiosos para você nesse momento, por esse motivo continua aqui, para entender que a vida continua depois da morte do corpo físico.

– É por esse motivo que Gertrudes e Carmosino não falaram comigo?

– Sim, como poderiam responder se não o estavam vendo? Meu neto, agora você vive em outra realidade da vida, por essa razão aceite o que Deus lhe reserva.

– Mas o que Deus me reserva?

– Reserva uma vida liberta de dores onde a escravidão não existe e onde terá a oportunidade de aprender o porquê das coisas.

– Se o senhor é meu avô, quem é esse outro?

– Esse é o irmão Tarso, que me ajudou no seu desligamento.

Ageu estranhou, pois ele era um homem branco. Dessa forma deduziu que as palavras de seu avô eram verdadeiras.

– Desde quando estou nesse estado?

– A morte de seu corpo físico se deu ontem e seu féretro desceu hoje à sepultura. Venha! Vou lhe mostrar o quanto você é querido por todos na fazenda desse homem, que tem se mostrado um verdadeiro benfeitor aos nossos irmãos de cor.

Simão estendeu a mão a Ageu e, num piscar de olhos, os dois estavam no gabinete do coronel Jacob.

Ageu viu as lágrimas escorrerem pela face do coronel, porém o rapaz emocionou-se mesmo quando ouviu suas palavras:

— Ageu, onde estiver, saiba que o amei como a um filho varão que não tive e, se Josino estiver certo, um dia terei prazer em abraçá-lo novamente.

Simão sorriu.

— Esse *sinhô* realmente o amava, meu neto!

Ageu logo se lembrou das afrontas contra o coronel e, arrependido, disse:

— *Sinhô*, eu sempre o vi como a um pai.

Ageu se aproximou do coronel, que estava com a cabeça sobre as mãos, e carinhosamente alisou-lhe os cabelos, porém o coronel nada sentiu. Depois, ele foi ver a mãe e ternamente a beijou no rosto; despediu-se também de seus irmãos, Rosalina e Natanael.

— Vô Simão, acho que não tenho mais nada a fazer aqui. Estou me sentindo fraco, preciso partir.

— Meu neto, vou levá-lo a um lugar onde vai se recuperar. Depois que estiver bem, receberá novas instruções.

— Mas se meu corpo morreu por que ainda sinto o mesmo mal-estar de antes?

— Meu neto, quando o corpo físico fica debilitado, o perispírito ou o corpo espiritual fica desequilibrado a ponto de sentir o que a matéria sentia, por esse motivo se faz necessário ficar em um lugar para se tratar. Logo esses sintomas desaparecerão. Feche os olhos!

Ageu obedeceu e sentiu que uma brisa suave tomou conta de todo seu ser. Nesse momento, foi tomado de grande torpor e não viu quando os amigos espirituais o levaram para o mundo dos espíritos.

෩෨

Na colônia espiritual, José se recuperou e passou a fazer diversos cursos onde aprendia a viver como espírito e, principalmente, como colocar em prática as leis morais de Jesus. Às vezes, sentia saudade de Margarida, mas, para não se desequilibrar, procurava manter seu tempo ocupado e toda noite vibrava amor àquela que ficara na crosta terrestre.

Durante o dia trabalhava como assistente de Geraldo, professor de um dos cursos da colônia. Para José não foi difícil se habituar às regras do lugar, pois, na Terra, muitas vezes conversara com Josino e aprendera um pouco sobre a vida além-Terra.

Em uma noite, José estava sentado no banco de um belo jardim olhando as estrelas quando Simão se aproximou.

— Acabou de chegar à colônia meu neto, Ageu. Ele foi escravo do bondoso coronel Jacob, mas, na ânsia de aproveitar a liberdade, acabou se perdendo por outros caminhos. Porém, arrependido, voltou para a casa, para alegria de minha filha Ernestina.

— Rosalina sempre falou do irmão que havia sumido no mundo, e no quanto sua mãe sofria por ele.

— Ageu prendeu-se à ilusão de que com uma carta de alforria ele seria completamente livre; pensou que a vida seria fácil; porém, deparou com muitas dificuldades e humilhações e só retornou para casa quando aprendeu a dura lição que a vida lhe deu.

— Mas como foi sua vida depois que voltou à fazenda?

— Ageu compreendeu que o coronel Jacob é um homem de valor e que só estava preocupado com seu bem-estar.

José, ao se lembrar do coronel Jacob, comentou:

— Para mim foi uma honra ter servido ao coronel Jacob, pois nunca conheci um fazendeiro melhor que ele por aquela região.

— Jacob é bem diferente de seu pai, Alfredo, que não se importava com as dores dos negros e abusava das mulatas. Ele me comprou quando eu tinha dezessete anos e lhe servi até morrer. Durante esse tempo, eu o vi praticar muitas maldades. A Rosa, que outrora fora esposa do amigo Josino, foi toda queimada com banha de porco fervendo, porque a *sinhá* achava que ela estava se deitando com o coronel.

José perguntou:

— E estava?

Simão, olhando para o jardim, respondeu como a si mesmo:

— Qual nada! O coronel gostava das mulatas bonitas e Rosa não era tão bonita assim, a *sinhá* fez aquilo por maldade, pois ela sentia prazer em ver as negras com dor.

— Isso reforça o que aprendi em um dos cursos que fiz sobre a lei da afinidade: o coronel Alfredo não tinha um bom coração e como consequência arranjou uma esposa que pensava como ele. E por onde anda o coronel Alfredo e sua esposa?

— O irmão Romério disse que na Casa do Pai há muitas moradas; as colônias espirituais são moradas do Pai; a Terra é outra morada; e as zonas inferiores fazem parte dessas moradas. Quando o espírito tem o coração empedernido, é levado para as zonas inferiores para que se arrependa das maldades praticadas, e isso só acontece depois de muito sofrimento; afinal, quando não se aprende pelo amor, se aprende pela dor. No caso dos pais do coronel Jacob não foi diferente, eles ainda sofrem pelas maldades praticadas, mas um dia vão se arrepender, e Deus, em sua infinita bondade, vai lhes dar misericórdia.

— A escravidão é uma maldade e ainda não consigo compreender por que Deus permite que ela exista.

— A escravidão é um mal necessário, pois é graças a esses sofrimentos que muitos espíritos estão resgatando erros do passado. Muitas vezes, um senhor de terras que fez mal a um negro pode retornar à Terra como um negro. Essa é uma lei da qual não podemos fugir. Em um futuro não muito distante a escravidão deixará de existir e será apenas um marco na história.

— Que Deus ajude nossos irmãos a resistirem sem se revoltar, sem reclamar, pois o sofrimento eleva o espírito a condições melhores.

Simão, sorrindo, perguntou:

— Quando Ageu acordar, quero que o conheça, tenho certeza de que vão se dar muito bem.

Nos dias que se seguiram, Ageu acordou e já se sentia melhor. Assim que conheceu José sentiu que encontrara um amigo. À medida que o tempo foi passando, José ajudou Ageu a conhecer melhor o novo mundo em que estava vivendo.

Ageu contou tudo o que havia vivido em cativeiro e em como se revoltara por ver como seus irmãos de cor eram tratados.

José, após ouvir seu relato, comentou:

– Ageu, aprendi em um dos cursos que fiz que somos seres em evolução e como tal precisamos passar por todas as situações que a vida na Terra nos oferece, a fim de progredirmos.

– Como podemos aprender se somos obrigados a servir sem reclamar, a ser açoitados sem chorar, além da humilhação que chega ao extremo?

– Quando voltamos à Terra sabemos que vamos enfrentar dificuldades e é graças a elas que aprendemos e evoluímos.

Ageu pensou por alguns instantes antes de dizer:

– Quando fui escravo do senhor Bernardo Fontes, sofri todo tipo de humilhação e por diversas vezes apanhei daquele homem que batia sem compaixão até em criança. Cresci sentindo ódio dos brancos e quando o coronel Jacob nos comprou senti verdadeiro ódio por ele também.

– Mas o coronel Jacob sempre foi um bom homem!

– Esse era o problema; como sofri muito em minha infância, passei a desacreditar nos brancos. O coronel era diferente, sempre procurava conversar conosco e nos tratava com bondade, mas achei que ele estivesse tramando alguma coisa e passei a odiá-lo. Só compreendi o quanto ele era bom quando sai da fazenda e enfrentei a vida sozinho. Ao voltar, passei a admirá-lo. E, quando fiz a passagem, meu avô me levou até ele e eu o vi chorando pela minha morte.

– Ageu, o coronel Jacob é um espírito lúcido, diferente dos muitos que conhecemos.

Ageu, lembrando da fisionomia de Jacob, disse como a si mesmo:

– Daria tudo para voltar o tempo e aproveitar a companhia daquele bom homem...

– Um dia você terá essa oportunidade, mas, enquanto isso, é bom que aproveite o tempo aprendendo, fazendo os cursos que a colônia oferece, aprimorando-se como espírito.

– Vou aproveitar o tempo e quero aprender e trabalhar.

– Agora você compreendeu por que fomos trazidos para esse lugar.

E assim Ageu e José prosseguiram em seu aprendizado.

֎

Quando Josino avistou o coronel, estendeu-lhe um sorriso mostrando apenas alguns restos de dentes estragados.

– Boa tarde, coronel! Já o esperava aqui, pois Rosa me contou que o *sinhô* viria, pois seus pensamentos estavam confusos e o *sinhô* precisava de umas orientações para acalmar o coração.

– Boa tarde, Josino – respondeu o coronel, desanimado –, realmente estou cansado e, às vezes, fico pensando no porquê de trabalhar tanto para ajuntar riquezas, sendo que isso não traz felicidade. Meu avô, Almério da Cunha, começou a comprar terras que ficaram para o meu pai e depois passaram para mim. Agora, fico pensando para que tanto esforço em adquirir riqueza se a morte é certa. Chego à conclusão de que tudo isso não passa de uma grande ilusão. A riqueza de um homem é medida pela quantidade de terras que possui e o número de escravos que lhe servem.

Josino não estava entendendo aonde o coronel queria chegar e, com isso, perguntou:

– Mas por que o desânimo, *sinhô*?

– Desde que Ageu morreu fico pensando no sentido da vida. Será que viemos para este mundo somente para angariar riquezas? Meu avô morreu e levou somente a roupa com ele, com meu pai aconteceu a mesma coisa, e comigo não será diferente.

Josino ouvia atentamente as palavras de Jacob, mas continuava sem entender, de maneira que respondeu:

– O coronel não está errado quando disse que tudo neste mundo não passa de ilusão, pois se não houvesse ilusão o coração do homem seria um grande deserto. A ilusão leva o homem a grandes realizações, e, graças a ela, o homem compreende que não veio a esta terra abençoada para ser feliz, mas antes para crescer como espírito imortal que é. Seu avô teve a ilusão de angariar riquezas e, com muito esforço e trabalho árduo, conseguiu fazer com que a vida de seu pai fosse melhor que a dele. Seu pai, por sua vez, continuou o trabalho e deixou as coisas ainda mais fáceis para o *sinhô*; se hoje o *sinhô* leva uma vida tranquila isso se deve ao fato de um dia seu avô ter sonhado em conquistar bens. Mas concordo quando diz que tanto seu avô como seu pai não levaram nada com eles; esse é um fato inegável, pois não trouxemos nada a este mundo, tampouco levaremos, a não ser as boas ações que praticamos e as lições que aprendemos. O que é da terra fica na terra. A ilusão não é algo ruim, mas pode se tornar prejudicial quando a pessoa devota toda sua vida para conquistar bens que nada valerão quando partir.

O coronel ficou pensando nas palavras de Josino e viu coerência nas palavras do ancião, que continuou:

— Tudo o que fazemos nesta terra tem um retorno, se plantamos boas sementes a colheita será farta; mas se plantamos sementes ruins a colheita será perdida, pois os frutos não serão de boa qualidade. Por esse motivo, o homem tem de pensar em suas ações, pois, como Rosa sempre diz: isso é tudo o que levaremos.

— Josino, muitas vezes gostaria de estar em seu lugar; embora leve uma vida simples, não tem as preocupações que tenho e, embora eu viva na mais completa opulência, sinto que não tenho paz.

— O coronel tem de aprender que o maior bem que possuímos é a paz. Não tenho o que o *sinhô* tem, mas agradeço a Deus o pouco que tenho, pois para mim não falta nada; tenho uma tapera, roupas e alimento. Rosa me explicou que tendo o que comer e o que vestir temos de nos dar por felizes; apesar de nossos desejos serem muitos, nossas necessidades são poucas. O *sinhô* não está desanimado pelos bens que possui, mas antes pela morte prematura de Ageu.

— Josino, sempre gostei de Ageu e não consigo explicar o porquê. Confesso que senti a morte dele como se tivesse perdido um filho.

— O coronel tem de aprender que os laços que unem as pessoas não são os laços de sangue, mas os laços do espírito. Como já conversamos outras vezes, a vida na Terra não é única. Todo espírito retorna a ela depois de um tempo de crescimento; portanto, muitas vezes, quando nos sentimos atraídos por alguém, talvez seja porque já tenhamos vivido com a pessoa em uma vida passada. Embora não nos lembremos de nossas vidas pregressas, devemos compreender que os espíritos se reconhecem.

— Ageu sempre foi topetudo e sempre me afrontou; mesmo assim, eu sempre simpatizei com ele; já por Natanael, que sempre foi obediente e nunca me causou desgosto, não tinha tanta afeição. Ageu partiu e deixou meu coração dilacerado.

– Há coisas que só saberemos quando nos encontrarmos com aqueles irmãos queridos que partiram; portanto, não se amofine, Ageu continua vivo e feliz onde está.

– Como pode dizer que ele está bem? Ele está morto!

– O coronel não entendeu o que estou há tanto tempo tentando dizer; Ageu, assim como minha Rosa, estão mortos aqui para nós que ainda vivemos na Terra, porém o espírito deles continua vivo em outro lugar. Se assim não fosse como poderia saber coisas que, muitas vezes, nem aconteceram? A morte só existe para o corpo de carne, mas não existe para o espírito, que é imortal. Rosa me disse que Ageu está bem e que sua disposição é boa. Portanto, acredite nisso e não se amofine pela vida curta dele, certamente está bem melhor lá do que aqui em nosso meio. Ninguém vive eternamente aqui, pois este mundo é uma escola em que todos nós estamos para aprender. E as notas serão dadas mediante as provas que enfrentaremos enquanto estivermos aqui.

– Já me disse isso antes, Josino. Mas eu me sinto culpado por tudo o que ocorreu a Ageu. Se eu não tivesse lhe dado a carta de alforria certamente ele não teria morrido, pois sua morte se deu por tanto sofrimento que enfrentou por esse mundo afora.

– Vejo que está enganado, meu *sinhô*. Ageu, da maneira que se comportou, precisava passar por tudo o que passou para aprender que nem todos os *sinhôs* brancos são iguais e que mesmo um homem rico e branco pode ter um coração bondoso. Lembre-se de que o *sinhô* sofreu muito quando teve de lhe dar a carta de alforria. Certamente, sabia que ele iria sofrer, mas ele, com toda a sua rebeldia, só aprenderia que o *sinhô* queria o seu bem, sofrendo. Não se culpe; o sofrimento que ele enfrentou fez com que crescesse como espírito.

Josino encerrou a conversa completando:

– A paciência e a resignação são virtudes que todos nós devemos cultivar. Essas virtudes nos farão pessoas melhores. Continue sendo o que sempre foi, para que no dia que fizer a viagem a sua bagagem esteja cheia de boas obras.

Assim, o coronel, mais animado, despediu-se de Josino. Naquele momento, ele já não sentia a mesma angústia de antes e decidiu seguir a orientação de Josino: faria uma prece para Ageu.

NEGÓCIOS

$\mathcal{N}$a volta, Jacob decidiu colocar Margarida a par dos negócios da fazenda. Ao chegar em seu gabinete, mandou o moleque Malaquias chamar a filha. Margarida estava bordando na sala com Rosalina quando o menino se aproximou lentamente.

— *Sinhazinha*, o coronel a está chamando em seu gabinete.

Margarida, estranhando o chamado do pai, apressou-se em ter com ele. Deu um toque leve na porta e ouviu:

— Entre!

— Mandou me chamar, meu pai?

— Sente-se, minha filha, chegou a hora de termos uma conversa.

Margarida olhou para o pai e percebeu que ele estava com olheiras, porém aguardou o que tinha a lhe dizer.

— Minha filha, como sabe meu avô trabalhou muito para construir o que hoje temos, quando morreu deixou tudo para meu pai, que continuou com o trabalho e depois passou para mim, que dobrei a fortuna da família. Hoje temos duas fazendas, alguns imóveis na vila, dinheiro que dá para você levar uma vida sem preocupações. Como você é minha única filha deixarei tudo para você, que terá como obrigação continuar o trabalho de três gerações da nossa família.

Margarida, ao ouvir tais palavras do pai, perguntou:

– O senhor está doente, meu pai?

Jacob, ao ver a preocupação no semblante da filha, respondeu sorrindo:

– Não, minha filha! A questão é que você já tem idade para se inteirar dos negócios de nossa família; afinal, não sou eterno e um dia morrerei, assim como morreram seus avós; portanto, acho que está na hora de você aprender o funcionamento de nossas fazendas. Por esse motivo eu queria que se casasse, pois assim teria um marido para cuidar dos negócios para você.

– Papai, já conversamos sobre esse assunto e vou relembrá-lo de que não pretendo me casar, penso que posso muito bem resolver os problemas das fazendas assim como comandar bem os escravos.

– Minha filha, não pense que é fácil, é um trabalho árduo, que por diversas vezes vai lhe tirar o sono.

– Papai, não se preocupe, pois tenho capacidade de aprender e continuar o seu trabalho e tenha certeza de que, se o senhor dobrou a fortuna da família, tenho capacidade de triplicá-la.

Jacob, ao ouvir tais palavras, percebeu que ela ainda não estava pronta para assumir os negócios.

– Se eu a comprasse pelo preço que vale e a vendesse pelo preço que você julga valer, eu seria o homem mais rico do mundo...

Margarida, sem compreender o que o pai estava querendo dizer, perguntou:

– Por que está dizendo isso?

– Porque, muitas vezes, julgamos estar prontos para desempenhar determinadas tarefas, mas quando chega o momento de provar nossa capacidade acabamos nos frustrando. O que quero dizer é que, para tudo o que vamos fazer em nossa vida, precisamos de um elemento importante para nosso sucesso.

– Mas que elemento é esse, meu pai?

– Esse elemento é a peça-chave do sucesso e se chama humildade; se não tivermos humildade necessária para aprender, estaremos fadados ao fracasso. Essa conversa que estou tendo com você, um dia tive com meu pai e, como eu sabia não estar preparado, tive a paciência necessária para aprender; muitas vezes, é necessário tomar decisões, e, se você não fizer a escolha certa, poderá pôr o trabalho de três gerações em risco. Eu como pai tenho a obrigação de ensiná-la; portanto, minha filha, não pense que é mais do que realmente é, pois somente com humildade você conseguirá continuar o que seu bisavô começou.

Percebendo o constrangimento da filha, ele sorriu e continuou:

— Minha filha, a primeira lição é a seguinte: procure ser boa com os negros, pois eles já sofreram demais em sua vida; se agir com bondade, eles lhe serão fiéis assim como são fiéis a mim. Não siga o exemplo de seu bisavô e seu avô, que usavam rigorosamente a lei da chibata. Assim que assumi os negócios, minha primeira medida foi derrubar o pelourinho, pois nunca permiti que meus escravos fossem chibatados; portanto, espero a mesma coisa de você.

Margarida sentiu seus olhos marejarem.

— Papai, posso ter sido infeliz em meu comentário para comandar os negócios da família; mas ser cruel com os escravos isso eu jamais faria, pois eles são seres humanos e merecem nossa consideração.

Jacob gostou de ouvir o comentário da filha.

— Eu não esperava ouvir outra coisa de você, e fico orgulhoso por pensar assim.

— Papai, como pôde pensar que eu seria uma tirana sem coração com os negros? Tenho uma negra como irmã e isso não é novidade para ninguém.

— Sim, minha filha, mas saiba que, assumindo o meu lugar, alguns escravocratas vão pressioná-la para que levante um pelourinho e seja mais severa com os negros.

— Jamais me deixarei coagir, pois, se algum fazendeiro vier com tais conversas, vou lhe dizer que sou senhora em minhas terras e que não cederei à pressão alguma!

Jacob pela primeira vez percebeu o quanto a filha era parecida com ele. Mesmo na condição de mulher, tinha uma determinação que muitos homens não tinham. Naquele momento, lembrou-se de Josino, que lhe dissera certa vez: "Aquiete seu coração e confie em Deus, que logo o seu rebento vai chegar, forte e saudável; só que não vai ser um varão, mas sim uma menina, que trará muitas alegrias". Sorrindo, replicou:

– Minha filha, o trabalho na fazenda é árduo; você tem de ser bondosa com os escravos, porém, tem de impor respeito. Tem de cuidar de cada pé de café como um filho, pois as pragas podem acabar com as folhas e prejudicar os grãos, por tudo isso a aconselho a sempre andar no cafezal e verificar se há pragas. Tem de acompanhar a secagem do café nos terreiros e ter controle das sacas, e nunca se esquecer de que não se pode entrar em desespero para vender o café, pois sempre haverá alguém que tentará pagar menos do que ele realmente vale.

Jacob, com simplicidade, continuou:

– Há muitos fazendeiros que se interessam demasiadamente por assuntos políticos e, por mais que você tenha uma opinião formada, nunca a diga, pois eles poderão persegui-la.

Margarida, sorrindo, respondeu:

– Papai, compreendo minha condição de mulher e não quero me tornar alvo de comentários, por essa razão sempre guardarei minha opinião em meu coração.

– Minha filha, a partir de amanhã você terá de levantar cedo e ir comigo ver o andamento da colheita nas duas fazendas.

– Papai, não se preocupe, amanhã de manhã irei aonde o senhor for, pois essa é a única maneira de aprender o trabalho.

– Margarida, você terá de anotar neste livro de registros a quantidade de sacas em estoque, os clientes que compraram o café, o preço pelo qual o vendeu e, a cada fim de safra, você terá de fazer um balancete para comparar com a safra anterior.

Jacob, estendendo o livro de registro para a filha, pediu:

– Olhe com cuidado todas as anotações; vou à outra fazenda, pois tenho de saber como está o funcionamento da casa. Voltarei somente à tarde, mas sinta-se à vontade para se inteirar de todos os meus negócios. Sente-se em meu lugar, que um dia será seu.

Margarida, que nunca havia se sentado naquela cadeira, ficou entusiasmada em verificar os registros na cadeira do pai.

Jacob se levantou e saiu do gabinete. Margarida, à mesa do pai, disse para si mesma:

— Isso é mais complicado do que pensei, mas tenho de aprender o trabalho. Hoje meu pai está comigo para me ensinar, mas um dia terei de fazer tudo sozinha. — Assim se entregou aos registros da fazenda como se fosse assumir os negócios no dia seguinte.

A tarde passou tranquila e quando Jacob entrou em seu gabinete encontrou Margarida refazendo algumas contas. Surpreso, perguntou:

— Você ainda está aqui, minha filha?

— Sim, papai! Percebi que essa safra não está tão boa quanto a do ano passado, pois as sacas diminuíram sensivelmente.

— De fato, minha filha, este ano o cafezal da outra fazenda foi assolado por pragas e isso diminuiu a quantidade dos grãos. Mas não se preocupe que as pragas já foram controladas e a próxima safra será melhor.

Jacob gostou de saber que a moça estava disposta a aprender sobre o trabalho na fazenda. Assim, sentou-se à sua frente.

— Margarida, já contou para a sua mãe que vai começar a trabalhar amanhã?

— Mas por que eu teria de avisá-la, meu pai? Ela sempre soube que esse dia chegaria e que já não sou mais a mesma que ficava fazendo travessuras com Rosalina.

— Vou me arrumar para o jantar, você terá tempo para se inteirar dos negócios das fazendas.

Jacob se levantou e saiu batendo a porta atrás de si. Ao subir as escadas, viu Eleonora, que descia lentamente.

— Jacob, Margarida está quase o dia inteiro em seu gabinete. O que ela está fazendo?

— Nossa filha já não é mais a mesma menina e está interessada nos negócios da família.

— Jacob, nossa filha ainda é jovem. Como pode lançar sobre ela tal responsabilidade?

— Margarida é uma mulher adulta, que um dia tomará conta dos meus negócios sozinha; por esse motivo, achei por bem que já a fosse treinando.

— Você não acha melhor arrumar um assistente para Margarida? Ela é mulher e enfrentará muitos problemas.

– Nossa filha é uma moça inteligente e, além do mais, é bem resolvida, não precisará de assistente algum. Ela saiu a mim, decidida e ponderada; fique tranquila, tudo dará certo.

Eleonora, ao olhar para o marido, percebeu um cansaço indefinido em seu semblante e, preocupada, perguntou:

– Jacob, você não me parece bem, está sentindo alguma coisa?

– Acaso está pensando que vou morrer? Engana-se, minha querida, apenas acho que está na hora de colocar nossa filha a par dos negócios da família.

Eleonora convenceu-se de que o marido estava falando a verdade e sorriu do próprio comentário. Depois daquele dia, Jacob não saía de casa para circular na fazenda sem a presença de Margarida. Logo passou a deixar que a filha tomasse algumas decisões e percebeu que ela não hesitava ao fazê-lo.

Certa manhã, Margarida estava em companhia do pai quando notou que o espaço no celeiro estava mal distribuído.

– Papai, veja aquele canto: está cheio de ferramentas. Por que o senhor não manda tirar essas ferramentas e arruma outro lugar para elas? Naquele lugar cabem pelo menos mais cinquenta sacas de café.

– Você tem razão, minha filha. O celeiro desta fazenda é bem menor que da outra, que José fez; mas não posso mandar sacas daqui para aquele celeiro; portanto, mande tirar essas ferramentas e colocá-las em outro lugar. Cuide disso para mim, terei de ir à outra fazenda ver como estão as coisas.

Margarida chamou alguns escravos, mandou que tirassem as ferramentas do celeiro e empilhassem as sacas no lugar. Firmino, com seu jeito tímido, perguntou:

– E agora, *sinhazinha*, onde colocamos as ferramentas? O coronel tem muitas ferramentas e à tarde terá ainda mais, pois todos costumam deixá-las aqui no fim da lida.

– O que há na senzala desativada?

– Algumas velharias.

– Vamos! Preciso ver a senzala.

Firmino, com resignação, acompanhou Margarida até lá. Depois de a moça olhar o local, afirmou:

– Coloquem as ferramentas naquele canto da senzala.

Firmino não gostou da decisão. A senzala ficava em um lugar retirado e os negros teriam de andar um pouco mais para pegar as ferramentas.

De volta ao terreiro, Margarida lembrou-se de José e olhando para os campos e para o milharal falou em voz alta:

– José, como sinto sua falta... Se ao menos você estivesse aqui, as coisas seriam mais fáceis para mim. – Uma lágrima escorreu de seu rosto e ela, lentamente, voltou para a casa-grande e trancou-se no gabinete do pai.

Assim, Margarida procurou não pensar em José, pois a saudade dele era imensa e ela descobriu que podia se refugiar das lembranças entregando-se ao trabalho.

Não tinha mais tempo para ficar conversando com Rosalina, que passou a ajudar a mãe definitivamente na cozinha. Rosalina, ao saber que Margarida estava no gabinete do pai, disse à mãe que levaria um refresco para ela. Ao bater à porta, ouviu:

– Entre!

– Vim lhe trazer um refresco, pois o calor está terrível.

– Tenho pena dos negros que são obrigados a trabalhar sob tais condições, mas fazer o quê, o trabalho não para.

– Você pode parar quando quiser.

– Não posso, Rosa, venho percebendo que meu pai já está cansado e um dia terei de assumir as fazendas.

– Sinto saudades de quando éramos crianças, você não se preocupava com nada e ficava comigo o tempo inteiro...

– Rosa, quando crescemos as coisas mudam, hoje não somos mais crianças e sou obrigada a assumir responsabilidades. Não porque eu queira, mas porque é preciso.

– Margarida, faça o que quiser, mas não mude comigo, pois você é minha única amiga.

– Rosalina, haja o que houver, eu nunca mudarei com você, entenda de uma vez por todas que você é minha irmã, e não amiga.

– Nunca se esqueça do juramento que fizemos na divisa da fazenda.

Margarida, levantando-se, aproximou-se de Rosalina e, sem pensar, abraçou-a e beijou-a, fazendo-a perceber que o amor que as unia era algo que ultrapassava qualquer obstáculo.

PROGRESSO

O tempo passou e Ageu fez grande progresso na colônia espiritual; estudava e trabalhava no jardim do hospital onde ficara quando retornara da Terra. Morava com seu avô em uma vivenda pequena, que ficava em um local totalmente arborizado.

Certa tarde, Ageu cuidava do jardim quando viu José andando lentamente em direção ao lago. Ao observá-lo percebeu que ele estava demasiadamente pensativo. Ageu resolveu conversar com o amigo e, ao se aproximar, disse:

— José, o que faz aqui? Por que não está trabalhando?

— Hoje pedi saída do trabalho, pois não estou conseguindo me concentrar.

— Mas o que está havendo?

— Ageu, para mim é muito difícil a separação de Margarida. Sinto que ela foi uma pessoa muito importante para mim, mas não consigo me lembrar nem como, nem de onde a conheço! Quando estava na crosta terrestre, eu me sentia um ser inferior; afinal, ela era a filha do coronel e sempre foi uma moça requintada enquanto eu não passava de um simples escravo, mas hoje, com os conhecimentos que adquiri na colônia, esse sentimento acabou e ficou só a saudade.

— José, não se sinta assim, a saudade é como o vento: vem e vai. O que cabe a cada um de nós é trabalhar com o vento a nosso favor. Ontem, no curso, o irmão Albano nos disse que é normal sentirmos saudade dos que deixamos na Terra, mas que nunca devemos deixar a saudade abaixar a nossa guarda, pois, quando esse sentimento nos invade, perdemos prontamente o equilíbrio e acabamos por nos entregar ao desespero. Quando digo que a saudade é como o vento e que devemos usá-la a nosso favor, quero dizer que a esperança de estarmos com aqueles a quem amamos deve ser mais forte que a falta que eles nos fazem, e nos impelir a continuar com nosso aprendizado e nosso trabalho. Hoje você pediu dispensa do trabalho, o que alegou para conseguir tal permissão?

— Nada! Apenas disse que não estava me sentindo muito bem para trabalhar.

— José, nunca devemos nos afastar de nossas obrigações, pois o trabalho nos ajuda a manter nossa mente ocupada enquanto esperamos pelo regresso daqueles que ainda continuam na Terra. Você pediu saída do trabalho, mas em que isso vai ajudá-lo a amenizar a saudade de Margarida?

— Não vai ajudar em nada, meu amigo, pois Margarida ainda continua na crosta.

— Margarida continua enfrentando suas provas e lutas na Terra, e você já fez sua passagem. Agora, cabe a você continuar se esforçando e se preparando para logo estar com ela. O esquecimento do passado nos serve como proteção, aceite o fato de que para tudo há um tempo determinado. É como o irmão Albano sempre diz: "Tudo a seu tempo".

José olhou curioso para Ageu e percebeu que ele aproveitava os ensinamentos e já não era o mesmo rapaz que chegara à colônia; envergonhou-se por deixar que o saudosismo lhe tirasse do trabalho.

— Ageu, você está certo! Vou voltar ao trabalho, pois ele vai me distrair.

— Nunca se esqueça de que existem muitas leis, e a do trabalho é uma delas; não há como progredir sem a bênção do trabalho.

— O que vai fazer hoje à noite?

— O meu grupo do curso fará uma apresentação de uma peça teatral. Por que não vai até lá para nos prestigiar?

— Qual é o nome da peça?

– "O que os encarnados pensam?" Fala sobre os problemas que os encarnados têm em aceitar a continuação da vida após a morte do corpo físico e, principalmente, em como concentram a atenção nos bens materiais. Farei o papel do líder religioso que se preocupa somente em comandar a vida dos fiéis por meio de confissões e punições como meio de serem perdoados por Deus; ignorando completamente a estada de cada espírito na Terra.

– Que pena... Não poderei ir, não tenho bônus/horas suficientes para entrar no teatro.

– Não se preocupe, use os meus.

– A que horas será a peça?

– Logo depois do pôr do sol.

– Irei assistir à peça, meu amigo, obrigado por me convidar.

– Está vendo por que não se deve pedir saída do trabalho? Ganhamos bônus/horas quando trabalhamos; portanto, vá trabalhar, preguiçoso insensato!

José gargalhou ao ouvir a sentença de Ageu e, sorrindo, disse:

– Assim que o sol se pôr estarei no teatro, mas vou apenas para criticá-lo como ator – brincou o rapaz. Assim, ambos se despediram.

Ageu disse a si mesmo:

– Saudade... Por que vem nos atormentar?

Meneando a cabeça e sorrindo, caminhou lentamente em direção à parte do jardim que estava cuidando.

❧

Margarida, apesar de conversar com o pai e aceitar seus ensinamentos sobre os negócios da fazenda, vez por outra pensava que ele era culpado pela morte de José; afinal, se tivesse ouvido seu palpite sobre Silvino nada daquilo teria acontecido e, agora, ela teria um homem honesto para ajudá-la em meio a tantos trabalhos. Jacob percebia o olhar inquisidor da filha, porém nada dizia, mas em seu íntimo sabia que ela o acusava pela morte de José.

Certa noite, deitado, Jacob disse à esposa:

– Às vezes percebo Margarida me olhando de maneira estranha.

Eleonora respondeu:

– Estranha como?

– Não sei, seu olhar me acusa de algo.

– Jacob, deixe de ver chifre em cabeça de cavalo. Margarida sempre foi uma menina doce e não tem motivos para acusá-lo de nada; afinal, você sempre foi um bom pai.

– Cometi um erro ao acreditar que Silvino era um bom homem, mas até quando terei de pagar por isso?

– Jacob, nossa filha o ama e é o que importa; agora, trate de dormir porque vai se levantar muito cedo amanhã.

Jacob virou-se e ficou pensando na filha. Decidiu que falaria com Josino sobre o assunto.

∞)(∞

José havia pedido a Albano que o levasse com a comitiva à crosta, mas, como não havia tido resposta, decidiu não tocar mais no assunto.

Naquela manhã, enquanto cuidava de um recém-chegado da Terra, Albano entrou no quarto sorrindo e perguntou:

– Esse irmão chegou quando da crosta?

– Chegou ontem, mas logo ficará bom.

O recém-chegado dormia placidamente. Albano, ao olhar para a mão direita dele, percebeu que lhe faltava um dedo e, com naturalidade, perguntou:

– Qual foi a doença que o vitimou?

– Ele foi acometido de lepra e, infelizmente, quando fez a passagem estava sozinho.

– E o que você fará com ele?

– Vou aplicar uma energização para que ele continue dormindo e, mais tarde, dona Aurora virá me ajudar.

– Posso ajudá-lo, se quiser.

José aceitou a ajuda de Albano, que se posicionou ao lado do leito do enfermo e, fechando os olhos, espalmou as mãos simultaneamente com José. Uma luz verde saiu das mãos e do peito de Albano. José sentiu a energia de Albano fluir, mas, como era momento de silêncio, concentrou-se na luz que também saía das próprias mãos.

– Há coisas que podemos fazer sem esperar que outros nos auxiliem – disse Albano.

– Ainda não sou capaz de trabalhar sozinho, pois não tenho tanta luz assim.

– Você é tão capaz quanto qualquer um de nós, para isso basta confiar em si mesmo. Lembra-se da aula que falava sobre o poder da fé?

José meneou a cabeça afirmativamente, e Albano continuou:

– Um homem estava com o filho doente e foi procurar a ajuda de Jesus, porém, em desespero, ele disse: "Senhor, tem misericórdia de meu filho que é lunático, pois cai, muitas vezes, no fogo e na água. Trouxe-o aqui para seus discípulos, mas eles não puderam curá-lo". Jesus respondeu: "Ó raça incrédula e depravada, até quando tereis de suportá-los, até quando vos sofrerei?". Disse também que se os discípulos tivessem a fé do tamanho de um grão de mostarda nada seria impossível e eles poderiam mover as montanhas. Logicamente – continuou Albano –, eram montanhas figuradas, ou seja, os obstáculos da vida. Mas para que isso se realizasse era fundamental que os discípulos tivessem fé. Aqui não é diferente, pois para ajudarmos os nossos irmãos que chegam da Terra é imprescindível que se tenha fé.

– Mas eu tenho fé!

Albano, levando a mão ao ombro de José, conduziu-o até a porta para que pudessem conversar no corredor do Centro de Recuperação. José, mecanicamente, obedeceu, e, assim que os dois estavam no corredor, Albano perguntou:

– Será que você tem a fé necessária a ponto de confiar nas próprias habilidades? Somos todos iguais e estamos no mesmo lugar. Por que tem de esperar alguém para ajudá-lo quando você mesmo pode realizar essa tarefa tão bem quanto qualquer outro irmão? Isso me faz lembrar das sábias palavras do apóstolo Paulo: "Para todas as coisas tenho força em virtude daquele que me confere poder". Ele estava dizendo o mesmo que Jesus; se tivermos fé poderemos fazer qualquer coisa, pois a força está dentro de cada um de nós, porém é imperioso que confiemos em Deus e em nós mesmos. Quando você diz que tem fé em Deus, eu acredito, mas desacredito quando diz que tem fé em si mesmo, pois, se confiasse em suas habilidades e na ajuda divina, realizaria trabalhos sem esperar que outros viessem auxiliá-lo.

José pensou por alguns momentos e se lembrou de que sempre ficava esperando por Aurora, uma cooperadora do Centro de Recuperação, para ajudá-lo nos casos dos que sofriam em um leito de dor. Sorrindo, respondeu:

– Albano, vou me esforçar para confiar em minha própria capacidade.

– José, há um tempo você me pediu para ir à crosta terrestre; pois bem, seu dia chegou.

Ao ouvir tais palavras, ele se lembrou de Margarida e deixou que seu rosto se iluminasse num sorriso. Albano, percebendo a alegria do rapaz, perguntou:

– E então, o que me diz?

– Obrigado por me oferecer essa oportunidade.

– Sente saudades dos que lhe são caros e creio estar equilibrado o suficiente para nos acompanhar. A comitiva sairá amanhã antes de o sol nascer. Vamos esperá-lo no jardim, próximo ao lago.

José, sorrindo, voltou a agradecer e Albano se afastou, sentindo a alegria invadir todo seu ser.

No dia seguinte, um pequeno grupo estava conversando alegremente próximo ao lago. José se aproximou com timidez.

– Chegou quem estávamos esperando.

– Peço que perdoem meu atraso.

– Você não se atrasou, não há por que se preocupar. Vou apresentá-lo a alguns de nossos irmãos aqui presentes. Este é o irmão Pedro, ele trabalha nas zonas inferiores, conduzindo irmãos para tratamento.

José estendeu a mão para Pedro, mas o senhor o abraçou com alegria e perguntou:

– É a primeira vez que vai à crosta?

— Sim. E estou ansioso, pois há muito tempo não vejo minha mãe nem Margarida.

Pedro respondeu:

— A ansiedade é comum, pois ficamos apreensivos em ver como ficaram aqueles que deixamos na Terra; eu já fui diversas vezes à crosta e posso aconselhá-lo a manter a serenidade em todos os momentos, pois a crosta é demasiadamente densa para o espírito e podemos facilmente perder o equilíbrio.

José agradeceu o conselho de Pedro e Albano continuou as apresentações:

— Esta é nossa irmã Rosa. Ela trabalha na área de planejamento da colônia com outros irmãos a quem você logo conhecerá.

José firmou sua atenção em Rosa e, observando sua bela tez morena, perguntou:

— Acaso conhece Josino?

Rosa, deixando à mostra seus belos dentes enfileirados, respondeu:

— Josino foi meu companheiro de jornada; fui escrava do coronel Alfredo da Cunha e esposa de Josino.

— Enquanto vivi na Terra, Josino sempre dizia que a senhora ia visitá-lo.

— José, não me chame de senhora, pois aqui somos todos iguais e, além do mais, somos irmãos com pensamentos voltados aos ensinamentos de nosso irmão maior: Jesus.

José sorriu timidamente e abaixou o olhar. Albano completou:

— Não há por que se envergonhar; aqui somos irmãos e trabalhamos com o mesmo intuito de progredir sempre.

Rosa, sorrindo, abraçou José.

— Enquanto estivermos na crosta, peço que fique sempre ao meu lado. A atmosfera da crosta é densa para o espírito e facilita o desequilíbrio.

A comitiva deu as mãos e fez uma prece. Repentinamente, José sentiu que percorria o espaço com uma velocidade imensa. Logo, os cinco integrantes da comitiva estavam diante da casa de Josino. José, ao ver o casebre, sentiu saudade da época em que conversava com o bom velhinho.

Rosa, ao olhar para o grupo, falou:

– Preciso passar algumas instruções a Josino, pois a família que tão bem o acolheu está passando por alguns problemas.

José olhou assombrado para Rosa, porém permaneceu calado enquanto pensava: "Como a irmã Rosa está a par dos problemas dos encarnados?".

Rosa, sorrindo, olhou para José e, com suavidade na voz, explicou:

– Meu filho, quando nos afinamos a um encarnado, sabemos tudo o que lhe diz respeito.

José corou ao ouvir o comentário de Rosa. Albano, ao perceber o constrangimento dele, convidou:

– Vamos começar o trabalho. Entraremos José, Rosa e eu. Quanto aos irmãos, pedimos que nos esperem do lado de fora.

– Rosa, que bom vê-la em nossa tapera – recebeu-a Josino, assim que a viu.

– Que a paz de Deus esteja com você.

Josino, curvando-se de maneira humilde, perguntou:

– O que a traz em minha casa?

– Josino, a família do coronel Jacob passará por alguns problemas e somente você poderá ajudá-los.

– Que tipo de problemas enfrentarão?

– Embora Margarida esteja se esforçando para aprender o trabalho do pai, ela não tem sido a mesma filha carinhosa de antes. Estive visitando a casa-grande e tenho observado o distanciamento entre os dois.

– Mas a *sinhazinha* Margarida ama o pai; eu mesmo sou testemunha disso.

– Josino, não se deixe levar pelas aparências. Margarida, em seu íntimo, culpa o pai pelo ocorrido com José e ainda não o perdoou. Jacob é um homem astuto e tem percebido as atitudes arredias da filha e com isso tem sofrido muito.

José, que até aquele momento estava calado, manifestou-se:

– Mas o coronel não tem culpa pelo que me aconteceu; fui imprudente e paguei por isso.

Josino, nesse momento, viu a figura de José, que se mostrava rarefeita, e falou:

– José, meu amigo! Você veio me visitar! Estou muito feliz.

– Sinto saudade de nossas conversas, meu bom Josino.

Rosa continuou:

– Agora vamos visitar Jacob e procurar ajudá-los no que for preciso.

Josino, em seu modo humilde, observou Rosa sumir diante de seus olhos.

Reunião

Em poucos instantes, Rosa, Albano e José já estavam do lado de fora do casebre de Josino. José perguntou:

— Como Margarida pode pensar uma coisa dessas sobre o pai? O coronel Jacob foi o homem mais honrado que já conheci. Para ele nunca houve distinção de negros ou brancos e ele sempre me tratou com consideração.

Albano, tomando a palavra, respondeu:

— Quando se está com o coração ferido, a pessoa não consegue enxergar as coisas com clareza; portanto, cabe a nós ajudá-la a ver que o pai não teve culpa pelo que lhe aconteceu.

José sentiu um mal-estar, como se fosse desfalecer, e, nesse instante, Rosa pegou-lhe uma das mãos.

— Meu irmão, procure manter o equilíbrio. Se não conseguir seremos obrigados a levá-lo de volta à colônia espiritual.

José fechou os olhos e fez uma prece em silêncio, pedindo a Deus que o fortalecesse. Enquanto isso, os demais espalmaram as mãos em volta dele, envolvendo-o com uma luz benfazeja que, aos poucos, foi tranquilizando seu coração. Assim que ele terminou a prece, Albano falou:

— Meus irmãos, vamos à casa de Jacob envolvê-lo em paz e serenidade.

Ao entrarem no gabinete, encontraram o coronel sentado, debruçado sobre a mesa com as mãos na cabeça. Seus pensamentos eram desesperadores.

Jacob conversava em voz alta consigo mesmo, pensando que ninguém iria ouvir suas palavras. Dizia, com lágrimas nos olhos:

— Como as coisas puderam chegar a tal ponto. Financeiramente as coisas não poderiam estar melhores: comprei mais escravos, possuo cento e um entre homem, mulheres e crianças; tenho o respeito de todos os homens da região; tenho o amor de meus fiéis serviçais; tenho a mulher que amo, e tenho uma filha que tem o dom de liderar. Mas de que adianta tudo isso se não tenho o amor de minha única filha? Ela me tem como um assassino cruel e, por mais que não toque no assunto, percebo as acusações em seu olhar.

Nesse momento, ele deixou que as lágrimas banhassem seu rosto e, novamente, voltou a dizer:

— Deus é a única testemunha de que não tenho culpa, e que se ela não tivesse tomado uma decisão precipitada como aquela eu consentiria na sua união, mesmo que isso causasse um mal-estar entre os fazendeiros. Afinal, eu sempre gostei de José e nunca desejei que aquele pobre infeliz tivesse tal sorte. O fato de ele ser escravo para mim não faria qualquer diferença, e, além do mais, mesmo que houvesse falatório na corte o meu dinheiro os silenciaria. Por quê, meu Deus, estou sendo tão castigado assim? Sem a consideração de Margarida, como poderei viver em paz? Trabalhei tanto para aumentar meus bens para quê? Minha vida perdeu o valor e o pior de tudo é que eu também acho que fui o culpado pela desgraça de José quando vi que tipo de pessoa era Silvino. Eu deveria tê-lo despedido de minhas terras. Hoje pago pela minha condescendência e já não suporto observar o olhar inquisidor de Margarida.

José, vendo a situação daquele homem, penalizou-se por saber que ele era inocente por seu trágico desenlace. Assim, ele passou a envolver o coronel com uma energia de paz.

Jacob não percebeu que havia outros seres com ele no gabinete, mas depois das emanações de luz de José disse a si mesmo:

— Hoje Margarida pode achar que sou culpado pela morte de José, mas um dia vai compreender que nada tive a ver com o desatino de Silvino.

Jacob já não sentia o mesmo desespero de momentos atrás. José então disse a Albano:

– Gostaria muito de ver Margarida, será que é possível?

– Certamente que sim, mas terei de acompanhá-lo, pois será fácil você perder o equilíbrio diante da mulher amada.

Rosa avisou:

– Continuarei aqui passando boas emanações a Jacob. Assim que terminar a visita, estaremos na sala esperando-os.

Albano estendeu a mão a José e, em poucos instantes, já estavam no quarto de Margarida. José sentiu em seu íntimo os pensamentos dela e, ao se aproximar, colocou a mão em seu ombro, falando-lhe em pensamento:

– Não culpe seu pai por um erro de Silvino, ele fez o que pôde para me ajudar, porém a morte seria inevitável e a culpa não é de ninguém. Não se esqueça de que seu pai é um homem bom e sempre tratou os negros como seres humanos. E, até agora, ele tem procurado fazer o melhor para nossos irmãos de cor.

Margarida, que penteava as madeixas louras, viu quando Rosalina entrou no quarto e, mirando-se no espelho, comentou:

– Rosa, meu pai está se sentindo culpado, afinal tem consciência de sua culpa na morte de José.

– Não diga uma coisa dessas! O coronel não teve culpa pelo incidente que aconteceu a José. Se não tivesse tramado aquela fuga, nada disso teria acontecido; portanto, você tem sua parcela de culpa.

Margarida sempre soubera que Rosalina dizia o que lhe vinha à cabeça, mas jamais pensara ouvir tal comentário de sua melhor amiga. José, percebendo que Margarida não conseguira registrar suas palavras, aproximou-se de Rosalina.

– O coronel não teve culpa pelo que me aconteceu, pois ele nem mesmo conhecia a índole de Silvino.

Rosalina parou por alguns instantes e, registrando as palavras de José, continuou:

– Margarida, deixe de ser teimosa! O coronel não sabia que Silvino não prestava, e ele sempre se mostrou fiel como um cão.

Margarida, não dando ouvidos às palavras de Rosalina, respondeu irritada:

– Tanto você quanto os demais escravos idolatram meu pai, mas um dia me darão razão!

– Você é uma filha ingrata! Seu pai a ama e sempre procurou fazer o melhor, tanto para você como para a *sinhá*. Culpar os outros pelos nossos erros é fácil, o difícil é admitir nossa culpa.

Rosalina virou-se e, sem olhar para trás, saiu do quarto, deixando Margarida entretida com seus pensamentos.

José disse a Margarida com carinho:

– O que me une a você nem mesmo a morte foi capaz de destruir; portanto, aceite os fatos e compreenda que um dia estaremos novamente juntos.

Por um momento, Margarida deixou de pensar em seu pai e se lembrou de que deveria ir ao celeiro para saber quantas sacas de café haviam sido produzidas naquele dia, para marcar no livro-caixa. Assim, levantou-se e saiu do quarto, sem saber que José e Albano estavam presentes ouvindo seus pensamentos.

José confessou a Albano:

– Não acredito que ela venha a perdoar o pai; seu coração continua magoado e para esse mal não há cura.

– Há cura para todos os males, principalmente os da alma; portanto, o melhor que temos a fazer é pedir a ajuda de Deus e dar tempo ao tempo.

❧

Albano, percebendo que José estava triste com a situação, comentou:

– Está na hora de nos juntarmos aos demais para voltar à casa de Josino.

– Por que retornar à casa de Josino? Não falamos com ele hoje?

– Para haver a cura, temos de expurgar a ferida, e é justamente o que faremos.

Assim, os cincos integrantes da comitiva novamente deram-se as mãos e, em poucos instantes, estavam na soleira da porta de Josino, que sentiu a presença dos espíritos e sentou-se rapidamente na rede.

Rosa, que foi a primeira a se mostrar para Josino, saudou-o:

– Que a paz de Deus, que excede todo pensamento, esteja convosco, meu irmão.

– Amém! – disse Josino.

– Josino, estamos precisando de sua contribuição para ajudar o irmão Jacob e sua filha.

– E em que eu posso ajudar meus irmãos? Sou um escravo velho e ignorante, mas se for para ajudar alguém saiba que me coloco à inteira disposição dos mensageiros de Jesus.

Foi Albano quem respondeu:

– Que a paz de nosso senhor Jesus esteja com você agora e sempre, meu bom amigo Josino. Viemos até sua presença para que muitos assuntos que estão pendentes nesta fazenda possam se resolver. Precisamos que você marque uma reunião com a família Cunha logo após o jantar, mas será necessário que todos estejam presentes.

– Meus irmãos, como posso marcar uma reunião com a família do coronel? Como sabem, sou um negro velho e ignorante. Eles jamais vão consentir tal reunião, ainda mais a *sinhazinha* Margarida, que está se rebelando contra o pai.

Rosa esclareceu:

– Há alguns dias ouvi uma palestra na colônia espiritual e o orador mencionou as palavras do apóstolo Paulo, que dizia: "Tudo posso naquele que me fortalece". Ademais não foi o próprio Jesus que disse que se tivermos fé do tamanho de um grão de mostarda nada nos seria impossível? Portanto, Josino, está na hora de você demonstrar fé e compreender que não está sozinho nesta empreitada; estamos com você.

Albano continuou:

– Precisamos, meu irmão, que marque uma reunião esta noite logo após o jantar.

Josino, coçando novamente a cabeça, respondeu:

– Pelo que sei, logo depois do jantar o coronel se tranca em seu gabinete e fica lá até a hora de dormir.

– Marque a reunião um quarto de hora após o jantar. Lembre-se de que deverão estar presentes o coronel, sua esposa, Benedito e Ernestina, Rosalina e Natanael, mas a presença de Margarida é imprescindível.

– Assim será! – respondeu Josino.

– Não se preocupe com o que dirá na reunião, apenas faça a prece inicial e o resto deixe conosco – continuou Albano.

– Queiram me dar licença, pois demoro muito para chegar à casa--grande.

– Não podemos ajudá-lo a chegar à casa-grande? Fazemos isso com tanta facilidade... – José perguntou.

Lucius, que até aquele momento estava calado, explicou:

– Nada podemos fazer para ajudá-lo a chegar à casa-grande, pois esse bom espírito continua cativo na matéria e, como tal, se vê obrigado a carregar o corpo pesado pela idade avançada. Podemos acompanhá-lo a fim de que chegue em segurança.

Rosa observava os passos lentos de Josino.

– Acho que podemos ajudá-lo a chegar à casa-grande sem muito esforço...

– Como poderemos fazer isso?

– Esperem-me aqui, logo estarei de volta.

Rosa foi em direção à outra fazenda e, vendo Carmosino ajeitar a charrete, disse aos ouvidos dele:

– Pegue o atalho do riacho... Vamos, vá logo!

Carmosino não tinha costume de fazer tal caminho, mas de maneira autômata seguiu em direção ao riacho. Passando pelo lado esquerdo, viu Josino, que caminhava lentamente segurando seu velho bastão.

– Onde está indo, Josino?

– Até a casa-grande.

– Estou indo para lá e, graças a esta charrete, chegaremos em pouco tempo.

– Foi Deus quem o colocou em meu caminho, pois com esses passos lentos eu só ia chegar à noite.

Rosa, ao ver Josino seguindo caminho com Carmosino, juntou-se novamente ao grupo.

– Nosso querido irmão logo chegará à casa-grande.

José, intrigado, perguntou:

– Mas como ele poderá chegar rapidamente à casa-grande se seus passos estão cansados?

Rosa contou o que havia feito e todos sorriram.

Josino, assim que desceu da charrete, perguntou ao moleque Zaqueu:

– Onde está o coronel Jacob?

– Está no celeiro com a *sinhazinha* Margarida.

– Diga ao coronel que venha até aqui; preciso ter um dedo de prosa com ele.

Zaqueu correu em direção ao celeiro.

– Coronel! Josino o está esperando na árvore tombada e disse que precisa ter um dedo de prosa com o *sinhô*!

Jacob, estranhando o fato, ordenou a Tobias:

– Continue separando as sacas enquanto vou ver o que Josino quer comigo.

Jacob saiu do celeiro e, ao se aproximar de Josino, olhou-o intrigado.

– Josino, o que faz aqui, meu bom amigo?

– Trago um recado da espiritualidade para o senhor.

– Recado da espiritualidade? Do que se trata?

– Hoje recebi a visita de Rosa e José, e eles me pediram que marcasse uma reunião em sua casa hoje, após o jantar.

– José esteve em sua casa?

– Sim. E não se preocupe porque ele está muito bem.

– Mas qual o motivo dessa reunião?

– Os nossos irmãos que vivem em espírito estão preocupados com a situação do *sinhô*, pois sabem que a *sinhazinha* Margarida continua a acusá-lo pela morte de José.

Jacob sentiu um arrepio percorrer todo seu corpo, afinal ele sentia que Margarida o acusava veladamente, mas não havia comentado com ninguém sobre o assunto, exceto com Eleonora.

Jacob pensou e decidiu:

– Está bem! A reunião está marcada, mas qual o melhor horário?

– Marque um quarto de hora depois do jantar. E a família de Benedito deve estar presente também.

— Josino, quero que vá à casa-grande e fique lá até o jantar, se quiser poderá descansar no quarto que outrora foi de José.

— Obrigado, *sinhô*, pois meu corpo não aguenta ir até minha tapera e voltar depois do jantar.

— Aproveite para banhar-se e peça roupas para Ernestina. Sei que há algumas roupas que foram confeccionadas para você, mas que ainda não tive tempo de entregar.

Ao chegar à casa-grande, Josino deparou com Ernestina, que o olhou com assombro e, sem pensar, perguntou:

— Josino, o que faz aqui uma hora dessas?

— Hoje vamos ter uma reunião aqui na casa-grande e você e sua família devem estar presentes.

— Mas que reunião é essa?

— Ainda não sei do que se trata, mas por ora contenha sua curiosidade e espere o momento certo.

— A que horas será essa reunião?

— Logo após o jantar.

— A *sinhá* não vai gostar nada dessa história; portanto, acho melhor você conversar com ela antes.

— Já conversei com o coronel e ele mandou que eu me banhasse e que você me desse algumas roupas limpas para vestir.

Ernestina olhou assustada para Josino e tratou de pegar a bacia para que Josino fosse se lavar. Em seguida, entregou-lhe as roupas que já estavam prontas havia algum tempo.

A noite caiu e todos na casa-grande ficaram sabendo da tão comentada reunião que haveria logo após o jantar.

Jacob estava tranquilo, pois sabia que Josino havia ido até a casa-grande para ajudar. Margarida, porém, não queria participar da reunião e, durante o jantar, anunciou:

— Não participarei da reunião, meu pai. Estou cansada e vou me deitar.

— Você só vai se recolher depois da reunião, assim está decidido!

Eleonora percebeu o quanto Jacob estava irritado com a atitude da filha. Tentou, portanto, contemporizar:

– Minha filha, essa reunião será breve, e não é de bom-tom que a filha do dono da casa não esteja presente.

– A senhora tem razão! Aqui somos obrigados a fazer o que o senhor da casa manda! Obedecerei ao dono da casa.

– Agora chega! Vamos comer em paz!

Assim que o jantar terminou, o coronel mandou chamar todos que jantavam na cozinha.

Assim reunidos, Josino se colocou de pé e começou:

– Meus irmãos de cor e meus irmãos que não são de minha cor, sei tanto quanto vocês sobre o motivo desta reunião, mas saibam que ela só foi permitida com o objetivo de nos ajudar a ser pessoas melhores. Se o coronel me permitir vou fazer uma prece para agradecer a Deus por este momento, pois, se Deus quis assim, foi para nos ajudar.

Josino fez sentida prece e pediu orientação para que cada palavra dita ficasse guardada no coração de cada um. Ao terminá-la, fez a oração do Pai-Nosso para que todos os presentes fossem iluminados. Após a prece, Josino não conseguiu segurar seus olhos abertos e, respirando profundamente, começou:

– Boa noite, meus queridos irmão. Hoje estamos reunidos aqui com permissão de Deus para que possamos alcançar o bem maior: amar ao próximo e a Deus sobre todas as coisas. Sabemos que, muitas vezes, falhamos neste sentido e, se Deus nos deu a oportunidade de melhorarmos, por que não fazê-lo? Antes de olharmos para os nossos irmãos com olhar crítico e reprovador, temos de observar se não estamos fazendo as coisas de modo a não causar irritação nos outros. Lembrem-se, Jesus nos ensinou que, antes de quaisquer críticas ou dúvidas que tenhamos a respeito de nossos semelhantes, devemos olhar para nós mesmos. Nosso irmão maior disse que antes de olharmos para o argueiro nos olhos de nossos irmãos devemos tirar a trave que há em nossos próprios olhos. Será que estamos seguindo essa máxima de Nosso Divino Mestre?

Todos na sala perceberam que Josino estava diferente e que perdera até mesmo a sua maneira peculiar de falar. Agora ele já não falava como um escravo velho, mas sim como um homem instruído. Eleonora olhava assombrada para Josino enquanto o coronel não deixava escapar nenhuma palavra que o escravo dizia.

Josino continuou:

— Sejamos arrazoados, meus irmãos! Costumamos criticar nosso próximo, mas será que temos plena certeza de que nossas críticas são justas? A língua é como uma faca de dois gumes, que pode ferir tanto de um lado como de outro. A palavra dita é como pedra que lançamos no lago, forma ondas que crescem até chegar à margem. Dessa forma, meus irmãos, quando fazemos críticas a alguém, nosso ponto de vista é comentado com outra pessoa, que comenta com outra, e com outra, até que aquela crítica chega à beira do lago da discórdia e do desamor. Nunca nos esqueçamos, meus irmãos, que muitas palavras ditas podem ser mal interpretadas.

Margarida, intrigada com os modos de Josino e sua maneira de falar, perguntou:

— Josino, por que fala como se fosse um homem instruído?

— Aprenda que há muitas maneiras de nos comunicarmos. Você vê o velho Josino, porém quem está falando por seu intermédio é um amigo.

Albano, que falava por meio de Josino, continuou:

— Cuidado, meus irmãos, temos de ter olhos puros de bondade e misericórdia com o nosso próximo, para que Deus um dia seja bondoso e misericordioso conosco. Mas há um sentimento que traz verdadeira chaga para a alma: o sentimento de culpa, e ele pode ser tão destruidor quanto a lepra.

Jacob sentiu que aquelas palavras eram para ele; afinal, embora sabendo que não havia tido culpa na morte de José, trazia em seu íntimo esse sentimento destruidor.

Albano continuou:

— Será que nossos ombros são tão fortes a ponto de carregarmos o fardo pesado de um sentimento de culpa que nada ajudará em nossa evolução? Quando carregamos esses sentimentos, Deus, em sua infinita bondade e misericórdia, oferece-nos a chance de um recomeço, por meio de uma nova existência na Terra. Portanto, meus irmãos, não se prendam a sentimentos que não os levarão a lugar algum. Antes, perdoem-se para serem perdoados perante o Pai.

Jacob indagou:

– Como sabe que trago um grande sentimento de culpa em meu coração?

Albano, que falava por meio de Josino, respondeu:

– Não se envergonhe por estar assumindo publicamente um sentimento de culpa, pois não há criação que não esteja manifesta à sua vista. Todas as coisas estão nuas e abertamente expostas a quem devemos prestar contas.

Jacob percebeu que mesmo os sentimentos que estavam guardados no escaninho de sua alma não eram só seus e, com isso, tirou o lenço do bolso e começou a enxugar as lágrimas. Margarida sentiu-se vitoriosa, pois descobrira que o pai guardava aquele sentimento de culpa em relação a José.

Albano, percebendo o pensamento de Margarida, continuou:

– Deus, em sua infinita bondade e misericórdia, não nos acusa dia e noite pelos erros que cometemos. Se nem mesmo Ele, que é o Criador de todas as coisas, não o faz, quem somos nós para julgar nossos irmãos? Jacob, sabemos que nutre um sentimento de culpa, mas estamos aqui para dizer que você não teve culpa alguma sobre o que aconteceu a José, que hoje está presente nesta reunião. E quanto a você, Margarida, não tem o direito de culpar seu pai pelo que ocorreu. Saiba que todos nós, quando viemos a este planeta chamado Terra, tínhamos conhecimento de que um dia teríamos de retornar ao mundo dos espíritos, e isso aconteceria no momento certo. José partiu no momento que deveria, e não é culpa do seu pai nem de ninguém, apenas compreenda que seu tempo na terra expirou e ele foi obrigado a voltar ao seu lugar de origem, que é o mundo espiritual. Um dia haverá casamentos inter-raciais sem preconceito, mas esse dia ainda está muito longe de chegar. Se houve uma pessoa inocente em tudo o que aconteceu, esse alguém é seu pai, que nada sabia sobre seus encontros furtivos com José.

Josino, respirando profundamente, continuou:

— Enquanto você acusá-lo pela morte de José, não haverá paz nesta casa e, pelo que sei, seu pai sempre foi um homem correto na sua maneira de agir.

Margarida, sentindo-se envergonhada, chorou copiosamente; afinal, havia muito tempo que não falava sobre esse assunto com o pai.

— Enquanto vocês não compreenderem que a morte não existe e o que ocorre é apenas uma mudança de estado, vocês continuarão a se sentir culpados e a culpar uns aos outros. Um dia todos terão de fazer essa viagem ao verdadeiro lar; por essa razão, recomendo que não levem no coração os ressentimentos que com certeza vão atrapalhar a marcha de vocês. Compreendam, meus irmãos, que quando desencarnamos deixamos o corpo físico e assumimos a nossa verdadeira forma, que é a espiritual.

Ernestina, que até aquele momento mantivera silêncio, perguntou:

— Se a morte não existe, onde está meu filho Ageu?

Albano respondeu:

— Ageu melhorou muito desde que partiu da Terra. Hoje vive no mundo dos espíritos se preparando para voltar ao orbe terrestre. Ele sente falta de todos, especialmente do coronel Jacob, a quem aprendeu tardiamente a amar como um pai. Hoje ele não pôde vir, mas está melhor que antes. Ageu me contou da vez que saiu escondido para nadar no rio e que no momento certo você o salvou; ele sente verdadeira admiração por você, Ernestina.

A mãe de Ageu estava estupefata! Aquele incidente do rio ela nunca havia contado a ninguém.

Benedito, que não sabia do ocorrido, perguntou:

— Isso é verdade, Tina?

Chorando, ela confirmou a história, abraçou Benedito, e afirmou:

— Estou feliz em saber que nosso filho ainda vive, pois para mim não há dúvida de que ele continua sendo o nosso menino de sempre.

Margarida ainda não estava convencida.

— Se José continua vivo gostaria de falar com ele.

Albano se deteve por alguns segundos.

— Está bem! José vai falar com você, mas ele tem pouco tempo.

Nesse momento, Josino soltou um grande suspiro, porém continuou com os olhos fechados e uma voz diferente passou a dizer:

— Minha flor-do-campo... Não fique condenando seu pai pelo que me aconteceu, pois a culpa foi minha. Continuo a amá-la, assim como a amei desde o primeiro momento em que a vi, e um dia estaremos todos juntos no mundo dos espíritos, que é a verdadeira vida. O coronel sempre foi um pai para mim. Ele cometeu um erro ao dar crédito a Silvino, mas como poderia supor que ele não tinha boa índole? Todos cometemos erros, e seu pai não é culpado pela minha passagem. Parti no momento determinado. A vida está certa como está, aceite isso e tire essa mágoa de seu coração.

Após dizer essas palavras, Josino novamente deu um longo suspiro e, sentindo-se atordoado, sentou-se. Percebendo que os espíritos tinham passado seu recado, Josino convidou todos a fazerem uma prece de agradecimento. Depois, falou:

— Coronel, preciso que alguém me leve para minha tapera, pois nesse breu posso cair e me machucar.

— Não se preocupe, Natanael vai levá-lo para sua casa em nossa carruagem.

Todos se despediram e voltaram para suas casas, porém Margarida ficou esperando pelo pai, que havia estado na varanda observando a carruagem se afastar.

— Papai, peço que me perdoe. Fui injusta com o senhor e hoje não tive dúvida de que era José quem estava falando, pois somente ele me chamava de flor-do-campo.

— Minha filha, sofri muito com a morte de José, mas, apesar de saber que não tive culpa, eu ainda me sentia responsável pela sua desgraça. Deus nos agraciou com essas visitas que nos fizeram ver que o perdão e a compreensão são elementos importantes para um bom relacionamento. Você é minha filha e eu sempre a amei, e, para vê-la feliz, não me importaria que se casasse com um negro.

— Perdoe-me, meu pai, pela intolerância e acusações veladas que fiz ao senhor.

Eleonora, que assistia à cena, comoveu-se.

– Bendito Josino, ele e os espíritos conseguiram destruir o abismo que havia entre pai e filha.

Margarida, olhando para o pai com ternura, continuou:

– Não se sinta culpado pela morte de José; afinal, como o senhor poderia supor que Silvino não tinha bom coração?

– Minha filha, hoje um peso enorme saiu de minhas costas. Saiba que a amo tanto que faria qualquer coisa para vê-la feliz.

Com isso pai e filha subiram abraçados a escada que levava à parte superior da casa.

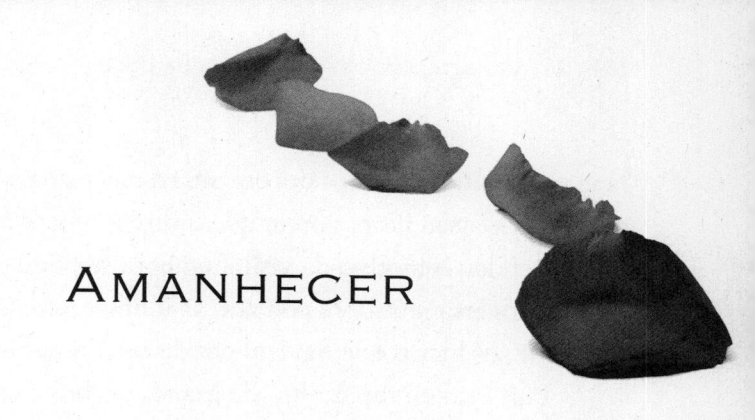

AMANHECER

Depois da reunião, as pessoas já não eram mais as mesmas. Até mesmo Ernestina, que antes vivia triste, passou a ser uma pessoa mais alegre, principalmente ao saber que seu filho estava bem. E assim a paz voltou a reinar naquele lar, com uma única diferença: agora todos sabiam para onde iam as pessoas que partiam deste mundo.

Margarida passou a trabalhar com afinco ao lado do pai, concordando sempre com suas decisões. Se antes a moça evitava tomar o café da manhã ao lado dele, agora ela o esperava.

Jacob, antes introspectivo diante da filha, agora falava tanto sobre os assuntos das fazendas como também sobre os comentários políticos que vez por outra ouvia na cidade.

Eleonora ficou satisfeita ao ver como a relação deles melhorara depois da reunião de Josino. E assim os dias foram passando tranquilos, até que um fazendeiro de nome Manoel da Silva Costa anunciou a Jacob que iria fazer-lhe uma visita.

Jacob, sem desconfiar da intenção da visita, permitiu que o rico fazendeiro fosse visitá-lo, porém o que o pai de Margarida não sabia era que Manoel estava interessado no casamento de seu filho Luís com a herdeira proeminente das redondezas.

Na noite anunciada, Manoel chegou acompanhado pelo filho. Jacob era um homem de grandes qualidades e uma de suas virtudes era receber bem seus visitantes. Eleonora era uma dama e com solicitude ofereceu licor a Manoel e a seu filho, porém quem serviu o licor foi o próprio Jacob, que não entendeu o motivo da visita, embora se portasse feito um cavalheiro. Todos conversaram sobre política, as últimas novidades na corte e, principalmente, os lucros que haviam obtido na última safra.

Luís era um rapaz alto, de grandes olhos castanhos, e seu traje era de alguém que havia vivido na capital da província.

Manoel, sorrindo, comentou:

– Que distração a minha! Este é meu filho Luís da Silva Costa; chegou recentemente da capital da província, pois acabou de se formar em Direito.

Eleonora logo percebeu que o rapaz estava ali contra sua vontade, pois ficara em silêncio a maior parte do tempo. Ela não se intrometia na conversa do marido, apenas ficava ali, pois sabia não ser de bom-tom deixar o marido sozinho com as visitas. Margarida, assim que ficou sabendo que o pai receberia alguém, trancou-se em seu quarto com Rosalina, pois era comum ficarem conversando todas as noites depois do jantar.

Manoel, sem rodeios, disse:

– Jacob, como sabe tenho um único filho, que já está no momento certo de se casar. Foi por essa razão que pensei em sua filha, que além de ser uma bela moça é também uma dama.

– O amigo tem razão, minha filha é uma boa moça, mas, até onde sei, ela não está à procura de um marido.

– Não é comum uma dama ficar sozinha, ainda mais sua filha, que muito lucrará com sua morte.

Eleonora, sorrindo, disse:

– Manoel, realmente nossa filha está em idade de se casar, mas nós jamais tomaríamos a decisão por ela; portanto, vamos deixar que ela mesma resolva essa situação.

– Como? Vocês não vão dar permissão para o casamento de meu filho com a filha de vocês?

Jacob, passando a mão no bigode, tentou se conter.

– Não é isso que estamos afirmando. Seu filho é um jovem bem-apessoado, formado na capital e, além do mais, tem outros atributos que atrairiam qualquer moça! Mas quem vai decidir o momento de se casar será Margarida; não vamos fazer como todos fazem: escolher cônjuges para os filhos. Se Margarida quiser se casar com seu filho, para nós será uma grande alegria, mas não a obrigaremos a nada.

— Mas vocês são os pais dela e têm o direito de lhe escolher um marido.

— Não é novidade para o amigo que poucos casamentos arranjados dão verdadeiramente certo; portanto, o que quero é a felicidade de minha filha e, se ela aceitar, bem; se não aceitar, para mim está decidido.

Eleonora, sabendo que daquele assunto poderia surgir uma grande discussão, sugeriu:

— Aguarde um momento! Vou chamar Margarida para que possa conhecer seu filho.

Luís estava ruborizado diante da situação, pois não pretendia se casar; afinal, tinha uma moça para quem havia prometido casamento na capital da província. Manoel não sabia; para ele o importante era juntar as fortunas das duas famílias.

Eleonora subiu ao quarto da filha e contou tudo o que estava acontecendo.

Margarida, com imponência, afirmou:

— Não se preocupe, minha mãe, vou dar um jeito nisso!

— Minha filha, vá com calma. Seu pai já está a ponto de colocá-los da porta para fora.

Margarida desceu e, educadamente, cumprimentou os dois homens. Sem rodeios, perguntou:

— Acaso estavam falando da minha pessoa?

Manoel, dissimulando a irritação, tornou:

— Sim, minha jovem! Estava conversando com o amigo Jacob sobre talvez estar na hora de você se casar e, por esse motivo, trouxe meu filho para que a conhecesse.

Margarida fitou o rapaz e percebeu que ele não tinha voz ativa com o pai. Entre sorrisos, constatou:

— Creio não ser possível esse enlace, pois como posso me casar com um rapaz que não conheço? Talvez o senhor não saiba que para haver um enlace matrimonial deve haver amor e concordância mútua. E, pelo que vejo, não é isso que seu filho quer. Portanto, seja qual for a intenção dos senhores, não aceito; depois, é muito cômodo querer arranjar uma herdeira rica para seu filho.

O rapaz, que até aquele momento havia permanecido em silêncio, virou-se para o pai.

— Papai, a moça está com a razão, não posso firmar compromisso com nenhuma moça. Estou comprometido com uma donzela na capital da província. Ela não é rica, mas é a mulher que amo.

Manoel, tomado de vergonha, gritou:

— Quem é a sirigaita por quem você está enrabichado?

— Seu nome é Estela e seus pais são donos da pensão onde eu morava.

Margarida sorriu para o rapaz e expressou com suavidade na voz:

— Siga seu coração; se ama realmente essa moça, fique com ela, pois o amor só bate à porta uma única vez.

Manoel, constrangido com a revelação do filho, levantou-se.

— Nunca me senti tão humilhado! Por que não disse que estava enrabichado por uma sirigaita qualquer?

— Estela é uma boa moça e seus pais estão me esperando para o noivado. Além do mais, o senhor decidiu que eu deveria me casar, mas não perguntou se eu realmente queria me casar com a filha do coronel.

Manoel pediu desculpas e se despediu.

— Obrigada, meu pai, por me deixar decidir minha própria vida – agradeceu Margarida.

— Seu coração já teve um dono e no momento será impossível arranjar um substituto.

— Eu o amo, senhor meu pai.

Eleonora ficou feliz ao ver a demonstração de carinho entre pai e filha e, com isso, deu o caso por encerrado.

ഌൽ

José estava feliz em poder rever Margarida e principalmente em poder ajudá-la a perdoar o pai. Com entusiasmo, perguntou a Albano:

– Como podemos falar por intermédio de uma pessoa que ainda está na carne?

– Muitas pessoas acreditam que se pode entrar na pessoa e tomar o seu lugar, mas não é verdade. Nós, como espíritos, não podemos entrar em uma pessoa como se entra em uma casa vazia. Para nos tornarmos audíveis existem muitas maneiras: podemos falar mente a mente, ou seja, a pessoa passa a falar como se a ideia fosse dela própria. Isso acontece quando ela está plenamente consciente de suas faculdades intelectuais. É o que chamamos de medianeiros inspirados. No caso de Josino, podemos dizer que se trata de transe temporário, pois ele mesmo depois da reunião não se lembra de nada do que foi dito. Há diferentes tipos de medianeiros e isso só é possível graças à permissão divina. Josino também conta com a faculdade de ver e ouvir os espíritos, e isso facilita nosso trabalho com os encarnados.

– Ter essa faculdade realmente é um privilégio... – constatou José.

Rosa replicou:

– É aí que você se engana. Quando um espírito volta à Terra, ele traz consigo essa faculdade para ajudar ao próximo ou até mesmo para reparar erros do passado, pois não foi o próprio Jesus quem disse que quanto mais fosse dado mais seria cobrado? Pois bem, todo medianeiro tem grandes responsabilidades a cumprir e como ele usará tal faculdade dependerá de seu livre-arbítrio. Infelizmente, há aqueles que usam tal faculdade para o mal, trabalhando com espíritos inferiores. Sendo assim terão de responder por isso. Josino usa suas faculdades para ajudar a todos os que dele precisam, e por essa razão desfruta das bênçãos da paz. Não pense que ser medianeiro é um privilégio; ao contrário, essas pessoas carregam essa ferramenta de trabalho por conta das faltas cometidas no passado. Esse dom tem mais a ver com provas do que com privilégio.

José compreendeu e pensou: "Na minha próxima vinda à Terra, quero vir com essa ferramenta a mais de trabalho para resgatar muitas das dívidas que talvez tenha feito no decorrer de minhas existências".

Rosa e Albano ouviram os pensamentos de José, porém preferiram manter a discrição sem tecer nenhum comentário.

Lucius, satisfeito com o bom trabalho que haviam realizado na casa do coronel, avisou:

— Meus irmãos, creio que já está na hora de voltarmos. Não devemos nos esquecer de nossos afazeres.

Rosa, suspirando profundamente, pediu:

— Meus irmãos, antes de voltarmos gostaria de ver Josino, meu companheiro de jornada; afinal, ele tem nos sido muito útil.

Todos concordaram e se deram as mãos para rapidamente se encontrarem no terreiro da casa de Preto-Velho.

Rosa disse:

— Meus irmãos, aguardem-me aqui. Voltarei assim que me despedir.

Rosa entrou na casa de Josino e o encontrou fazendo café em seu velho fogão a lenha. Deixando que ele a visse, disse sorridente:

— Que a paz de Deus, que excede todo pensamento, esteja convosco, meu irmão.

— Assim seja! — respondeu Josino.

— Josino, que Deus o abençoe por ter nos ajudado. Agora, estamos partindo.

— Sempre que precisarem, estarei aqui para ajudar todos os irmãos sofredores da Terra.

— Está na hora de voltarmos para casa e, quando sentir o desânimo bater à porta de seu coração, lembre-se de que a prece é o melhor remédio. Dessa forma, viremos ampará-lo nesta difícil jornada.

Ela foi embora e Josino, vendo-se mais uma vez sozinho, agradeceu a Deus a oportunidade de ter companheiros espirituais que sempre estavam presentes na hora em que ele mais precisava.

DOENÇA

*C*erta manhã, Ernestina acordou e percebeu que a chuva caía torrencialmente, mas, como tinha obrigações a cumprir, decidiu colocar um pano na cabeça e, sem pensar, caminhou rumo à casa-grande. Ao chegar à cozinha, dirigiu-se à sala de costura e pegou uma muda de roupas que ela costumava deixar lá para tais eventualidades.

Enquanto se trocava, ela sentiu uma dor aguda no peito, que fez sua respiração falhar. Por um momento, seu estômago começou a dar voltas, apesar de ainda estar em jejum. Respirando fundo o mal-estar foi passando lentamente, e assim se dirigiu à cozinha novamente a fim de começar seus afazeres. Enquanto acendia o fogo, o menino Zaqueu chegou sorridente.

– Vou buscar leite na mangueira, pois as vacas são ordenhadas mesmo com chuva...

– Não é por causa de uma chuvinha à toa que os trabalhos param; portanto, vá logo a fim de dar tempo de ferver o leite.

Passado pouco mais de um quarto de horas, Eleonora se levantou e, ao olhar para Ernestina, percebeu que alguma coisa não ia bem.

– Ernestina, sente-se bem? – perguntou.

– *Ara, sinhá!* Graças a Deus está tudo bem.

Eleonora percebeu que Ernestina não estava tão alegre como de costume e quando Zaqueu entrou na cozinha pedindo-lhe uns bolinhos ela gritou:

— Os bolinhos não estão prontos! Quando estiverem eu mesma lhe darei.

— O que está havendo com você, Ernestina? É comum o menino ficar esperando os bolinhos e esta manhã você praticamente o enxotou da cozinha.

— Todo dia esse menino fica esperando bolinhos; Januário quando era criança não era assim.

— Ernestina, compreenda, Zaqueu é apenas uma criança, e seus bolinhos são verdadeira alegria para ele.

Ernestina esboçou um sorriso, mas, de repente, levou a mão ao peito. Eleonora percebeu que a escrava ficou pálida e, sem pensar, apoiou-a e a colocou sentada no banco da cozinha.

— Ernestina, não me esconda nada! O que está havendo com você?

— Nada, *sinhá*! Apenas não dormi bem à noite.

— Ernestina, você nunca mentiu para mim e essa não será a primeira vez! Conte-me o que está havendo.

— *Sinhá*, já faz alguns dias que venho sentindo uma dor aguda no peito, mas logo passa, porém essa manhã a dor está terrível.

Eleonora, percebendo que a mesa do café ainda não havia sido posta, tratou de arrumá-la e esperou Jacob descer para conversar com ele sobre o estado de saúde de Ernestina.

Jacob, ao ouvir o burburinho que vinha da cozinha, desceu rapidamente e num só fôlego perguntou:

— Por que vocês estão falando mais alto que de costume?

— Ernestina está passando mal e peço que mande alguém à vila chamar o doutor Afonso para sabermos o que há de errado com ela.

Jacob, preocupado, saiu no meio da chuva e chamou Carmosino.

— Vá até a vila e traga o doutor Afonso. Diga para ele deixar o que está fazendo que será muito bem remunerado pelo serviço.

— Há alguém doente, coronel?

— Sim! Parece-me que Ernestina não acordou muito bem e Eleonora está preocupada. Vá a cavalo, pois assim chegará mais rápido à vila.

Passados dois quartos de hora, o médico chegou à fazenda e encontrou Ernestina deitada no quarto que outrora fora de José. O médico perguntou o que ela sentia e Ernestina relatou sobre a falta de ar e as dores no peito. O médico pensou por alguns instantes e afirmou:

– O que está sentindo é do sistema nervoso. Perdeu um filho e agora vêm os resultados. Vou lhe receitar um remédio calmante e bastante chá de erva-cidreira. Logo ficará bem.

Eleonora, ao ouvir o diagnóstico, sentiu-se aliviada.

– Ernestina, por hoje você ficará aqui para que possamos cuidar de você.

– Não posso ficar sem fazer nada, *sinhá*. Quem vai cuidar da cozinha?

– Vou pedir à velha Justina que venha me ajudar e, quanto a você, fique descansando.

O médico, ao sair, teve uma conversa com Jacob:

– Essa pobre mulher sofreu muito com a morte do filho, suspeito que seu coração esteja fraco. Acho melhor o amigo lhe dar a carta de alforria para que ela possa descansar enquanto seu coração ainda funcionar.

Jacob passou a mão pelos cabelos nervosamente, pois sabia o quanto Eleonora amava Ernestina.

– Farei o que me sugere – decidiu –, mas peço que não conte nada a ninguém sobre o estado de saúde de Ernestina, pois não sei qual será a reação de minha esposa.

Jacob ficou terrivelmente abalado com a notícia. Gostava de Ernestina e também pensava em quanto sua esposa iria sofrer com a falta da escrava. Eleonora ficou tranquila achando que o mal-estar de Ernestina fosse reflexo das emoções da reunião que haviam tido em sua casa.

Naquela noite, Eleonora não permitiu que Ernestina voltasse para casa e ordenou à Rosalina que fizesse companhia à mãe. Jacob mandou que chamassem Benedito para uma conversa em seu gabinete.

– Benedito, quem me levou a chamá-lo aqui é Ernestina. Ela passou mal e tivemos de chamar o médico da vila.

– Carmosino me contou que foi chamar o doutor na vila, mas conheço Tina e sei que foi um mal passageiro.

– Benedito, infelizmente as notícias que tenho não são as melhores. Ernestina está gravemente doente e lhe peço que a partir de hoje permita que ela seja tratada aqui na casa-grande.

— Mas o que há com ela? Sempre teve uma saúde de ferro e nunca precisamos nos preocupar!

— Ernestina está com um problema sério no coração, e pelas informações do doutor não há muito que se possa fazer.

— Isso não está acontecendo! Ernestina sempre foi forte como um cedro e não será uma simples dor no peito que vai levá-la de mim.

— Benedito, aceite a realidade. Infelizmente, Ernestina não ficará muito tempo entre nós e, por esse motivo, decidi lhe dar a carta de alforria, para que ela possa aproveitar seus últimos dias como uma mulher livre.

Benedito levou o chapéu ao rosto e, procurando esconder a dor, deu vazão às lágrimas que insistiam em cair.

Jacob levantou-se e se aproximou de Benedito, a fim de lhe dar forças para enfrentar aquele triste momento. O coronel continuou:

— Ninguém deverá saber sobre o real estado de Ernestina; portanto, peço que guarde consigo esse segredo. Permita que Ernestina fique na casa-grande, pois aqui poderemos ajudá-la caso venha a precisar.

— Se o *sinhô* acha melhor, assim será feito, mas ela vai querer voltar para casa.

— Não havia pensado nisso. Acho que o melhor que tenho a fazer é colocar Eleonora a par da situação a fim de ajudar na sua permanência aqui.

Benedito pediu licença e se retirou em seguida. O pobre homem saiu do gabinete atordoado e foi direto ao quarto em que Ernestina estava repousando. Ao entrar, disse fingindo alegria:

— Você é uma mulher esperta, Tina. Tirou um dia de folga...

— Prefiro trabalhar dia e noite a ficar nesta cama; amanhã mesmo quero voltar ao trabalho. A velha Justina cozinha bem, mas eu cozinho ainda melhor.

— Minha mulher é tão modesta que chega até a me tirar o fôlego. Como você está se sentindo?

— Estou me sentindo cansada, mas nada além disso. Às vezes me falta o ar, mas isso se deu devido à fumaça do fogão a lenha.

— Acabei de ter uma conversa com o coronel e ele disse que, enquanto você não melhorar, ficará aqui sob seus cuidados.

– De maneira alguma! Preciso voltar para casa; afinal, Natanael precisa de mim.

– Natanael já é um homem feito, tanto que logo vai se juntar com a negra Anastácia; portanto, acalme seu coração e pense em ficar boa logo para voltar para casa.

Ernestina não gostou do rumo da conversa, porém não desconfiou de que seu estado de saúde fosse grave.

Nesse momento, Eleonora entrou no quarto levando uma canja que Justina havia feito, e a enferma disse:

– Os tempos estão mudados... Eu é quem deveria servi-la e, no entanto, a *sinhá* vem me trazer um prato de sopa?

– Ernestina, vou lhe falar apenas uma vez: você não é minha escrava, antes é minha amiga e não vejo mal algum em lhe servir esta canja que pelo jeito está saborosa.

Ernestina sentou-se na cama e, lentamente, passou a tomar a canja de galinha que a cozinheira lhe havia feito. Eleonora não percebeu os olhos de Benedito, marejados de lágrimas. Ao ver que Ernestina tomara a canja sem reclamar, deu-se por satisfeita e, em seguida, levou o prato dizendo que voltaria mais tarde.

Benedito ficou por mais algum tempo com Ernestina, quando disse que precisava voltar para casa, pois tinha de fazer o jantar. A esposa não gostou daquela situação, porém se sentiu impotente diante das ordens do patrão. As horas passaram, o jantar foi servido e, assim que todos se retiraram da mesa, Jacob carinhosamente disse à Eleonora:

– Minha querida, venha até meu gabinete, precisamos conversar.

Eleonora se assustou, pois em vários anos de casamento o marido nunca a havia chamado para conversar no gabinete. Tudo o que tinham a dizer contavam um ao outro antes de dormir. Ela o acompanhou. Jacob sentou-se atrás da mesa de cedro e disse:

– Eleonora, não acha que devemos dar a carta de alforria à Ernestina?

– Que conversa é essa, senhor meu marido?

– Essa família de negros nos conquistou, de modo que resolvi dar-lhes a carta de alforria.

— Jacob, não estou entendendo aonde está querendo chegar. Sempre gostamos da família de Benedito, e Rosalina é a melhor amiga de nossa filha.

Jacob, vendo que não poderia esconder o motivo por mais tempo, relatou tudo o que havia conversado com o doutor, e completou:

— Ernestina está gravemente doente e não é justo que continue a levantar-se de madrugada para nos servir. Tenho por obrigação dar a ela a liberdade com que sempre sonhou.

Eleonora não se conteve e, chorando, encostou a cabeça no peito do marido.

— Isso não pode estar acontecendo. Ernestina é minha melhor amiga, conversamos sobre tudo e ela sempre soube guardar segredos de coisas que nem mesmo você sabe.

— Para que ela não desconfie do motivo de receber a carta de alforria, darei a liberdade a toda a família.

— Faça o que seu coração está pedindo, mas não permita que eles partam de nossas terras.

— Eles serão livres, mas prometo que continuarei a cuidar deles assim como sempre o fiz.

— Nunca tive uma amiga como Ernestina, assim como nossa filha nunca teve uma amiga como Rosalina; portanto, haja o que houver continuarei a cuidar dessa pobre gente. Jacob, não quero que dê somente a carta de alforria à família de Benedito, mas que dê a eles dinheiro para que possam se manter quando não estivermos mais aqui. Ernestina partirá, assim como um dia Benedito, mas o que será de Rosalina e Natanael? Quem garante que um dia eles não vão resolver ir embora de nossas terras?

Jacob, beijando levemente a cabeça da esposa, concordou:

— Farei melhor, minha querida, darei a eles um pedaço de chão. Há as terras perto da ponte do barro vermelho, há água e ali eles poderão começar uma nova vida.

Embora agradecida, a esposa do coronel sentia-se ainda atordoada.

— O que será dessa família sem Ernestina?

— Tudo na vida é uma questão de adaptação; eles aprenderão a viver sem ela. Vamos nos deitar, pois as emoções do dia foram demasiadas para nós.

Eleonora, obedecendo a sugestão do marido, saiu do gabinete e, encontrando-se com Margarida, disse apenas:

– Querida, estou com forte dor de cabeça e por essa razão vou me recolher mais cedo, mas avise Rosalina que se Ernestina passar mal durante a noite é para me chamar.

Margarida nada disse e ficou observando sua mãe subir as escadas amparada pelo pai. Pensou: "Deve estar acontecendo alguma coisa".

A moça, não querendo pensar no assunto, foi até o quarto onde estava Ernestina e passou o recado a Rosalina.

– Diga à *sinhá* para não se preocupar, o mal-estar já passou e amanhã mesmo voltarei ao trabalho – respondeu Ernestina.

– Se minha mãe quer que fique de repouso assim vai ser; portanto, não acredito que volte a trabalhar amanhã.

– Não aguentarei mais um dia nesta cama. Isso para mim é um castigo.

Margarida, sorrindo, despediu-se das duas mulheres e se retirou, dizendo estar cansada. Rosalina se deitou na cama ao lado da mãe e adormeceu. Ernestina, pensando nos trabalhos domésticos, também adormeceu. Seu sono foi tranquilo e cheio de imagens.

ΣΩΩ

Ernestina sonhou que estava caminhando por um bosque florido onde havia várias espécies de flores e lindas folhagens. Ela sabia que estava acompanhada, porém não conseguia ver por quem. Sentia uma paz que nunca havia experimentado e, assim que chegou a uma clareira, viu dois rapazes se aproximarem. Espantada, reconheceu-os: eram José e Ageu. Ao ver o filho, não conteve a emoção e, chorando, correu ao seu encontro e o abraçou fortemente. Depois, abraçou José.

Ageu, sorrindo para a mãe, saudou-a:

– Que alegria revê-la, minha mãe.

– Quantas lágrimas derramei por você, meu filho! Agora, tenho a alegria de revê-lo.

José, sorrindo, convidou-os a se sentarem no banco que ficava sob a copa de uma frondosa árvore. Ernestina obedeceu e, assim que se sentaram, Ageu comentou:

— Estou muito bem e, além do mais, sou livre como nunca imaginei ser.

— Senti muito sua falta, meu filho! As lágrimas fazem parte da minha vida.

— Mãe, a morte não existe. O que existe é uma separação temporária, mas um dia todos estaremos juntos novamente.

— Por que não foi à reunião na casa-grande?

— Minha mãe, aqui no lugar em que vivo, tudo ocorre decentemente e por arranjo, não fazemos nada sem ter permissão. Se não fui à reunião é porque não era a hora.

— Mas aqui é muito parecido com a Terra.

José comentou:

— Ernestina, a Terra é uma cópia imperfeita das muitas moradas da casa do Pai.

— Então morrer não é tão ruim...

Ageu pensou por alguns momentos.

— Mamãe, a morte propriamente dita não traz sofrimento, o que traz sofrimento é a enfermidade que antecede a morte, ou, no caso de morte violenta, a perturbação que faz a pessoa pensar que ainda está vivendo na carne. Mas todos nós, quando passamos pelo processo da morte, entramos nesse estado de perturbação, que pode durar dias, meses ou até anos, dependendo das atitudes que tivemos na Terra.

José continuou:

— Quando voltamos da Terra, trazemos uma bagagem: as nossas ações, boas ou más.

Ernestina notou que já não havia traços de sofrimento no semblante do filho, e que o lugar onde conversavam era maravilhoso. Apesar de não ver a terceira pessoa que a acompanhava, sabia que havia mais alguém ali.

Ageu, compreendendo que a mãe teria de retornar para seu corpo físico, avisou:

– Mãe, não tema a morte, pois morrer não dói, o que nos traz sofrimento é a separação de nossos entes queridos. Haja o que houver, aguente tudo com resignação, pois isso facilitará a sua passagem, e não se esqueça de fazer preces todos os dias pedindo a Deus forças para enfrentar suas provações com coragem.

Nesse momento, Ageu abraçou fortemente a mãe e, em seguida, José fez o mesmo. A pessoa que acompanhava Ernestina falou:

– Está na hora de voltar, mas lembre-se de que a bondade e a caridade são as bagagens para viver no mundo dos espíritos.

Olhando para o lado ela viu um homem louro de grandes olhos verdes sorrindo para ela. Com suavidade, ele prosseguiu:

– Não tema! Chamo-me Albano e fui o responsável pela reunião na casa-grande.

– Não estou com medo...

Albano estendeu a mão para Ernestina e a mulher acordou vendo a luz da lamparina que bruxuleava no quarto. Olhando para Rosalina, que dormia a seu lado, pensou: "Que sonho maravilhoso, foi tão real...". Sem conter a emoção, ela acordou a filha e contou tudo o que havia acontecido.

Rosalina, sonolenta, ouviu o relato da mãe e, em seguida, voltou a dormir.

✂✃

No dia seguinte, Ernestina contou a Eleonora o sonho que tivera com José e Ageu. A cada palavra, emocionava-se, dizendo que tinha certeza de que seu filho estava bem. Ernestina afirmou também que já estava boa e que queria voltar ao trabalho, porém Eleonora a proibiu veementemente de pensar em trabalhar.

Passados alguns dias, Ernestina foi se levantando aos poucos da cama, e, vez por outra, ia até a horta, seu lugar preferido.

Certa manhã Jacob chamou Ernestina, Benedito, Rosalina e Natanael para conversarem em seu gabinete.

– Meus amigos – começou o fazendeiro –, há muito vocês têm trabalhado comigo em minhas fazendas e saibam que para mim foi uma alegria tê-los como meus ajudantes. Ernestina se tornou a melhor amiga de minha esposa enquanto Rosalina se tornou a melhor amiga de minha filha. Quanto a você, Benedito, não tenho do que me queixar, sempre foi prestativo e fiel a mim e a minha família. Natanael sempre foi bom quando menino e agora posso afirmar que se tornou um homem de bem.

Rosalina olhava intrigada para o coronel, e, sem pensar, perguntou:

— Aonde o *sinhô* está querendo chegar com essa conversa?

— Estou querendo presenteá-los com a liberdade. Para falar a verdade, nunca os vi como escravos. Sempre os vi como amigos da minha família e sendo assim eis aqui o meu presente.

Nesse momento, Jacob abriu a gaveta e, pegando alguns papéis, falou:

— Benedito, de hoje em diante, você levará meu sobrenome; portanto, sua carta de alforria está como Benedito da Cunha.

Lentamente, Jacob passou a entregar a carta a cada um deles, que daquele momento em diante levavam o seu sobrenome. Como Benedito, Ernestina e Natanael não sabiam ler, Jacob mandou que Rosalina lesse a carta em voz alta. Ernestina, preocupada, perguntou:

— O *sinhô* está dispensando os nossos serviços?

— Eu não só quero como exijo que continuem a trabalhar aqui na fazenda, porém a diferença é que receberão pelos seus trabalhos. Estou lhes dando as terras da ponte do barro vermelho; lá poderão plantar, colher, vender seus produtos como ovos e hortaliças e viver melhor.

Benedito sabia o porquê de o coronel estar fazendo aquilo; porém se resignou a aceitar sem levantar nenhuma objeção.

Rosalina, que ignorava o motivo, expressou:

— O *sinhô* me desculpe, mas eu não quero essa carta de alforria, pois já me sinto livre e sou grata por tudo o que o *sinhô* e a *sinhá* fizeram por nós.

Jacob, sorrindo, continuou:

— Benedito, vou lhe dar quinhentos contos de réis para que comece sua vida em paz com sua família, mas, por enquanto, Ernestina continuará sob nossos cuidados.

Benedito compreendeu o que o coronel estava tentando dizer e, emocionado, deixou que as lágrimas lhe escorressem pelo rosto; afinal, sabia que teria de recomeçar a vida sem Ernestina, sua companheira de jornada.

Rosalina disse:

– Coronel, eu não quero viver longe de Margarida. Estamos juntas há muito tempo e não será uma carta de alforria que me separará dela.

Jacob, satisfeito, continuou:

– Meus amigos, aqui está a escritura das terras e faço isso para agradecer pelos trabalhos que realizaram em minhas fazendas. Espero que multipliquem esses quinhentos contos de réis e que saibam fazer bom uso da terra.

Ernestina comentou:

– Mas eu gosto de servir tanto ao *sinhô* como à *sinhá* e não gostaria de deixar de trabalhar em sua casa.

– Ernestina, você continuará a trabalhar na cozinha, mas Zulmira passará a ajudá-la e não quero que fique fazendo esforço desnecessário. Zulmira levantará cedo, acenderá o fogão, ferverá o leite, fará o pão e todas as refeições; vocês poderão se ajudar.

Ernestina sentiu-se magoada e, fazendo beiço, perguntou:

– O *sinhô* não gosta mais de minha comida?

– Não se trata disso, você foi e sempre será a melhor cozinheira que já tivemos; mas como não anda bem de saúde queremos poupá-la.

– Não se preocupe, *sinhô*, eu já estou bem e posso continuar com minhas obrigações.

– Não quero mais que carregue baldes de água nem fique muito tempo exposta ao sol. Você ficará na cozinha conduzindo Zulmira e quando não tiver nada para fazer quero que fique confeccionando roupas para os outros. Aliás, tenho percebido que alguns de nossos homens estão malvestidos, hoje mesmo vou à vila e comprarei algumas fazendas de pano para que você possa fazer roupas para eles e para as crianças.

Ernestina não compreendeu o porquê de o coronel querer poupá-la do trabalho, mas, como não podia retrucar, permaneceu em silêncio obedecendo às suas ordens.

☙❧

Benedito, assim que pegou as cartas de alforria, pediu licença e se retirou do gabinete do coronel Jacob. Voltou para casa pensando: "Meu sonho sempre foi ter essa bendita carta de alforria, pois queria ser livre como um passarinho, mas, agora que sou um homem livre, não sei o que fazer com minha liberdade".

Com esses pensamentos, ele guardou as cartas e a escritura das terras que o coronel havia lhe dado. E, com lágrimas nos olhos, disse a si mesmo: "De que vale a liberdade se não terei Ernestina para dividi-la comigo? Nasci escravo e logo estarei sem minha companheira; preferia morrer escravo a ficar sem ela".

Depois de chorar muito, ele voltou ao trabalho. Sabia que teria de empilhar as sacas dos grãos de café, uma vez que Carmosino estava em outro celeiro. Ao chegar ao celeiro, Zaqueu se aproximou correndo.

— Dito, a dona Ernestina não está se sentindo bem e o coronel mandou que fosse ficar ao seu lado.

Benedito correu até a casa-grande e encontrou Eleonora ao lado da cama de Ernestina. Jacob estava em seu gabinete com Margarida e, ao ficarem sabendo do estado de saúde de Ernestina, ambos correram para ver se poderiam ajudar em algo.

Eleonora passava a mão na cabeça de Ernestina e, com os olhos úmidos, dizia:

— Fique tranquila, Ernestina, você já vai melhorar.

— *Sinhá*, não sei o que tenho, mas sinto que não tenho muito tempo nesta terra. Seja como for, ficarei bem, pois estarei ao lado de Ageu.

Benedito disse energicamente:

— Você não vai morrer, Tina. O problema é que anda muito nervosa e logo tudo isso vai passar.

Ernestina esboçou um sorriso para o marido, mas em seu íntimo sabia que não tinha muito tempo de vida. Eleonora, por sua vez, ficou a maior parte do tempo fingindo um otimismo que estava longe de sentir. Ernestina se sentia cansada e dissimulou estar com sono. Estava querendo ficar em silêncio e pensar em como fora sua vida.

Assim, ela começou a se lembrar da primeira vez que viu Eleonora e em como seu espírito se afinou ao da boa senhora.

Depois que Ernestina adoeceu, ela se esforçava para costurar, como havia combinado com Jacob, porém o cansaço não lhe dava tréguas.

Eleonora, preocupada, disse ao marido:

– Não acha que devemos chamar o doutor Afonso para acompanhar Ernestina? Estou percebendo que a cada dia que passa ela definha ainda mais. Isso está me deixando terrivelmente preocupada.

– De que vai adiantar chamar o doutor? Ele já deu seu diagnóstico e resta nos prepararmos para o pior.

Eleonora, ao ouvir as palavras do marido, não conteve a emoção e novamente passou a chorar. Vendo o estado da esposa, ele concluiu:

– Está bem! Vamos pedir que o doutor acompanhe Ernestina, mas não se iluda achando que ela vai melhorar porque isso não vai acontecer. Seu coração poderá parar de uma hora para outra.

O que se desconhecia na época era que Ernestina havia sido picada pelo mosquito chamado barbeiro e havia contraído a doença de Chagas.

Rosalina e Natanael estavam sempre ao lado da mãe. Margarida tentava acalmar a amiga dizendo que sua mãe era forte e que Deus não iria permitir que ela morresse, porém a moça parecia não ouvi-la. Os remédios que o médico havia receitado não faziam efeito algum sobre o mal que se abatera sobre Ernestina e, assim, a própria doente decidiu que não os tomaria.

Eleonora, em desespero, lançou mão de sua autoridade.

– Ernestina, você vai tomar os remédios que o doutor lhe receitou! É uma ordem.

– De que vale tomar esses remédios, *sinhá*? Eles me deixam pior do que estou! Agora, sinto minha barriga doer.

– Por favor, tome os remédios por mim, somos amigas e eu só quero o seu bem.

– *Sinhá*! Não se iluda achando que vou melhorar, estou chegando ao fim e ninguém poderá mudar isso.

Eleonora, chorando, se curvou diante de Ernestina e, mesmo deitada, deu-lhe um abraço afetuoso.

Com a doença de Ernestina a vida de todos sofreu sensível mudança. Rosalina já não dormia mais no quarto de Margarida; Benedito passou a beber todas as noites e Natanael começou a visitar Josino todas as tardes procurando consolo para sua dor.

Eleonora já não se importava tanto com os problemas domésticos e Jacob sofria ao ver o desespero da esposa. Com o passar dos dias, Ernestina já não falava direito e sua voz estava tão fraca que era necessário que se aproximasse o ouvido perto de sua boca para compreender o que ela estava dizendo.

Eleonora mandou que colocassem sua cadeira de balanço no quarto de Ernestina e assim ela passava a maior parte do tempo junto àquela que sempre lhe fora fiel.

Quando Eleonora estava muito cansada, Margarida dizia à mãe para descansar que ela ficaria sentada na cadeira de balanço.

Naquele dia, Ernestina não passou bem e o coronel mandou que chamassem Josino na esperança de que ele pudesse fazer alguma coisa. Assim que Josino entrou no quarto da enferma, pôde ver alguns espíritos ao lado da cama dela, que mantinha os olhos fechados.

Eleonora, ao ver Josino, pediu:

– Josino, por favor, faça alguma coisa! Não podemos perder Ernestina.

O ancião percebeu que os quatro espíritos que estavam ao lado de Ernestina eram desconhecidos para ele, porém viu dois que lhe eram familiares. Sem compreender, Eleonora viu Josino sorrir para um canto da parede.

– Não se preocupe, *sinhá*! Ernestina ficará bem.

– Bendito seja Deus.

– O corpo de Ernestina está cansado e doente; portanto, não aguentará muito tempo; mas seu espírito ficará bem ao lado de Ageu e daqueles que a querem bem.

Eleonora, compreendendo as palavras de Josino, entregou-se ao choro compulsivo. Todos se retiraram.

Na sala, Josino disse:

– Por que o desespero? Acaso não sabem que a morte não existe? O desespero de vocês está atrapalhando o trabalho dos espíritos que vieram ajudar Ernestina.

– Como pode dizer que a morte não existe? Estamos vendo Ernestina morrer e nada podemos fazer – disse Eleonora.

– Ernestina não está morrendo, apenas se transformando. Logo ela deixará o corpo físico e passará a ter um corpo espiritual, assim como Ageu, José e outros. Ageu e José estão no quarto esperando por Ernestina, que ficará bem.

Jacob, mudo diante das palavras de Josino, observava a expressão tranquila do velho escravo, que continuou:

– Vocês estão atrapalhando o trabalho da equipe que está ao lado de Ernestina. Chega de desespero e acreditem que ela vai para um lugar melhor. Todos nós faremos a mesma viagem um dia, isso é inevitável; portanto, aceitemos a sua passagem como livramento para seu espírito. Não é hora de choro nem de desespero, mas antes momento de fazermos preces para colaborar com os espíritos que estão ajudando a nossa querida Ernestina.

Assim, Josino convidou todos a acompanhá-lo em prece. Depois da oração, Rosalina avisou:

– Voltarei ao quarto para ficar com minha mãe.

Josino, ao ver Ernestina com Ageu e José, afirmou:

– Ernestina agora está bem! Ela acabou de fazer a grande viagem e seguirá com Ageu e José.

Eleonora, não acreditando nas palavras de Josino, correu ao quarto onde estava Ernestina e constatou que a amiga havia falecido. Enquanto isso, Josino viu os três sumirem diante de seus olhos e, emocionado, acrescentou:

– Vá com Deus, minha amiga. Que seja feliz em sua nova vida.

Rosalina começou a gritar em desespero; Benedito ficou ao lado do corpo morto, alisando o rosto daquela que fora sua companheira de jornada. Eleonora chorava baixinho com o coronel ao seu lado, dando-lhe apoio. Margarida ficou ao lado de Rosalina, que estava em verdadeiro desespero e, como nada conseguia acalmá-la, o coronel mandou que Zulmira fizesse um chá de cidreira para a amiga da filha. Natanael ficou no quarto, olhando para aquela que fora sua mãe, e vez por outra deixava escorrer uma lágrima. O coronel, embora se mostrasse firme, estava tão abalado que não conseguiu concatenar as ideias com respeito ao velório e funeral de Ernestina.

Eleonora avisou:

– Quero que Ernestina seja velada na capela e que seja enterrada no mesmo local de Ageu e José.

– Se é assim que quer, assim será – Jacob respondeu.

Jacob chamou Carmosino e o instruiu a fazer o caixão, comunicando onde seria o velório. Benedito continuava no quarto passando a mão no rosto da esposa quando Eleonora entrou.

– Dê-nos licença, Benedito, vamos arrumar o corpo de Ernestina.

Benedito, como se não estivesse ouvindo, permaneceu ali sentado, alisando o rosto da esposa. Depois de algum tempo, disse em tom rimado:

> Corpo velho e cansado, sofrido da lida,
> Deixou-me sozinho, com o peito em pedaço.
> Vejo seu corpo estendido, nesse leito de dor.
> Não há Ernestina, não há mais calor.

> Penso em nossa vida, em quando éramos cativos,
> Sofríamos calados, e não tínhamos abrigo.
> Vivíamos na senzala de um ruim sinhô.
> E calados nos abraçávamos, chorando nossa dor.

> Ernestina me deixou tão cedo;
> E fico pensando em meu triste desfecho.
> Rígida, inerte, nessa cama fria,
> Não há alegria, não há Ernestina.

Eleonora, ao ouvir aquelas palavras sentidas, não conteve as lágrimas. Sabia o quanto aquele homem estava sofrendo. Ele, que até então estava se segurando para não chorar, vencido pela dor, desabou em lágrimas.

Jacob chamou Josino e lhe pediu:

– Josino, Benedito está inconsolável e sinceramente não sei o que dizer a ele.

– Cada ser humano tem uma forma diferente de expressar sua dor e num momento como esse nada que disser poderá lhe aplacar o sofrimento.

– Mas como podemos ajudá-lo?

– A melhor maneira é deixá-lo sozinho; ele encontrará a força em seu interior para encarar a separação temporária de sua companheira de tantos anos.

Assim que a notícia da morte de Ernestina chegou aos ouvidos dos outros escravos, muitos choraram; afinal, ela era querida por todos.

Assim que amanheceu, Carmosino já havia terminado de confeccionar o caixão que abrigaria o corpo de Ernestina. Natanael, Jacob e Carmosino colocaram o corpo dela dentro do caixão, e Eleonora e Margarida arrumaram-na dentro dele.

Logo que o caixão saiu da casa-grande, uma pequena multidão estava do lado de fora e, em silêncio, acompanhou o caixão até a capela da fazenda.

Jacob, em respeito à Ernestina, suspendeu todos os trabalhos do dia, permitindo que os negros acompanhassem o funeral e o enterro. Também chamou o padre Bento para rezar uma missa de corpo presente e, como esse bondoso padre era um abolicionista, ele não se negou a comparecer.

Eleonora ficou sentada ao lado de Rosalina e Margarida. Benedito ficou do lado de fora da capela sentado em uma pedra sem conversar com ninguém.

O esquife de Ernestina seguiu para sua última morada logo no início da tarde. Benedito, chorando, pediu:

– *Sinhô*, permita que eu veja minha Ernestina pela última vez!

Jacob tomado de emoção mandou que colocassem o caixão no chão e abrissem para que Benedito pudesse se despedir.

Assim que o caixão foi aberto Benedito disse:

– Nunca pensei em ficar sem você, minha *nega*, queria que Deus tivesse me levado em seu lugar.

E, aproximando o rosto, beijou ternamente a face fria daquele corpo inerte e sem vida. Assim que se despediu, Jacob, com os olhos marejados, mandou que se fechasse a tampa do ataúde e que fosse levado para a cova ao lado de Ageu e José.

Rosalina, ao ver o caixão baixar à sepultura, começou a gritar para que não colocassem sua mãe naquele buraco fundo. Margarida, abraçando-a, deixou que ela exteriorizasse sua dor por meio de gritos e lamentos pungentes.

Josino ficou observando a cena e disse a Tobias:

– Eles sabem que Ernestina ficará bem, mas a falta de fé os impede de aceitar os fatos com clareza.

Tobias, que sempre estava às voltas com Josino, comentou:

– Um dia todos estaremos juntos no mesmo lugar que Ernestina, por esse motivo não vejo razão para tanto desespero!

– Isso acontece por causa da falta de fé! Se eles tivessem fé na continuidade da vida não ficariam sofrendo dessa maneira.

Tobias, segurando o chapéu em sinal de respeito, concordou com Josino.

Depois do enterro, todos se retiraram do local. Benedito foi para sua casa, pois queria ficar sozinho. Eleonora chorava copiosamente apoiada no ombro do marido. Margarida também chorava por ver o desespero de Rosalina e, de mãos dadas, ficou a lhe transmitir forças naquele momento difícil.

Todos na fazenda sentiram o passamento de Ernestina.

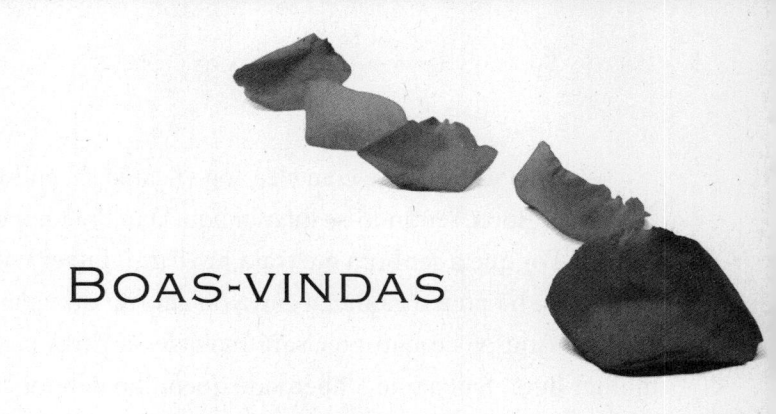

Boas-vindas

Ernestina acordou em um quarto estranho e percebeu que não estava na casa-grande. Ainda sonolenta, a recém-chegada da Terra observou que o quarto era limpo e arejado e havia somente a cama ao lado de uma mesa com uma toalha de renda e um jarro de água. Assim, pensou: "Meu Deus! Que lugar é este? Será que o coronel mandou que o doutor Afonso me trouxesse para cá?". Observando as alvas paredes e a grande janela aberta que ficava ao lado direito de seu leito, continuou refletindo: "Se a *sinhá* me mandou para este lugar, certamente é para que eu me cure...". E, com esses pensamentos, voltou a dormir placidamente.

Alguns dias se passaram e Ernestina acordou e viu uma senhora de tez clara, que lhe disse:

— Bom dia, Ernestina! Como se sente?

— Estou melhorando, com a graça de Deus.

— Fico feliz que esteja se sentindo melhor, e saiba que ficará ainda melhor, mas para isso é necessário descansar.

— Onde estão meu marido e meus filhos? Eles precisam saber que estou melhor e que logo voltarei para casa.

— Não se preocupe com sua família, preocupe-se somente com sua recuperação.

— Já não sinto o cansaço de antes nem a fraqueza que se apoderou de mim; portanto, acho que minha família e a *sinhá* precisam saber disso.

– Não se preocupe com eles, logo ficarão sabendo de sua recuperação.

Ernestina, sentindo-se inferior àquela mulher por ser negra, perguntou:

– Por que a senhora me trata tão bem? Talvez não tenha notado, mas sou negra, há pouco ganhei a carta de alforria do *sinhô* Jacob.

– Aqui você não precisará mais dessa carta para provar que é uma mulher livre. Saiba que a liberdade quem lhe deu foi Deus.

Ernestina, sem compreender o que a mulher estava dizendo, completou:

– De fato abaixo de Deus só o *sinhô* Jacob, que é um santo homem.

– Desculpe, deveria ter me apresentado. Chamo-me Dirce e estou aqui para ajudá-la no que for necessário.

– A senhora parece ser uma boa mulher, pois em vez de eu ajudá-la a senhora é quem me oferece ajuda!

– Ernestina, aqui não há distinção de cor, raça e posição social, todos somos irmãos, porque somos criaturas do mesmo Criador: Deus.

Ernestina gostou do que ouviu, mas começou a sentir o ar lhe faltar e, entrando em desespero, disse:

– Dona Dirce, ajude-me, estou com falta de ar. Sei que estou no fim, só diga a dona Eleonora para cuidar de meus filhos.

Dirce, compadecendo-se, aproximou-se do leito e, espalmando a mão, deixou que fachos de luz saíssem do centro das palmas e de seu peito. Ernestina observava tudo aquilo; porém, sem poder dizer uma única palavra, adormeceu. Dirce saiu do quarto deixando-a sozinha.

სიჩუ

Ernestina acordava e voltava a dormir com os passes que Dirce lhe aplicava. Certo dia despertou sentindo seu corpo completamente revigorado.

Ao ver Dirce entrar sorrindo, comentou:

– Estou me sentindo tão bem que nem parece que estou à beira da morte.

Dirce, olhando-a com carinho, expressou:

– Ernestina, precisamos conversar. Você não está à beira da morte, mas já passou por ela.

– Concordo que estou melhor, mas dizer que passei pela morte já é demais.

– Você precisará compreender que a morte não existe, pois ela é um meio que Deus, nosso Pai, forneceu para que possamos evoluir moralmente. Antes de viver na Terra como Ernestina, uma negra cativa, você já vivia em espírito e a morte foi o livramento completo de seu espírito. Não percebeu que a cada dia que passa você vem se sentindo melhor? Isso ocorre porque você, como espírito, está livre daquele corpo doente. O corpo físico que usamos quando voltamos a viver na Terra é frágil e sujeito à doença e morte. A vivência na Terra se faz necessária para que nosso espírito progrida e aprenda, e isso explica por que enquanto vivemos no orbe terrestre estamos sujeitos a tantas dores e sofrimentos.

Ernestina ouvia com atenção as palavras de Dirce e se lembrou de Josino, que dizia que a morte não existia. Perguntou:

– Se estou realmente morta onde estão todos os que partiram? Meu pai, meu filho, José e tantos outros?

– Quanto a José, Simão, seu pai, e Ageu, eles vivem nesta colônia, já sua mãe vive em outra, mas com o tempo você poderá visitá-la.

Ernestina naquele momento sentiu uma emoção indefinível, afinal rever aqueles a quem amava para ela era quase inverossímil.

Dirce continuou:

– Há duas pessoas que querem vê-la. Estão no corredor esperando a sua permissão.

– Por favor, peça que entrem.

Dirce foi até a porta.

– Vocês podem entrar, mas lembrem-se de que a visita não poderá se estender por muito tempo.

Enquanto Dirce conversava com as pessoas que estavam no corredor, Ernestina prestou atenção no quarto em que estava e não deixou de notar que ele não era muito espaçoso, porém as paredes eram alvas como a neve e não havia muita mobília. A janela era grande e o sol entrava no aposento, refletindo-se no chão. Ela também notou que tudo era limpo e o ambiente, agradável.

Nesse momento entrou Ageu, levando um ramalhete de flores. Quando Ernestina o viu mal pôde acreditar. Com a voz embargada de emoção, falou:

— Então o que dona Dirce disse é verdade?

— Sim, minha mãe. As pessoas se desesperam quando alguém morre, mas não imaginam que esse alguém pode estar em melhores condições e felizes. Foi o que aconteceu comigo; embora o coronel sempre foi um bom homem, a senhora sabe que eu nunca fui feliz, pois a condição de escravo me fazia sentir-me humilhado.

Ernestina, não conseguindo conter a emoção, comentou:

— É difícil ser feliz quando se é escravo, mas confesso que fui feliz nos anos em que vivi com a *sinhá* Eleonora.

— Mãe, sei que não fui um bom filho, e não disse certas coisas enquanto estávamos na Terra por vergonha de me expor.

Ernestina empertigou-se na cama.

— O que tem a me dizer, meu filho?

— Eu a amo, minha mãe...

Ernestina, com lágrimas nos olhos, estendeu os braços e apertou Ageu contra o peito.

Dirce, comovida, interrompeu os dois:

— Ernestina, tem outra pessoa que quer vê-la.

— Diga que entre — ela respondeu.

Simão entrou e, sorrindo, disse:

— Seja bem-vinda, minha filha!

— Meu Deus! Não posso acreditar no que estou vendo.

— Minha filha, quando fui açoitado no tronco até a morte, primeiro passei por sofrimentos maiores, pois, como sabe, eu praticava feitiçarias e prejudiquei muita gente, mas, depois de alguns anos, cansado de sofrer naquele vale de dor, arrependi-me profundamente das maldades que pratiquei e recebi ajuda dos irmãos desta colônia.

Para Ernestina tudo era novo e ela não compreendeu as palavras de seu pai, mas mesmo assim ficou feliz em revê-lo e abraçá-lo.

Dirce, percebendo que os dois poderiam deixar Ernestina confusa, interrompeu a conversa.

– É muita emoção para um único dia. Ernestina precisa descansar. Logo ela sairá do quarto e vocês poderão conversar livremente.

Os dois abraçaram Ernestina e se retiraram, obedecendo às recomendações de Dirce. Assim que eles saíram, Ernestina fitou Dirce.

– Obrigada por permitir que viessem me visitar.

– Não é a mim que tem de agradecer, mas antes a Deus, por permitir tal reencontro.

Ernestina lembrou-se daqueles que havia deixado na Terra. Ficou pensando em como eles estariam enfrentando sua ausência. De repente, sentiu uma angústia que não sabia explicar e logo vieram à sua cabeça Benedito e Rosalina. Sem perceber, ela ficou agitada. Dirce indagou:

– O que a aflige?

– Como sabe que estou aflita?

– Senti que você está precisando de ajuda.

– Sinto-me angustiada e tudo começou quando pensei em minha família que ficou na Terra.

– Não se preocupe com os que ficaram na Terra; não se esqueça de que a separação é temporária e, embora estejam sentindo sua falta, cada um continuará a seguir sua jornada.

Ernestina, que continuava angustiada, expressou:

– Penso em meus filhos que ficaram e, embora saiba que eles estão amparados sob os cuidados do *sinhô* Jacob, não deixo de me preocupar.

– Não se preocupe, pois, antes de o senhor Jacob cuidar deles, Deus está cuidando de todos.

– Quando o coronel Jacob foi até a casa do senhor Bernardo para me comprar, eu não aceitei sem que minha família fosse comigo. Depois de um tempo, Ageu, revoltado com sua condição de escravo, exigiu a carta de alforria e foi embora. Chorei por muitos anos e, quando meu filho voltou, senti que minha família novamente estava completa. Depois que ele partiu para o plano espiritual, uma parte de mim partiu com ele, e agora sou eu quem está com ele e mesmo assim sinto que estou sem minha família.

Dirce, com naturalidade, esclareceu:

– Ernestina, não perdemos quem verdadeiramente amamos, o que houve foi apenas uma separação temporária, mas pense que logo vocês estarão todos reunidos novamente e em condições melhores.

– Você tem notícias de minha família?

– Ainda não, mas logo você saberá como cada um está vivendo na Terra.

Percebendo que Ernestina continuava angustiada, Dirce pediu que ela se sentasse na cama e juntas fizeram sentida prece. Depois a atendente estendeu as mãos sobre a cabeça de Ernestina e pediu que ela não pensasse em sua família e sim na bondade de Deus.

Ernestina fechou os olhos e sentiu a paz invadir todo o seu ser. Assim que abriu os olhos, disse:

– Não estou mais sentindo a angústia de momentos atrás. O que você fez?

– Tudo no mundo é envolvido por energias, que podem ser boas ou más. Aqui nesta colônia todos fornecem boas energias e, assim, a paz de Deus, que envolve todo pensamento, acaba envolvendo aquele que está com o coração oprimido ou até mesmo doente.

Ernestina sorriu e estendeu a mão para Dirce em agradecimento.

– Não tem por que me agradecer. Lembre-se de que somos irmãos e precisamos nos ajudar mutuamente. Agradeça a Deus por ter recebido ajuda no momento de seu passamento.

– Lembro-me de um sonho que tive em que José e Ageu estavam comigo no quarto da casa-grande. Isso realmente aconteceu ou foi apenas coisa da minha cabeça?

– Aconteceu. Não foi um sonho, pois tanto José como Ageu estiveram com você na casa-grande. Enquanto seu corpo ia definhando, uma equipe de desligamento foi auxiliá-la. Você não se lembra dessa equipe porque seu espírito estava em um estado de perturbação. Depois que a equipe concluiu o trabalho, Ageu e José a acompanharam até aqui onde você está.

Ernestina tinha muitas perguntas, mas percebeu que deveria aguardar um pouco para mais questionamentos.

Dirce aconselhou:

– Você precisa descansar. Amanhã sairá do quarto e conhecerá cada parte do Centro de Recuperação e suas dependências.

Ernestina sorriu ao ouvir que poderia sair da cama, mas sentiu suas pálpebras cada vez mais pesadas, até que adormeceu.

Dirce saiu do quarto e foi visitar outros recém-chegados da Terra.

Respeito

Eleonora acordou naquela manhã e, ao ver Justina, sentiu pena da velha escrava e decidiu:

— Justina, a partir de amanhã não quero mais que continue a trabalhar, acho que já trabalhou muito nesta vida e agora está na hora de descansar.

— *Sinhá*, como sabe não gosto de reclamar, mas cada dia que passa minhas forças estão diminuindo ainda mais; ontem, ao entornar a água, não aguentei com o peso da lata e acabei caindo na soleira da porta.

— Quantos anos você tem?

— Não sei dizer, não. Mas já trabalhava com o coronel Alfredo; acho que estou beirando os oitenta anos.

— Antes de Ernestina chegar a esta casa, você já era nossa cozinheira e não é justo que só porque ela morreu você volte a trabalhar.

Justina sorriu para a *sinhá*.

— Que Deus a abençoe, *sinhá*, estou cansada da lida.

— Que Deus abençoe a nós todos desta fazenda.

Justina sorriu, enquanto Eleonora arrumava a mesa do café.

Assim que o coronel Jacob desceu para o desjejum, Eleonora falou:

— Jacob, precisamos comprar outra escrava que cozinhe, pois Justina já está muito velha e não é justo que só porque Ernestina morreu a façamos voltar ao trabalho.

– Mas nesta fazenda não há mais mulheres que cozinhem?

– Essas pobres mulheres trabalham no roçado e não sabem cozinhar.

Jacob concordou com a esposa.

– Está bem, vamos procurar outra cozinheira; afinal, Justina começou a ficar na cozinha quando eu ainda era um rapazote.

– Mas não sei de nenhum fazendeiro que queira vender uma escrava cozinheira.

Jacob pensou por alguns instantes.

– Há alguns meses, o amigo Homero disse que queria vender sua escrava cozinheira porque a esposa estava sentindo muito ciúme dela.

Eleonora refletiu e então respondeu:

– Para a mulher de Homero sentir ciúme dele com a cozinheira, certamente ele deve ter aprontado alguma coisa.

Jacob, que não gostava de falar da vida alheia, respondeu:

– Se quiser, podemos ir até a fazenda dele para saber se ainda está com a escrava.

– Está bem! Vou mandar Zaqueu levar uma missiva avisando que vamos visitá-los logo mais à noite.

– Não é de bom-tom uma missiva de uma mulher; pode deixar que eu mesmo redijo a missiva.

– Então escreva-a logo após o café, pois quero que chegue o quanto antes às mãos de Homero Antunes. Não vamos até lá para fazer uma visita de cortesia, queremos apenas comprar sua escrava cozinheira.

Homero Antunes era um fazendeiro do qual o coronel não gostava, pois não era muito honesto em seus negócios, principalmente quando ia vender seus grãos; ele roubava no peso e ficava ofendido se alguém duvidasse de sua palavra.

Desse modo, o coronel tomou o café da manhã e se dirigiu ao seu gabinete a fim de redigir a tal missiva. Eleonora, por sua vez, era amiga de Ana, a esposa de Homero, e ficou feliz em poder revê-la.

Eleonora sentia muito a falta de Ernestina e sabia que as coisas eram bem mais fáceis quando ela estava a seu lado. Vez por outra, ela se pegava pensando na escrava e sentia uma saudade infinita da amiga com quem conversava sobre tudo.

Ernestina com o tempo havia se tornado confidente de Eleonora, de modo que agora ela se sentia sozinha e não era incomum a pobre mulher chorar ao lembrar-se da amiga que partira.

Nos primeiros meses após a morte de Ernestina, Rosalina, que já se alimentava pouco, passou a se alimentar menos ainda. Margarida vivia a lhe chamar a atenção, porém ela chorava ao sentir que sua família estava incompleta.

Benedito, depois da morte de Ernestina, já não era o mesmo homem espirituoso de sempre e não se reunia no terreiro, ficando sozinho na casa que morara com aquela que fora sua companheira de jornada. Ele aceitou o dinheiro e as terras do coronel, porém permaneceu morando na fazenda com a permissão de Jacob. Todas as noites era comum Benedito tomar uma dose de cachaça para dormir, pois a falta da esposa o havia transformado em um homem taciturno, que pouco falava.

Natanael, por sua vez, ao se ver sozinho com o pai na velha casa, decidiu morar com Anastácia, sua namorada, na casa que fora de Silvino. Jacob gostou da atitude do rapaz, pois mostrou a firmeza de caráter em querer construir a própria família.

Um dia chegou aos ouvidos do coronel que Benedito estava bebendo todas as noites e, por essa razão, Jacob chamou-o para conversar. Benedito não estava disposto a ir à casa-grande, mas não se atreveu a contestar o patrão.

Na cozinha, ele mal tocou na comida, e Justina, ao perceber que Benedito não estava comendo, perguntou:

– Dito, a comida está ruim?

– De maneira alguma! Está ótima! Mas estou sem fome.

Benedito se esforçou para comer e ficou esperando o coronel chamá-lo. Não demorou muito e a própria Eleonora foi até a cozinha:

– Benedito, Jacob o está esperando em seu gabinete. Vamos logo, pois ainda temos de sair.

Ao bater à porta, Benedito ouviu uma voz dizer:

– Entre, Benedito!

– O *sinhô* quer conversar comigo?

— Sim! Sente-se que a conversa vai ser curta e espero que surta resultados. Benedito, fiquei sabendo que depois da morte de Ernestina você está bebendo todas as noites, acaso é verdade?

— Mas quem lhe contou que estou tomando uma caneca de cachaça para dormir?

— Não se preocupe com quem me contou; essa pessoa está preocupada com você.

— Mas eu sou um homem livre ou não?

— Você disse bem! Um homem de verdade não fica escondendo suas mágoas em canecas de cachaça. Você trabalha conosco há tantos anos e nunca o vi bêbado, muito menos ouvi relato de que estava bebendo.

Benedito sentiu-se envergonhado e abaixou a cabeça, esperando que o coronel continuasse. Jacob estava com pena daquele homem, mas sabia que naquele momento era necessário ser firme, então falou:

— Benedito, não sei o que está sentindo, pois ainda tenho minha família comigo, mas posso imaginar sua dor, principalmente ao chegar em casa e não encontrar Ernestina.

Nesse momento, Benedito não se conteve e começou a derramar lágrimas. Jacob, ao ver que aquele homem franzino chorava, apiedou-se e, com suavidade na voz, continuou:

— Meu amigo, quando um homem se entrega à bebida para fugir de sua realidade, perde o respeito dos outros e com o tempo o dele mesmo. Beber para esquecer não trará Ernestina nem Ageu de volta. Além disso, Josino me disse que eles estão bem no lugar onde estão. Por que se entregar ao desespero? Você não é um homem fraco, é um guerreiro, e confesso que estou decepcionado com essa atitude.

Benedito, ao ouvir as últimas palavras de Jacob, envergonhou-se e passou a chorar ainda mais. Jacob sabia que estava sendo duro com ele, que estava sofrendo a ausência da esposa, mas sabia que era um mal necessário.

— Benedito, não quero vê-lo bêbado; afinal, você nunca o fez antes e não vai fazer agora que já está em idade avançada.

Benedito, sem dizer uma única palavra, continuou chorando, e o coronel, percebendo que não tinha mais o que dizer, encerrou a conversa:

– Quando se sentir sozinho, venha até o terreiro e se junte com os demais, e quando precisar de palavras de consolo procure por Josino, que está sempre pronto para ajudar.

– O *sinhô* nunca mais vai ficar sabendo que coloquei uma caneca de cachaça na boca, pois sou um homem forte e provarei isso a todos.

– Esse é o Benedito que conheço! O homem forte de quem tenho orgulho de chamar de amigo.

– Conheci Ernestina quando ela tinha catorze anos e, para que o capitão do mato não a tomasse, fiquei com ela ali mesmo na senzala. Logo ela engravidou de Ageu e ficamos muitos anos juntos, é difícil ficar sem ela, mas não vou mais chorar nem beber, juro ao *sinhô*.

– Sinto orgulho em tê-lo como amigo; portanto, espero que cumpra com sua palavra.

Benedito saiu do gabinete sentindo um vazio que nem ele mesmo conseguia entender. Ao sair da casa-grande decidiu fazer o que o coronel lhe sugerira: foi conversar com Josino.

❧

Jacob e Eleonora foram à casa de Homero para comprar a negra cozinheira. Ao chegar à casa-grande do fazendeiro com quem não simpatizava, Jacob fingiu uma alegria que estava longe de sentir. Assim que entrou, Homero, sentindo-se vaidoso em ter o homem mais influente das redondezas em sua casa, esmerou-se em recebê-lo.

Ana conversou animadamente com Eleonora. O coronel, logo que chegou, querendo resolver o assunto, avisou:

– Homero, infelizmente não viemos fazer uma visita de cortesia. Viemos até aqui para saber se sua cozinheira ainda está à venda.

– Rita ainda está à venda. Acaso o senhor se interessa pela negra?

– Sim! Como sabe, há pouco mais de três meses, perdemos nossa cozinheira e a que temos está muito idosa para trabalhar; portanto, estou disposto a comprar do senhor a cozinheira, faça seu preço.

Homero, que era um homem ganancioso, sorriu, encheu dois copos de licor e serviu um deles ao coronel enquanto pensava. Depois de alguns instantes disse:

– Quero seiscentos contos de réis.

Jacob achou que ele havia exagerado, mas como havia dito para ele colocar o preço respondeu:

– Eu pago os seiscentos contos de réis.

Homero sorriu satisfeito e foram ao gabinete para concluir o negócio. Assim que eles saíram, Homero disse à esposa:

– Ana, vá buscar Rita! Agora ela pertence ao coronel Jacob e a sua esposa.

Ana gostou da notícia, afinal ela sabia que seu marido havia se deitado com a mulata. Não demorou muito para que Rita aparecesse na sala. O coronel, ao vê-la, perguntou:

– Quantos anos tem?

– Não sei não, *sinhô*! – respondeu a moça olhando para o chão. O coronel percebeu que ela não tinha mais que vinte e poucos anos.

Eleonora, olhando-a, percebeu que ela tinha uma cicatriz de queimadura no braço, porém evitou fazer qualquer tipo de questionamento.

Logo, os três saíram da casa de Homero e Ana disse:

– Dei graças de você ter vendido aquela inútil!

Homero ouviu o comentário e, embora tivesse exagerado no preço, não gostou de ter vendido a mulata, pois o que Ana desconhecia era que ele ainda sentia-se atraído por Rita.

– De hoje em diante não quero mais ouvir no nome de Rita e muito menos que me deitei com ela; espero que, a partir de agora, esse seja um assunto do passado.

Ana, que já não amava mais o marido, respondeu:

– Se tivesse se deitado com uma meretriz eu não me sentiria tão ofendida como me senti ao ser traída com uma negra!

– Você continua com essa conversa! Não quero mais falar nesse assunto!

Irritado, Homero trancou-se em seu gabinete para guardar o dinheiro da venda da escrava.

Enquanto isso, Jacob ia falando para a esposa:

— Não gosto desse homem! E quanto a você, Rita, espero que se esqueça dos ultrajes que passou, pois todos os fazendeiros da região sabem que Homero gosta de se aproveitar de suas escravas.

Rita permanecia calada, segurando sua pequena trouxa de roupas. Eleonora, sem conter a curiosidade, perguntou:

— Que cicatriz é essa que você traz no braço?

— Foi a *sinhá* que jogou água fervendo em mim quando soube o que o marido dela havia feito comigo.

Eleonora, escandalizada, falou:

— Não posso acreditar que Ana tenha feito isso, ela é uma mulher tão amável...

Jacob disse:

— Amável conosco, que somos brancos e ricos, mas pode ter certeza de que ela não é nem um pouco amável com seus escravos.

Rita se limitou a ficar calada, pois não era acostumada a conversar com seus donos. Ao chegarem à casa-grande, Eleonora disse:

— Hoje você ficará neste quarto ao lado da cozinha. Depois vamos providenciar uma casa para você morar.

Jacob, assim que entrou, dirigiu-se para seus aposentos, pois sentia sono e, no dia seguinte, teria de se levantar mais cedo que de costume, uma vez que era início da colheita.

Rita não estava acostumada a dormir em um quarto, pois todas as noites quando encerrava o trabalho na casa-grande se juntava aos demais na senzala. Eleonora, percebendo a timidez da moça, perguntou:

— O que sabe fazer?

— Faço de tudo na cozinha, *sinhá*, pois minha mãe era cozinheira e me ensinou muitas coisas.

— Amanhã vou lhe providenciar roupas decentes para vestir. Você já se alimentou?

— *Sinhá*, para falar a verdade estou com fome, pois a *sinhá* Ana não me deixava comer da minha própria comida, eu tinha de me juntar aos outros para comer o angu que eles comiam. Mas, sempre que eu terminava meu trabalho na cozinha, já não tinha mais angu, de modo que eu só comia uma vez por dia.

Eleonora, não contendo a irritação, desabafou:

– Como Ana pode ser tão má com os escravos? Bem que Jacob disse que os dois são iguais. Sente-se, vou ver o que tem para jantar. Depois, você vai dormir e amanhã vou lhe explicar como gosto que se façam as coisas em minha cozinha.

Rita assombrou-se ao ouvir tal comentário, pois Ana nunca se preocupara em saber se ela sentia fome, muito menos em lhe mandar sentar para lhe servir algo.

Eleonora foi até as panelas e viu que ainda havia feijão, arroz e frango. Ela pegou um prato e preparou a comida, colocando-o diante da escrava. Observando-a comer rapidamente, sorriu.

– Coma devagar – avisou –, há mais comida na panela caso queira comer mais.

Rita sorriu para Eleonora. Depois que ela jantou, dirigiu-se ao quarto indicado por Eleonora e pela primeira vez em sua vida sentiu o conforto de uma cama.

Eleonora, assim que entrou em seu quarto, comentou tudo o que ocorrera momentos antes com Jacob, que afirmou:

– Eu sempre disse a você que Ana não era diferente de Homero, mas você dizia que ela era uma dama gentil... Aqueles dois nunca me enganaram, sempre soube que eles não prestavam, pois ele defende a escravatura com unhas e dentes.

– Como nos enganamos com as pessoas... Jamais imaginei que Ana fosse capaz de um ato vil como esse, mas de hoje em diante passarei a evitá-la.

– Querida, se for evitar todas as senhoras más, ficará sem amigas, pois quase todas fazem o que o marido manda. Isso quando não aprovam também!

– Você se lembra de quando compramos Ernestina e sua família? Ela também parecia um bicho acuado assim como Rita, mas depois se tornou minha melhor amiga.

— Como poderia me esquecer? Ela não arredou o pé enquanto não compramos a família inteira.

— Ernestina era muito melhor do que muitas senhoras brancas que conheço: tinha bom coração, era fiel, ademais nos amava como patrões — afirmou sem conter as lágrimas. Apoiando-se no peito do marido, lastimou-se: — Por que minha amiga teve de partir tão cedo? Sinto tanta saudade dela que às vezes meu peito fica oprimido.

— Não temos de reclamar de nossos negros, pois eles nos amam, sinto isso em cada gesto e em cada olhar durante o trabalho.

— Os outros negros podem até nos amar, mas como essa família... Você se lembra quando Margarida foi à capital da província para estudar? Rosalina chorava dia e noite e estava mais magra que um anzol. E quando Margarida retornou? A alegria de Rosalina era visível, tanto que chegou a dormir no chão somente para ficar próximo à nossa filha.

Jacob sorriu ao se lembrar.

— Sempre gostei da família de Benedito, até mesmo de Ageu, que era revoltado, eu gostava. Vou lhe confessar uma coisa: nunca os vi como escravos, para mim eles sempre foram pessoas como nós — confessou o coronel.

— Então você vê os demais diferentes de nós?

— Não. Temos aqui pessoas que trabalham e como pagamento recebem um bom tratamento.

— Orgulho-me de você, senhor meu marido.

Jacob, nesse momento, virou-se para a esposa e lhe deu um afetuoso beijo na testa.

Centro de Recuperação

Ernestina andava pelas unidades do Centro de Recuperação e pôde ver brancos e negros juntos, vivendo como verdadeiros irmãos. Vez ou outra, Ageu e José iam ter com ela e tais visitas deixavam-na feliz e sorridente.

Dirce passou a lhe explicar sobre o funcionamento da colônia e como era o serviço delegado a quem estava pronto para prestar auxílio.

Em uma tarde, Ernestina estava no jardim da colônia quando viu Simão se aproximar trazendo uma flor.

– Como é bom vê-lo!

– Pelo que vejo você está bem e já não sente mais dores no peito, cansaço nem falta de ar...

– É verdade, sinto-me como se tivesse meus vinte anos.

– Minha filha, todos os dias agradeço a Deus por estar neste lugar bendito e, a cada gesto de nossos irmãos e a cada trabalho, vejo a bondade divina em ação.

– Papai, o senhor não veio imediatamente para este lugar, não é mesmo? O que aconteceu?

Simão, suspirando, relatou:

– Minha filha, você sabe que, quando vivi na Terra, trouxe comigo os ensinamentos de nossos antepassados sobre feitiçaria.

– Não me lembro, apenas me recordo que o senhor por diversas vezes ficava em um canto da senzala falando com alguém e depois sumia no mato por diversos dias, e quando o capitão do mato o achava sempre o colocava no tronco...

Simão passou a contar:

– Filha, realmente eu ficava nos cantos das senzalas fazendo meus rituais de feitiçaria para destruir todos os que judiavam de nosso povo. Eu tinha um ódio terrível do pai do *sinhô* Bernardo, aquele homem sabia fazer maldades como ninguém. Eu o odiava e passei a usar meus conhecimentos para prejudicar aqueles a quem eu considerava inimigos, mas, como você está vendo, a vida não se encerra com a morte e os espíritos acabavam por atender aos meus apelos. Uma vez matei uma galinha e fiz uma feitiçaria para o coronel, que ficou doente da cabeça, e para o capitão do mato, que ficou aleijado. Isso tudo aconteceu porque eu só pensava em me vingar dos que judiavam de mim e de minha família. Sua mãe sempre foi contra e pedia que eu parasse com aquilo, mas nunca lhe dei ouvidos. Foi então que, numa dessas escapadas, o capitão do mato, Matias, pegou-me e me matou no tronco, dizendo para a *sinhá* que eu era feiticeiro. Ao deixar o corpo de carne, senti muito ódio em meu coração e me liguei a outros espíritos que haviam sido escravos, decidindo me vingar do *sinhô* e da *sinhá*.

– Mas por que o senhor fez isso, meu pai?

– Por que eu tinha um coração ruim e, em vez de perdoar as ofensas, guardava-as dentro de mim. Meus companheiros de maldade diziam que eu era escravo deles, porque haviam me ajudado e eu devia isso a eles. Então fui obrigado a fazer coisas contra pessoas que não conhecia. Se não fizesse, era castigado. Percebi, então, que, embora a escravidão na Terra fosse algo ruim, a escravidão no mundo dos espíritos era algo muito pior. Cansado dessa vida, passei a me lembrar de cada maldade que cometi e me arrependi. Deus, em sua infinita bondade e misericórdia, permitiu que os irmãos maiores fossem às zonas inferiores e me resgatassem. Depois disso, vim para cá e conheci a verdadeira liberdade. Hoje sou feliz.

Ernestina olhava para Simão com ternura, porém se limitou a deixá-lo extravasar o que tinha guardado em seu coração. Ele continuou:

– Quando cheguei aqui, percebi o quanto tudo era diferente; passei a frequentar os cursos da colônia, aprendi que o bem constrói, enquanto o mal destrói a tudo e a todos.

Ernestina, intrigada, perguntou:

– Não entendi. Pode me explicar melhor?

– Minha filha, fazendo o bem, construímos sólidas amizades e podemos projetar um bom futuro. O bem e o mal estão presentes em nós todo o tempo, mas o caminho que vamos seguir dependerá das escolhas que fizermos. O mal destrói o respeito que temos por nós próprios, pois quando eu estava nas zonas inferiores pensava: "Nada tenho a perder, então farei o que me mandam", e assim fui contraindo dívidas com muitas pessoas. Quando chegar o momento de voltar à Terra, estou ciente de que voltarei próximo a todos aqueles que prejudiquei, porém enquanto isso não acontece estou aproveitando para trabalhar e aprender.

– Papai, gosto deste lugar e agradeço a Deus todos os dias por permitir que eu esteja aqui, mas confesso que já não aguento mais ficar o tempo todo sem fazer nada, gostaria de ajudar de alguma forma.

– Aqui, minha filha, não somos obrigados a nada. Mas existem muitas leis que regem o Universo e uma delas é a Lei do Trabalho; consequentemente, a Lei do Progresso. Como o irmão Orlando nos ensina, não há progresso sem trabalho. Eu trabalho como ajudante em uma equipe especializada em desligamento e, por essa razão, sempre estou na crosta para ajudar algum espírito a se libertar da matéria. Ainda tenho muito o que aprender, mas confesso que esse trabalho me traz muitas alegrias, principalmente quando se trata de bons espíritos, que logo recebem ajuda ao deixar o corpo físico.

Ernestina olhou surpresa para o pai, pois sabia que quando encarnado ele não fazia nada para ajudar ninguém, principalmente quando havia doentes nas senzalas, além de estar sempre mal-humorado.

– Mas, pai, como é exatamente esse trabalho?

– Minha filha, o que liga o espírito ao corpo físico é um cordão prateado e, quando estamos na carne, nosso espírito por diversas vezes, durante o sono, entra em contato com o mundo espiritual ligado apenas por esse cordão, que não tem limite e permite ao espírito ir aonde quiser. Isso explica o porquê de, muitas vezes, acordarmos sentindo que estamos caindo. Enquanto o cordão estiver atado ao corpo de carne, fica claro que naquele corpo ainda há um espírito, que pensa, age e sente. Mas, como sabemos, o corpo físico é limitado e está sujeito a enfermidades e à morte. Quando uma pessoa está prestes a deixar o corpo material há espíritos que trabalham nesse serviço de desligamento. Eles ajudam a desligar o cordão. Mas, na maioria das vezes, esses espíritos estudam o melhor momento de ajudar no desprendimento desse cordão, e isso pode levar um tempo. Quando há agonia nos momentos da morte, isso denota o pouco adiantamento daquele espírito, pois, quando o espírito tem certo adiantamento moral e espiritual, esse desligamento tende a ser suave, não deixando qualquer sinal de sofrimento.

— Mas como esses irmãos conseguem trabalhar com os familiares por perto, chorando a perda daquele ente querido? Isso não atrapalha os trabalhadores do bem?

— Minha filha, a dor dos entes queridos atrapalha e muito esses incansáveis trabalhadores da seara do bem; por essa razão, eles fornecem energias para que o espírito se revigore por alguns momentos e, finalmente, os familiares fiquem mais tranquilos.

Ernestina se lembrou de alguns casos que ela mesma presenciara.

— Papai, lembro-me de vários casos em que as pessoas estavam muito doentes e de repente melhoravam em seguida, sendo que horas depois estavam mortas. Por que isso ocorre?

— Essa falsa melhora acontece quando os trabalhos da equipe de desligamento estão sendo obstruídos pelos familiares. Assim, eles fornecem energia para o espírito e o corpo físico apresenta uma repentina melhora, deixando os familiares tranquilos. Quando eles veem que os familiares já não estão atrapalhando, concluem o trabalho de desligamento. Mas esse desligamento não é repentino, pois essa equipe vem trabalhando gradualmente para ajudar o espírito a se desvincular do corpo. Todos se concentram e pedem ajuda do Alto para haver êxito. Eu apenas acompanho esses trabalhos, mas logo, com a permissão de Deus, estarei trabalhando efetivamente.

Ernestina percebeu um brilho no olhar de Simão e viu o quanto ele estava feliz em seu novo trabalho.

— Mas, papai, o que é necessário para fazer parte dessas equipes?

— Primeiro, que se faça um curso especial aqui na colônia, onde se aprende teoricamente como ajudar no desligamento do espírito. Segundo, ter força de vontade para prosseguir nessa empreitada. Fiz o curso durante algum tempo e agora estou acompanhando os irmãos especializados nesse trabalho para aprender na prática.

— Como posso ser útil?

— Há muitas maneiras de se ser útil, minha filha; podemos vibrar por aqueles que ainda estão no corpo de carne, trabalhar, fazer os cursos que a colônia oferece; enfim, há várias maneiras de sermos úteis.

— Com quem poderia falar?

— Converse com o irmão Albano. Ele saberá instruí-la.

Ernestina estava feliz em poder conversar com seu pai e, por um momento, sentiu saudade da mãe.

— Papai, tem visto mamãe?

— Sim, estive com ela ontem e ela ficou imensamente feliz em saber que você está na colônia. Disse que amanhã virá visitá-la.

Ernestina mal podia acreditar no que estava ouvindo; afinal, desde que sua mãe morrera, jamais imaginara que pudesse revê-la.

— E como ela está?

— Amanhã você verá.

Não demorou muito e duas pessoas se aproximaram: André e uma senhora. Ernestina olhou para aquela mulher e notou apenas que era negra, mas não a reconheceu.

André disse:

— Que a paz de Deus esteja convosco, meus irmãos.

Simão e Ernestina retribuíram os cumprimentos e a mulher cravou o olhar em Ernestina.

André, que era um dos cooperadores da colônia, falou:

— Desculpe, acho que não conhece nossa irmã Antonia, ela veio de outra colônia somente para vê-la, Ernestina.

Ernestina, não contendo a emoção, comentou:

– Mamãe, é a senhora?

– Minha filha, que bom que está aqui. Moro em outra colônia. Mas graças a Deus todos estão espalhados pelas colônias vizinhas.

Ernestina, chorando, levantou-se e abraçou a mãe, dizendo que havia sofrido muito quando Bernardo a vendera e que Benedito a desposara na senzala e ficara com ela até seus últimos dias de vida na Terra.

– Minha filha, por que pensar no passado se temos um futuro brilhante à nossa frente? O que passou não importa, certamente passamos por tudo o que tínhamos de passar. O que importa agora é esse momento em que nos reencontramos, quanto mais falamos sobre o passado mais presente ele estará.

– Mamãe, lembro-me quando foi vendida, a senhora não era assim tão bonita.

– Minha filha, já reparou que quando estamos felizes aparentamos mais beleza? Eu estou muito feliz por revê-la e talvez isso tenha me deixado mais bonita.

– Mãe, hoje é o dia mais feliz de minha vida, pois meus pais estão comigo e o melhor é que estão felizes. Mas o senhor não disse que ela só viria amanhã?

Simão, sorrindo, respondeu que queria lhe fazer uma surpresa.

Os quatros ficaram conversando e viram como o pôr do sol na colônia era belo. E não se deram conta quando a noite caiu.

ഇⓍൟ

No dia seguinte, Ernestina foi conversar com Dirce e perguntou se poderia ajudar de alguma maneira. Dirce resolveu encaminhá-la para Albano, que, ao ver as duas criaturas se aproximando, perguntou:

– Está a minha procura, Dirce?

– Sim! A nossa irmã Ernestina está querendo trabalhar, mas quem cuida desse departamento é o irmão. Então viemos lhe falar.

– É muito bom quando alguém nos procura querendo ajudar; como sempre dizemos, o campo é grande, a colheita é farta e, muitas vezes, os trabalhadores são poucos. E trabalho é o que não falta.

Ernestina sorria feliz embora estivesse curiosa em saber o iria fazer.

– Ernestina, você ainda não fez curso algum, e espero que possa aproveitar a nova turma que iniciará nos próximos dias – Albano continuou.

Ela, sorrindo, disse que faria o curso, mas que também precisava trabalhar.

– Acho que vou colocá-la como colaboradora do irmão Firmino, na ajuda aos recém-chegados.

Ernestina, sem entender o que Albano dizia, perguntou:

– Mas que tipo de serviço vou desenvolver?

– Quando um corpo de carne morre e o espírito se liberta, ele entra naturalmente em um estado de perturbação que pode durar dias, meses e anos, dependendo do seu adiantamento moral. O trabalho de acolher um recém-chegado e ajudar a equipe que vem da Terra consiste em levá-lo ao Centro de Recuperação e acompanhar seu progresso, pois, como você já sabe, a morte não é igual para todos, de modo que assim que esses espíritos saem do sono reparador temos de conversar e explicar o que talvez ele tenha se recusado a aprender na Terra. Como sabemos, o conhecimento dos que estão no orbe terrestre é limitado e a pessoa só compreende isso quando está lúcida a ponto de entender a continuidade da vida. Portanto, todos os dias chegam muitos espíritos e o trabalho com cada um demora de acordo com seu adiantamento moral. Quanto mais um espírito é desapegado das coisas terrenas, tanto mais fácil será ajudá-lo a viver como espírito.

Ernestina ouvia atentamente cada palavra de Albano.

– Acho que não estou pronta para desenvolver tal trabalho, pois como vou explicar a um recém-chegado sobre seu estado se nem eu mesma compreendo a vida neste lugar?

– É por esse motivo que a colônia oferece seus cursos. Se quiser, poderá frequentar o curso de Acolhimento aos Recém-Chegados da Crosta. Quem dá as instruções é o irmão Benjamin, você pode se inscrever e começar com a nova turma.

Ernestina, encabulada, disse:

– Desculpe, mas não posso estudar, não sei ler, nem escrever...

– Não se preocupe, poderá frequentar duas turmas: a que ensina um irmão a ler e a escrever, e a que ensina como acolher os irmãos necessitados.

Seria bom também que fizesse um curso de energização, que ajuda o recém--chegado a se restabelecer.

Ernestina, olhando para Dirce, perguntou:

– Foi você quem me acolheu; acaso fez todos esses cursos?

Dirce, sorrindo, respondeu:

– Sim! Não há limites para conhecimento e, quando você estiver fazendo os cursos, pode sanar suas dúvidas comigo.

Ernestina, olhando com tristeza para Albano, falou:

– Ainda não estou pronta para trabalhar, vou fazer os cursos e depois voltamos a conversar.

Albano, percebendo o seu desapontamento, sugeriu:

– Você poderá fazer os cursos que lhe indiquei e também acompanhar Dirce, que muito vai lhe ensinar.

– Para mim será um prazer tê-la como companheira de trabalho – disse Dirce. – Vou frequentar os cursos para ficar apta para o trabalho. – Sorrindo, pediu licença e saiu.

Albano, sorrindo, comentou com Dirce:

– É bom quando a pessoa se oferece para o trabalho, pois tudo o que fizer será com amor.

– Ernestina é uma criatura bem-disposta e alegre, tenho certeza de que será uma excelente companheira de trabalho.

– Não vejo necessidade de Ernestina continuar morando no hospital, acho que vou lhe providenciar um lugar fixo para ficar.

– Se quiser, posso levá-la para morar comigo.

– Está bem! De hoje em diante, Ernestina dividirá o lar com você.

Dirce sorriu satisfeita e, com amabilidade, despediu-se de Albano. Ainda tinha muitas visitas para fazer.

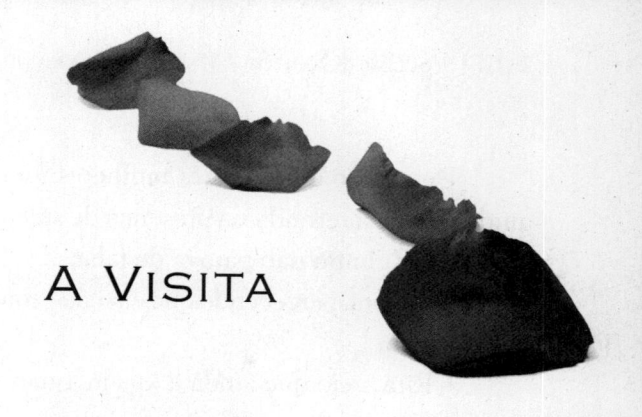

A Visita

No dia seguinte à compra de Rita, Eleonora acordou e ficou observando a moça. Ela, timidamente, obedecia a todas as recomendações feitas por Justina e, olhando-a, não deixou de sentir pena; afinal, era tão jovem e já havia passado por tantas humilhações!

Eleonora se aproximou das duas.

– Justina, onde está Zulmira?

– Ela foi ao galinheiro pegar uma galinha para o almoço.

Eleonora comentou:

– Quero que ela providencie roupas decentes para Rita, pois Jacob não gosta de vê-los maltrapilhos.

Justina pensou por alguns instantes.

– Há roupas feitas na sala de costura, alguma há de servir para essa criatura.

– Bem, logo depois do café, vamos à sala de costura. Caso não tenha roupas para você, pedirei a Zulmira que confeccione algumas.

Rita lançou um olhar de gratidão a Eleonora, mas limitou-se a ficar calada. Era uma moça com vinte e seis anos, embora aparentasse um pouco mais, devido aos sofrimentos infligidos tanto por Ana como por Homero, que a procurava quase todas as noites.

Depois do café, as três mulheres foram para a sala de costura. Rita ainda se sentia retraída na presença de sua nova *sinhá* e permanecia calada, enquanto Zulmira não parava de falar.

Eleonora, percebendo que ela não estava à vontade, passou a integrá-la na conversa:

— Rita, vejo que ainda é jovem, quantos anos tem?

— Não sei não, *sinhá*; mas, pelos cálculos que minha mãe fazia quando éramos crianças, devo ter vinte e seis anos.

Eleonora, curiosa, começou a perguntar a Rita sobre a rotina na casa de Homero. A escrava passou a contar a vida na casa deles, enquanto experimentava algumas saias, porém todas ficavam exageradamente grandes. Ernestina as havia feito para ela própria, porém não tivera tempo de usá-las.

Eleonora perguntou a Zulmira:

— Tem como diminuir o tamanho dessas saias?

— Tem sim, *sinhá*! Mas diminuir essas saias vai me dar mais trabalho que fazer outras no tamanho dela.

— Rita, há várias fazendas de pano, se quiser pode escolher os panos e Zulmira lhe fará a seu gosto, mas aviso desde já que não quero roupas indecentes nem com decotes, pois Jacob não gosta que as mulheres provoquem os homens.

Rita foi a uma mesa grande e viu várias fazendas, de todas as cores, e, enfim, perguntou:

— Eu posso escolher qualquer pano, *sinhá*?

— Fique à vontade. Você é livre para usar as cores que desejar.

A moça lançou um sorriso de satisfação e começou a escolher os panos que queria que Zulmira confeccionasse.

Eleonora gostou de Rita desde o começo, embora sentisse enorme pena dela. A moça escolheu cores discretas e, como seu cabelo era pixaim e ela gostasse de usar lenço, perguntou:

— A *sinhá* me daria um pedaço deste pano para eu colocar na cabeça?

— Não precisa usar panos na cabeça, Rita. Tenho muitos lenços e vou lhe dar um de presente.

Rita sorriu, curiosa. Não sabia se Eleonora realmente era boa ou se estava querendo impressionar.

Eleonora levantou-se e saiu. Pouco tempo depois, voltou e entregou dois lenços para Rita.

– Aqui estão lenços que trouxe da capital da província. Quando precisar lavar um, você tem outro.

– Obrigada, *sinhá*; nunca tive dois panos de cabeça tão bonitos.

– Este ficou muito bem em você. – E, assim que disse essas palavras, Eleonora saiu e foi bordar, pois estava com seus trabalhos atrasados.

Rita perguntou a Zulmira:

– Zulmira, a *sinhá* sempre foi boa assim?

– Essa *sinhá* é uma santa! Ela trata todos do nosso povo muito bem e faz com que nos sintamos à vontade em sua presença.

– A *sinhá* Ana não é assim, não; ela é tão ruim quanto aquele capeta que ela tem como marido.

– Esqueça a outra *sinhá*, pois a *sinhá* Eleonora vai tratar você muito bem.

– Graças a Deus que o coronel Jacob me tirou daquele inferno em que eu vivia.

Zulmira ficou penalizada e, vendo que a moça ficava triste ao pensar no quanto havia sofrido na mão daquele casal, tratou de mudar de assunto.

⚜

Na colônia espiritual, certo dia, quando Ernestina estava sentada no jardim, Albano se aproximou.

– Ernestina, o que faz aqui sozinha?

– Estava pensando na época em que eu trabalhava para a *sinhá* Eleonora, e confesso que sinto saudades...

– Você é feliz nesta colônia?

– Sim! Sou muito feliz. Primeiro, por saber que para Deus somos todos iguais e, segundo, por Deus ter me dado a chance de reencontrar meu filho e meus pais – respondeu com veemência.

– Concordo, mas sinto que está lhe faltando alguma coisa.

– Acho que me falta um trabalho de verdade. Gosto de ajudar Dirce, mas gostaria de trabalhar sozinha, pois já faz algum tempo que só fico atrás de Dirce e pouco faço.

— Então acha falta do trabalho?

— Trabalho desde que me conheço por gente, e gostaria de voltar a trabalhar.

— Talvez se lembre da primeira vez que me pediu trabalho e de minhas palavras.

— O irmão disse tantas coisas...

— Lembro-me de ter dito que o campo é grande, a colheita é farta e, muitas vezes, os trabalhadores são poucos.

— Mas quando têm trabalhadores vocês os recusam!

— Nós ficamos felizes por saber que alguém está querendo trabalhar, porém só a vontade não basta; para que se faça um trabalho bem-feito é necessário que se tenha uma boa qualificação. Soube que você está frequentando dois cursos aqui na colônia.

Ernestina, sem compreender aonde Albano queria chegar, respondeu:

— Estou fazendo os cursos, porém ainda não posso trabalhar.

— Antes de qualquer outra coisa é necessário que se tenha paciência, pois os cursos ajudam a compreender o funcionamento da colônia. Enquanto estuda, prepara-se para o trabalho, e trabalho é o que não falta. Você já se alfabetizou?

— O que é isso?

— Você está aprendendo a ler e escrever?

— Aprendi a ler e escrever; agora, a professora Deolinda está me ensinando a deixar minha letra mais bonita.

— E você está feliz com isso?

— Quando eu era escrava achava bonito quando a *sinhazinha* Margarida vinha ler uma poesia para mim. Eu ficava olhando o livro e não entendia nada, mas agora tudo o que me cai nas mãos eu leio, inclusive alguns livros que já peguei na biblioteca. Leio devagar, mas compreendo tudo o que está escrito.

Albano, sorrindo, disse:

— Você está acompanhando a Lei do Progresso, e isso é muito bom, pois, quanto mais se aprende, melhor se compreende o funcionamento da colônia. Percebo que seu português está ficando cada vez melhor.

– Os escravos são tidos como pessoas sem inteligência e eu sempre acreditei nisso.

– As pessoas acreditam nisso porque sua condição espiritual não lhes permite ver que vocês são seres humanos com capacidade igual ou maior que a dos brancos.

– No curso que estou fazendo, aprendi que o estado da raça é temporário, pois ser negro, branco, amarelo ou vermelho é só uma questão física.

– Quando um espírito volta à Terra, ele pode ir negro ou branco. Por esse motivo não há divisão de raças na colônia, pois aqui todos aprendem que somos iguais perante Deus, ou seja, espíritos em evolução.

– É por essa razão que amo este lugar. Quando comecei a frequentar os cursos não me sentia muito à vontade, sentia vergonha de ser negra, apesar de ter vários negros na sala de aula. Mas hoje não me sinto constrangida por ser negra. Antes, orgulho-me por estar tendo a oportunidade de aprender, pois não há limite para o saber.

– Minha irmã, como tem se esforçado em saber e tem se mostrado sempre disposta a trabalhar, o que acha de voltar à crosta para visitar seus entes queridos?

Surpresa, ela respondeu:

– O irmão acha que estou preparada para retornar à fazenda?

– Eu não acho, tenho certeza!

Ernestina se emocionou ao se lembrar daqueles que haviam ficado na crosta e, sorrindo, respondeu:

– Vou adorar rever minha família e minha amiga, dona Eleonora.

Albano, sentindo que as palavras dela estavam carregadas de emoção, continuou:

– Então, espere-nos no lago azul amanhã ao amanhecer. Esta é a recompensa por ser uma boa pessoa e fiel aos aprendizados acerca de Jesus.

Ernestina não se cansava de agradecer a oportunidade e, sorrindo, viu Albano se afastar. Naquele dia, ela não pensava em outra coisa a não ser rever aqueles que lhe eram caros.

No dia seguinte, lá estava Ernestina se juntando ao grupo para visitar a terra.

℮)(Ⅎ

Ao chegar à fazenda, Ernestina percebeu que a vida havia voltado ao normal, e que as pessoas evitavam falar sobre ela e sobre a doença que lhe abatera o corpo físico. Olhando para Eleonora, percebeu que a idade começava a pesar sobre os ombros da boa senhora, assim disse:

— Dona Eleonora, sinto que ainda sente minha falta, mas saiba que estou viva e muito bem em minha nova morada.

Eleonora não ouviu as palavras de Ernestina, mas registrou em forma de saudade. Sentada em sua boa cadeira de balanço, falou em voz alta:

— Por que sinto tanta saudade de Ernestina? Ela partiu, mas parece-me que vou encontrá-la na cozinha fazendo seus quitutes...

Ernestina, sorrindo para Eleonora, comentou com Albano:

— Dona Eleonora sempre foi boa comigo, assim como para todos os negros de sua fazenda, tenho por ela grande afeição.

— Isso é absolutamente natural — tornou Albano. — Quando uma pessoa desencarna, ela continua sendo o que sempre foi e seus sentimentos permanecem intactos. Como você sempre amou Eleonora, agora não poderia ser diferente, pois nossos sentimentos não estão na matéria, mas antes no espírito. Vocês já foram próximas em uma vida passada, por esse motivo a empatia foi instantânea. Agradeça a Deus por tê-la encontrado nessa existência e compartilhado sentimentos nobres como o amor fraternal.

Ernestina olhou para Eleonora com carinho e admiração e, com lágrimas nos olhos, voltou a aconselhar:

— Não fique assim, minha boa *sinhá*, um dia estaremos juntas novamente.

— Um dia, Ernestina e eu voltaremos a nos encontrar, não tenho dúvidas disso — registrou a amiga.

Albano ficou observando Ernestina se aproximar de Eleonora e lhe dar um beijo na fronte. Ela sentiu vontade de abraçar a amiga, mas logo se lembrou de que não podia perder o equilíbrio nem se deixar levar pelas emoções.

— Vamos entrar! Certamente está com saudades de Rosalina.

– Certamente, meu irmão; meus filhos são muito importantes para mim.

Albano, sorrindo, tomou a mão de Ernestina e, em fração de segundos, estavam no quarto de Margarida. Rosalina estava ali, arrumando as roupas de Margarida, quando sentiu um suave perfume de rosas. Pensou que a fragrância viesse do jardim e, sem pensar no assunto, continuou a realizar sua tarefa.

Ernestina, ao ver a filha, percebeu que ela já não se mostrava tão jovem como da última vez que a vira; aproximou-se com carinho e, sem se conter, abraçou-a com ternura.

Rosalina pensou na mãe e, sentindo imensa saudade, disse:

– Ah! Como sinto falta de minha mãe...

– Minha filha, não se atormente com minha ausência! Compreenda que essa separação foi temporária e que um dia estaremos todos juntos, na bela morada que Deus nos preparou.

– A vida perdeu a cor sem minha mãe, e meu pai, que sempre foi alegre, perdeu completamente sua alegria.

– Benedito precisa aceitar essa separação e voltar a ser alegre.

Albano, ao sentir a preocupação de Ernestina, respondeu:

– Os que têm fé no porvir aceitam essa separação naturalmente, retomando a vida com garra, porém aqueles que não têm fé acham que a separação é definitiva. Talvez seu marido tenha perdido a fé em Deus e na vida.

Ernestina suplicou:

– Precisamos ajudá-lo, pois ele é um bom homem e não merece sofrer pensando que nunca mais nos reencontraremos.

Albano, com serenidade na voz, respondeu:

– Ernestina, a única maneira de ajudar seu companheiro de jornada é fazendo preces e pedindo a Deus que o ajude a aceitar o que não pode ser mudado.

Ernestina novamente voltou a se lembrar das palavras de Albano sobre o equilíbrio e, respirando fundo, voltou a pensar em Jesus e não na miséria dos seus. Sentiu saudade de Josino.

– Albano, gostaria de fazer uma visita ao velho amigo Josino; afinal, ele muito nos ajudou em sentido espiritual; porém, naquela época, pouco compreendíamos suas palavras.

— Está bem! Vamos à casa do bom amigo e depois vamos realizar alguns trabalhos.

— Estou pensando em Josino e só agora me ocorreu saber qual sua idade.

— Josino está com pouco mais de noventa anos e sua tarefa na Terra está chegando ao fim.

— Ele logo vai se juntar a nós?

— Em breve ele estará conosco; apesar de todo o sofrimento na Terra, foi lhe permitido viver esse tempo para que ele servisse de canal para nos aproximar de todos nessa fazenda.

Ao entrarem na casa de Josino, encontraram-no deitado em sua rede. Ernestina viu que Josino estava com Natanael, que ia todos os dias ajudá-lo em suas necessidades, pois sabia que ele estava cansado e a tosse não lhe dava tréguas.

Jacob por diversas vezes tentou levá-lo à casa-grande a fim de que as mulheres cuidassem de sua saúde, porém, todas as suas tentativas foram em vão; ele se recusava a sair de sua casa.

Ernestina ficou feliz em ver que Natanael o estava ajudando.

— Natanael sempre teve verdadeiro apreço por esse querido amigo. Fico feliz em ver que ele está fazendo sua parte, ajudando a quem muito o ajudou com seu conhecimento sobre as verdades espirituais.

— Natanael está praticando a verdadeira religião, e isso vai auxiliá-lo muito em seu regresso ao mundo espiritual.

— Não compreendi o que disse, Albano.

— Há duas décadas, um irmão de planos espirituais elevados presenteou-nos com um belo discurso que dizia que a verdadeira religião é a prática do amor. E isso muito tem a ver com as belas palavras do apóstolo Paulo:

Ainda que eu falasse as línguas dos homens e dos anjos, se não tivesse amor, seria como o metal que soa ou como o sino que tine. E ainda que tivesse o dom da profecia e conhecesse todos os mistérios e toda a ciência, e ainda que tivesse toda a fé, de maneira tal que transportasse os montes, e não tivesse amor, nada seria. E ainda que distribuísse toda a minha fortuna para o sustento dos pobres, e ainda que entregasse o meu corpo para ser queimado, se não tivesse amor, nada disso me aproveitaria. O amor é paciente, é benigno; o amor não é invejoso, não trata com leviandade, não se ensoberbece, não se porta com indecência, não busca os seus interesses, não se irrita, não suspeita mal, não folga com a injustiça, mas folga com a verdade. Tudo tolera, tudo crê, tudo espera e tudo suporta. O amor nunca falha.

Ernestina ficou encantada com as palavras de Albano e esperou que ele continuasse com sua explanação.

– O amor é algo que pode unificar povos, curar doentes, dar conforto ao cansado e abrigo àqueles que nada têm, pois essa palavra muito tem a ver com a benevolência pura ou, como se usa dizer na colônia: a caridade. E o que Natanael está fazendo nesse momento crucial da vida de Josino? Ele está fazendo a sua parte, praticando o amor, ou seja, a caridade pura. Natanael está demonstrando o que verdadeiramente sente por esse bom amigo, que agora carece de ajuda.

Ernestina sentiu orgulho em ouvir tais palavras de Albano. Com o coração transbordando de alegria se aproximou de Natanael e beijou-o ternamente na fronte.

Josino, que viu a cena, perguntou a Natanael:

– Sentiu alguma coisa, meu bom rapaz?

Natanael, sorrindo, respondeu:

– Senti cheiro de rosas e paz... Por que pergunta?

– Porque sua mãe e outro amigo espiritual estão aqui. Ela o beijou carinhosamente.

Natanael nada viu, porém sabia que Josino não brincaria com coisa séria.

– Como ela está, Josino?

– Ernestina está muito bonita, posso dizer que remoçou trinta anos e, pela sua expressão, parece feliz.

– Mãe, sei que está aqui, porém não posso falar com a senhora, mas quero que saiba que foi uma boa mãe e que a saudade dói em nós como espinho na carne.

Ernestina, sorrindo, aproximou-se novamente do filho e voltou a beijá-lo ternamente na face. Depois, Albano tomou a mão de Ernestina e ambos se retiraram da casa. Ao saírem, Ernestina perguntou:

— Josino não merece sofrer em sua partida para o mundo que conhecemos.

— Não se preocupe, mesmo que ele sofra durante sua enfermidade, isso vai ajudá-lo como espírito; portanto, ajude-o pedindo a Deus por ele, a fim de que possa enfrentar com dignidade essa provação.

— Não acho justo que ele sofra, pois sempre foi um bom homem e muito se preocupou com nossa gente.

— Tudo o que acontece à pessoa que se encontra no corpo de carne é justo. Se formos analisar, Jesus, que era perfeito, não sofreu terrível agonia que antecedeu a sua morte e as dores que se sucederam depois? Por que com espíritos imperfeitos seria diferente?

Ela, que estava aprendendo sobre Jesus em um dos cursos, envergonhou-se por ter feito tal afirmação e, com a cabeça baixa, constatou:

— Tem razão! Todos sofrem de uma maneira ou de outra ao se aproximarem da morte e com Josino não seria diferente.

— Portanto, minha irmã, faça preces por esse querido irmão e, assim que ele chegar à colônia, trate-o com carinho. Venha, tenho algo a fazer e quero que presencie.

∞∞

Momentos depois, próximo ao rio, Albano e Ernestina viram Rosalina se aproximar e sentar-se à sua margem.

Ernestina comentou:

— Desde que era menina, Rosalina vinha com Margarida brincar às margens do rio.

Rosalina, soluçando, expressou:

— Por que foi embora, minha mãe? Por que não ficou comigo mais um pouco?

Ernestina, aflita ao ver o sofrimento da filha, disse a Albano:

– Permita-me que ela saiba que estou aqui ao seu lado.

Albano não respondeu, deixando Ernestina intrigada. Rosalina, chorando, ficou de pé e lentamente começou a entrar no rio. Ernestina, ao ver a atitude tresloucada da filha, pediu:

– Faça alguma coisa, Albano, ela não sabe nadar.

– Ore! Isso ajudará.

Ernestina, afastando-se dele, olhou para o céu e, em silêncio, orou pedindo a Deus que ajudasse sua filha a não cometer nenhuma loucura.

À medida que Rosalina entrava no rio, Albano olhava para o horizonte. De repente, viu Floriano se aproximar e, fechando os olhos, solicitou:

– Floriano, vá até o rio e salve Rosalina, que está prestes a cometer um ato insano.

Floriano não ouviu os apelos de Albano, porém registrou-os em sua mente como pensamento próprio. Sem pensar, o jovem rapaz caminhou no sentido do rio e viu que algumas roupas boiavam. Atirando-se nas águas, viu que se tratava de Rosalina. Desesperado, ele se aproximou dela e agarrou-a por trás, a fim de que ela não o agarrasse. Assim, começou a nadar em sentido à margem.

Ernestina estava desesperada, pois sabia que, quando uma pessoa tira a própria vida, vai para lugares obscuros a fim de se arrepender de seu ato.

Apesar de Rosalina quase ter se afogado, ela ainda continuava consciente. Floriano perguntou:

– Por que você entrou na água se não sabe nadar?

– Entrei na água para lavar os pés.

Floriano, irritado pelo fato de ter se molhado, continuou com o interrogatório:

– Mas precisava ir tão fundo para lavar os pés?

– Floriano, deixe-me em paz! Não tenho de lhe dar satisfações sobre meus atos!

– Vamos, vou levá-la à casa-grande!

Rosalina, chorando, acompanhou Floriano, que a segurava pelo braço. Ao chegarem à casa-grande, ela continuava aos prantos, e Rita perguntou:

– Rosalina, por que está tão suja e molhada?

Ela, sem responder, foi para o quarto que dividia com Margarida a fim de se trocar. Assim que Floriano se viu sozinho com Rita, esclareceu:

— Rosalina tentou se matar e, graças a Deus, eu cheguei a tempo.

— Mas por quê?

— Deve estar apaixonada por alguém que não lhe dá atenção, não vejo outro motivo, pois aqui na fazenda temos tudo, inclusive a liberdade de fazermos o que bem desejamos.

— Como minha mãe dizia: "Deus dá asas para quem não sabe voar...".

— Rita, tem alguma roupa que me sirva? Preciso voltar ao celeiro e não posso trabalhar deste jeito.

Rita levou Floriano até a sala de costura e depois de procurar encontrou uma calça e uma camisa, que Floriano rapidamente vestiu.

No celeiro, o coronel o esperava zangado.

— Por que demorou, Floriano?

Floriano relatou tudo o que havia acontecido.

છ૭ભ

Ernestina, assim que viu Floriano puxar Rosalina pelo braço, disse a Albano:

— Acaso sabia o que Rosalina estava planejando?

— Ouvi os pensamentos dantescos dela e sabia que a pobre precisava de ajuda.

Ernestina, sorrindo, agradeceu a Deus e a Albano por terem salvado a vida da filha. Após o incidente, Albano avisou:

— Ernestina, está na hora de regressarmos.

ENTENDIMENTO

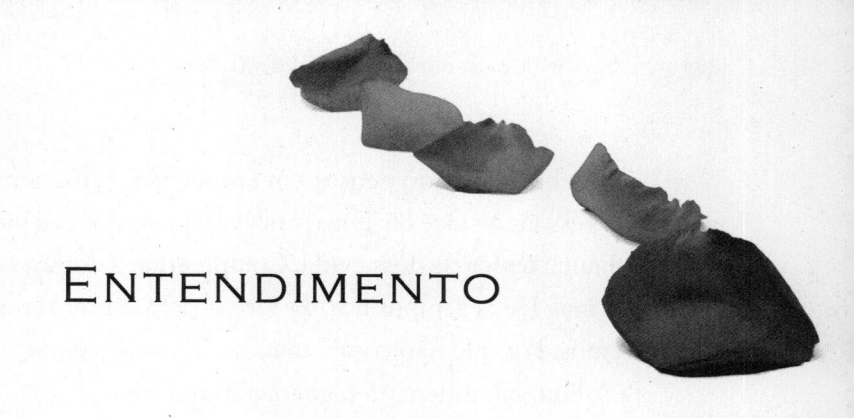

Assim que o coronel entrou em casa, chamou a esposa, que estava bordando em uma cadeira de balanço na varanda. Eleonora, surpresa pelo fato de o marido estar tão cedo em casa, correu ao seu encontro.

– O que aconteceu para estar tão cedo em casa? Acaso está com fome?

Jacob, ignorando as perguntas, contou-lhe tudo o que ficara sabendo, o que fez a esposa levar a mão à boca.

Jacob ordenou:

– Não quero que Rosalina saia sozinha e, quando ela disser que vai passear, mande Malaquias com ela.

Eleonora concordou e, assim que ele saiu, tratou de procurar Rosalina para conversar.

– Rosalina, sempre procuramos fazer o melhor para você e toda sua família. Você tem todas as mordomias de Margarida, veste-se bem, tem um quarto aqui na casa-grande, come bem, enfim... O que lhe falta que a fez desejar morrer no rio?

Rosalina, chorando, respondeu:

– Falta-me minha mãe! Não consigo viver sem ela e hoje sinto uma saudade infinita de sua presença nesta casa.

Eleonora compadeceu-se da confissão de Rosalina.

– Todos nós já perdemos alguém que amávamos, mas nem por isso tentamos o suicídio; afinal, se todas as pessoas que se desesperassem com a perda de um ente querido pensassem em morrer, certamente haveria pouquíssimas pessoas na face da Terra, uma vez que todos nós passamos por essa dor em alguma época de nossa vida. Compreendo a dor e a saudade que está sentindo, mas Deus sempre nos dá forças para enfrentarmos essas perdas que sofremos. Por que não confia mais em Deus e espera?

Rosalina, olhando para o chão, perguntou:

– Esperar o quê?

– Esperar pacientemente até que chegue o dia de partirmos para nos encontrarmos com todos os que partiram antes de nós.

– Não acredito nessas coisas, isso é invenção de Josino para acalentar nosso coração.

Eleonora, admirada com as palavras de Rosalina, percebeu o quanto ela havia se tornado uma mulher amarga.

– Não diga uma coisa dessas! Josino sempre foi um homem lúcido, e suas palavras sempre se mostraram verossímeis; portanto, não permito que desfaça dele nem dos ensinamentos que ele sempre nos deu. De hoje em diante, você não sairá sozinha e sempre que quiser ir a algum lugar terá de levar Malaquias.

– *Sinhá*, não precisa fazer isso; não cometerei o mesmo erro novamente.

– Todas as pessoas que pensam em tirar a própria vida não passam de egoístas, pois não pensam naqueles que deixarão ao partir. E você não é diferente, pois, se assim o fosse, pensaria em seu pai, que envelheceu muito depois da morte de Ernestina, e no seu único irmão, Natanael, que a essa altura deve estar voltando ao trabalho depois de cuidar de Josino.

Rosalina, ao ouvir as palavras de Eleonora, chorou ainda mais e decidiu se calar. Eleonora conversou por mais alguns minutos e finalizou:

– Voltarei a bordar; portanto, não pense em sair às escondidas, porque, se fizer isso, mandarei que a procurem e a trancafiarei nesta casa, pois perdi Ernestina e não permitirei que sua única filha faça bobagens!

Eleonora levantou-se e, quando estava abrindo a porta, completou:

– E, não esqueça, quando for sair quero que me informe.

Rosalina, ao se ver sozinha, deitando-se na cama, disse em voz alta:

– Por que Floriano chegou justo naquela hora? Por que aquele infeliz não me deixou morrer em paz?

Rosalina voltou a chorar e, cansada, adormeceu.

⊰⊱

Floriano, assim que contou a Benedito o que havia acontecido, viu o pobre homem caminhar a passos rápidos em direção à casa-grande. Ao chegar, ele viu Eleonora bordando tranquilamente e, depois de cumprimentá-la, perguntou:

– A *sinhá* soube o que Rosalina pretendia?

Eleonora, com pena de Benedito, convidou-o para se sentar e começou:

– Tanto fiquei sabendo que já tive uma conversa séria com ela; portanto, acalme seu coração.

Eleonora relatou sua conversa e encerrou contando-lhe sobre suas ordens. Benedito, com lágrimas nos olhos, pediu humildemente:

– *Sinhá*, peço que cuide de Rosalina, pois hoje ela tentou, mas um dia ela conseguirá fazer uma loucura; e o que vai ser da minha vida sem minha filha?

– Rosalina nunca mais tentará fazer uma coisa dessas! De hoje em diante, ela terá mil olhos sobre ela.

Benedito, olhando com carinho para Eleonora, agradeceu e se retirou em seguida.

Eleonora, observando Benedito, pensou: "Benedito, embora seja um negro forro, não é feliz, mas, no que depender de mim, ele não se tornará ainda mais triste".

⊰⊱

Fazia três semanas que Rosalina fora salva no rio, porém a tristeza não dava tréguas à moça. Margarida tentou por diversas vezes animá-la, porém, a cada tentativa, um novo fracasso. Certa manhã, Margarida, vendo Rosalina arrumar o quarto, disse em tom colérico:

– Rosalina, estou farta de vê-la desse jeito! Até quando vai ficar presa em sua melancolia sem dar espaço para que possamos ajudá-la? Ao que me parece não está querendo melhorar. Sinceramente, já não sei mais o que fazer, e saiba de uma coisa: se você quer ficar assim, fique! Todos nós temos procurado ter paciência. O que você quer? Sua mãe não voltará e você terá de aceitar isso de uma vez por todas.

Rosalina olhou para a amiga com espanto e respondeu:

– Para você é fácil falar, mas na verdade você não sabe como estou me sentindo; nunca pensei que fosse tão egoísta.

– Eu estou sendo egoísta? Olho para você e vejo que já não tem onde emagrecer. Parece um vulto triste andando pela casa, e quando me preocupo com você e digo que precisa reagir ainda me chama de egoísta? Rosalina, compreenda, ninguém pode fazer nada por você a não ser você mesma, tudo o que podíamos fazer foi feito; mas, se você não quer ajuda, isso é com você.

– Margarida, você está me ofendendo. Se quiser que eu fique longe de você, é um direito seu. Mas não vou permitir que fique chamando minha atenção por não ter forças para reagir.

– Será que não compreende que sofro vendo-a nesse estado? Durante todos esses anos tenho sofrido por vê-la desse jeito, mas, se você prefere ficar presa ao passado, em vez de lutar pela sua felicidade futura, nada posso fazer, pois cada um escolhe a maneira como quer viver. Sua mãe partiu para um lugar melhor. Nem você, nem ninguém poderão fazer nada para mudar isso. Aceite a ausência dela e procure seguir à risca tudo o que ela lhe ensinou. Tenho certeza de que ela ficará satisfeita em saber que você está tentando ser feliz.

Nesse momento, Rosalina lançou-se sobre a cama soluçando; ao contrário do que esperava, Margarida ficou sentada em sua poltrona, observando a crise de choro.

Margarida sentiu ímpetos de confortá-la, porém se manteve firme, deixando Rosalina dar vazão às lágrimas. Chorou por algum tempo, depois se levantou, enxugou os olhos e fitou Margarida.

– Você tem razão! Não vou chorar mais, muito menos pensar em morrer.

– Fico feliz que tenha compreendido minhas intenções, mas se tentar contra sua vida novamente, não a terei como minha amiga-irmã, pois gosto de pessoas fortes e decididas. A tristeza é uma forma de egoísmo, pois quem fica preso a ela por não poder mudar alguns fatos de sua vida não abre o coração para dar o melhor de si a outras pessoas. Rosalina, você sempre foi uma pessoa generosa, mas nos últimos tempos se fechou em uma canastra com tampa e se isolou do mundo. Ontem estive com Josino e lhe disse sobre seu estado, e sabe o que ele me falou?

Rosalina levantou a sobrancelha para a amiga ficando em silêncio. Margarida continuou:

– Josino disse que quem se isola procura o próprio desejo egoísta! Pois aquele que fica preso em suas dores não consegue observar as dores do mundo.

Rosalina refletiu sobre aquelas palavras.

– Tem razão! Desde que perdi minha mãe, nunca mais levei comida para os negros da fazenda do seu Onofre, que sofrem feito animais.

– Está vendo? Antes você ia quase todos os dias levar comida para os negrinhos da fazenda, mas agora só fica trancada em casa chorando por sua mãe, que certamente está em um lugar muito melhor que o seu.

– Margarida, não tenho forças! Os dias para mim se tornaram um fardo, e o melhor momento do dia é quando estou dormindo.

– Como pode encarar cada nascer do dia como um dia a mais? Observe o nascer do sol e veja sua majestade quando deixa que seus raios iluminem todas as plantações, fazendo com que as sementes germinem, as folhas pequenas se transformem em folhas grandes, passem ao florescimento para finalmente chegar aos frutos. Não acha que Deus criou tudo de forma perfeita para que nós pudéssemos aproveitar tanta beleza?

Margarida, tomando a mão de Rosalina, levou-a até a janela e continuou:

– Rosalina, olhe para o horizonte e me diga o que vê.

– Não estou vendo nada que não esteja acostumada a ver todos os dias.

– Observe como o verde do café é diferente da cor da cana, e como tudo é belo. Lembre-se, amiga, que o tempo é algo que, se desperdiçarmos, nunca mais o teremos de volta. Você pode olhar por essa janela diversas vezes, mas nada será como o que está vendo neste momento, pois o dia de hoje está ensolarado, o sol está em uma posição específica; amanhã, você poderá olhar e não ver as coisas da maneira que está vendo hoje. Aprenda que cada dia é um novo dia e que devemos aproveitar ao máximo cada momento.

— Posso olhar por essa janela mil vezes, mas sei que minha mãe não está aqui para apreciar a paisagem comigo.

— Rosalina, sabe qual é o seu problema? Você está sentindo pena de si mesma. Saiba que você não é a primeira a ficar sem mãe e, certamente, não será a última! Quantos negrinhos foram afastados de suas mães pela maldade de alguns senhores de engenho e nem por isso desistiram de viver! Agora, pare de se lamentar e aproveite o presente que a vida lhe dá todos os dias: você mora em um lugar onde todos gostam de você e tem o que muitos negros sonham, a liberdade. Se tivesse fé nas palavras de Josino, certamente compreenderia que a separação de Ernestina é temporária e que um dia todos estaremos juntos em um lugar bem melhor.

Rosalina voltou seu olhar para Margarida e respondeu:

— Como pode dizer que não tenho fé? Saiba que há coisas que passam em meu coração e ninguém poderá ficar sabendo.

— Rosa, tem razão quando diz que não posso saber o que lhe vai no coração, mas suas atitudes dizem de maneira silenciosa o que está passando em sua mente. Nos últimos tempos, você tem mostrado falta de fé segundo Josino me contou, pois, se não fosse assim, não se entregaria à desesperança, muito menos pensaria em se suicidar. Nunca pensei que fosse tão covarde! Quem pensa em desistir não é um herói, é antes um covarde, que tem medo de enfrentar os problemas e todas as frustrações que a vida lhe oferece.

— Margarida, nunca pensei que fosse tão desalmada! Suas palavras estão sendo duras para mim. Pensei que fosse minha amiga!

Margarida, indignada com as palavras de Rosalina, retrucou em tom áspero:

— Por ser sua amiga é que lhe digo essas palavras, pois, enquanto você fica voltada para a dor, esquece de todos os que a amam! Você pensou em mim? No que seria de minha vida sem você? Pensou em seu pobre pai, que envelheceu cinquenta anos desde que sua mãe partiu? Não, você não pensou em ninguém, apenas pensou que morrendo se livraria de uma vez de todas as dores. Vou mais longe: enquanto ficar presa à dor de ter perdido sua mãe, vai continuar sentindo pena de si e isso só vai aumentar seu sofrimento. E tem mais, enquanto se entregar à sua dor, por favor, não se aproxime de mim, pois não gosto de ver pessoas chorosas ao meu lado.

Ao dizer isso, Margarida ergueu as saias e se retirou, deixando Rosalina sozinha a ruminar suas palavras.

Albano, que estava no quarto com Simão, permaneceu calado.

– Margarida ainda se diz amiga de Rosalina... – Simão interrompeu o silêncio. – Um amigo não fere o outro dessa maneira.

– Justamente por Margarida gostar de Rosalina é que se mostrou firme para com ela. Se ficasse consolando-a, ela continuaria chafurdada em seu sofrimento. Quem sabe, depois de ouvir essas duras palavras, Rosalina não reage?

– Desde quando palavras duras ajudam alguém?

– Meu irmão, muitas vezes, precisamos ouvir palavras duras para voltarmos à realidade. Margarida apenas fez um tratamento de choque em Rosalina, pois ela estava sentindo muita pena de si mesma. Depois do que ouviu, talvez ela volte a observar que não é a única criatura na face da terra que sofre; afinal, todos os espíritos encarnados sofrem de uma maneira ou de outra, e, se cada um ficar olhando apenas para suas dores, haverá suicídio em massa.

Simão, apesar de não concordar, calou-se diante das observações de Albano.

∞)(∞

Passados alguns dias desde que Margarida teve a conversa com Rosalina, ela passou a evitar a companhia da moça, assim como havia prometido. Rosalina se sentiu ainda mais sozinha.

Todas as manhãs, Margarida saía com o pai para observar os trabalhos da fazenda e, depois do almoço, descansava. Encontrava Rosalina na cozinha com Rita, porém apenas respondia ao que ela, vez por outra, perguntava. Rosalina, a princípio, ficou magoada, mas logo percebeu que a amiga só queria o seu bem.

Numa tarde, depois do almoço, Margarida estava se preparando para descansar quando Rosalina bateu levemente à porta.

– Pode entrar!

Rosalina entrou mansamente no quarto e, olhando para Margarida, que se ajeitava na cama, disse:

– Margarida, precisamos conversar.

– Sobre o quê?

– Naquele dia você foi dura comigo. Eu estava sofrendo e você só fez aumentar meu sofrimento.

– Rosalina, tudo o que tinha a lhe dizer foi dito naquele dia, não vejo motivos para voltarmos ao mesmo assunto.

– Confesso que não gostei de suas palavras, mas, com o passar dos dias, compreendi que você só queria ajudar.

– Rosa, foi preciso dizer todas aquelas coisas a você, caso contrário, você cairia em um poço sem fundo.

– Você é minha única amiga e sua indiferença está me fazendo mal. Hoje compreendo o que sente por mim, mas naquele dia fiquei com raiva de você.

Margarida, levantando-se da cama, aproximou-se de Rosalina e a abraçou.

– Rosa, é imensurável o que sinto por você, e seu sofrimento é a causa de meu sofrimento; portanto, agi daquela forma para ver se você reagia diante das dores que estava enfrentando.

– Não tenho palavras para agradecer por essa amizade tão bonita.

– Você não é minha amiga! Você é minha irmã, e sempre vou levá-la em meu coração.

As duas moças, sem conterem a emoção, abraçaram-se, firmando ainda mais a amizade que havia começado em outras existências – embora nenhuma das duas tivesse lembrança desse fato.

☙☙

Rosalina passou a ser diligente em seus trabalhos, porém seus pensamentos estavam sempre voltados ao tempo em que a mãe era viva.

Margarida aprendeu a conviver com o novo jeito dela, de modo que não lhe fazia perguntas e sempre procurava manter com ela conversas alegres a fim de fazê-la esquecer de suas amarguras. Em uma noite, Rosalina se preparava para dormir quando se lembrou da mãe. Nesse instante, sentiu um cheiro suave de flor e, em poucos momentos, adormeceu.

Durante o sono, sonhou que estava em um belo jardim com frondosas árvores, e sob cada copa havia um banco pintado de branco. Andando por ali, de repente viu sua mãe sorrindo para ela. Não contendo a alegria, falou:

— Mãe! É a senhora?!

— Sou eu, minha filha, e hoje me foi permitido estar junto a você para termos uma conversa.

— Mãe! Tenho sentido tanto sua falta... Nunca pensei que sua ausência me traria tanta dor.

— Filha, essa separação é temporária e, um dia, se for da permissão de Deus, novamente estaremos juntas.

— Mãe, por que a senhora teve de partir tão cedo? Por que não fui eu em seu lugar?

— Minha filha, compreenda que ninguém parte no lugar de ninguém, e que todos partirão na hora exata, sem um minuto a mais ou a menos. Chegou minha hora e tive de regressar para a verdadeira vida.

— Papai já não é mais o mesmo, não conta anedotas e sempre procura ficar sozinho. Natanael se juntou com uma boa moça, mas bebe desmedidamente. E eu, por sentir sua falta, quis me juntar à senhora e tentei me afogar no rio...

— Minha filha, quando estamos na Terra sabemos que não ficaremos juntos para sempre e que um dia fatalmente virá a separação. Mas o que resolverá nos entregarmos ao desespero? Deus não erra e tudo está certo como está. Se meus entes queridos estão entrando em desespero é porque desconhecem as verdades sobre a verdadeira vida. Minha filha, fiquei triste quando tentou se afogar no rio, pois sei as consequências funestas que essa atitude lhe traria.

Rosalina, sem compreender o que a mãe estava querendo dizer, perguntou:

— Mas o que poderia me acontecer a não ser o fato de me juntar à senhora?

— Se o que estava pensando fazer tivesse dado certo, não iríamos nos ver tão cedo...

— Por quê?

— Minha filha, todos nós temos hora para nascer e para abandonar o corpo físico, mas, quando adiantamos essa hora, as consequências são extremamente dolorosas para o espírito. Não pense que está conversando comigo em carne, pois não está. Primeiro tem de compreender que durante o sono o espírito se livra do corpo carnal e vai ter com outros espíritos, que lhe são caros, assim como está acontecendo em nosso caso. Muitos encarnados, quando se veem em apuros, acham que a morte é a única solução; porém, estão extremamente enganados, pois podem se livrar dos problemas que o afligem na carne, mas acabam caindo em aflições bem piores. A morte não é o fim de tudo e a pessoa continuará a existir em espírito; sendo assim, a perturbação que acompanha esse espírito, que mutilou o corpo carnal e também o espiritual, é extrema. Nunca se esqueça, minha filha: o único que tem o direito de tirar a vida é quem dá, ou seja, Deus. A pessoa que se entrega ao desespero denota falta de fé, e não leva em consideração que Deus está presente em cada momento de sua vida. Não lastime minha ausência, confie em Deus e não se esqueça de que um dia estaremos juntos, pois a separação é temporária. Aproveite sua estada na Terra e enfrente os problemas com força e alegria, pois tudo aí é transitório, nada é eterno, e tudo passa.

— Mãe, nunca lhe disse o que vou lhe dizer agora: eu a amo, e a senhora não sabe como é importante para mim...

— Minha filha, eu também a amo, mas não desista da vida, pois ela é uma dádiva de Deus e lembre-se de que tudo passa... E nada fica como está o tempo todo. Quando a tristeza bater à sua porta, lembre-se de que os pássaros cantam todas as manhãs, que o nascer do sol é belo e que a vida, apesar de dolorosa, é proveitosa, pois, por meio dela, crescemos espiritualmente. E não se esqueça: tudo passa... Tudo passa.

Ernestina abraçou a filha afetuosamente e, sem olhar para trás, caminhou entre as frondosas árvores. Rosalina ficou observando a mãe se afastar lentamente. Acordou lembrando-se de suas últimas palavras: "Tudo passa... Tudo passa".

Rosalina não conseguiu se lembrar de tudo o que conversou com a mãe, porém sentiu uma paz indizível, que a fez lembrar-se das palavras de Josino: "A morte não existe, o que existe é a separação temporária".

Assim, voltou a dormir um sono tranquilo e sem sonhos.

∞

No dia seguinte, Rosalina acordou e a primeira coisa que lhe veio à mente foi o sonho que teve com sua mãe. Sorrindo, ela acordou Margarida, que, mal-humorada, falou:

— O que aconteceu, Rosalina, para acordar-me dessa maneira?

Rosalina sentou-se na beira da cama da amiga e contou-lhe sobre o sonho, ressaltando que não se lembrava com clareza das palavras de Ernestina, mas que sabia que a mãe estava bem e que ela jamais pensaria em morrer novamente.

Margarida notou um brilho singular nos olhos de Rosalina.

— Minha amiga, por pior que seja a dor que estamos enfrentando, jamais devemos pensar em tirar nossa vida, pois o único que tem esse direito é quem dá, ou seja, Deus.

— Nunca mais pensarei em tirar minha própria vida, sinto em meu coração que um dia estarei com minha mãe e meu irmão Ageu.

— O que acha de irmos conversar com Josino? Tenho certeza de que ele saberá lhe explicar se você realmente esteve com sua mãe.

Rosalina, com o rosto iluminado de alegria, concordou com Margarida.

— Está bem! Vou ajudar Rita na cozinha e, assim que você voltar com seu pai, iremos até a casa de Josino.

Margarida percebeu que o sonho que Rosalina tivera com a mãe lhe fizera muito bem. E agradeceu a Deus por ver a alegria estampada no rosto da amiga.

Naquela manhã tudo transcorreu tranquilamente. Margarida acompanhou o pai até o celeiro, viu os negros remexendo o café que estava estendido no terreiro, observou as crianças que brincavam e constatou que não tinha muito a fazer naquele dia, de modo que disse ao pai:

– Voltarei para casa, pois o sol escaldante está fazendo minha pele arder.

Jacob notou que o sol estava judiando da pele de Margarida.

– Faça isso, minha filha! O sol está castigando você.

Margarida pediu licença e se retirou, voltando para a casa-grande. Ao chegar, encontrou Rosalina ajudando Rita na cozinha.

– Rosalina, vou me lavar e logo poderemos ir até a casa de Josino – comunicou a ela.

Todos na casa perceberam que Rosalina havia deixado a tristeza de lado e que algo importante havia acontecido.

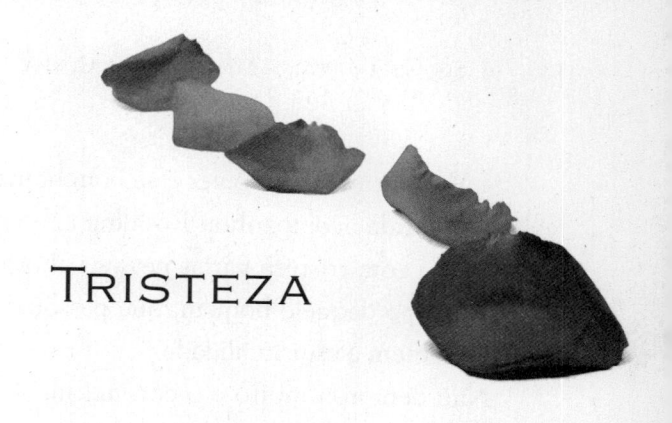

TRISTEZA

Passada mais de uma hora, as duas moças saíram seguindo uma trilha que dava na casa de Josino. Ao avistarem a casa, ouviram um burburinho diferente. Havia vários negros do lado de fora da casa. Margarida, sem compreender o motivo pelo qual aquelas pessoas estavam agrupadas no local, perguntou:

– O que está havendo aqui?

Anastácia, esposa de Natanael, foi quem disse:

– Nosso querido Josino acabou de falecer. Natanael foi avisar o coronel.

– Mas o que o vitimou?

Anastácia, com lágrimas nos olhos, disse:

– Josino já não estava bem havia algum tempo e acabou sucumbindo ao peso da idade.

Foi nesse momento que Margarida se deu conta de que Josino era um homem bem idoso. Quando ela era criança ele já era idoso. Com o coração oprimido, perguntou:

– Qual era a idade de Josino?

Anastácia fez uma breve pausa e respondeu:

– Não sei dizer ao certo, mas posso lhe garantir que ele já estava com mais de noventa anos.

Rosalina disse:

– Vou entrar! Preciso ver esse bom homem que muito nos ajudou.

Margarida acompanhou Rosalina e, ao entrarem na pequena choupana, viram com tristeza várias pessoas chorarem em volta da rede onde estava o corpo daquele homem, que passou a vida ajudando as pessoas a compreenderem a espiritualidade.

Não demorou muito e o coronel Jacob enfim entrou na choupana e, ao ver o corpo do ancião na rede, não conseguiu segurar a emoção, chorando junto com os escravos.

Jacob mandou Carmosino confeccionar um caixão para Josino e decidiu que ele seria velado na capela da fazenda. No dia seguinte, ninguém iria trabalhar.

Margarida, ao ver o pai chorando, entregou-se às lágrimas também. Naquele momento, não havia escravo e senhor; negros e brancos, todos estavam chorando a morte de um homem que sempre se esforçou para fazer o bem.

O coronel mandou chamar o padre Bento para fazer uma missa de corpo presente ao bom Josino, porém, pela primeira vez o padre se recusou a ir:

– Não posso rezar uma missa a um homem que sempre se entregou à bruxaria; embora ele tenha sido batizado como cristão, suas ideias eram contrárias às da igreja.

O coronel, sabendo de sua recusa, revoltou-se e decidiu conversar com o padre Bento pessoalmente. Ao entrar na igreja, viu o padre ajoelhado diante do altar rezando e, sem se importar com aquele momento solene, falou:

– Padre Bento, vamos à eucaristia. Preciso ter uma longa conversa com o senhor.

O padre, conhecendo o gênio forte do coronel, tratou de obedecê-lo. Assim que se viram na pequena sala que ficava atrás do altar, o coronel disparou:

– Malaquias me disse que o senhor se recusa a rezar uma missa para Josino!

O padre, embaraçado, pigarreou a fim de encontrar uma explicação.

– Isso é um fato, senhor coronel! Infelizmente não poderei rezar uma missa de corpo presente a um negro que ia contra os princípios da igreja.

– O que o pobre Josino dizia que ia contra os preceitos da igreja?

– O negro Josino era um livre-pensador e seus pensamentos eram subversivos aos ensinamentos de Jesus.

O coronel, sem compreender aonde o padre queria chegar, ordenou:

– O senhor vai até a capela em minha fazenda e fará a missa de corpo presente de meu amigo, quer sua igreja goste ou não.

– Desculpe, coronel! Mas não posso fazer isso. Se meus superiores descobrirem que rezei uma missa a um bruxo, posso ser excomungado da igreja.

– Os seus superiores são realmente hipócritas, não acha, padre Bento? Eles aceitam as grandes doações que oferecemos à igreja sem pensar que nossa riqueza vem das mãos de negros miseráveis, pois, se não me falha a memória, nunca vi um branco sequer colhendo um grão de café que seja! O que o senhor chama de bruxo, eu chamo de amigo! Josino sempre foi meu melhor amigo, aquele com quem pude contar nos piores momentos de minha vida e, além disso, ele não era um livre-pensador como o senhor afirma; ele apenas transmitia o que lhe era passado pelos espíritos.

– Pois é! Esses espíritos com quem Josino dizia conversar nada mais eram do que demônios disfarçados, para desencaminhar as pessoas da igreja do Cristo.

– Jesus não ensinou que todos nós devíamos ser caridosos? Pois bem; Josino, em toda sua pobreza, procurava fazer o bem a todos os que o procuravam, ora dando o pouco de comida que tinha, ora confortando com palavras os desesperados que chegavam até ele. Em meu ponto de vista, até agora não conheci pessoa mais cristã que Josino; nem mesmo o senhor, que, afinal de contas, bajula-me apenas pensando na esmola que ofereço à sua paróquia.

– Não permito que me diga tamanho desaforo. Todas as esmolas que o senhor deu até agora foram para Deus, e não para mim.

Jacob, sorrindo sarcasticamente, retrucou:

– Sim, sempre dei esmolas para a igreja, mas pelo que sei não é Deus quem bebe o melhor vinho em suas refeições e muito menos ele quem come costeletas quase todos os dias...

— Chega! O senhor não vai me fazer mudar de ideia! Não vou rezar para um negro bruxo, nem que o papa viesse em pessoa e me pedisse.

O coronel percebeu a determinação na voz do padre.

— O senhor é quem sabe... Mas não receberá um réis de minha fortuna para ajudá-lo a levar uma boa vida. De hoje em diante, a esmola está cortada, e, quando decidir fazer suas quermesses, não apareça em minha fazenda pedindo cabeça de bois para leilões. Pelo que sei, todos os anos levanta-se muito dinheiro para a reforma da igreja, mas há mais de cinco anos a igreja nem mesmo é pintada. Essa desfeita não foi a meu amigo Josino que o senhor fez; mas a mim, que sempre o tive como um pai.

Jacob, ao dizer essas palavras, pegou seu chapéu e se retirou da presença do padre sem se despedir.

Padre Bento, ao ver o coronel sair a passos firmes, pensou: "E agora, o que farei se o coronel decidir contar aos outros fazendeiros sobre nossa discussão? A igreja não receberá esmolas e as quermesses passarão a ser um fracasso total".

Jacob ficou muito irritado; o preconceito contra os negros era pior que as chibatadas que eles levavam. Subiu em sua carruagem e já estava saindo quando padre Bento gritou:

— Coronel! Por favor, espere! Nossa conversa ainda não acabou!

Jacob mandou que o cocheiro parasse a carruagem e, descendo, perguntou:

— O que quer de mim, senhor padre?

— Coronel, o senhor sabe como lhe sou grato por todas as esmolas que já fez a nossa paróquia. Mas esse pedido que acaba de me fazer soa-me como heresia; afinal, o senhor sabe muito bem sobre os cultos que os negros fazem por seus antepassados.

Jacob, fingindo uma calma que estava longe de sentir, retrucou:

— Padre Bento, eu lhe fiz um pedido: rezar por um amigo, mas o senhor se recusou; portanto, creio que não temos mais nenhum assunto a tratar.

— Pensando melhor, acho por bem rezar por seu amigo.

O coronel, sabendo que aquelas palavras não passavam de um jogo de interesse, respondeu:

– Não se incomode com isso! Josino sempre foi um bom homem e, certamente, Deus vai ampará-lo com ou sem sua celebração. Eu mesmo farei um discurso destacando as qualidades daquele homem negro, mas que tinha um coração mais puro que muitos brancos.

O padre, desconcertado, baixou o olhar e, sem vergonha alguma, perguntou:

– O coronel vai deixar de dar esmolas à igreja?

– Sua igreja não contará mais com nenhum vintém que venha de mim, muito menos com cabeças de gado para sua quermesse! O senhor me conhece há anos e deveria saber que não sou homem de voltar atrás em minhas decisões. Tobias, vamos voltar à fazenda!

Padre Bento, observando a carruagem se afastar e passando o lenço em sua testa suarenta, disse:

– Por minha intransigência perdi o melhor contribuinte da igreja! Deveria ter ido rezar pela alma daquele negro infeliz, pois isso me custou a minha relação com o homem mais influente da região. – Desalentado, voltou ao interior da igreja pensando em uma maneira de reverter a situação.

⊱⊰

O coronel voltou à fazenda sentindo-se completamente agastado, pois jamais pensara que o padre Bento fosse preconceituoso. Ao entrar, encontrou Eleonora tomando uma xícara de chá de erva-cidreira. Aflita, ela perguntou:

– E então, quando o padre Bento virá para encomendar a alma do pobre Josino?

– Ele não virá! Aquele miserável, que se diz abolicionista, recusou-se a encomendar a alma de Josino, classificando-o como herege.

Eleonora mal pôde acreditar no que estava ouvindo; afinal, padre Bento sempre se posicionara a favor da libertação dos negros.

– Não posso acreditar que padre Bento tenha feito tamanha desfeita, sempre fomos bons cristãos e, além disso, você sempre foi generoso em suas contribuições para a igreja.

– Josino sempre foi para mim como um pai, de modo que só não lhe dei a carta de alforria porque ele mesmo se recusou em recebê-la. Se tem uma pessoa que merece uma missa em sua homenagem, esse alguém é Josino. Concordo que os ensinamentos de Josino iam de encontro com o que aprendemos na igreja, mas ele, apesar de ser um velho negro, era mais sábio que muitos brancos letrados. Não se preocupe, Eleonora, pois eu mesmo prestarei homenagens a Josino, afinal ele era meu amigo e não de padre Bento.

Eleonora, sentindo a revolta nas palavras do marido, tentou contemporizar:

– Talvez o pobre padre não esteja em seus melhores dias; tenho certeza de que ele comparecerá para realizar a missa em favor de Josino.

– Se aquele infeliz aparecer aqui amanhã, eu mesmo o enxotarei para fora de minhas terras, pois, além de preconceituoso, ele desmereceu uma pessoa que me é muito cara.

Eleonora percebeu que naquele momento não poderia prolongar a conversa.

– Vamos à capela rezar pela alma de Josino e que Deus o conserve em bom lugar!

– Não vou à igreja rezar pela alma de Josino, afinal, se Deus fosse tão bom quanto dizem, não permitiria que essas pobres criaturas fossem tratadas como animais.

Jacob se retirou e foi até a casa do bom homem, a fim de velar por ele enquanto o caixão não ficava pronto. Ao chegar à choupana, lembrou-se de tê-lo visto por inúmeras vezes sentado no alpendre e, sem se conter, chorou copiosamente.

Assim que o coronel serenou as emoções, entrou na choupana e viu o corpo de Josino, que ainda jazia na rede coberto por um fino lençol. Nesse momento, pediu que todos se retirassem, pois ele queria ficar sozinho com o falecido, a fim de se despedir. Sozinho, entre lágrimas, falou:

– Meu bom Josino, perdoe-me por não ter feito mais por você! Você não foi um escravo qualquer, sempre foi um pai para mim, que me orientou nos momentos em que mais precisei; mostrou-me o caminho onde havia dúvidas, acalmou meu coração quando estava em desespero, trouxe-me esperança quando minha vida parecia vazia e sem sentido. Neste momento, meu querido amigo, peço que Deus o recolha em seus braços e que continue fazendo o que sempre fez: dar esperança a todos os desesperançados e nos ajudar em nossa trajetória terrestre. Todos os seus ensinamentos me foram proveitosos e, por esse motivo, quero apenas lhe dizer: muito obrigado!

Sem conter as lágrimas, o coronel se debruçou sobre o corpo de Josino e extravasou toda a dor que estava sentindo. Assim que serenou seu coração, levantou-se.

— O padre Bento se recusou a homenageá-lo, mas eu juro que isso não ficará assim...

Levantando-se, o coronel saiu da choupana e disse a todos:

— Assim que o caixão ficar pronto, quero que coloquem a melhor roupa em Josino e cubram seu caixão com flores; portanto, dou ordens para que colham as rosas do jardim de Eleonora, pois isso é o mínimo para fazer por esse que muito me ajudou.

Jacob, olhando para Anastácia, solicitou:

— Vá até a casa-grande e diga à Rita para arrumar uma muda de roupas bem apanhadas para colocar em Josino. Quanto a você, Natanael, troque-o e faça sua barba; quero que todos tenham uma boa lembrança de Josino.

Ao dizer essas palavras, o coronel saiu a passos lentos em direção à casa-grande, sentindo o pesar em seu coração.

ഇരു

Quando o caixão ficou pronto, o corpo de Josino foi colocado juntamente com as flores. Em seguida, seria levado à capela, a fim de ser velado por todos. Do lado de fora da casa havia alguns negros esperando o caixão seguir para a capela da fazenda. A comoção era geral; algumas mulheres choravam enquanto outros escravos cantavam uma música no idioma deles. Logo o caixão chegou à capela e o coronel, que já o estava esperando, deixou que o pranto tomasse conta de todo seu ser.

Os negros respeitaram sua dor, permanecendo em silêncio. Tão logo o coronel saiu de perto do caixão, as negras voltaram a chorar e a lamentar a perda daquela criatura tão querida. O corpo de Josino passou a noite na capela e os negros ficaram a chorar por aquele que muito os ajudou.

Na manhã seguinte, o coronel se levantou mais cedo e seguiu para a capela com a intenção de ficar mais tempo com o amigo. Assim que a esposa e a filha chegaram acompanhadas pelos negros domésticos, o coronel se levantou e começou a falar sobre o caráter e o bom coração de Josino, fazendo com que os negros voltassem a chorar copiosamente. Terminou o discurso dizendo:

— Josino não era apenas um escravo velho, que passava o dia oferecendo ajuda a todos os que precisassem dele, mas antes era um amigo fiel, que sempre esteve ao meu lado e muito me ajudou nas horas em que mais precisei.

Ao dizer essas palavras, padre Bento entrou na capela e, diferente da postura do dia anterior, avisou:

— Vim rezar por Josino, coronel.

Jacob, apesar de ter bom coração, era um homem de palavra e assim afirmou:

— O senhor não rezará por Josino! Meu amigo não precisa de suas orações, talvez o ajude do lugar onde está.

Padre Bento, sentindo-se ofendido, respondeu:

— Jesus disse que deveríamos perdoar setenta vezes sete os nossos ofensores, e posso lhe garantir que o perdoo pela ofensa a mim infringida.

— O senhor vem me falar em perdão! Vejo que é um homem audacioso, padre. Depois de tudo o que me disse ontem, vem às minhas terras me dar sermão? Se ao menos o senhor vivesse de acordo com o que prega, talvez eu lhe devesse mais respeito. Ontem negou a um homem de bem uma reza e agora vem falar de perdão? Sua insolência me irrita, padre Bento. O que o fez mudar de ideia? O fato de eu não mais contribuir para sua igreja? Não vou lhe dar mais nenhum vintém, e está decidido!

— Minha paróquia não vai parar por falta de suas esmolas; portanto, guarde-as para o senhor, que precisará disso no momento de sua morte.

Jacob, esquecendo-se de que se tratava de um padre, dirigiu-se até ele e o pegou pelo colarinho, levando-o para fora aos gritos.

– Fora! Saia de minha propriedade, e não torne a voltar!

Padre Bento, irritado com a atitude do coronel, foi embora sem dizer palavra alguma. Sabia que quando o coronel se irritava era tão feroz como um leão.

Jacob, ao voltar, disse:

– Que saia o caixão!

Alguns negros se aproximaram do caixão e, em silêncio, despediram-se do amigo querido. Eleonora sentiu pena do padre Bento, porém sabia que não poderia ir contra o marido, pois, se assim o fizesse, Jacob se zangaria com ela.

Assim que o caixão chegou ao pequeno cemitério da fazenda, Jacob disse:

– Esta é sua última morada, meu amigo! E que Deus o ajude em sua nova vida.

Eleonora sabia que o marido estava com o coração em frangalhos e pensou que talvez ele pudesse pensar melhor em suas atitudes quando a dor lhe desse tréguas.

Logo após o enterro, o coronel trancou-se em seu gabinete e ficou lá até o anoitecer sem querer falar com ninguém.

❧✦❧

Josino foi levado por Rosa e Albano para a colônia. Ao acordar não sabia onde estava. Albano indagou:

– Como vai, Josino? Sente-se melhor?

– Onde estou? Certamente não é a casa-grande.

– Você está em uma das moradas do Pai; portanto, agradeça a ele por esta oportunidade.

Josino, que por diversas vezes havia conversado com o espírito de Rosa, não duvidou das palavras de Albano e compreendeu que aquela criatura carismática estava falando a verdade. Assim, perguntou:

— O senhor não me parece estar mentindo, porém eu gostaria muito de ver Rosa; afinal, ela me guiou enquanto eu ainda estava vivo.

— Mas você continua vivo, apenas deixou de viver em corpo de carne para viver em corpo espiritual, assim como todos nós que vivemos neste lugar. Enquanto vivia em corpo de carne você aproveitou para fazer o bem e isso lhe serviu para que pudéssemos auxiliá-lo e trazê-lo para cá.

Josino refletiu por alguns momentos.

— Mas, se estou vivo aqui neste lugar e procurei fazer o bem, o que acontece aos que fazem o mal, como os *sinhôs* que judiam de nossa gente?

— Nem todos os que deixam o corpo de carne vêm para este lugar, pois como o próprio Jesus disse na Casa do Pai há muitas moradas e isso inclui as zonas inferiores, em que permanecem muitos de nossos irmãos, que ainda têm bastante o que aprender. Nesses locais, estão todos os espíritos que vivem em sua infância espiritual. Lá eles podem se arrepender de suas más ações e crescer espiritualmente. Josino, como você já sabe, os que não aprendem pelo amor, acabam aprendendo pela dor, de modo que esquecem que o plantio é livre e a colheita, obrigatória. Isso quer dizer que, enquanto vivem na Terra, podem se deixar levar pelas ilusões e praticar atos ruins, mas na maioria das vezes acabam se arrependendo quando voltam ao mundo espiritual.

— Há quanto tempo estou aqui? Só me lembro de ter dormido e acordado sem o cansaço e sem dores.

— Há quase seis meses.

— Como consegui dormir tanto? Lembro-me de que dormia poucas horas por noite e agora você me diz que dormi por quase seis meses?

— Quando um espírito é recolhido da Terra, seu corpo chega nas mesmas condições em que estava e, para restabelecer a saúde, é necessário que passe pelo sono reparador, no qual todos os vestígios das enfermidades, da velhice, desaparecem um pouco a cada dia, enquanto ele continua dormindo.

— Há quanto tempo eu não conseguia nem mesmo caminhar direito, pois me sentia cansado! Veja, agora estou me sentindo bem e meus movimentos voltaram a ser como quando eu tinha trinta anos.

— Essa é uma prova da misericórdia divina; portanto, agradeça a Deus por estar aqui entre nós.

— Como eu morri perante o mundo e nasci na vida espiritual, onde estão aqueles que me foram caros? Rosa, Ageu, Ernestina, minha mãe, enfim, todos?

— Algumas das pessoas a que se referiu estão aqui, gostaria de vê-las?

Josino olhou para todos os cantos do quarto.

— Acho que ainda não posso ver outros espíritos, pois aqui não vejo ninguém.

Albano olhou com ternura para aquele espírito ingênuo e, com calma, respondeu:

— Não disse que eles estão aqui neste quarto, e sim aqui na colônia.

— Posso vê-los? Sinto tanta saudade de todos...

Albano voltou-se para a porta e, abrindo-a, pediu:

— Rosa, pode entrar, Josino quer vê-la.

Josino, com os olhos fixos na porta, viu quando Rosa entrou e, sorrindo, disse:

— Rosa! Como estou feliz em estar com você!

— Josino, meu bom companheiro, estou muito feliz em tê-lo aqui comigo; portanto, teremos tempo para relembrarmos os bons momentos de quando vivíamos juntos.

— Fomos felizes enquanto estávamos juntos na Terra; a única coisa que nos trouxe infelicidade foram as surras desmerecidas, a humilhação por parte dos capitães do mato e até mesmo do coronel Alfredo. Se não fosse tudo isso, teríamos sido ainda mais felizes, você não acha?

— Josino, procure se esquecer da escravidão; ela só existe porque aqueles espíritos cativos precisam aprender, e para eles o aprendizado só se realizará pela dor. Quando vivíamos na Terra, pensávamos que o que acontecia era injusto e que os negros não mereciam tal vida; mas, depois de muito tempo vivendo neste lugar e aprendendo, posso lhe garantir que ninguém sofre inocentemente e esse sofrimento atroz nada mais é do que nódoas do passado.

Josino, olhando surpreso para aquela que fora sua companheira de jornada, perguntou:

— Como pode uma criança nascer cativa? Do que podemos culpá-la?

— Se observarmos apenas a unicidade das existências, podemos dizer que aquela criança não fez nada de mal para viver sob tal regime e, certamente, classificaremos tal situação como injusta; porém, o que muitos não sabem é que aquela criança já foi um adulto um dia e, com certeza, praticou muitas coisas ruins. O espírito volta diversas vezes à Terra com um único objetivo: evoluir. Infelizmente, muitas vezes, essa evolução se dá por meio de sofrimentos e reajustes com o passado. Deus, em sua infinita bondade, permite que voltemos a viver na Terra para acertarmos as contas com o passado e apararmos as arestas com aquele que um dia foi nosso inimigo. Esse processo de retorno à vida corporal se chama reencarnação. Um dia voltaremos a viver na Terra em corpos diferentes e aqueles que nos ofenderam, que nos machucaram, viverão no mesmo círculo. Os desígnios de Deus são perfeitos e, por esse motivo, temos de agradecer pela sua bondade e misericórdia.

Josino fitou o rosto de Rosa e viu que ela não era mais a mesma pessoa de antes; algo havia mudado, mas ele não conseguia distinguir qual a diferença entre a Rosa que ele conhecera e aquela à sua frente. Sua aparência era jovem, tal qual quando ele passou a viver com ela na senzala do coronel Alfredo; porém, suas palavras eram de uma pessoa que tinha muitos conhecimentos.

Rosa ouviu os pensamentos de Josino.

— Meu bom companheiro, talvez sinta saudade daquela por quem se apaixonou enquanto vivia na senzala, porém nós vivemos um tempo dividindo experiências e emoções, mas com um único objetivo: crescermos como espíritos. Fomos bons companheiros e continuaremos a sê-lo, mas não do jeito que imagina, pois aqui o amor é puramente fraternal e não há sentimentos terrenos como a paixão e o acasalamento.

Josino, sem compreender como Rosa sabia o que ele estava pensando, decidiu mudar seus pensamentos a fim de não passar por outro constrangimento.

— Um dia, se o Pai permitir, poderemos voltar à crosta terrestre e compartilhar experiências como marido e mulher.

Josino olhou para Albano, que estava ao lado de Rosa, e, sorrindo, perguntou:

— Você voltaria como minha esposa, Rosa?

— Sim! Pois você sempre foi um bom companheiro e, certamente, poderemos dividir nossos conhecimentos.

Albano se intrometeu na conversa.

— Josino, por hoje basta a visita de Rosa.

Josino nada disse e Albano fez um sinal para Rosa. Posicionando-se ao lado do leito, ela espalmou sua mão simultaneamente com Albano, fechando os olhos em seguida. Josino viu que daquelas mãos saíam luzes que o envolviam e, naquele momento, não pôde mais pensar em nada e adormeceu.

Albano perguntou para Rosa:

— Você pretende retornar com Josino para dividirem uma vida juntos?

— Certamente que sim! Josino foi um bom companheiro e tornará a sê-lo, mas isso ainda é apenas cogitação; tudo dependerá da vontade do Pai.

— Vocês se amaram desde que se conheceram e não é má ideia voltarem como marido e mulher numa próxima encarnação.

— E continuamos a nos amar, o que nos possibilita uma nova convivência juntos.

— É bom quando dois espíritos afins se encontram, pois, aos poucos, caminham para outra etapa do amor verdadeiro, o amor fraternal.

Rosa, sorrindo, passou a mão sobre a mão de Josino.

— Logo Josino recobrará a juventude e deixará de se portar como aquele velho desgastado pelo tempo, e somente assim estará pronto para o trabalho.

— Você aceita cuidar de seu desenvolvimento espiritual?

— Claro que sim! Josino logo compreenderá que deve aprender mais sobre a vida espiritual por meio dos cursos que temos aqui na colônia.

— Por ora, deixemos o bom Josino descansar, pois para tudo há um momento determinado por Deus.

Rosa, sorrindo, concordou com Albano, e juntos saíram do quarto a fim de fazer outras visitas. Passado um tempo, Josino acordou e, sentindo-se bem, disse a Dirce:

– Gostaria de conversar com Rosa. É possível?

– Neste momento não vai ser possível. Rosa saiu em comitiva com Albano e alguns irmãos. Foram à crosta terrestre.

Josino então perguntou:

– Qual é sua graça?

– Meu nome é Dirce. Estou aqui para ajudá-lo no que for preciso.

– Dirce, será que posso me levantar dessa cama? Sinto-me bem e acho que poderia ir até a janela tomar um pouco de sol.

– Não só pode ir à janela como, se quiser, pode sair do quarto e andar pelo jardim.

Josino levantou-se rapidamente e, chegando à janela, viu aquele jardim que se perdia de vista.

– Aqui tem jardim como os belos campos da Terra. Como isso acontece?

– Isso acontece porque a Terra é uma cópia imperfeita de tudo o que temos aqui.

Josino, olhando curioso para as pessoas que andavam tranquilamente pelo jardim, perguntou:

– Como pode dizer que a Terra é uma cópia imperfeita deste lugar?

– Desculpe, minhas palavras foram grosseiras. Quis dizer que tudo o que há na Terra, as belas paisagens, construções, há também aqui em nosso lar. Nesta colônia, há dezenas de milhares de plantas, assim como há na terra, mas muitas espécies de plantas da colônia não existem lá. Temos belas paragens e isso você verificará quando estiver caminhando livremente pela colônia, porém, aqui não há queimadas como há na Terra, onde o fogo destrói as belas paragens; não há flores malcuidadas, tampouco secas. Os espíritos que vivem aqui não se deixam levar pela ganância, escravizando seu irmão, e todos compreendem que somos filhos do mesmo Pai independentemente da nossa cor.

– Obrigado, meu Deus, por permitir que eu esteja vivo neste lugar maravilhoso.

– Se quiser, posso acompanhá-lo ao jardim, mas peço que assim que se sentir cansado volte ao quarto para descansar.

– Farei isso, mas saiba que me sinto como se tivesse trinta anos ou menos, e, além disso, quero aproveitar para passear, pois fiquei muitos anos preso em minha própria casa, devido ao cansaço que sentia. Mas, agora, sinto uma leveza que talvez não consiga compreender.

– Entendo o que está sentindo, pois quando deixei meu corpo de carne tinha oitenta e sete anos e sei bem os sintomas da velhice.

Josino encarou Dirce.

– Como pôde chegar a este lugar com oitenta e sete anos e aparentar trinta?

– A idade avançada acontece no corpo de carne. Nosso espírito é sempre jovem e o que acontece ao espírito com aparência velha é que ele continua com as mesmas sensações de quando vivia no corpo de carne. Mas não se preocupe, com o tempo essas sensações desaparecem e o espírito volta a ser jovem.

Josino mal podia acreditar que voltaria a ser jovem. Olhou para o céu e disse:

– Obrigado, meu Deus, por ter me recolhido a este lugar de rara beleza e que muito nos ensina.

– Você não pode sair vestido assim! Vá até o guarda-roupa e pegue uma muda de roupa que está lá. Vista-se e depois me procure no corredor; eu vou levá-lo ao jardim para que possa conversar e trocar experiências com outros irmãos.

Josino aguardou Dirce sair e ficou observando cada detalhe daquele quarto simples. Notou que o guarda-roupas era entalhado em uma madeira escura, viu a mesa que havia e sobre ela um jarro, que se assemelhava a porcelana, e um copo. Ele se aproximou do jarro e despejou o líquido no copo, provando-o logo em seguida. Notou que era água e, curioso, perguntou a si mesmo: "Engraçado, Albano me disse que eu estava dormindo há seis meses... Como fiquei todo esse tempo sem tomar água?" Assim, lembrou-se também de que não comera nada desde que chegara, nem sentira fome. E continuou: "Não sinto fome, nem sede, nem o peso da idade. Aqui todos parecem bons, mas ainda não acredito em tudo isso! Parece um sonho e temo que possa acordar e voltar para aquele estado ao qual me encontrava".

Josino olhou para as mãos e percebeu que já não havia tantas rugas. Procurou um espelho para olhar sua fisionomia, porém no quarto não havia nenhum. Não querendo perder tempo, vestiu-se rapidamente e saiu do quarto. Viu um grande corredor e muitas portas. Passou a andar e percebeu que todas as portas estavam fechadas. Sem conter sua curiosidade, decidiu procurar por Dirce em um dos quartos e, para sua surpresa, encontrou-a ao lado de um leito. Observou que se tratava de um homem branco, com pouco mais de quarenta anos.

Josino esperou-a no corredor. Ao sair, Dirce perguntou:

— Está pronto para passear no jardim?

Josino, entusiasmado, respondeu que sim, porém uma dúvida pairava sobre sua cabeça e ele, querendo compreender o lugar em que estava, perguntou:

— Como vocês conseguem gerar luz? Rosa e Albano fizeram a mesma coisa, porém não compreendi como se faz isso.

— Josino, em cada um de nós há uma centelha divina, pois Deus é luz e ele, em sua infinita bondade e misericórdia, deu uma centelha de luz para cada um de nós. O que fazemos se chama emanação; é quando estendemos nossas mãos sobre um necessitado e passamos para ele um pouco de luz, que serve para acalmar um coração aflito, fazer dormir ou curar. No caso do senhor Sebastião, estávamos transmitindo a ele luzes curativas, pois ele partiu devido a uma grave enfermidade no pulmão. Está em sono reparador, e nós, duas vezes por dia, transmitimos-lhe uma luz curativa e outra para fazer com que ele continue dormindo.

— Isso aqui é um sonho?

— Este lugar é real tanto quanto você e eu.

— Na verdade que lugar é este?

— Esse prédio é o que chamamos de posto de recuperação. Todos os que vivem nesta colônia vieram para cá a fim de se recuperar de seus males. Os que aqui chegam passam primeiro por este posto e só depois que recuperam a saúde é que vão aprender ou trabalhar.

— Vou poder trabalhar?

— Sim, mas para isso será necessário que esteja bem. Por esse motivo está em um posto de recuperação.

— Nunca estive em lugar tão bonito; já havia entrado por diversas vezes na casa-grande, mas este lugar é ainda mais bonito.

– Aqui na colônia há lugares belíssimos, o que tenho a dizer é que aproveite sua estada e aprenda sobre a bondade e a misericórdia de Deus.

Dirce o levou para conhecer a ala masculina e feminina, em que várias pessoas andavam lentamente pelos grandes corredores. O homem olhou para um lado e uma sala com várias cadeiras enfileiradas chamou-lhe a atenção; assim, ele perguntou:

– Por que esta sala está cheia de cadeiras? Quem fica aqui?

– Pela manhã e à tarde, costumamos fazer preces, e é nesse momento que sentimos a centelha que há em nosso interior. Sentimos a alegria por estarmos realizando este trabalho.

– Quando envelheci, fiquei confinado em minha casa e senti falta de trabalhar, por esse motivo, aqui eu quero voltar a trabalhar.

– O trabalho é a lei que rege o Universo, pois, sem ele, não há progresso e, vendo sua disposição, muito me alegra, embora aqui não haja trabalho pesado como na fazenda. Os trabalhos são um pouco diferentes, mas, seja como for, todos os que trabalham neste lugar bendito passam por determinadas etapas: primeiro, a recuperação; depois, o aprendizado; enfim, o espírito se torna um trabalhador da colônia. Você ainda não terminou a primeira etapa. Assim que terminar, Albano vai orientá-lo para fazer um curso e, enquanto isso, você realizará pequenos trabalhos. Somente depois é que você será incumbido a um trabalho específico.

– Quero aprender tudo o que me ensinarem, pois quero voltar a trabalhar o quanto antes.

– Venha, vou lhe mostrar o jardim.

Os dois continuaram a caminhar e Josino sentiu o sol banhar seu corpo. Com alegria, ambos desceram a escadaria do posto de recuperação e enfim chegaram ao jardim. Ao pisar na grama, Josino se abaixou e pegou uma pequena quantidade de grama, cheirou-a e, com alegria, sentiu o cheiro da relva. Mais adiante, ele viu um grupo de pessoas negras e brancas conversando. Feliz, comentou:

– Que bom, vejo que aqui todos convivem em união, não há diferença!

– Josino, não há diferença entre negros e brancos; todos são iguais perante Deus. Assim como Deus criou diversos tipos de flores, cada espécie contendo sua beleza, Deus criou as raças, cada raça com sua beleza.

Josino percebeu a veracidade daquelas palavras, e, alegre, continuou caminhando e sentindo o cheiro da grama. Observou que sob a copa de cada árvore havia bancos. Alguns espíritos estavam sentados, enquanto outros estavam de pé, reunidos em pequenos grupos. Ora riam, ora ficavam sérios.

Uma mulher negra se aproximou.

– Josino, que alegria revê-lo.

Josino, voltando-se para trás, viu Ernestina, que sorria feliz.

– Ernestina, minha amiga! Como é bom revê-la.

Aproximando-se dele, ela lhe deu um caloroso abraço de boas-vindas. Dirce, percebendo que os dois tinham muito o que conversar, pediu licença, deixando-os a sós.

Ernestina falava entusiasmada sobre seu trabalho, o funcionamento da colônia e, principalmente, o fato de todos viverem em verdadeira união, não importando serem brancos ou negros. Josino ouvia tudo com curiosidade.

– Se as pessoas da Terra compreendessem que todos somos filhos do mesmo Pai, não escravizariam os negros achando que eles são animais sem alma.

Ernestina concordou com Josino.

– Fui algumas vezes à crosta e pude ver o quanto você estava sofrendo confinado àquela rede – disse ela.

– O meu sofrimento foi necessário para o meu crescimento espiritual. Sempre que recebia as visitas de Rosa ela dizia estar vivendo em uma das moradas do Pai, mas nunca achei que essa morada fosse tão bonita.

– Se quiser, posso lhe fazer companhia no passeio.

– Eu quero! Ageu está nesta colônia?

– Sim! Venha, ele trabalha num jardim mais adiante. Tenho certeza de que ficará feliz em revê-lo.

Josino andava lentamente, experimentando uma liberdade que nunca havia sentido antes, e não deixava de falar sobre a beleza das flores. Caminhando, depararam com uma escada, que dava acesso à parte inferior do terreno.

– Que lugar maravilhoso! – disse Josino.

Depois de descerem as escadas, ambos caminharam por alguns minutos e encontraram Ageu observando uma flor. O rapaz, ao ver Josino, disse:

– Meu bom amigo Josino! Havia planejado lhe fazer uma visita logo mais à noite.

– Como sabe sou impaciente e não podia esperar até a noite para vê-lo.

Ageu se aproximou de Josino e lhe deu um caloroso abraço, matando a saudade daquele que um dia recusara-se a escutar.

Os três ficaram conversando alegremente e Ernestina perguntou sobre os seus. Josino respondeu:

– Ernestina, não se preocupe com os que deixou na Terra; todos estão enfrentando suas provações e privações, mas lembre-se de que cada um está aprendendo o que a vida tem de ensinar.

Ageu, lembrando-se da fisionomia de Jacob, comentou:

– Sinto saudade de Jacob, ele sempre foi um pai para mim; pena que eu não pude ver isso a tempo.

Josino, não querendo que o reencontro fosse um momento de tristeza, pediu:

– Não se lamente, você estava movido pelo ódio dos brancos e isso impossibilitou que visse a bondade no coração dele.

Ernestina interrompeu:

– Hoje não é dia de lamentação, é dia de alegria.

Assim, os três caminharam lentamente em direção a uma árvore.

– Em toda minha vida nunca experimentei tamanha liberdade! Se o homem soubesse que é escravo de suas ambições e medos, faria o bem para se libertar... – disse Josino.

Ernestina concordou com o amigo, que passou a falar sobre as notícias da fazenda.

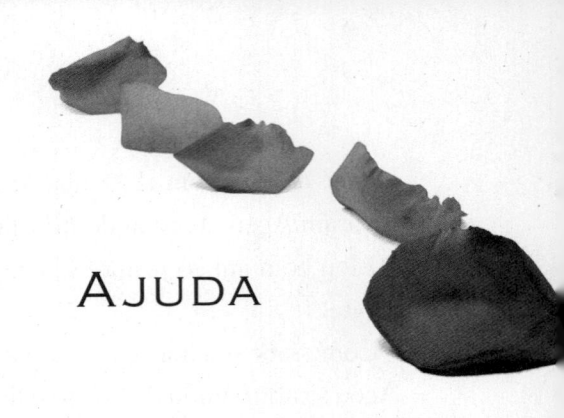

AJUDA

Natanael ficou inconsolável após perder a esposa quando ela deu à luz uma menina. Como ele não tinha condições de criar a criança sozinho, entregou-a para Rosalina. Não era incomum ver Natanael bêbado, pois, desde que seu pai ganhara o pedaço de terra do coronel Jacob, não mais trabalhou como escravo e passou a lidar com o cultivo de milho. Ele se dividia entre o trabalho durante o dia e as bebedeiras homéricas à noite.

Benedito, por sua vez, já não era mais o mesmo homem espirituoso de tempos atrás e, vez por outra, reclamava que estava sentindo dores: ora nas costas ora nas pernas.

Certa manhã, quando Benedito foi chamar Natanael para irem à roça, percebeu que o filho não atendia ao seu chamado. Decidiu entrar no casebre pelos fundos e, para sua surpresa, encontrou-o caído atrás da casa.

Benedito, preocupado, disse:

— Meu filho, acorde! O que está havendo com você? Nunca esperei vê-lo nesse estado!

— Por que não me deixou morrer sozinho? Estou farto desta vida, para mim chega! Primeiro, perdi meu irmão; depois, minha mãe e Josino; e, para completar, agora minha esposa. Fui privado de criar minha filha! Chega, pai, deixe-me morrer!

– Se você perdeu, eu também perdi. Mas lembre-se de que a bebida não vai sanar sua dor, pelo contrário, só vai lhe trazer a chacota de gente maldosa. Por que está caído aqui fora?

– Porque não consegui voltar para a rede.

Benedito percebeu que na cozinha havia um garrafão de aguardente.

– É nisso que está gastando seu dinheiro? Trabalha a temporada do milho inteira para não deixar faltar cachaça? Você sempre foi minha alegria e a de sua mãe. Nunca nos deu trabalho e sempre foi esforçado e bondoso; por que se deixa arrastar pelo desespero perdendo a dignidade?

– Não me venha com sermões! O senhor, quando mamãe morreu, também se entregou à bebida.

– Filho, quando perdemos alguém que amamos sentimo-nos sem rumo, porém é preciso ter força de vontade para superar tal dor, e confesso que bebia sim, mas percebi que estava cometendo um grave erro contra mim mesmo e prontamente deixei de beber.

Natanael estava cabeludo, tinha a barba por fazer e sua expressão estava envelhecida. Seu corpo exalava um mau cheiro característico de quem havia suado muito e cujo suor secara no corpo. As unhas estavam compridas e a magreza fazia parecer que seus ossos iriam perfurar sua carne magra.

Benedito decidiu pedir ajuda ao coronel. Chegando ao celeiro, encontrou Jacob ordenando onde deveriam ser empilhadas as sacarias que havia colhido no dia anterior. Ao ver Benedito, ele perguntou:

– O que faz aqui uma horas dessas, homem? Decidiu folgar no dia de hoje?

– Vim aqui para lhe falar sobre um assunto que muito me desagrada, *sinhô*.

– Venha, vamos sair para conversarmos tranquilamente.

Do lado de fora do celeiro havia um banco que os negros tinham feito sob a copa de uma velha árvore, e ambos se sentaram ali.

– Agora, diga-me, o que está acontecendo? – perguntou o coronel.

Benedito relatou as bebedeiras diárias de Natanael e Jacob ponderou:

– Natanael sempre foi calmo, porém não soube lidar com as perdas que sofreu. Eu nunca neguei que ele fosse visitar a filha Luzia. Mas, desde que a menina nasceu, ele nunca foi visitá-la.

– Natanael está querendo morrer e, se eu perdê-lo, quem não vai aguentar sou eu.

Jacob, levantando do banco, levou o chapéu à cabeça.

– Mande Natanael vir à casa-grande hoje à noite, preciso ter uma longa conversa com ele.

– Agradecido, *sinhô*! Quando perdi Ernestina me senti perdido e sem rumo e graças aos seus conselhos larguei o vício da bebida, e hoje, apesar de solitário, levo uma vida tranquila.

– Benedito, você sabe o quanto sua família foi benquista em minhas terras. Tivemos perdas, porém temos de saber lidar com esses sentimentos. A bebida arrasta o homem para a destruição e, assim como não deixei que esse vício maldito o levasse, não permitirei que Natanael vá por esse caminho!

Benedito agradeceu a preocupação do coronel e, pedindo licença, despediu-se, mas, antes de voltar para a casa do filho, resolveu visitar a neta Luzia; afinal, ela era sua alegria de viver. Ao chegar à cozinha da casa-grande, encontrou Rita, que começara a preparar o almoço. Sorrindo para a cozinheira, disse:

– Rita, onde estão Luzia e Rosalina?

Rita respondeu que as duas estavam na sala de costura. Desde que a menina chegara à casa-grande, Rosalina não mais dormira com Margarida. Dormia no quarto onde sua mãe falecera.

Benedito, ao entrar na sala de costura, saudou:

– Bom dia, minha filha!

– Vá cumprimentar seu avô, Luzia!

– Vovô... Vovô.

Benedito se abaixou e pegou a menina no colo. Depois dos agrados, colocou-a no chão e conversou com a filha.

– Rosalina, hoje não pude trabalhar.

– O que houve para o senhor não ir à roça?

Benedito relatou todos os fatos para a filha, deixando-a boquiaberta com a situação do irmão. Assim que terminou, Rosalina comentou:

– Papai, no domingo fui até a casa de Natanael e aproveitei para levar Luzia, mas quando cheguei lá encontrei a casa aberta e vazia. Fiquei esperando-o por um tempo, mas decidi voltar para casa. Depois, soube por Onofre que ele havia se escondido de mim porque estava sujo.

— Seu irmão parece um bicho do mato, vive se escondendo de todo mundo, e sua aparência está horrível.

— O que vamos fazer para ajudá-lo?

— Hoje não fui trabalhar, fui pedir ajuda ao coronel.

— Papai, quando um homem está perdido no vício, dificilmente ouve alguém.

— Com a ajuda de nosso senhor Jesus Cristo, seu irmão vai deixar essa maldita cachaça.

— Se Josino estivesse aqui, Natanael não teria se entregado desse jeito, pois passaria a acreditar que a vida continua e que ninguém morre, apenas muda de estado.

— Você nunca acreditou nessas coisas, minha filha! O que está havendo com você?

— Papai, Josino sempre disse que a vida continua e naquela vez que tentei me afogar senti a presença de mamãe ao meu lado e acreditei que ela continuava viva em algum lugar. Além disso, Josino sempre disse que os que morrem, muitas vezes, vêm para nos ajudar, e não tenho dúvidas de que mamãe veio naquele dia para evitar que eu cometesse um desatino.

Benedito concordou com a filha e resolveu voltar para a casa do filho. Despedindo-se da filha e da neta, andou a passos lentos em direção à casa de Natanael. Ao chegar, encontrou o filho deitado, dormindo a sono solto, e, sem paciência, chamou:

— Levante-se, Natanael. Vá se banhar para curar essa bebedeira!

— Deixe-me, pai! Não quero ir à roça hoje!

Benedito, tomado de fúria, foi até a cozinha e, pegando uma caneca de água, não teve pena de jogar no rosto do filho.

— Pai, o que está fazendo?

— Um homem dormindo uma hora dessas, que vergonha! Levante-se e vá se banhar. Precisamos ter uma conversa!

Natanael, apesar de ser um homem feito, continuava a ser obediente. Assim, foi até o riacho, que ficava perto de sua casa, e lá se banhou a fim de melhorar da bebedeira. A água estava gelada e não demorou para que ele se sentisse melhor da ressaca. Voltando para casa, indagou:

— O que o senhor quer?

— O coronel mandou lhe dizer que vá até sua casa na noite de hoje, pois ele precisa falar com você.

— O que ele quer? Certamente vai querer que eu abaixe o preço do milho, mas isso eu não vou fazer, pois nosso milho sai quase de graça para ele.

— Não sei... Mas seja lá o que for não levante a voz para ele!

Natanael, achando que o coronel iria falar sobre o preço do milho, continuou:

— Papai, não vou abaixar o preço do milho, pelo contrário, vou subir dois réis por cada dez sacas.

— Não se precipite, pois até as sementes é o coronel quem fornece; portanto, se ele pedir mais barato atenda ao seu pedido.

— Não vou baratear nada! Quem trabalha de sol a sol naquelas terras somos nós e se não dermos valor ao nosso trabalho quem dará?

— Ingrato! Se o coronel quisesse poderia nos forçar a trabalhar como escravos; porém, ele não fez nada disso e ainda nos deu a liberdade de trabalhar.

— Quem foi que lhe disse que o coronel quer falar comigo?

— Ele veio até aqui e o encontrou dormindo e fedendo como gambá. Como só eu estava aqui, ele deixou esse recado.

Natanael, preocupado, decidiu não beber naquele dia a fim de não ir cheirando a cachaça à casa-grande. Durante o dia, ele ficou imaginando uma possível discussão entre o coronel e ele. Quando se lembrava do rosto de seu benfeitor, sentia terna compaixão. A tarde já caía quando Benedito se aproximou de Natanael.

— Natanael, não vai se arrumar para conversar com o coronel?

O rapaz, fingindo indiferença, respondeu:

— Não! Ele é o coronel, mas não o imperador.

— Venha, coei café, quer uma caneca?

— Papai, seu café está muito bom, mas eu estou com vontade mesmo é de tomar um gole de cachaça.

– Você está querendo beber para poder conversar com o coronel? Você diz ser um homem, mas para mim parece um menino. Nunca imaginei que sentiria medo do coronel e precisasse de cachaça para se revestir de coragem!

– Não estou sentindo medo do coronel, apenas lhe disse que gostaria de tomar um gole de cachaça, nada mais que isso.

– Você é o único filho que Deus me deixou e, por esse motivo, peço que não me envergonhe!

– Não vou brigar com o *sinhô*, meu pai, não vou!

Assim, deitou-se na rede a fim de encerrar a conversa com o pai. Benedito decidiu colocar ordem na casa do filho. Sentia seu coração oprimido, porém sabia que era necessária aquela conversa com o coronel se quisesse ter o filho recuperado.

A noite chegou, Natanael pegou o chapéu e avisou:

– Papai, vou à casa-grande. O senhor vem comigo?

– Não, meu filho! Vou para casa. Quero tomar um banho e descansar. Natanael, não discuta com o coronel; aliás, ele tem sempre razão.

Natanael olhou surpreso para o pai, porém nada respondeu; permaneceu olhando o pai se afastar vagarosamente em direção a sua casa. Ao sair, olhou para o céu estrelado.

– Mamãe, onde estiver, por favor, vele por mim!

Chegando à casa-grande, entrou e viu Rita à beira do fogão, mexendo uma panela de doce.

– Boa noite! – disse.

Rita, surpresa com aquela visita, respondeu:

– Há quanto tempo não o vejo, Natanael! Que bons ventos o trazem aqui?

– O coronel me chamou para uma conversa.

– Mas agora o coronel está jantando, terá de esperar que termine seu jantar. Zaqueu vai avisá-lo de que está aqui.

Natanael sentou-se no banco da cozinha e, fixando seu olhar em Rita, perguntou:

– Tem café?

— Isso responde à sua pergunta? – disse ela, olhando para o bule que estava em cima do fogão. E continuou: – Quer um gole?

Natanael apenas fez uma afirmativa com a cabeça. Rita pegou uma caneca e despejou o líquido entregando para ele, que continuou a segui-la com o olhar. Não demorou e Rosalina entrou na cozinha.

— Rita, já colocou o arroz-doce em uma tigela?

Rita, que já conhecia bem os costumes da casa, estava com a tigela de porcelana com a sobremesa. Rosalina, ao ver o irmão, esqueceu-se temporariamente da sobremesa e, voltando-se para ele, comentou:

— Natanael, que bom vê-lo.

Rita, ao ver Zaqueu entrar, ordenou:

— Zaqueu! Avise o coronel que Natanael está à sua espera.

O menino saiu da cozinha dirigindo-se à sala e, em poucos minutos, retornou.

— O coronel mandou avisar que ele já vai conversar com Natanael.

Passados alguns minutos, Jacob entrou na cozinha e, olhando com seriedade para Natanael, falou:

— Natanael, venha até meu gabinete. Precisamos conversar.

Natanael levantou-se e seguiu Jacob até o gabinete. Ao chegarem, Jacob mandou que ele se sentasse em uma cadeira.

— Natanael, o que está acontecendo com você?

— Não está acontecendo nada, *sinhô*!

— Ouvi um relato que muito me aborreceu sobre você.

Natanael, sem compreender, permaneceu calado, esperando que o coronel dissesse o motivo da conversa.

— Como sabe, não sou homem de rodeios, de modo que entrarei direto no assunto. Fiquei sabendo que você está se entregando à bebida, e isso me deixou muito contrariado. Concordo que você sofreu inúmeras perdas nesses últimos anos, primeiro perdeu seu irmão; depois sua mãe; Josino; sua esposa; e sua filha Luzia. Mas quem nunca perdeu alguém nesta vida? Você acha que por se entregar à bebida vai trazê-los de volta?

Natanael, ao se lembrar do rosto da mãe, sentiu uma vontade de chorar que havia muito estava presa em sua garganta, mas, sem esboçar nenhuma emoção, permaneceu calado.

Jacob continuou:

– A bebida acaba com a reputação de um homem e o faz se expor ao ridículo e a se comportar de maneira vergonhosa. Confesso que o álcool é para pessoas fracas, que o veem como a única saída para seus problemas. Na euforia do álcool o homem pode esquecer temporariamente de suas frustrações, mas posso lhe garantir que isso é uma grande ilusão, pois, quando a lucidez volta, ele percebe que seus problemas continuam no mesmo lugar. O álcool não resolve os problemas de ninguém, pelo contrário, acaba aumentando-os, pois em sua embriaguez o homem pode cometer desatinos e se arrepender por toda sua vida. Quando trouxe sua família para minhas terras, decidi cuidar de todos e me preocupar com suas necessidades. Por um tempo isso funcionou, porém Ageu começou a se rebelar contra minhas ordens até que ganhou a liberdade e foi viver suas experiências como homem livre. No entanto, sua família continuou sob minha proteção e você sempre foi meu orgulho, pois sempre foi um bom menino, obediente e quieto. Sua mãe foi a melhor amiga de minha esposa e sua irmã é quase uma irmã para minha filha. E por você, Benedito e Ageu, eu sempre senti um carinho especial. Mas o tempo passou, Ageu retornou doente e, não suportando as dores emocionais sofridas enquanto perambulava por esse mundo sem fim, acabou por falecer. Você na ocasião se portou como um homem e aceitou bem a morte de seu irmão. Depois sofreu outras perdas, as quais lhe causaram sofrimento, mas a bebida não vai aliviar sua dor e, além disso, você não é um menino, é um homem e espero que se comporte como tal.

Natanael sentiu aquelas palavras doerem no escaninho da sua alma. E permaneceu calado em respeito ao coronel. Jacob lançava-lhe um olhar compassivo, porém usava palavras duras para chocá-lo. E, assim, prosseguiu:

– Olhe para você! Suas roupas estão em estado lamentável; seu cabelo mais parece uma juba de leão e suas unhas parecem garras de gavião. Você, mesmo sóbrio, exala o odor característico da cachaça! A vida não acaba, conforme os ensinamentos de Josino, nem mesmo na ocasião da morte, e por que acabaria para você, que continua vivo em carne e osso? Seja homem! Procure compreender que a morte é a continuação da vida e que todos os que amamos estão vivos em algum lugar. Está na hora de pensar em seu pai, que sempre se preocupou com os filhos e, agora, está vendo seu único filho se autodestruir com o consumo da cachaça, sem contar a vergonha pelos comentários dos outros. Procure dar um pouco de orgulho a seu pai e a mim, que sempre o elogiei diante dos outros escravos. Espero que não me decepcione! E, embora você não acredite, eu confio em você.

Natanael, não se contendo, desabou em um choro pungente, pois as últimas palavras do coronel fizeram com que ele ficasse envergonhado por suas ações.

Jacob continuou:

– Mandarei que Rita providencie roupas decentes para você. Além disso, como sei que é difícil para um homem viver sozinho, poderá trazer suas roupas para Maria lavar. Hoje você vai cortar as unhas e fazer a barba. Depois, peço que tome um banho e vista as roupas que Rita vai lhe dar. Quero que conviva com sua filha, pois ela sempre pergunta sobre você. Poderá vir todos os domingos passar horas alegres com Luzia e verá como ela é esperta.

O coronel parou por alguns instantes, depois continuou com seus argumentos:

– Vocês, perto de outros negros, levam uma vida privilegiada; afinal, qual negro tem um pedaço de terra e ganha pelo seu trabalho? Vou aumentar cinco réis por cada dez sacas, mas não quero que esse dinheiro seja gasto com bebida; quero que compre coisas para você e sua filha, pois ganhamos a confiança de uma criança quando a presenteamos com guloseimas.

Natanael, fungando longamente, levantou o olhar para o coronel e, mudando sua postura, falou:

– O coronel tem minha palavra: de hoje em diante não colocarei mais bebida na boca.

– Vou dar ordens para Rita providenciar as roupas, e exijo que corte os cabelos e faça a barba, pois um homem com barba fica com a aparência desleixada. Rita também vai lhe dar um prato de comida.

Natanael, percebendo que a conversa havia terminado, pediu licença e voltou à cozinha. Ao chegar, viu Rosalina, que ajudava a cozinheira. Olhando para as roupas da irmã, ele disse:

– Você se veste bem, minha irmã.

– Uso roupas iguais às dos negros que trabalham na casa-grande; porém, procuro sempre estar com as roupas limpas.

Natanael, mirando-se, viu que seu andrajo não se diferenciava dos dos negros de outras fazendas. O coronel, entrando na cozinha, disse para Rita e Rosalina:

– Quero que arrumem roupas decentes para Natanael. Se for o caso de fazerem alguns ajustes, façam, mas não deixem que ele saia sem antes tomar um banho, fazer a barba e jantar. Rosalina, cuide para que seu irmão corte as unhas, pois, de hoje em diante, ele será um novo homem.

– Rita, vou arrumar as roupas para o meu irmão.

Rosalina levou Natanael até a sala de costura e lá começou a procurar algumas calças. Nesse momento, o rapaz olhou-se num espelho.

– Estou acabado! – falou. – Pareço ser um velho.

Rosalina, que separava algumas roupas, ouvindo as palavras do irmão, comentou:

– A cachaça acaba com o homem!

– Eu nunca mais vou beber! Fiz essa promessa ao coronel e agora faço a você, minha irmã.

– Natanael, Luzia precisa de um pai.

– Virei à casa-grande todos os domingos fazer-lhe companhia.

Rosalina sentiu seu coração transbordar de alegria.

– Natanael, a pobre menina já ficou muito tempo de sua vida sem mãe nem pai, mas agora terá pelo menos um pai, e isso foi o que sempre quis.

– Onde está ela?

– Todas as noites, ela fica com dona Eleonora e Margarida na sala. Elas gostam de sua filha e dizem que é uma menina muito inteligente.

– Luzia brinca com as outras crianças da fazenda?

– Não, ela ainda é muito pequena, tenho medo de que as crianças mais velhas façam alguma maldade a ela.

– Fico feliz em saber que a *sinhá* Eleonora e a *sinhazinha* Margarida gostam da minha filha.

– Elas dizem que a alegria entrou nesta casa quando Luzia chegou, mas isso me preocupa.

– Por quê? Seria motivo de preocupação se a *sinhá* não gostasse de nossa Luzia, não vejo motivos para preocupação.

– Luzia está ficando mimada e isso não é bom para uma criança negra.

– Não se preocupe; afinal, a *sinhazinha* Margarida sempre a mimou; tanto é verdade que, quando era mais jovem, não se misturava com os negros da fazenda.

Rosalina, sorrindo, percebeu que sua preocupação era exagerada e com isso ficou relembrando os velhos tempos. Cortou as unhas do irmão e mandou que ele fosse se lavar; depois, pegou uma navalha e a afiou, a fim de que Natanael fizesse a barba. Olhando para os cabelos desgrenhados do irmão, disse:

– O seu cabelo está parecendo o sol, mas não vou me atrever a cortá-lo, porque não sei; o único que sabe cortar cabelos é nosso pai.

– Amanhã, antes de ir para a roça, pedirei a ele que corte meus cabelos. Quero ver o coronel feliz com minha mudança.

Natanael se trocou e, olhando para a roupa, indagou:

– Rosalina, por que só há roupas desta cor?

A irmã, checando se ainda teria de fazer mais algum ajuste, respondeu:

– Por que a *sinhá* compra todas as fazendas de panos iguais.

– O coronel vai pagar cinco réis a mais por cada dez sacas de milho. Como sabe, nossas terras são grandes. A colheita chega a dar duzentas sacas ou mais. Quando a colheita acabar, vou até a venda e comprarei uma fazenda de pano de outra cor; afinal, ganho meu próprio dinheiro.

– Aproveite e compre água de cheiro; nada como um homem cheiroso.

– Sinto-me vinte anos mais jovem!

Rosalina levantou o olhar.

– O sofrimento acaba com a gente – constatou.

– Ele é como espinho: maltrata nossa alma – prosseguiu o irmão.

– Não é bom relembrarmos as coisas ruins; antes, vamos comemorar a volta de meu irmão, que estava perdido, e agora voltou para o seio da família.

Natanael, olhando para a irmã com carinho, disse com tristeza:

– Rosa, sinto saudade de quando éramos crianças, mamãe sempre levava a comida que sobrava da casa-grande para nós.

– Todas as noites, quando dona Eleonora se despedia de mamãe, ela dizia: "Ernestina, leve bolo para Benedito, Natanael e Ageu".

– Mamãe também levava a comida e eu ficava esperando. Por diversas vezes, eu comi tarde da noite.

– Gosto de papai, mas sinto muita saudade de nossa mãe.

– O tempo não volta e aqueles que partiram também não; portanto, vou voltar para casa porque amanhã vou à roça logo cedo, mas antes pedirei a nosso pai que corte meus cabelos.

– Papai tem tesoura?

– Rosa, papai corta os cabelos com navalha, tesoura é coisa de rico.

– Leve a tesoura para nosso pai e no domingo você me traz, porque dona Eleonora sabe tudo o que há nesta sala.

Natanael, pegando a tesoura, deu um forte abraço na irmã e disse que voltaria no domingo. Rosalina ficou observando o irmão sair e não deixou de notar o quanto ele havia emagrecido naqueles últimos tempos.

No dia seguinte, Benedito foi chamar Natanael para ir à roça e, ao olhar para o filho, sentiu alegria. Percebeu que as palavras do coronel haviam surtido o efeito desejado.

– Pai, hoje nós vamos capinar a roça e para isso temos tempo; portanto, quero pedir que corte meu cabelo.

– Filho, como vou cortar seu cabelo? Estou sem a minha navalha!

– Não se preocupe, meu pai, eu trouxe a tesoura da casa-grande.

Benedito, sorrindo, mandou que o filho se sentasse em um banco e passou a cortar seu cabelo com afinco.

Benedito perguntou ao filho:

– O que o coronel queria com você, meu filho?

– O coronel é um pai para nós e ele só quis me abrir os olhos.

Benedito, procurando ser discreto, não fez mais perguntas e, em poucos minutos, Natanael já estava com os cabelos cortados.

– O coronel subiu o preço das sacas do café, agora vamos ganhar cinco réis a mais por cada dez sacas de milho.

– Você pediu esse aumento, meu filho?

– Não, meu pai! Foi ele quem deu, sem que eu tocasse no assunto.

– O coronel é como um pai...

Naquele dia, Natanael trabalhou com afinco, pois o aumento do preço da saca do milho o animou a cuidar da roça. No fim da tarde, ele perguntou ao pai:

– Papai, quando chegar a época da colheita, o senhor quer ir à vila para comprar água de cheiro?

– Água de cheiro? Você está querendo se casar novamente, meu filho?

– Não, papai! Quero estar cheiroso para ver minha filha; afinal, ela vai sentir orgulho em ter um pai cheiroso.

– Você pretende visitar Luzia?

– Sim! Ela é minha filha e já perdi dois anos de minha vida sem vê-la.

– Isso mesmo, meu filho. Luzia não tem mãe, porém crescerá sabendo que tem um pai que se preocupa com ela.

E assim os dias passaram. Natanael não pensou mais em bebida.

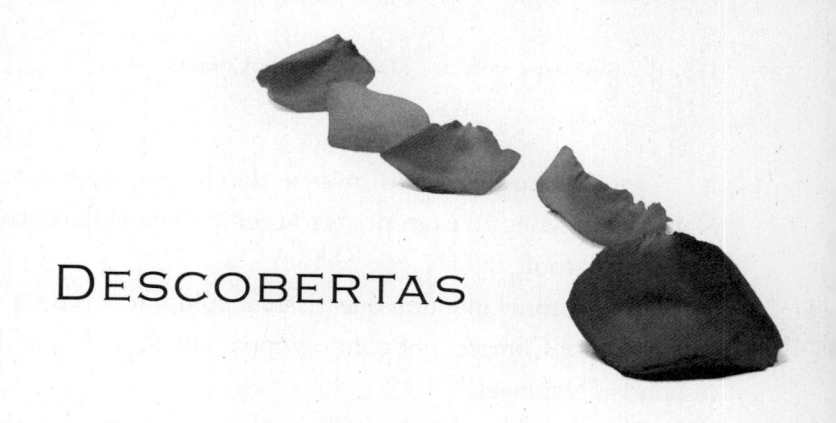

DESCOBERTAS

O tempo de Natanael era dividido entre o trabalho na roça e os cuidados com a modesta casa. Todo sábado ele levava a roupa para Maria lavar e todos notaram a sua mudança. Aos domingos, ia visitar a filha e, não raro, ficava no terreiro brincando com ela até o entardecer.

Chegou o tempo da colheita e, como prometera, chamou o pai para ir à vila. Pai e filho chegaram à venda e Natanael viu uma fazenda de pano azul. Gostou da cor e decidiu comprá-la. Comprou também água de cheiro e uma fazenda de pano para fazer roupas para Luzia. Benedito estava feliz em ver a animação do filho, assim o incentivava a gastar.

Na venda estava José Almirante Neto, um fazendeiro da região. Conversava sobre política com outros dois fazendeiros quando comentou:

— Os negros do coronel são diferentes, entram na venda e compram como se fossem brancos. O coronel constitui um perigo para nós; logo os negros fugirão de nossas senzalas e lhe pedirão abrigo.

Mário Azevedo, olhando para os dois negros que saíam lentamente da venda, respondeu:

— Isso não pode ficar assim, precisamos ter uma conversa com o coronel. Ele tem de entender que o aumento de sua fortuna se deve ao trabalho escravo e que, com sua fama de protetor dos negros, os cativos vão querer fugir de nossas senzalas, e o culpado será ele.

José Almirante Neto, não se dando por satisfeito, decidiu seguir Natanael e Benedito e os encontrou subindo na velha carroça da fazenda. José perguntou:

— O coronel mandou que viessem comprar coisas na venda?

— Não! Comprei por conta própria; afinal, tenho dinheiro para isso — respondeu Natanael.

José, irritado, soltou sua língua ferina e, sem medo de provocar uma situação constrangedora, disse:

— Desde quando negros têm dinheiro? Certamente roubou seu patrão.

Natanael, sentindo-se imensamente ofendido, retrucou:

— Não preciso roubar! Trabalho em meu pedaço de terra e ganho por isso.

José deu uma gargalhada de desdém.

— Os negros do coronel realmente são diferentes! Têm até pedaço de terra... O coronel tem fortes inclinações para ser o protetor dos negros...

— O coronel é um homem de bem, vê os negros como seres humanos e nunca se deitou com suas negras, ao contrário do *sinhô*, não é mesmo?

José, que tivera dois filhos com a mucama da filha, sentindo-se ofendido, teve ímpetos de avançar em Natanael, porém foi impedido por seus colegas.

— Não arranje encrenca com esse negro. Saiba que o coronel está acima de nós nesta região, e uma encrenca poderia nos trazer grandes prejuízos.

José Almirante olhou com desdém para Natanael e Benedito e, com sarcasmo, disse:

— O amigo tem razão, ainda mais porque ele costuma tratar esses negros como se fossem gente. Eu, no entanto, dou mais valor aos bois do meu pasto do que a esses negros vagabundos.

— Não somos vagabundos; eu, por exemplo, vivo do meu trabalho honestamente.

Nesse momento, José e os outros fazendeiros desataram a rir, e Benedito, temendo que o filho perdesse de uma vez a paciência, intrometeu-se:

— Natanael, não perca a razão! Não se esqueça de que cadeia é para negro e, se fizer alguma coisa, a justiça dará razão a eles; portanto, vamos embora.

Enquanto a carroça saía, os fazendeiros ficaram gargalhando diante da venda.

No caminho de volta, Natanael teve ímpetos de voltar e dar uns golpes de capoeira em José Almirante, porém pensou melhor e disse ao pai que fora melhor eles terem saído.

Ao chegarem à fazenda, Natanael conversou com Jacob sobre o ocorrido, e o patrão, percebendo que ele estava alterado, resolveu contemporizar:

– Não se importe com as provocações de José Almirante, ele é um homem perverso. Estava procurando encrenca.

– Mas, *sinhô*, aquele homem fez troça pelo senhor nos tratar bem. Enquanto falava de mim, não me importei, mas o que me irritou foi o fato de falar do senhor.

– Não se importe com o que dizem; afinal, tenho escravos fiéis, enquanto os negros deles rogam aos céus para que eles morram. Da próxima vez irei com vocês, quero ver se eles terão coragem de me enfrentar.

Natanael, vendo que não tinha mais nada a falar sobre o ocorrido, pediu licença e se retirou levando o pai. Jacob ficou olhando os dois homens tomarem distância e pensou: "Os negros pensam que a liberdade é apenas uma carta de alforria. Como estão enganados... Mesmo que um negro seja livre, será sempre cativo do preconceito dos brancos".

Natanael, enquanto se afastava, disse ao pai:

– Estou com ódio do *sinhô* José. Da próxima vez que ele me afrontar vou dar uns golpes de capoeira e deixá-lo estirado no chão!

– Não faça isso! Um negro que mata um branco apodrece na cadeia.

– Não me importo, meu pai! Que diferença faz ser cativo em uma fazenda ou em uma cadeia?

– Aqui nesta fazenda não somos cativos, muito menos tratados como tais. O coronel é um santo e nos trata muito bem; afinal, qual negro tem o privilégio de ganhar pelo seu trabalho? Sempre tivemos a liberdade de ir e vir nas terras do coronel, não faça coisas de que vá se arrepender, não perca seu bem mais precioso: a liberdade.

Ao chegar em casa, Natanael viu o garrafão de cachaça e teve ímpetos de tomar um gole a fim de serenar seus sentimentos, porém pensou nas palavras do coronel e no rosto da filha e disse para si mesmo:

– Sou um homem! Não vou voltar atrás com minha palavra! – Dizendo isso, despejou o líquido na terra. – Essa vontade terá de passar!

Decidiu não jantar, comeu algumas frutas e deitou-se. Por mais que quisesse esquecer aquele assunto, vez por outra lembrava-se da fisionomia de José Almirante. Disse para si mesmo: "Maldito! Esse negro vagabundo vai fazer você comer terra..." Depois, adormeceu e sonhou.

Caminhava por um lindo jardim e sentia que havia alguém ao seu lado, porém não conseguia ver ninguém. Ele parou e sentiu o cheiro das flores. Olhando mais adiante, viu alguém. Sentia a grama macia sob seus pés e uma paz que nunca havia sentido. Ao se aproximar da pessoa, reconheceu-a. Era Josino, que sorria abertamente. Ele não era mais um negro doente e parecia estar mais jovem. Surpreso, inquiriu:

– Josino? É você?

Josino permaneceu parado esboçando um leve sorriso e, com doçura na voz, respondeu:

– Sim! Aproxime-me. Precisamos conversar.

Natanael, feliz pelo reencontro, aproximou-se e deu um abraço afetuoso naquele que fora o seu mentor na terra. Josino, pegando em seu braço, pediu:

– Sente-se aqui. Por que tem permitido que maus sentimentos tomem conta de seu ser?

– Porque aquele homem me chamou de vagabundo e, além disso, não sou homem de ouvir desaforo e ficar quieto.

– Enquanto o homem se prender a tais sentimentos, ele não crescerá. Saiba que o ódio é um veneno que contamina a alma. Todos os dias o homem ofende a Deus, mas como vai pedir perdão a Ele se não perdoa o seu irmão? O homem para ser grande tem de ser bom em perdoar, pois o ódio demonstra a sua pequenez espiritual. Natanael, ser negro é uma grande prova, porém não leve em conta as ofensas, pois a vingança poderá lhe trazer sérias consequências. O homem branco, infelizmente, vive preso à ilusão de que é superior, mas isso é um grave engano, pois Deus criou o negro, o branco, o vermelho e outras raças da mesma forma; portanto, ninguém é superior a ninguém, somos todos iguais perante Deus.

O que difere os homens é sua evolução moral e espiritual e para isso é necessário que procure colocar o amor ao próximo em evidência e aplique os ensinamentos de Jesus.

— Como posso seguir Jesus se não o conheço? Só sei que ele foi bom e foi morto por praticar o bem. O padre Bento nunca nos ensinou nada sobre ele.

— Procure conhecer um pouco de Jesus e aprenda a ler e escrever, pois quem ele foi e o que ele ensinou está nos evangelhos. Certamente, a *sinhá* não lhe negará o empréstimo de um evangelho. Depois que aprender, ensine aos outros.

— Sou velho para aprender a ler e escrever.

— Sua irmã sabe ler e poderá ensiná-lo. Confie em Deus.

— Os negros sempre serão cativos dos brancos e viverão sob os pés de seus *sinhôs*.

— Deus não fez o homem para ser escravo, criou-o para ser livre. Chegará o tempo em que a libertação dos nossos irmãos virá; portanto, aguarde e confie.

— Minha mãe está aqui?

— Não só sua mãe, como José, Ageu e outros, pois a verdadeira vida não está na terra, está em uma das moradas do Pai. Agora, volte. Seu trabalho está apenas começando, aprenda a ler e a escrever e ensine seus irmãos sobre Jesus. Perdoe quem o ofendeu e conhecerá a verdadeira felicidade.

Natanael sentiu o cenário se desfazer e acordou. Sentando-se na rede, lembrou-se das palavras de Josino e não teve dúvidas de que se encontrara com aquele que muito lhe ensinara enquanto estava na Terra.

Depois desse sonho, Natanael sentiu que seu ódio por José Almirante havia desaparecido. Passou a seguir as instruções de Josino e todas as noites ia à casa-grande para aprender a ler e escrever com Rosalina e Margarida. Passado um tempo, Eleonora lhe emprestou a velha bíblia que fora de sua mãe. Natanael lia vagarosamente, porém com muita atenção. Foi no evangelho de Mateus que ele aprendeu sobre Jesus. Ele demorou dois anos para ler os dois primeiros livros de Mateus e Marcos, pois, como dizia, eram livros difíceis de se compreender.

Depois, ele começou a cultivar plantas medicinais nos fundos de sua casa e, não raro, assistia os que se apresentavam doentes. Seu tempo era dividido entre o seu trabalho na lavoura, a assistência aos doentes e os ensinamentos de Jesus.

❧❀❧

Jacob, sabendo da nova postura de Natanael, sentiu-se muito orgulhoso. Certa noite disse a Eleonora:

— Você se lembra do Bento? Ele estava com uma grande ferida na perna e já não trabalhava há mais de três semanas. Mal conseguia se manter em pé. Natanael, sabendo da sua condição, foi até lá e passou a cuidar da ferida com os remédios que ele mesmo prepara, e, para a surpresa de todos, a ferida está cicatrizando.

— Natanael se esforçou para aprender a ler somente para conhecer os evangelhos e depois de dois anos me devolveu a bíblia que era de minha mãe. Depois que ele deixou de beber, vestiu-se de nova personalidade e agora vive ajudando todos os que precisam dele. Fiquei sabendo que ele ia até a casa de Inácia todas as tardes e lá ficava conversando com a velha escrava sobre Jesus. A mulher, que perdeu seu filho no pelourinho na época do seu pai, agora não odeia mais o senhor Alfredo.

— Josino conseguiu ajudar Natanael mesmo depois de morto...

— Ele não está morto! Está vivo em outro lugar e, certamente, Natanael foi até ele.

Jacob sentiu a saudade tomar conta de seu ser e, depois de muito pensar, resmungou:

— Josino, meu bom amigo... Sempre o vi assim, como um amigo. Hoje, não estando entre nós, continua a nos ajudar. Meu bom amigo se foi, mas deixou outro em seu lugar.

❧❀❧

Todos os domingos, Natanael visitava a filha, a sagaz e alegre Luzia, que ficava feliz com suas visitas.

Rosalina começou a perceber o quanto a menina estava se tornando caprichosa, pois, sempre que queria alguma coisa, ora vinha Margarida interceder por ela, ora Eleonora, que gostava muita da pequena Luzia.

Luzia fazia beiço quando Rosalina chamava sua atenção e, quase sempre, Margarida chamava a atenção da amiga.

— Rosa, por que briga com a menina dessa maneira? Não vê que é apenas uma criança?

Rosalina dizia:

— Não fique ninando cobra... Luzia não é esse encanto que parece.

— Luzia não é cobra, é uma boa menina, sangue do seu sangue, você que é má.

— Eu, má? Vocês estão mimando demais Luzia. Ela brinca com os negrinhos e faz malvadezas! E você vem dizer que eu sou má? Só eu vejo no que Luzia está se transformando. Outro dia ela colocou uma lagartixa no calção de Feliciano, que tem dois anos a menos que ela, e o menino ficou doente pelo susto que levou.

— Rosa, não se esqueça de que um dia você foi criança também. Isso é absolutamente natural em uma menina da idade de Luzia.

Rosalina, desapontada com Margarida, não disse mais nada, porém estava preocupada com a criação da sobrinha.

Em uma manhã, Luzia se aproximou de Rosalina.

— Tia Rosa, preciso lhe contar uma coisa.

— O que está acontecendo?

— Estava na varanda com Eleonora quando ouvi Margarida dizer que a senhora não cuida mais do seu quarto como antes.

Rosalina mal podia acreditar no que estava ouvindo; sabia que cuidava das coisas de Margarida muito bem e, não querendo aparentar a frustração que estava sentindo, replicou:

— Você entendeu mal. Margarida não ia falar uma coisa dessas de mim.

— Mas disse e, se eu fosse a senhora, não teria tanta certeza de que ela é sua amiga...

Rosalina, naquele momento, sentiu sua cabeça rodopiar.

— Está bem, agora vá brincar!

A menina saiu da presença da tia e, ao ver que ninguém a estava vendo, começou a gargalhar.

Naquela tarde, Margarida se aproximou de Rosalina.

– Rosalina, estive pensando, tenho alguns vestidos que não uso mais há muito tempo. Decidi que vou doá-los para Luzia, o que acha?

– Não precisa se preocupar, Luzia é uma negrinha como qualquer outra da fazenda e não vejo motivo para usar seus vestidos.

Margarida, sem entender o tom de Rosalina, perguntou:

– Por que me respondeu mal? Eu só quero ajudar.

Rosalina, não contendo a indignação, esqueceu que era uma escrava.

– Você nos ajuda muito nos chamando de desleixadas! E pense um pouco melhor sobre o assunto, talvez venha a se arrepender; afinal, se não cuido bem de suas coisas, não cuidarei também dos vestidos que quer dar para Luzia.

Margarida olhou assustada para Rosalina.

– Do que está falando?

– Estou falando sobre a conversa que teve com a *sinhá* Eleonora. Vocês sempre falaram de mim, mas desta vez foram descobertas! Luzia estava perto e a ouviu dizer que não cuido das suas coisas como gosta e que seu quarto está sempre desarrumado.

– Eu nunca disse tal coisa e não tenho motivos para dizê-lo.

– Talvez nunca tenha dito antes, mas agora disse, e não percebeu que Luzia estava por perto.

Margarida, com lágrimas nos olhos, retrucou:

– Eu não disse nada sobre você. Aliás, desde que éramos crianças você cuidava de minhas coisas, mas se acredita em Luzia vamos desmascará-la agora!

– Está bem!

Naquele mesmo instante, Rosalina chamou por Zaqueu e mandou que ele chamasse Luzia.

Zaqueu encontrou-a amarrando os pés dos negrinhos com cipó, pois, segundo ela dizia, era compradora de escravos. Luzia atendeu ao chamado da tia e, em poucos minutos, entrou na cozinha. Ao ver as duas mulheres juntas, a menina sentiu um arrepio percorrer-lhe a espinha.

Margarida, olhando para aquele rosto angelical, perguntou com calma:

— Luzia, o que disse para sua tia sobre mim?

— Eu não disse nada!

Rosalina, pensando que a menina havia se esquecido, tentou lembrá-la:

— Luzia, você me disse que Margarida havia falado de mim. Agora repita o que ela disse.

A menina, olhando para Margarida, que a fitava com raiva, sentiu medo e respondeu:

— Tia, eu não disse nada!

Rosalina, colérica, perguntou:

— Como não disse nada? Você deixou claro que era para eu pensar melhor sobre o fato de Margarida ser minha amiga!

Margarida sentiu vontade de dar uns tapas em Luzia, porém estava esperando o desfecho da confusão para lhe aplicar um corretivo.

Rosalina não esperou que ela dissesse a verdade e logo a puxou pelos cabelos:

— Agora, fale! Diga a Margarida o que me disse, senão eu a mato.

Luzia era uma menina esperta e logo pensou numa saída para seu problema. Chorando, disse:

— Tia, eu estava brincando com a senhora. Quando saí, disse que era brincadeira.

Rosalina, percebendo que a menina estava mentindo para se safar da situação, não se conteve e, ao ver Zaqueu, pediu:

— Zaqueu, vá ao terreiro e me traga uma vara!

Zaqueu, que não gostava de Luzia, riu discretamente e saiu correndo para pegar o que Rosalina havia pedido. Em poucos minutos, ele apareceu com uma vara grossa e a menina, que chorava discretamente, passou a chorar alto, a fim de despertar a compaixão em uma das duas mulheres.

Rosalina, com a vara na mão, voltou a dizer:

— Agora fale para Margarida o que me disse.

A menina, percebendo que não havia como escapar daquela situação, decidiu contar a verdade.

Margarida perguntou:

– E o que você me ouviu dizer sobre sua tia para minha mãe?

– Nada! A *sinhazinha* disse que pensa em assumir a fazenda porque o coronel já está cansado.

Margarida, com o olhar reprovador, perguntou:

– Por que você fez isso com sua tia e comigo? Que mal lhe fizemos a não ser protegê-la e dar-lhe o que outras crianças não têm?

Luzia permaneceu calada e Rosalina, não contendo a irritação, intrometeu-se na conversa.

– Um negro já não tem valor e sendo mentiroso se torna ainda pior. Aqui na fazenda não há a lei da chibata, portanto, no seu caso, não vou colocá-la no pelourinho, mas vou lhe dar uma surra que jamais vai esquecer; primeiro, porque mentiu e fez com que eu discutisse com Margarida; segundo, para que isso nunca mais se repita.

Rosalina passou a surrar a menina fortemente acertando-a em todas as partes do corpo. Margarida, olhando a cena, decidiu não se intrometer, mas os gritos da menina estavam lhe causando mal-estar.

Eleonora, ao ouvir os gritos de Luzia, foi ver o que estava acontecendo e, ao ver Rosalina surrando-a, gritou:

– Rosalina! Pare com isso agora! Não vou permitir que surre a menina em minha casa!

– Não se intrometa, mamãe, Luzia fez por merecer; deixe Rosalina educar essa menina malcriada.

– Não quero que surre Luzia em minha casa!

– Está bem, *sinhá*, não vou surrar Luzia em sua casa, vou levá-la ao terreiro para que outras crianças vejam o que acontece com crianças mentirosas.

Eleonora, paralisada diante da resposta de Rosalina, não disse mais nada, apenas ficou observando a mulher enfurecida puxar a menina pelos cabelos.

Quando Rosalina saiu, Eleonora perguntou:

– O que Luzia fez para levar tamanha surra?

Margarida, em poucas palavras, contou à mãe sobre a contenda que Luzia havia armado. Eleonora desatou a rir e, com sua voz mansa, comentou:

— Luzia é apenas uma criança...

— Mamãe, se Luzia não for corrigida agora, poderá fazer isso sempre.

— Isso é coisa de criança... Todos da família de Benedito sempre demonstraram caráter, Luzia não será diferente.

Rita, que estava encostada no fogão, gostou da atitude de Rosalina, pois sabia que se não corrigisse a menina a tempo ela poderia ficar pior. Rosalina só parou de bater em Luzia quando a vara que Zaqueu trouxe quebrou. Voltando a pegar a menina pelos cabelos, falou:

— Nunca mais me faça passar por essa situação. Desta vez eu a machuquei, mas da próxima vou matá-la! Agora vá para nosso quarto e arrume tudo. Estou cansada de arrumar e você desarrumar! E hoje você não vai almoçar, ficará com fome para aprender a me respeitar como sua tia e a Margarida como sua *sinhá*!

Luzia, chorando, entrou no quarto e tratou de obedecer, temendo uma nova surra. Margarida ficou esperando a volta de Rosalina e, com suavidade na voz, falou:

— Rosalina, como pôde acreditar que eu seria capaz de uma coisa dessas?

Rosalina, com lágrimas nos olhos, respondeu:

— Luzia me convenceu de que você havia falado mal de mim e fiquei zangada.

— Em vez de ter acreditado em Luzia, devia ter me perguntado. Eu não hesitaria em responder.

— Essa menina puxou a Ageu, que sempre foi ardiloso e mentiroso!

— Não importa a quem ela puxou, o importante é corrigi-la a tempo para que ela não se torne uma menina revoltada como seu irmão.

— Eu nunca a surrei, mas se for para fazer dela uma pessoa de bem não me importarei em fazer isso outras vezes.

Margarida, percebendo que Rosalina estava alterada, resolveu sair da cozinha e deixar a conversa para depois.

Rita falou para Rosalina:

— Gostei de sua atitude! Luzia estava precisando dessa surra há muito tempo.

— Tive vontade de fazer isso antes, mas não o fiz em consideração a Margarida e a *sinhá*, mas de hoje em diante ela saberá que estou no lugar de mãe e terá de me obedecer.

೮೨೦೮

Margarida sentou-se ao lado da mãe na varanda.

— Rosalina está em frangalhos...

— Ela nunca se descontrolou dessa maneira, compreendo que a menina errou ao armar intrigas entre vocês, mas não vejo motivos para tamanha selvageria.

— Quem ama educa! Se Rosalina não fizesse isso, a menina faria coisas piores futuramente.

— O cipó se torce enquanto é verde... Mas isso não justifica ela bater em uma criança daquela maneira.

Margarida, percebendo que a mãe não entenderia, decidiu mudar de assunto.

— Mamãe, quando estudei na capital da província tive aulas de piano, porém não temos um em nossa casa. Vou pedir a meu pai que compre um piano, o que acha?

— Acho uma ótima ideia, minha filha! Se tivermos piano em nossa casa poderemos fazer um sarau vez por outra.

Margarida, vendo que a mãe não entendera o motivo da ideia, completou:

— Mãe, quero um piano para estudar algumas partituras e quem sabe ensinar Luzia a tocar; afinal, se ela estiver envolvida com a música, deixará de mentir e armar contendas.

Eleonora encarou a filha.

— Margarida, todos gostamos muito de Luzia, mas não serão as aulas de piano que a farão mudar.

— Não custa tentar!

— Ageu era como Luzia e seu pai por diversas vezes tentou ajudá-lo, porém ele só aprendeu quando sofreu.

– Coitada de Rosalina! Ela está se remoendo porque surrou a menina, mas Luzia vai dar trabalho.

– Se a menina der trabalho é porque assim tinha de ser. Não será uma aula de piano que a fará mudar seus sentimentos.

Margarida concordou e decidiu que não pediria o piano para o pai; afinal, ela nunca gostara muito do instrumento.

ༀ

Luzia tomou por hábito arrumar o quarto todas as manhãs antes de tomar o café e não inventou mais histórias. Rosalina já não se lembrava do episódio e estava gostando do comportamento da sobrinha. Certa manhã, Margarida comentou:

– Luzia, talvez esteja na hora de fazer alguma coisa por você. Vou ensiná-la a ler e a escrever, e minha mãe vai ensiná-la a bordar.

– Vou aprender tudo o que a *sinhazinha* me ensinar.

– Vou ensinar-lhe também sobre as histórias de Jesus.

Luzia era uma menina esperta e gostava de aprender coisas novas, porém, com a mesma facilidade com que seu rosto se iluminou diante da ideia, logo se fechou. E, com tristeza, ela respondeu:

– Não sei se vai dar, *sinhazinha*, pois minha tia me deu algumas obrigações para fazer.

– Não se preocupe – disse Margarida –, vou conversar com sua tia.

A menina voltou a sorrir e perguntou:

– Quando a *sinhazinha* começará a me ensinar?

– Agora mesmo, se você quiser.

– Então, o que estamos esperando? Quero aprender a ler.

Margarida chamou Rosalina.

– Rosalina, decidi que vou ensinar Luzia a ler e a escrever. Para isso, peço sua autorização.

– Luzia não merece. Se sem saber ler já vive fazendo estripulias, imagine quando souber ler e escrever!

– Dê uma chance a ela. A leitura fará bem e, além disso, vou lhe ensinar sobre Deus e seus conceitos.

Rosalina, percebendo que a amiga estava querendo ajudar, respondeu:

– Está bem! Mas vou exigir que ela cumpra as suas tarefas.

Margarida, concordando com a amiga, respondeu:

– Tenho certeza de que Luzia vai se tornar uma pessoa melhor depois que aprender a ler.

Naquele mesmo dia, Margarida começou a alfabetizar Luzia.

PAIXÃO

Luzia era uma menina sagaz e aprendeu com facilidade tudo o que Margarida tinha a ensinar. Lia sem tropeçar nas palavras, e sua escrita era bela, para orgulho de Margarida. Natanael continuava a visitá-la semanalmente, e a menina aprendeu a desenvolver profundo respeito pelo pai e pelo avô, Benedito. Rosalina não mais cuidava do quarto de Margarida, passando a incumbência para Luzia, que fazia tudo com esmero.

Nas horas de folga, Luzia costumava bordar com Eleonora, deixando-a muito contente. A menina começou a bordar lenços e não demorou para que começasse a bordar lençóis. Seus pontos eram quase iguais aos de Eleonora.

Luzia já era uma adolescente, e, em uma tarde, quando estava bordando calmamente, Margarida se aproximou e perguntou:

— Luzia, o que está bordando?

— Estou bordando uma rosa; afinal, é a flor preferida da *sinhá* sua mãe.

— Mas quem fez o esboço?

A menina, sorrindo, respondeu:

— Fui eu, está feia?

— Não! Está muito bonita, até pensei que fosse minha mãe quem tivesse desenhado para você.

— Margarida, se eu lhe contar uma coisa, você jura que não contará a ninguém?

— Desde que não prejudique ninguém, eu prometo.

— Estou apaixonada!

— Mas por que esconder esse fato? O rapaz não é bom?

— Pelo contrário, ele é muito bom, respeitador e me ama.

— Então o que há de errado?

— Ele é branco.

Margarida, que até então estava sorrindo, deteve-se e, em tom sério, perguntou:

— Mas não há nenhum empregado branco na fazenda. De quem se trata?

— É Juvêncio, o filho do *sinhô* Francisco.

Margarida pensou por alguns instantes e perguntou:

— Você está falando do filho do senhor Francisco Nóbrega?

A menina, sorrindo, confirmou.

Margarida pensou e comentou:

— Sim! Ele é mesmo bonito... Luzia, não posso me calar diante desse fato, pois Juvêncio nem chegou a terminar o curso de Direito que estava fazendo na capital da província por ter se envolvido com uma mulher casada. Pelo que meu pai ficou sabendo, isso trouxe imensa decepção ao pai dele.

— Mas ele é um bom rapaz.

— De onde você o conhece?

— Conheci-o da última vez que ele veio com o pai conversar com o coronel.

— Mas você o viu depois disso?

— Vejo-o quase todos os dias na estrada.

— Vocês andam conversando?

— Sim! Nós estamos apaixonados e ele me disse que nunca conheceu nenhuma moça como eu.

— Mentira... Esse canalha a está iludindo! Não vou permitir que isso aconteça!

— Ele me ama.

Margarida, irritada com a postura do rapaz, falou:

— Juvêncio não ama ninguém. Ele se envolveu com muitas mulheres enquanto vivia na capital da província.

– Ele pode até ter feito isso, mas comigo é diferente; ele diz tantas coisas bonitas e até faz planos para fugirmos.

– Luzia, desculpe, mas não poderei guardar esse segredo. Sua tia terá de saber o que está acontecendo.

Luzia se arrependeu profundamente por ter contado o seu segredo a Margarida, que, no mesmo instante, levantou-se e chamou a mãe e Rosalina na varanda.

Em poucos instantes, Margarida voltou com as duas mulheres.

– Luzia, conte para sua tia e minha mãe o que está acontecendo.

Luzia se refreou a princípio; porém, acabou contando tudo o que havia contado para Margarida. Rosalina, olhando com severidade para a moça, disse:

– Luzia, uma moça tem de ter juízo. Não vê que esse rapaz a está enganando?

Luzia, desacreditando das palavras da tia, disse:

– Estamos apaixonados, tia. Ninguém poderá mudar isso.

Rosalina respondeu:

– O que está faltando para você é um pouco mais de trabalho, pois, se tivesse o que fazer, assim como eu tenho, certamente não estaria com essas ideias na cabeça.

Eleonora, que até então nada havia dito, disse:

– Calma! Deixem-me conversar com Luzia a sós.

Rosalina se afastou, mas antes avisou:

– Temos muito o que conversar.

Luzia já estava chorando ao responder:

– A senhora nunca se apaixonou, não é, minha tia?

Foi nesse momento que Rosalina percebeu que nunca havia se apaixonado por ninguém, e, falou quase aos gritos:

– Nunca tive tempo para isso! Sempre tive muito trabalho e acho bom aumentar as suas obrigações!

Assim que as moças saíram, Eleonora explicou:

– Minha filha, agora me diga com calma tudo, não me esconda nada.

Luzia passou a dizer com detalhes tudo o que estava acontecendo e, depois de relatar os fatos, perguntou:

– A *sinhá* acredita que ele me ama, não é mesmo?

– Minha filha, não se deve acreditar em tudo o que um rapaz diz, pois nunca se esqueça de que o passado de um homem define bem seu caráter, e, infelizmente, o de Juvêncio não é dos melhores. Ele não só se envolveu com uma mulher casada da capital da província como também se deitou com várias negrinhas da fazenda do pai. Ele está acostumado a se aproveitar das pobres, deixando-as à própria sorte. E, pelo que fiquei sabendo, o senhor tem um neto bastardo que foi vendido.

Cada palavra de Eleonora era uma punhalada no coração inocente da menina.

– Nós não queremos tal sorte para você. Jacob deu uma casa para cada família de negros para evitar a promiscuidade nas senzalas. Minha filha, compreenda, você é negra, mas é um ser humano que merece manter sua dignidade acima de tudo; portanto, não queremos aprisioná-la, mas antes queremos evitar aborrecimentos futuros. Em que momento do dia você se encontra com Juvêncio?

Luzia, enxugando as lágrimas com a mão, respondeu:

– Juvêncio me espera todas as tardes, do outro lado da estrada, sob a copa do velho jacarandá.

Eleonora se lembrou que a menina saía todas as tardes dizendo que ia até a choupana do avô lhe fazer uma visita. E perguntou:

– O que ele diz?

– Juvêncio é um homem respeitador e sempre diz que me ama e que vamos fugir para longe daqui para sermos felizes.

Eleonora, sentindo pena da inocência da menina, disse:

– Isso é o que ele diz a todas. Como você acha que ele conseguiu manter relações com uma mulher casada? Certamente, disse que iriam ficar juntos longe da capital da província. E a coitada arruinou sua vida acreditando em suas palavras.

Luzia pensou por alguns instantes.

– A *sinhá* está ordenando que eu não me encontre mais ou apenas me aconselhando?

Eleonora, sabendo que se dissesse que a estava aconselhando ela não acataria tais conselhos, respondeu:

– É uma ordem! Não quero que se encontre mais com esse rapaz. É evidente que ele está querendo se aproveitar de você e, quando escolher uma moça para se casar, escolherá uma moça branca, filha de um fazendeiro qualquer.

Luzia, nesse momento, passou a soluçar, pois sabia que seu amor era impossível.

– Não fique assim, minha filha, você é jovem e terá uma vida inteira para se apaixonar. Quando tiver idade, poderá namorar um rapaz mulato e que lhe queira bem de verdade.

Luzia, com os olhos marejados, respondeu:

– Posso até conhecer outro rapaz, mas nunca vou amar alguém como amo Juvêncio.

– Tolice! Quando tiver mais idade verá que tudo não passou de uma paixão sem importância! Pense que no momento certo você amará alguém e se casará com essa pessoa.

Luzia ficou calada enquanto Eleonora caminhava lentamente em direção à porta.

Ao ficar sozinha, Luzia pensou: "Nunca desobedeci uma ordem sequer, mas desta vez não vou obedecer, amo Juvêncio e isso é que importa".

Eleonora se juntou às duas moças.

– Ordenei a ela que não se encontre mais com Juvêncio. Mas, quando o coração dita as regras, dificilmente se ouve. Contarei a Jacob e exigirei que ele tenha uma conversa com o pai de Juvêncio.

Rosalina, ao saber que o coronel seria informado sobre o problema, acalmou-se.

– Conheço Luzia, e ela é teimosa feito uma mula. A única saída será o coronel exigir que o rapaz não torne a vê-la.

Eleonora respondeu:

– Deixe isso comigo! Luzia não verá mais Juvêncio. Você tem a minha palavra.

Rosalina decidiu que não voltaria a conversar com a sobrinha e preferiu deixar o assunto para o coronel resolver.

À noite, depois do jantar, Eleonora disse ao marido:

— Jacob, tenho um assunto sério para tratar com você.

Jacob conhecia bem a esposa e sabia que quando ela o chamava para conversar se tratava mesmo de assunto sério.

— Do que se trata?

Eleonora mandou chamar Luzia para participar da conversa e, com calma, relatou o que estava acontecendo.

Jacob, irritado, comentou:

— Mas aquele cachorro não podia ter feito isso comigo! Como pôde vir aqui e iludir uma pobre criança?

Rosalina, que estava na cozinha, ouvia a voz exaltada do coronel e contente disse:

— Quero ver se Luzia vai desobedecê-lo!

Eleonora nem precisou pedir ao coronel que conversasse com o pai de Juvêncio, ele mesmo disse:

— Amanhã vou conversar com Francisco Nóbrega, ele tem de segurar aquele cachorro do filho! O que passa pela sua cabeça, menina? Acha que aquele miserável está apaixonado por você? Juvêncio é um rapaz leviano e pouco se importa com os sentimentos das moças com quem se envolve. Aquele ordinário conseguiu destruir um casamento, deixando a pobre mulher exposta à vergonha pública. Acaso acreditou que ele está apaixonado por você? Ledo engano! Juvêncio é um miserável que está preocupado somente com o seu prazer! Além disso, você é negra! Acha que o pai do canalha vai aceitar tal enlace?

Luzia não ousou dizer uma palavra sequer, ficou apenas chorando. Jacob, irritado, não sentia pena dela.

— Se você insistir nessa loucura, vou vendê-la para qualquer fazendeiro. Aí você verá o quanto seu sonho de amor só lhe trouxe dissabor!

Luzia, ao perceber que o coronel a ameaçava, falou:

— Não vou mais me encontrar com Juvêncio, coronel!

— Não mesmo! Porque amanhã vou ter uma conversa com Francisco e aquele desavergonhado do filho.

Luzia sentiu seu sonho de amor desvanecer como uma flor que desvanece depois de alguns dias de colhida.

Jacob encerrou a conversa:

– Não quero que saia sozinha! Todas as vezes que sair, incumbirei Zaqueu de acompanhá-la. Agora, vá se deitar! E esse assunto está morto dentro desta casa.

Na manhã seguinte, Jacob tomou seu café e não foi ao celeiro como costumava fazer. Redigiu uma missiva a Francisco, avisando-o sobre sua visita, que se daria à noite.

Assim que terminou, mandou Zaqueu entregá-la no destino. Todos os fazendeiros da região obedeciam a Jacob, por conta dos favores prestados em momentos de dificuldades.

Francisco era um homem que apreciava a amizade de Jacob e foi com alegria que recebeu a missiva. O dia transcorreu tranquilamente. Luzia naquela tarde não foi se encontrar com Juvêncio e à noite o coronel pediu à esposa que o acompanhasse em sua visita a Francisco.

Jacob chegou no horário marcado e foi recebido com deferência por Francisco, que desconhecia o motivo da visita. Antes de ir ao assunto que o levara até a casa do amigo, ele falou sobre a colheita e política. De repente, começou:

– O assunto que me traz à casa do amigo é constrangedor, pois conheço sua postura digna e sei que não está sabendo o que está acontecendo.

– Mas me diga o motivo dessa visita, coronel!

– Como sabe sou diferente de outros fazendeiros, para mim os negros não são animais e procuro tratá-los com dignidade, porém muito me irrita quando um branco tenta ultrajar qualquer negro de minha fazenda.

– O que o amigo está querendo dizer?

– Infelizmente, nem todos os homens se comportam como homens e abusam flagrantemente das mulheres negras. Para mim, isso é ultrajante e vergonhoso.

– Conheço os princípios do amigo. Agora, diga-me o que está acontecendo.

– O seu filho tem se encontrado com uma negrinha de minha fazenda, fazendo juras de amor e prometendo que vai fugir com ela. Luzia é para nós como um membro da família e, se alguma coisa lhe acontecer, vou atrás do cachorro até os confins da terra!

– O amigo tem certeza do que está dizendo?

– Certamente que sim! Se não tivesse não estaria aqui.

Francisco coçou a cabeça enquanto sua esposa Marieta se intrometeu na conversa:

– Isso não é possível! Juvêncio mal sai da fazenda e quando o faz não deixa de nos avisar.

Jacob, percebendo que a mãe estava querendo acobertar a canalhice do filho, respondeu:

– Cachorro, quando pensamos que o temos na coleira, sempre arruma uma maneira de escapar; seu filho, todas as tardes, se encontra com Luzia sob a copa da velha árvore de jacarandá.

Marieta não gostou das palavras do coronel, porém, em sinal de respeito, calou-se.

Francisco, sentindo seu rosto abrasar devido à vergonha que estava passando, ordenou à escrava que chamasse o filho. Em poucos minutos, o moço se juntou ao grupo, e o coronel, ao olhar a postura irritante do rapaz, indagou:

– Fiquei sabendo que anda se encontrando com Luzia e fazendo juras de amor; acaso estou errado?

Marieta interrompeu, querendo defender o filho.

– Meu filho, diga a verdade e deixe claro que o coronel está enganado.

Juvêncio, que nutria um sentimento profundo por Luzia, falou:

– Não é mentira, minha mãe! Estou apaixonado por Luzia e pretendo me casar com ela!

Francisco desatou a rir.

– Não entendi direito; acaso está dizendo que está apaixonado pela negrinha do coronel?

– Sim! E não fiz juras de amor mentirosas, apenas disse o que vai em meu coração.

Francisco sentiu vontade de esbofetear o filho.

– Você se casando com uma negrinha – vociferou. – Isso é demais para qualquer pai e, além do mais, não o eduquei para se casar com uma negra!

Juvêncio, que realmente estava apaixonado por Luzia, insistiu:

– Pai, compreendo sua indignação, mas estou apaixonado por Luzia e quero me casar com ela!

Marieta, ao ouvir aquelas palavras, sofreu uma síncope e desmaiou. Eleonora, sem ousar se envolver na conversa, deu assistência a ela, que sofria calada.

Francisco, sem se importar com o mal-estar da mulher, gritou:

– Escute aqui, seu cachorro! Você nunca mais vai pôr os olhos na negrinha do coronel, e espero que me obedeça, pois se não o fizer eu o deserdo de meus bens.

Juvêncio, com altivez, olhou para o coronel.

– Perdoe-me, coronel, mas não vou obedecer meu pai! Estou apaixonado por Luzia e quero me casar com ela, com ou sem o consentimento de meus pais.

Francisco, com raiva, gritou:

– Estou entendendo bem ou meu único filho está pedindo a mão de uma negrinha em casamento? Não vou tolerar mais isso; se continuar com esse pensamento pode arrumar suas coisas e sair agora de minha casa! Você nunca respeitou mulher alguma! Por que acreditaria que agora está apaixonado?

– Papai, *estou* apaixonado – disse o rapaz com veemência –, e não vou desistir de meu sonho para satisfazer o seu desejo. Se assim quiser, assim será! Vou arrumar minhas coisas e vou-me embora agora mesmo.

– Vá! Mas não levará de mim nenhum réis. De hoje em diante, não tenho mais filho.

– Se não me vê como filho eu também não o vejo como pai; sairei daqui levando apenas as roupas do corpo e nada mais.

Jacob, atordoado com toda aquela situação, contemporizou:

– Juvêncio, compreendo que esteja apaixonado, mas não é justo com seu pai, afinal você é seu único herdeiro.

Juvêncio, com serenidade, respondeu:

– Coronel, se meu pai é um homem rico, isso se deve ao seu trabalho. Eu nunca trabalhei para fazer fortuna alguma; portanto, ofereço-me como empregado de sua fazenda, desde que permita que me case com Luzia.

Eleonora estava convicta de que o rapaz realmente era apaixonado por Luzia, por esse motivo permaneceu calada. Jacob não respondeu e Juvêncio continuou:

– Compreendo que o senhor não quer se indispor com meu pai; mas, se não me ajudar, voltarei para buscar Luzia assim que conseguir ganhar algum dinheiro.

Jacob, boquiaberto com a atitude do rapaz, preferiu dizer:

– Se quer se casar com Luzia eu lhe dou o emprego.

Marieta voltou a si e notou que ainda estava vivendo o mesmo pesadelo. Chorando, perguntou:

– Meu filho, você vai embora?

– Sim! Vou me casar com Luzia, pois é a mulher que amo.

– Não acredito que está me fazendo passar por essa vergonha; afinal, você é um Nóbrega, e isso jamais poderei lhe negar – disse o pai.

Jacob, depois de pensar por alguns instantes, sugeriu:

– Juvêncio, pense melhor, o homem que se casa com uma negra é malvisto perante a sociedade, e o preconceito é muito grande. Dinheiro é o que menos importa neste momento, mas sua reputação ficará manchada para o resto da vida.

– Para mim pouco me importam as conveniências sociais, coronel. Luzia, além de ser uma mulata muito bonita é também muito inteligente e tenho certeza de que ela vai me ajudar a enfrentar as dificuldades que virão.

Eleonora gostou da atitude do rapaz, pois sabia o quanto a menina estava sofrendo por Juvêncio. A partir daquele momento, passou a simpatizar com ele.

Jacob sentia-se constrangido com toda aquela situação.

– Francisco, minha visita está findando e não foi esse o desfecho que imaginei.

– Foi bom o amigo vir até aqui; afinal, eu não sabia de nada e seria pior se esse maluco fugisse com a negrinha sem o meu conhecimento.

Eleonora pediu um copo de água para Marieta, que estava inconsolável, e, com voz terna, disse:

– Fique tranquila, dona Marieta, seu filho será bem tratado em nossas terras.

– Esse não é o problema. O que direi para minhas amigas quando surgir o comentário de que meu único filho se amancebou com uma negra? Ele não percebe que está jogando nosso nome na lama?

– Mamãe, compreenda, não vou me amancebar com Luzia, vou pedir as bênçãos da igreja, e, além disso, já está na hora de parar de ser o rapaz inconsequente de outros tempos.

– Mas tinha de ser uma negra, meu filho? – perguntou Marieta.

– Mamãe, não escolhemos por quem vamos nos apaixonar; aliás, essa é a função do coração, e é ele quem dita as regras.

– E então, rapaz? Tem certeza do que quer? Em minha fazenda terá de levantar ainda de madrugada e não terá as mesmas mordomias da casa de seu pai.

– Tenho! Sou um homem e me comportarei como tal. Quando juntar dinheiro, pretendo ir à capital da província e terminar meus estudos.

Francisco desatou a rir com desdém.

– Não se iluda! Você não voltará mais a estudar na capital da província. Sabe quanto era a minha despesa mensal?

Juvêncio, mostrando uma dignidade que nunca mostrara antes, respondeu:

– Pai, se estou dizendo que vou concluir meus estudos é porque o farei, e mostrarei que não vou precisar de sua ajuda.

Jacob, percebendo o desgosto dos pais do rapaz, voltou a dizer:

– Seu pai tem razão! O custo de um estudante na capital da província é realmente altíssimo e dificilmente conseguirá dinheiro para isso.

Juvêncio refletiu e então decidiu:

– Não vou com o senhor para a fazenda, coronel. – E, lançando um piscar de olhos para Jacob, continuou: – Não tenho como sustentar uma família e acho que meu pai está com a razão, sonhos de amor não trazem sustento para a mesa.

Francisco não entendeu o que fizera o filho mudar repentinamente de ideia e, com raiva, bradou:

– Agora que o cabeça-dura entendeu o que eu estava tentando lhe dizer? *Arre*, até que enfim! Meu filho, todo pai tem sonhos para com seus filhos, e, para você, sonhei em transformá-lo em doutor.

– Perdoe-me, meu pai, perdi a razão por um momento.

– Juvêncio, não quero que veja a negra do coronel. Você está entendendo?

– Não se preocupe, meu pai. Voltarei para a capital da província no próximo mês e vou estudar. Prometo que desta vez não me envolverei com mulher alguma.

Eleonora, que momentos antes simpatizara com o rapaz, agora tinha certeza de que ele não tinha palavra e se tratava de um homem leviano.

Jacob, por sua vez, percebeu que havia algum plano da parte do rapaz e, sendo assim, disse a Juvêncio:

– Como voltará para a capital da província no mês que vem, gostaria de lhe dar um presente. Quero que vá buscar amanhã.

Francisco gostou da atitude do coronel e respondeu:

– Juvêncio aceita de bom grado seu presente e amanhã à noite estaremos na casa do amigo.

Jacob, que queria conversar a sós com Juvêncio, disse:

– Quero que Juvêncio vá sozinho, pois quero ter uma longa conversa com ele.

Juvêncio, sorrindo, respondeu:

– Tem minha palavra. Estarei em sua casa amanhã à noite.

Francisco, constrangido, concordou com o coronel.

– Deus iluminou a cabeça dura de meu filho – falou satisfeito. – O que sempre quis era que voltasse à capital e concluísse seus estudos. É como diz o ditado: "Deus escreve certo por linhas tortas"; sua negrinha o ajudou a realizar o meu sonho.

Jacob, esboçando um sorriso, despediu-se do amigo.

Em casa, Eleonora disse:

– Cachorro! Por um momento cheguei a acreditar que ele estava apaixonado pela pobre Luzia.

Jacob, sorrindo, retrucou:

– E está, minha querida! Ele apenas arranjou uma maneira de concluir seus estudos para se casar com ela.

– Veremos... Veremos...

Margarida os esperava na sala.

– E então, minha mãe, papai conversou com Juvêncio?

– Essa conversa foi uma patifaria! Juvêncio, a princípio, disse que estava apaixonado por Luzia e que iria sair da casa do pai para trabalhar com seu pai aqui na fazenda. Segundos depois, mudou de ideia dizendo que ia terminar os estudos na capital da província.

– Certamente ele está querendo passar papai para trás, mas como se trata da honra de Luzia não permitirei que ele volte a se encontrar com ela.

– Amanhã ele virá conversar com seu pai.

– O quê? Aquele canalha ainda vai entrar em nossa casa?

– Coisas de seu pai! Mas se ele pensa que verá Luzia está muito enganado, não permitirei que ele nos engane!

Margarida, irritada, deu boa-noite à mãe e não cumprimentou o pai, que assim que entrou em casa foi direto para seu gabinete.

No dia seguinte, Jacob acordou bem-humorado e disse para a esposa:

– Hoje terei uma conversa séria com Juvêncio! Quero saber de suas reais intenções com Luzia.

– Aquele patife vai querer nos enganar; portanto, mantenha-se desperto, pois pessoas levianas não medem esforços para enganar seus semelhantes.

– Ele não se atreverá a me enganar, pois se o fizer será prejuízo para ele.

– Tomara... Tomara...

Jacob terminou o café da manhã e saiu para mais um dia de trabalho. Sentia que já não era mais o mesmo de outrora, cansava-se com facilidade; porém, como homem determinado, ficava até a hora de terminar o trabalho. Naquele dia, ao voltar para casa, pensou:

– Vou começar a delegar tarefas para Margarida, já estou ficando velho e cansado.

Apesar de pensar no assunto, seu coração não queria deixar o trabalho nas mãos da filha, pois julgava que ela não teria firmeza para tomar decisões.

Veio a noite e com ela a expectativa da visita. Jacob terminou o jantar e ficou esperando Juvêncio, com quem combinara vir após esse horário. Ao chegar à casa-grande, Juvêncio ficou olhando para todos os lados, tentando encontrar Luzia.

– Juvêncio, venha até meu gabinete, precisamos conversar – disse o coronel. – Por favor, Eleonora, quero que participe da conversa.

Eleonora, com indiferença, apenas anuiu com a cabeça. Logo os três estavam conversando no gabinete de Jacob. Juvêncio se adiantou:

– Coronel, talvez o senhor não tenha entendido minha atitude na noite de ontem. Preciso lhe explicar que usei dessa estratégia para poder ficar tranquilamente com Luzia. Percebi que meu pai estava falando sério quando disse que me deserdaria e, como ainda não terminei meus estudos, achei prudente fingir que iria obedecê-lo. Na verdade, quero terminar meus estudos e me formar bacharel para vir buscar Luzia.

– Quanto tempo falta para terminar o curso de Direito na capital da província? – perguntou o coronel.

– Faltam dois anos. Pretendo começar a trabalhar em um escritório assim que me formar e depois ter meu próprio escritório.

– E Luzia ficará sem vê-lo por dois anos? Não acha que ela poderá esquecê-lo nesse tempo?

– Pretendo visitar Luzia todas as vezes que vier visitar meus pais. Assim, peço sua permissão para visitá-la.

– O que pretende, rapaz? – disse Eleonora atordoada.

Juvêncio, baixando os olhos, respondeu:

– Dona Eleonora, sei que não aprova minha decisão, mas foi a única saída que encontrei para dar uma vida melhor a Luzia. Não é novidade para ninguém a vida leviana que sempre levei, mas, acredite, não sou mais o mesmo rapaz inconsequente de antes. Desde que conheci Luzia, percebi o quanto minhas atitudes têm se voltado contra mim e como é necessário que eu amadureça e me torne um homem de verdade. Amo Luzia como nunca imaginei amar alguém um dia. Por ela sou capaz das mais drásticas mudanças. A única coisa que lhes peço é que me deem uma chance para provar meu amor.

Jacob, mexendo no bigode, percebeu que o rapaz estava sendo sincero.

– Está bem! Mas saiba que vou vigiar seus passos quando estiver com Luzia. Não quero que abuse de sua ingenuidade.

– Coronel, um homem só abusa de uma mulher sem se preocupar com sua reputação quando não a ama; infelizmente, cometi muitos desatinos em minha vida, pois sempre pensei em meu prazer; mas com Luzia é diferente; afinal, ficamos sozinhos por diversas vezes e eu nunca tentei nada com ela.

Naquele momento, Eleonora percebeu que o rapaz estava sendo sincero e que a menina estava falando a verdade quando dissera que não havia acontecido nada de mais íntimo entre eles.

Jacob, olhando para a esposa, que anuiu levemente, prosseguiu:

— Esse namoro será escondido apenas de seu pai, pois em minha casa todos saberão. Exijo que, antes de cada visita a seus pais, você nos envie uma missiva avisando sobre sua vinda e poderá escrever para Luzia quantas cartas quiser, mas, se eu souber de um único deslize seu na capital da província, não precisa aparecer aqui, pois não deixarei que esse namoro continue.

— Coronel, tem minha palavra de que de hoje em diante não serei mais aquele rapaz inconsequente e estudarei com afinco a fim de me tornar um bom advogado. Assim que me estabelecer na cidade, volto para me casar com Luzia.

Eleonora, preocupada, perguntou:

— Já pensou quando as pessoas souberem que sua esposa é negra? A vida não será um mar de rosas, pelo contrário, será um mar de espinhos e você sofrerá com Luzia.

— Dona Eleonora, compreendo sua preocupação, mas enfrentarei todos os obstáculos possíveis. Jamais permitirei que alguém maltrate Luzia e aquele que o fizer acertará as contas comigo.

Eleonora sorriu ao perceber o quanto o rapaz estava apaixonado pela moça.

— Hoje você veio nos esclarecer sobre seu sentimento; mas é necessário que converse com o pai de Luzia.

— Vou dizer o mesmo que disse à senhora e ao senhor coronel; não temo o pai de Luzia, pois ele terá de aceitar que meus sentimentos são sinceros para com a filha dele.

Jacob, sorrindo, encerrou a conversa.

— Bem, só espero que cumpra com suas promessas, pois, se brincar com os sentimentos de Luzia, vou atrás de você nem que seja no inferno!

Juvêncio não se sentiu intimidado com a ameaça do coronel; afinal, sabia que estava sendo sincero e que tudo faria para se casar com Luzia. Eleonora, percebendo o término da conversa, levantou-se. Juvêncio, assim que ficou sozinho com o coronel, disse:

— Coronel, gostaria de ver Luzia. O senhor poderia me dar sua permissão?

— Está bem! Mas antes terá de conversar com Rosalina, a tia dela.

Luzia havia dito por diversas vezes a Juvêncio como sua tia era severa, porém também ressaltara suas qualidades. Ao lembrar-se da fisionomia de Luzia, ele, destemidamente, respondeu:

— Luzia tem a tia como mãe e quero pedir a sua mão também à segunda mãe dela.

— Diga a Rosalina suas intenções e seja sincero, somente depois peça a mão da menina em namoro. Ficarei ao seu lado e darei a Rosalina minha palavra de que você se portará como fidalgo para com a sobrinha.

Ao saírem do gabinete, viram Luzia e Rosalina conversando com Eleonora, que adiantou o motivo da visita. Rosalina não gostava de Juvêncio, porém permaneceu calada esperando que o rapaz se pronunciasse. Ele estendeu a mão para Rosalina, algo que não se costumava fazer na época a um negro, e passou a dizer quase com as mesmas palavras tudo o que havia dito ao coronel Jacob. Rosalina ouvia com atenção e, assim que ele terminou, disse:

— Se abusar de minha sobrinha como está acostumado a fazer com as negras do seu pai, eu o mato!

— Rosalina, meus sentimentos por Luzia são verdadeiros e jamais faria algo que manchasse sua reputação.

Jacob se intrometeu na conversa.

— Dei a minha permissão, só falta você dar a sua.

Juvêncio voltou a falar:

— Pedirei também a mão de Luzia para seu pai; portanto, saiba que minhas intenções são as melhores e espero que confie em minha palavra.

Luzia estava encantada com a atitude dele e, sem pensar, lançou um olhar súplice para a tia, que consentiu o namoro.

– Todas as vezes que vir ter com Luzia ficarei por perto.

– Rosalina, se quiser, poderá nos vigiar, mas aviso que nada farei contra sua sobrinha.

Luzia ficou feliz. Jamais pensara que o rapaz tivesse tanta coragem e, naquela mesma noite, os dois começaram a namorar com o consentimento de todos. Margarida não via com bons olhos aquele namoro, porém confiava em seu pai, de modo que não interferiu. Os dois jovens conversaram por algum tempo e logo o rapaz retornou a sua casa. Luzia não conseguiu conciliar o sono e nos dias que se seguiram Juvêncio, vez por outra, ia às escondidas à casa do coronel, que estipulara os dias para o encontro. E assim os dois passaram a sonhar com a vida a dois na capital da província.

Passados dois meses, Juvêncio seguiu para a capital para a alegria dos pais. Luzia sentia falta dele, porém sabia que ele se preparava para os dois ficarem definitivamente juntos.

Natanael gostou do rapaz e não impôs nenhuma condição para o namoro, apenas recomendou que fizesse sua filha feliz.

O tempo passou e Juvêncio se entregou ao estudo formando-se com louvor em Direito. Como prometera, arranjou um trabalho em um escritório e logo estava defendendo grandes causas. Seus pais sentiam-se felizes; afinal, o filho havia tomado juízo e não mais se envolvera em confusão.

Juvêncio passou a economizar todo o dinheiro que ganhava a fim de comprar uma casa e se casar. Um dia, disse ao pai:

– Senhor meu pai, como sabe me formei, ganho meu próprio dinheiro e tenho fama de bom advogado, agora chegou a hora de me casar.

Marieta, feliz, perguntou:

– Acaso está namorando, meu filho?

– Sim! Estou namorando há mais de dois anos e minha escolhida é uma boa moça.

Francisco Nóbrega, curioso, perguntou:

– E quem é ela, meu filho?

Juvêncio ficou um pouco receoso em falar e, munindo-se de coragem, revelou:

– Luzia.

– Ela é filha de quem, meu filho?

– É a mulata por quem me apaixonei, minha mãe.

Francisco não podia acreditar no que estava ouvindo.

– A negrinha do coronel Jacob?

– Ela mesma, meu pai.

Francisco, furioso, bradou:

– Não posso acreditar que você esteja falando sério! Não o formei advogado para se casar com uma escrava.

– Não se pode dar ordens ao coração, meu pai.

Marieta começou a chorar.

– Meu filho, você é um rapaz rico e de boa família, além disso, é advogado! Como pode nos dar esse desgosto?

Juvêncio permaneceu calado enquanto seu pai berrava a plenos pulmões, ordenando:

– Saia de minha casa! Não vou pactuar com uma pouca-vergonha dessas! Você não é meu filho, vá embora!

Marieta tentou acalmar o marido, porém ele estava resoluto e, olhando com desdém para o filho, proferiu:

– Quero ver como vai manter sua família de negros! Pelo que sei, mal consegue ganhar para se sustentar.

– Papai – disse Juvêncio –, enquanto terminava meu curso, quase não lhe pedi dinheiro, pois queria aprender a viver com o mínimo luxo; portanto, viverei bem na medida do possível.

Juvêncio saiu de casa e foi à fazenda de Jacob para informá-lo sobre o que havia acontecido. O coronel se prontificou a ajudá-los e mandou que ele fosse conversar com padre Bento para realizar o casamento naquele mesmo dia.

Juvêncio saiu decidido a trazer o padre para a fazenda do coronel. Como padre Bento não era mais o mesmo homem arrogante, aceitou realizar o casamento nas terras do coronel. Depois de três horas e meia, Juvêncio chegou com o padre, que foi bem recebido por Eleonora. Natanael e Benedito foram chamados por Zaqueu a fim de presenciarem o casamento de Luzia.

Rita fez um almoço caprichado e, enfim, Juvêncio e Luzia se casaram na capela da fazenda.

Rosalina chorava copiosamente; afinal, nunca havia se separado de Luzia. Mas também compreendia que a menina tinha de traçar o próprio destino.

Juvêncio estava feliz, pois tivera coragem de enfrentar seu pai, que sempre se portara como um tirano.

Jacob deu à Luzia a carta de alforria a fim de evitar maiores problemas e foi com tristeza que todos se separaram da menina, que seguiu com o marido para a capital da província.

Natanael chamou Rosalina e, sem rodeios, falou:

– Obrigado por tudo o que fez por minha filha.

– Luzia é minha filha também e, se tivesse que fazer tudo novamente, eu o faria.

Luzia sentiu-se um pouco triste por ter de deixar a tia, que era a única mãe que conhecia, mas sabia que tinha de cuidar da própria vida com seu marido.

Ao chegar à capital da província, Juvêncio ficou em uma pensão com a esposa; depois, como tinha dinheiro guardado, comprou uma casa. Ele se mostrou um bom marido e fazia questão de andar com a esposa de braços dados, mesmo sabendo que tal atitude era motivo de grandes comentários. E, sem se preocupar com o preconceito alheio, o casal vivia tranquilamente, sem sobressaltos.

Despertar

osalina sempre recebia notícias da sobrinha. Jacob estava feliz em ver pelo menos uma mulher daquela casa constituir família e, ao pensar em Margarida, sentia-se triste, afinal ele sonhara tal destino para ela.

Certa tarde, voltando do celeiro, o coronel viu a esposa sentada na varanda com seus bordados. Aproximou-se e sentou-se calado ao lado dela.

– O que houve, Jacob?

O homem, olhando para um ponto distante, respondeu:

– Estou cansado...

– O que está acontecendo com você? Nunca o vi se queixar de cansaço.

– Não estou cansado de trabalhar, estou cansado de ver meus sonhos escorrendo pelos vãos dos dedos.

– Do que está falando?

– Eleonora, meu avô trabalhou muito para conseguir esta fazenda e outros bens, depois tudo o que foi de meu avô passou para meu pai e, consequentemente, veio tudo parar em minhas mãos. Mas, olhando para estas terras, que parecem não ter fim, pergunto: de que me serviu trabalhar tanto? Para que tanto esforço para dobrar a fortuna de meu avô e de meu pai? Temos casas na capital da província, fazendas, gados, muitos escravos...

Mas sinto que meu esforço foi em vão; é como se eu, durante a minha vida inteira, tivesse corrido atrás do vento sem conseguir alcançá-lo.

— Não pense que seu esforço foi em vão. Você se preocupou em nos dar uma boa vida e disso não podemos nos queixar.

— Com o dinheiro que meu pai me deixou e a fazenda, teríamos tido uma vida boa de qualquer maneira.

Eleonora, sem compreender o que o marido estava tentando dizer, perguntou:

— Jacob, o que está acontecendo?

— Estou pensando: quem vai cuidar de tudo isso? Não temos genro ou netos, e minha vida está ficando sem sentido. Se aquele miserável do Silvino não tivesse tirado a vida de José, certamente teríamos netos e um genro aplicado, que cuidaria do trabalho quando eu faltasse.

— Teríamos tido netos mulatos!

— Não me importaria em ser avô de mulatinhos, pelo contrário, ficaria feliz em vê-los correndo por estas terras sem fim. Para falar a verdade, eu sempre achei a raça negra uma raça bonita, forte e sadia. Veja Luzia; quer negrinha mais bem-apanhada que ela?

— Luzia é uma mulata muito bonita e, graças a sua graça e beleza, conquistou Juvêncio e deu rumo a sua vida.

— Está na hora de delegar mais responsabilidades a Margarida. Ela se recusou a ter um companheiro que a ajudasse, agora terá de aprender a tomar as próprias decisões.

— Margarida será uma boa administradora. Ela é dotada de duas boas qualidades: bondade e firmeza. Creio que se sairá muito bem em continuar o trabalho de três gerações. Mas talvez possamos arrumar alguém por quem Margarida se interesse.

— Como poderemos arrumar um pretendente para nossa filha? Não há ninguém nessas paragens que possa despertar o interesse dela.

Eleonora, tomando a mão do marido, aconselhou:

— Jacob, tenha paciência que, com a ajuda de Deus, no momento certo, aparecerá alguém por quem nossa filha se apaixonará.

— Não sei não... Nossa filha é tinhosa.

– Os homens não têm a astúcia das mulheres; portanto, confie em mim que arranjarei um bom homem para se casar com nossa filha.

– Você é um anjo que encheu minha vida de alegria.

Eleonora, sorrindo, beijou ternamente o rosto de Jacob, que logo pediu licença e dirigiu-se ao interior da casa-grande.

E assim os dias se passaram.

Eleonora, por mais que pensasse em um pretendente à altura da filha, não se lembrava de ninguém.

Certa manhã, um negro de uma fazenda da região trouxe uma missiva informando ao coronel que Venâncio de Albuquerque havia falecido. Ao saber do falecimento do fazendeiro, ele disse ao entregador da missiva:

– Diga a seu filho que em poucas horas estarei em sua fazenda e me coloco à inteira disposição para o que precisar.

Jacob terminou a contagem das sacas de café e voltou à casa-grande a fim de convidar a esposa para acompanhá-lo à fazenda do finado Venâncio.

– Eleonora, peço que me acompanhe à casa de Venâncio, ele faleceu e o funeral se dará durante toda a noite. Ficarei lá até o amanhecer.

Eleonora, sabendo que seu marido não gostava de velório, indagou:

– Por que ficar a noite toda no velório do senhor Venâncio? Até pouco tempo atrás você falava que não gostava de sua pessoa.

– Realmente não gostava de Venâncio; sempre o achei um homem arrogante e prepotente, mas me colocarei à disposição do filho dele, para que consiga comandar os negócios do pai.

Eleonora até aquele momento não havia se lembrado do filho de Venâncio, de modo que disse:

– Havia me esquecido que Venâncio tem um filho bacharel na capital da província; mas, sinceramente, não acredito que ele sairá da cidade para se instalar neste fim de mundo.

– As terras de Venâncio sempre foram produtivas e as águas são as melhores da região. Prestarei minha homenagem ao finado a fim de que o filho me venda a fazenda.

– Por que quer comprar outra fazenda? Não acha que temos terras mais que suficientes para nosso sustento?

– Terra é sempre terra; e, quanto mais terra tiver, melhor; afinal, poderei dar uma boa vida àquelas pobres criaturas que sofreram por anos a fio nas mãos de Venâncio, que não passava de um tirano.

Eleonora não concordou com a ideia do marido.

– Jacob, não somos crianças e o nosso tempo está passando rapidamente, não se esqueça de que não temos netos para deixar essa imensa fortuna.

– Tenho fé em Deus que Margarida conhecerá um homem por quem se apaixonará e com quem se casará.

Eleonora ia responder quando Margarida entrou na sala.

– Estava andando nas cercanias da fazenda, observando os trabalhos, quando vi muitas pessoas indo em direção da fazenda do senhor Venâncio.

– É, o senhor Venâncio faleceu esta manhã e logo iremos para lá também. Em respeito ao finado, peço que nos acompanhe, minha filha.

– Está bem! Vou me arrumar.

Jacob subiu ao seu quarto a fim de se arrumar para a ocasião funesta, e Eleonora foi até a cozinha dar as últimas ordens a Rita.

Não demorou e o jantar foi servido. A família comeu rapidamente. Depois de pouco mais de uma hora, os três saíram rumo à fazenda. Ao chegarem, ficaram sabendo que o corpo estava sendo velado na capela e, para a surpresa de Jacob, nenhum negro estava presente, a não ser dois, que serviam café de hora em hora.

Jacob se aproximou do caixão e notou que o homem havia falecido em sofrimento. Sua expressão denotava desespero. Eleonora viu, sentado na primeira fila, Gustavo, filho de Venâncio, que morava na capital da província e era advogado. Fitando o rapaz, não deixou de notar que ele era dotado de boa aparência e seus modos eram de um homem educado. Voltando o olhar para a filha, pensou que talvez pudesse ajudá-la a encontrar um marido.

Jacob, solícito, aproximou-se do rapaz.

– Boa noite! Prazer em revê-lo, Gustavo. Estou aqui para colocar-me a sua inteira disposição, caso precise.

– Certamente vou precisar. Sou advogado, e não administrador de fazenda.

– Administrar uma fazenda não é tarefa fácil, mas também não é um bicho de sete cabeças.

Gustavo esboçou um sorriso triste e pediu licença para receber outros amigos de seu pai que haviam acabado de chegar.

Margarida ficou com a mãe sem imaginar que ela não mediria esforços para lhe arranjar um pretendente. Gustavo, por sua vez, olhou a moça de longe e pensou: "Como a filha do coronel é bela! Somente uma moça assim para me fazer pensar em casamento...".

No início da madrugada, Jacob ordenou à esposa e à filha que voltassem para casa, pois ele ficaria no velório até o raiar do dia. Eleonora não gostou, porém não ousou contradizê-lo. O coronel ficou conversando com outros fazendeiros até o raiar do dia, depois decidiu voltar para casa e descansar.

Eram quase quatro horas da tarde quando o coronel voltou ao velório. Sabia que o féretro sairia da capela às cinco. Gustavo estava visivelmente exausto, porém cumpriu com os protocolos até o último instante, e tratou todos com educação.

Assim que o coronel se aproximou para se despedir, Gustavo disse:

– Se o coronel permitir, gostaria de ir a sua casa amanhã à noite para falarmos sobre o livro-caixa de meu pai.

– Para mim, será um prazer! Vá para o jantar.

Assim que todos foram embora, Gustavo tomou um banho, deitou-se e adormeceu.

Passava das oito horas da noite quando Gustavo entrou pela porta da frente da casa-grande do coronel Jacob, que o tratou com deferência. Logo, os dois homens estavam conversando sobre política. Gustavo contou-lhe sobre o movimento abolicionista, que crescia na capital da província, e salientou:

– É importante que se acabe com a escravidão no Brasil; afinal, essa será uma nódoa que se perpetuará em nossa história.

– Sou contra a escravidão, porém os escravagistas são a maioria e não acredito que isso acabe tão cedo.

– Muitos escravagistas pensam que os abolicionistas são estudantes baderneiros, porém os seus ideais são nobres e, pode acreditar, logo serão em um número tão grande, que os escravagistas terão de se render.

– Tomara... Tomara...

Eleonora, que gostara do rapaz desde que o vira, entrou na sala dizendo que o jantar estava servido. E, assim, todos seguiram para a sala de jantar. A dona da casa indicou o lugar onde Gustavo deveria se sentar e ele percebeu que ficaria ao lado de Margarida. A moça não se importou, apenas o cumprimentou e passou a fazer a sua refeição em silêncio.

Gustavo conversava animadamente sobre as últimas notícias da corte e evitou falar sobre política na frente das damas. Vez por outra, ele olhava furtivamente para Margarida. Eleonora percebeu e ficou feliz por constatar que havia uma chance de a filha se casar.

Gustavo, que ao saber do falecimento do pai havia decidido vender a fazenda com a porteira fechada, ao pensar em Margarida mudou de ideia.

– Senhor coronel, pensei em vender a fazenda, mas creio que devo continuar o que meu pai deixou-me como herança.

– Gustavo, terra é sempre terra, e não se deve desfazer dela por nada neste mundo. Nunca se esqueça de que a fortuna que seu pai lhe deixou veio por meio dessa terra bendita!

– Compreendo o que o senhor está querendo dizer, mas penso que não tenho o mesmo pulso firme de meu pai para comandar as plantações e os trabalhos dos escravos.

– É necessário ter talento para comandar uma fazenda, porém, estarei sempre aqui, caso tenha dúvidas.

– Infelizmente, meu pai nunca foi um bom homem para os negros; sinto que tanto os negros domésticos como os negros da lavoura são criaturas completamente infelizes. Preciso fazer alguma coisa para amenizar a dor deles.

Rosalina ficou observando a fisionomia séria de Gustavo e não deixou de sentir simpatia por ele. Assim que todos terminaram o jantar, Jacob disse:

– Gustavo, vamos à sala tomar um licor e depois poderemos conversar sobre os registros de contas de seu pai. Se não se importar, gostaria que minha filha estivesse presente; aliás, é ela quem faz os registros para mim.

– Para mim, será uma honra.

Margarida, que não estava querendo participar das contas de Venâncio, sorriu em desaprovação à atitude do pai e, como não podia falar não para uma ordem do coronel, decidiu obedecer.

Assim que os homens terminaram o licor, Jacob convidou Gustavo e a filha:

– Vamos ao meu gabinete, temos muito que conversar.

Gustavo entregou a Jacob o livro de contas.

– Gustavo, seu pai foi um homem muito organizado. Veja, ele marcou não somente as contas como também os anos de colheita e os preços, o que nos ajuda muito. Ele lhe deixou em uma situação confortável, não vai precisar se preocupar. Há seis meses, ele vendeu duzentas e cinco cabeças de gado e obteve bons lucros. Perdeu alguns escravos nos últimos anos, talvez tenham morrido por alguma doença na senzala.

Margarida, que olhava o livro, comentou:

– Veja, papai, o senhor Venâncio não registrou a última safra, talvez já estivesse doente.

– Mas como vou saber sobre a última safra se estava na capital da província? – disse Venâncio.

– Terá de verificar a colheita que resta no celeiro e depois fazer alguns cálculos para chegar ao número exato.

– Mas como saberei? Talvez ele tenha vendido parte da safra!

– Pergunte ao feitor de seu pai, certamente ele está a par das transações comerciais – disse o coronel.

Margarida percebeu que havia rasuras no livro de contas.

– Seu pai costumava errar muito ao escrever?

Gustavo não entendeu aonde a moça queria chegar.

– Veja, sempre no fim das anotações há rasuras. Alguém mais tinha acesso ao livro de contas?

– Que eu saiba não! Meu pai nunca deixou nem mesmo eu entrar em seu gabinete.

Jacob, pegando o livro das mãos da filha, constatou o quanto a moça era observadora.

– Realmente! Veja, os números de seu pai são diferentes dos números rasurados! Alguém teve acesso ao livro.

– Se há alguma coisa errada, vou descobrir. Peço que venham à minha fazenda amanhã para interrogarmos alguns escravos e saber quem entrou no gabinete do meu pai enquanto ele estava doente.

– Se Venâncio não tivesse sido tirano, certamente seus escravos lhe seriam fiéis.

Margarida, tentando esquivar-se do convite do rapaz, avisou:

– Não poderei ir, tenho algumas coisas para fazer amanhã.

Jacob notou o desinteresse da moça.

– Não se preocupe com os afazeres de amanhã, incumbirei Carmosino de tomar conta de tudo em nossa ausência.

– Muito bem! Esperarei vocês amanhã de manhã em minha fazenda.

Margarida anuiu com a cabeça e logo se pôs de pé, achando desnecessária sua presença. Gustavo se curvou diante dela, beijando-lhe ternamente a mão e, em seguida, fez o mesmo com Eleonora.

Assim que Gustavo saiu, Margarida disse ao pai:

– Será que o senhor poderia me excluir dessa obrigação?

– Minha filha, agora não posso fazer nada; afinal, você concordou com o senhor Gustavo e lembre-se: nossa palavra deve ser uma só.

Eleonora, que não estava entendendo o teor da conversa, indagou:

– Sobre o que estão falando?

Jacob explicou em poucas palavras sobre a situação do livro de contas da fazenda de Gustavo e finalizou:

– Comprometemo-nos a ajudá-lo na investigação sobre as rasuras e Margarida me acompanhará.

Eleonora concordou prontamente com o marido.

– Minha filha, se Gustavo a convidou, certamente julga necessária a sua presença.

Gustavo, ao sair da fazenda, ficou pensando em Margarida. Sem perceber, disse em voz alta:

— Preciso conquistar tão bela dama... Afinal, em minha vida nunca vi uma moça assim tão inteligente.

Ao chegar a sua casa, o moço se dirigiu ao quarto e depois que se deitou ficou pensando em Margarida, o que lhe prejudicou o sono.

ഇന്റ

Na manhã seguinte, Jacob se levantou e desceu para o café. Sem rodeios, disse para Eleonora, que já o esperava:

— Margarida já se levantou?

— Calma, homem! Nossa filha foi se deitar tarde e é absolutamente natural que ela fique um pouco mais na cama.

— Temos compromisso e você sabe disso! – respondeu Jacob, enfezado.

Eleonora, não se contendo, respondeu:

— Jacob, ainda não raiou o dia, por que não deixa para ir à fazenda do senhor Gustavo quando o dia estiver claro? Você sabe que os rapazes da cidade têm costumes diferentes dos nossos aqui do campo.

— Os rapazes da cidade são preguiçosos, isso sim!

— Está bem! Vou chamá-la! Mas saiba que não é de bom-tom ir muito cedo à casa de alguém.

— Está bem! Vou ver o andamento do trabalho em nossas fazendas e diga à nossa filha que iremos assim que o sol estiver alto.

Eleonora conhecia o marido e sabia que era fácil tirar alguma coisa de sua cabeça. Passaram-se pouco mais de quarenta minutos. Margarida desceu para tomar seu desjejum e, ao ver a mãe, indagou:

— Onde está meu pai?

— Foi resolver alguns de seus assuntos e disse que vai à casa do senhor Gustavo quando o sol estiver alto.

— Não compreendo o porquê de meu pai fazer questão que eu o acompanhe; sempre que tem algum assunto para tratar com algum fazendeiro, ele nunca me chama, por que fez isso justamente com o senhor Gustavo?

— Minha filha, se seu pai a chamou para fazer um levantamento das contas de Gustavo é pelo simples fato de você se mostrar eficiente no assunto.

Por volta das primeiras horas da manhã, o coronel entrou em casa chamando por Margarida. A moça já estava pronta e os dois saíram em direção à fazenda de Gustavo. Jacob pensou que fosse encontrar o rapaz na cama, porém, encontraram-no conversando com Tenório, o braço direito de seu pai.

Uma escrava avisou Gustavo de que o coronel e a filha o estavam aguardando na sala. Ele interrompeu a conversa e foi ter com os visitantes. Sorridente, cumprimentou pai e filha:

— Bom dia! Desculpem pela demora, mas estava conversando com Tenório tentando descobrir quem rasurou o livro.

— Pensei que ainda estivesse dormindo.

— Não posso me dar o luxo de ficar um pouco mais na cama, ainda mais com esse problema.

Margarida desejava terminar logo o assunto, por isso perguntou:

— E o que o capataz disse sobre as rasuras no livro-caixa?

— Nada! Mas alguma coisa está errada; notei certo nervosismo de sua parte.

— Certamente quem rasurou esse livro-caixa deve ter pegado dinheiro; afinal, quem rasuraria um livro-caixa sem a intenção de lucros?

— Não podemos fazer julgamentos precipitados, meu pai. Antes, precisamos saber se não foi o próprio senhor Venâncio quem errou em suas contas.

— Meu pai não erraria tantas vezes. Contei as rasuras e foram exatamente cinco, sem contar os números, que se apresentam diferentes.

— O que me intriga é que foram exatamente nas últimas cinco páginas; antes não havia nenhuma rasura — comentou Jacob.

— Se alguém roubou meu pai não é digno de continuar nesta fazenda; portanto, peço aos amigos que me ajudem para que eu não seja injusto.

Gustavo pediu a uma escrava que trouxesse café para as visitas e continuou:

— Por que Tenório ficou apreensivo quando lhe mostrei as rasuras? Talvez tenha feito isso logo depois que meu pai faleceu.

– Acredito que terá de conversar com os escravos domésticos para saber o que houve horas depois do falecimento de seu pai – afirmou Margarida.

– Espero que a senhora me ajude na investigação.

– Farei o que estiver ao meu alcance, senhor Gustavo.

– A primeira coisa que um fazendeiro tem de fazer todas as manhãs é andar pela fazenda para conferir o que tem no celeiro e depois ver de perto o trabalho dos escravos – disse Jacob.

– A engorda do boi muito depende dos olhos do dono – afirmou Gustavo.

Os dois homens saíram e deixaram Margarida sentada na cadeira que outrora fora de Venâncio. Ela não se sentiu confortável, porém tinha de assumir temporariamente o lugar dele. Iniciou a investigação chamando Dorival, um negro calado, que trabalhava na casa-grande. Assim que ele entrou, ela perguntou:

– Como você se chama?

– Sou Dorival, *sinhá*.

Margarida, sem rodeios, foi direto ao ponto:

– Dorival, há quanto tempo trabalha na casa-grande?

– Trabalho desde que era menino, *sinhá*; trago o leite da ordenha, cuido da horta e sou encarregado de entregar as cartas dos *sinhôs* da fazenda.

– Você pode me dizer quem entrou no gabinete do senhor Venâncio depois de sua morte?

Dorival, apesar de ter entre dezoito e vinte anos, aparentava mais, por conta do sofrimento a ele infligido. Com sinceridade, respondeu:

– Quem sempre entra no gabinete do *sinhô* é Tenório.

Margarida pensou por alguns instantes e se lembrou de que Gustavo mencionara que o capataz ficara nervoso ao ser questionado sobre as rasuras.

– Você sabe o motivo pelo qual Tenório sempre entrava no gabinete?

– Não posso dizer, *sinhá*.

– Não pode dizer porque não sabe ou porque não quer se envolver?

– Não posso dizer porque não sei, *sinhá*.

– Quantas vezes ele costumava entrar no gabinete do senhor Venâncio?

– Não sei dizer, *sinhá*; mas posso afirmar que ele entrava várias vezes ao dia.

– Tenório sabe ler e escrever?

– Sabe, *sinhá*! *Sinhô* Venâncio exigiu que ele aprendesse para que pudesse ajudá-lo com as contas.

– Quem mais saber ler e escrever na fazenda?

– Que eu saiba só ele, *sinhá*! Nem mesmo os capitães do mato sabem ler.

– Pode ir, Dorival, talvez eu nem precise conversar com mais ninguém.

Margarida refletiu por um momento e decidiu chamar Tenório para uma conversa. Não demorou para que Tenório entrasse no gabinete de cenho fechado. Margarida, sorridente, cumprimentou-o e, sem rodeios, foi logo ao assunto:

– Bom dia, Tenório. Qual o motivo de suas entradas no gabinete do senhor Venâncio?

– Eu nunca entrei aqui sem ordem! Sempre ajudava o *sinhô* Venâncio a registrar suas contas no livro-caixa.

Margarida, percebendo que ele amassava o chapéu nervosamente, procurou não fazer mais perguntas, finalizando:

– Tenório, por favor, peço que escreva o que vou lhe dizer.

O capataz, pegando uma pena, passou a escrever o que Margarida ditava:

"Comprei uma fazenda de pano por dois réis e vendi as roupas feitas por cem réis. Emprestei cinco réis para meu irmão e dei a meu pai vinte réis, agora tenho setenta e cinco réis".

Assim que ele terminou, Margarida disse:

– Pode ir, não temos mais nada a conversar.

Tenório deixou o papel escrito sobre a mesa e se retirou pensando: "Não estou gostando nada disso...".

Margarida pegou o papel com a escrita de Tenório e, em seguida, abriu o livro-caixa. Havia ditado a Tenório todos os números rasurados do livro, de modo que constatou que o responsável pela rasura havia sido ele. Eufórica e sem se conter, mandou Dorival chamar Gustavo e seu pai.

Os dois homens, ao saberem que Margarida os chamava, não hesitaram e se dirigiram rapidamente para a casa-grande. Ao entrarem, ficaram sabendo que a moça estava no gabinete que outrora fora de Venâncio e foram ter com ela.

Margarida, sorridente, revelou:

— Descobri quem rasurou o livro-caixa de seu pai.

— Como pôde desvendar esse mistério tão rápido, minha filha?

Margarida contou-lhes sobre a conversa que tivera com Dorival e depois sobre a breve conversa que tivera com Tenório. Ao abrir o livro-caixa, os dois homens perceberam que os números de Tenório eram exatamente iguais aos números do livro-caixa.

Gustavo perguntou:

— Por que Tenório faria uma coisa dessas?

— Talvez o que seu pai lhe pague seja pouco e, como ele trabalhou por muito tempo com ele, achou que merecia ganhar um pouco mais — disse Jacob.

— Meu pai sempre foi sovina, e isso não é novidade para ninguém.

Margarida, com seu jeito enérgico, disse:

— Mesmo que seu pai pagasse pouco, não vejo motivos para Tenório roubar. Temos provas contra ele.

Gustavo, irritado com a descoberta, disse:

— Concordo plenamente!

Jacob, naquele momento, sentiu imenso orgulho da filha e se lembrou das palavras de Josino, quando afirmou que eles teriam uma menina que lhes traria muitas alegrias. Gustavo perguntou:

— Mas quando ele fez isso?

— Certamente foi depois da morte de seu pai!

— Se foi depois da morte de Venâncio, Tenório está com o dinheiro, pois pelo que me consta ele não saiu da fazenda. Sendo assim, não teve tempo para gastar.

Gustavo concordou:

— Tem razão, coronel! Vamos vasculhar as coisas dele.

No mesmo instante, Gustavo chamou Dorival e o rapaz o levou até o alojamento onde estavam as coisas de Tenório.

Gustavo remexeu os pertences de Tenório e encontrou uma bruaca. Não foi difícil achar trinta contos de réis. Irritado, mandou chamar Tenório, que estava na lavoura comandando o trabalho dos escravos. Ao chegar, ele entrou no gabinete humildemente, e a vontade de Gustavo foi de esmurrá-lo.

– Tenório, por que roubou meu pai? – esbravejou ele.

– Do que o *sinhô* está falando?

– Não se faça de desentendido? Sabemos que roubou trinta contos de réis de meu pai e rasurou o livro-caixa.

– Seu pai sempre foi miserável e eu sempre lhe fui fiel; não peguei nada que não fosse meu!

– Por que não esperou que eu decidisse isso? Com a morte de meu pai sou o dono destas terras e também de seu dinheiro. Não suporto ladrões! Portanto, vá embora de minhas terras, agora! E tem mais, não vou lhe dar nenhum níquel pelo seu trabalho.

– Vou embora! Mas isso não vai ficar assim.

– Se me acontecer alguma coisa, tenho testemunhas!

Jacob, percebendo o ódio nos olhos de Tenório, afirmou:

– Não o quero pelas redondezas e, se alguma coisa acontecer a Gustavo, tomarei providências para que apodreça na cadeia!

Tenório sentiu ódio do coronel e, voltando-se, saiu do gabinete batendo a porta.

– Aconselho-o a tomar cuidado, senhor Gustavo – avisou Margarida. – Tenório não é homem de levar desaforos para casa.

Gustavo, passando a mão nos cabelos, disse:

– Esse miserável não fará nada contra mim, eu o mato antes!

– Creio que já podemos voltar à fazenda, não é, meu pai?

– Por que não ficam para o almoço?

Jacob aceitou o convite, e os três procuraram não falar mais sobre o assunto. Foi Margarida quem disse:

– O senhor diz ser abolicionista, não é mesmo?

– Não digo, sou abolicionista, minha senhora!

– Se o senhor é abolicionista por que não começa a fazer as mudanças necessárias que condizem com seus ideais de liberdade?

– Aonde a senhora pretende chegar?

– Um homem que aspira liberdade para os negros tem de fazê-lo primeiro em sua fazenda; já percebi o quanto seus negros são tristes. Meu pai quando assumiu a fazenda desativou a senzala e derrubou o pelourinho, mas em sua fazenda ainda há a lei da chibata. Não parece controverso a seus ideais?

– Que bom que aceitaram o meu convite para o almoço. Margarida, eu já estava pensando nisso.

Jacob, sorrindo, afirmou:

– Não quero perder esse momento por nada!

Margarida sorriu aliviada ao saber que Gustavo ia proporcionar um pouco de alegria àqueles escravos.

– Tomemos um bom vinho para comemorar a nova vida dos escravos desta fazenda – sugeriu Margarida.

Jacob sorriu ao ver a alegria nos olhos da filha e, assim, concordou plenamente. Gustavo redigiu as mudanças que haveriam na fazenda e, sorrindo, apresentou-as ao coronel Jacob, que gostou das providências. Logo depois do almoço, o jovem convocou todos os escravos na frente da casa-grande e fez seu pronunciamento.

– Quando morei na capital da província, juntei-me a um grupo que se autodenomi va abolicionista. Esse grupo tem por ideal a libertação total dos negros de nosso país. Sempre reprovei a maneira tirana dos fazendeiros em tratá-los como animais; e sempre os vi como seres humanos, que sentem dor e choram; choram pela dor física sentida nos pelourinhos; choram pela separação de seus filhos; choram pelas humilhações infligidas pelos seus donos; choram pela liberdade sonhada, porém nunca alcançada. Meu pai, enquanto comandava a fazenda, podou-os de muitas coisas, não lhes dando liberdade nem mesmo para seus rituais religiosos, mas hoje lhes informo que os tempos do senhor Venâncio acabaram e agora a fazenda será conduzida por mim. Haverá mudanças que beneficiarão cada um de vocês. Começaremos pela senzala; de hoje em diante não mais será trancada a porta da senzala e vocês terão liberdade de ir e vir, porém espero que compreendam minhas intenções e não pensem mais em fugir como o negro Epitáfio e outros que fugiram e foram mortos no pelourinho. Decidi que vocês poderão construir suas casas na parte baixa da fazenda, e cada família, depois de dias exaustivos de trabalho, poderá voltar para casa e aproveitar a liberdade que ainda o país está longe de usufruir. Diminuirei a jornada de trabalho; a partir de hoje, vocês não trabalharão mais catorze horas; passarão a trabalhar dez horas por dia. Irei à vila e comprarei fazendas de pano, para que façam roupas decentes. Darei folgas semanais aos domingos para todos. O pelourinho será derrubado e não haverá mais a lei da chibata.

Os negros, ao ouvirem que não haveria mais o pelourinho, começaram a gritar:

– Viva! Viva! Que Deus abençoe o *sinhozinho* Gustavo.

Ele, sorrindo, fez sinal para poder continuar a falar; porém, os escravos estavam tão felizes que continuaram dando vivas a Gustavo, que não escondeu a emoção e, com carinho, confessou a Margarida:

– Nunca pensei que ficaria tão feliz em ver essas pobres criaturas tão alegres.

Margarida, olhando-o com carinho, respondeu:

– Continue! Você está se saindo muito bem.

Jacob, vendo que os negros não paravam de rir e gritar, tomou a palavra.

– Acalmem-se! O novo senhor destas terras ainda não terminou!

Os negros, ao ouvirem a voz de Jacob, ficaram mudos e esperaram que Gustavo continuasse.

– A casa que cada um construirá terá um amplo quintal onde vocês poderão fazer uma horta e criar animais como galinhas e porcos. Tudo o que produzirem, servirá de alimento e não serão mais obrigados a comer a ração diária de angu. Tenho muitas vacas leiteiras e vocês terão direito a duas latas de leite por dia, que servirá de alimento para os pequeninos. As crianças agora terão a liberdade de brincar em qualquer parte destas terras.

Margarida deixou que seu ombro roçasse o braço de Gustavo e, tomando a palavra, disse:

– Meu pai tomou essas mesmas providências muito antes que eu nascesse, e os trabalhadores da fazenda compreenderam que a liberdade vem acompanhada de responsabilidade. Vocês não serão mais tratados como animais enjaulados, porém é importante que cada um saiba sua responsabilidade de gratidão para com Gustavo, que fez isso não só por justiça, mas por amor. Gustavo ama cada um de vocês e a única coisa que espera é que vocês saibam retribuir esse amor com trabalho, pois, enquanto vocês estiverem sob sua proteção, nada vai lhes acontecer. Não pensem em fugir, pois aqui vocês usufruirão um pouco de liberdade. Provem não só a Gustavo, mas também a mim, que são pessoas gratas e que sabem reconhecer um ato generoso. Que a felicidade habite estas terras, assim como vem habitando as terras de meu pai há muitos anos.

Os negros, felizes, gritavam:

– Viva! Viva a *sinhazinha* e o *sinhô* Gustavo!

Gustavo gostou das últimas observações de Margarida.

– O pelourinho, que assassinou muitas pessoas, deixará de existir neste momento. Tenham o prazer de derrubá-lo – completou.

Alguns negros entusiasmados gritaram:

– Vamos derrubar o tronco!

Gustavo fez um sinal e os negros compreenderam que ele ainda ia dizer mais algumas palavras.

– De hoje em diante não haverá mais capitão do mato em minhas terras. Já dispensei Tenório e vou dispensar Cassiano, deixando somente Antonio. O dia de hoje ficará marcado na vida de todos. Vou lhes dar um boi para comemorarem. Recolham a colheita e o restante do dia estão livres para fazer o que bem entenderem. Agora, vão! Festejem a liberdade que estou lhes proporcionando e amanhã de manhã se apresentem para o trabalho.

Os negros, percebendo que Gustavo terminara o discurso, gritaram a plenos pulmões:

– Viva! Viva o *sinhô* Gustavo e a *sinhazinha* Margarida!

Um grupo mais exaltado correu até o pelourinho e, com alegria, derrubou-o, procurando deixar para trás a vergonha e a humilhação sentidas naquele pedaço de madeira. Logo estavam cantando e dançando ao som dos tambores.

Gustavo, feliz, disse para Margarida:

– A senhora muito me inspirou a fazer essas mudanças; portanto, não tenho palavras para lhe agradecer.

– Essas mudanças já haviam sido decididas em seu coração; talvez as mudanças que meu pai fez há muitos anos o tenham inspirado, e não propriamente a minha pessoa.

Gustavo, sorrindo, ofereceu o braço a Margarida e, juntos, voltaram ao interior da casa-grande para tomar um café com Jacob.

Margarida, percebendo que não havia nenhum negro dentro da casa-grande, sugeriu:

– Vou buscar um café! Quem me acompanha?

Jacob e Gustavo concordaram. O dia transcorreu entre batuques e cantos vindos do terreiro de café.

– Se faz tarde! Preciso voltar à fazenda; minha senhora deve estar preocupada – afirmou Jacob.

Gustavo fixou seu olhar nos olhos de Margarida.

– Peço-lhe permissão para visitá-la amanhã, o que me diz?

Margarida, que agora estava simpatizando mais com Gustavo, respondeu:

– Poderá me visitar quando quiser; para mim será uma honra recebê-lo em nossa casa.

Jacob sentiu seu coração acelerar de emoção, pois nunca vira a filha ser tão cortês com um rapaz. Com alegria, completou:

– Gustavo, tem a minha permissão para nos visitar quando desejar e dispenso desde já a formalidade imposta pelas missivas.

Gustavo, sorrindo, agradeceu tanto ao coronel como a Margarida pelo ato amável. Logo que pai e filha saíram da fazenda, Jacob comentou:

– Gustavo é um bom homem, não acha, minha filha?

– Gustavo tem uma qualidade que poucos homens têm; é digno e honrado, assim como o senhor.

Ao entrarem na casa-grande, Eleonora veio ter com eles, aflita.

– Querem me matar? Por que não mandaram me avisar que ficariam o dia todo na fazenda do senhor Gustavo?

Margarida passou a relatar tudo o que havia acontecido naquele dia, e Eleonora, esquecendo a preocupação, ouviu tudo com alegria.

No dia seguinte, Gustavo apareceu na fazenda e foi recebido por Eleonora. Margarida, ao vê-lo, perguntou:

— E os festejos, foram até tarde?

— Mal pude conciliar o sono diante das batucadas e, hoje pela manhã, todos se apresentaram ao trabalho. Suas fisionomias estavam alegres e pela primeira vez os vi trabalhar com alegria e não como bois que estavam indo para o abate.

— Tenha certeza de que eles trabalharão com alegria e seus lucros serão maiores.

— Disso não tenho dúvidas.

Eleonora os interrompeu:

— Você fez a coisa certa! Não é justo que essas pobres criaturas trabalhem sob pressão.

Gustavo descobriu-se apaixonado por Margarida e seu olhar não disfarçava o que lhe ia no coração. Eleonora, percebendo que o rapaz estava interessado na filha, ficou muito feliz e o convidou para o almoço.

Margarida se sentia bem ao lado dele, porém sabia que não o amava como ele merecia.

Gustavo passou a visitar a fazenda regularmente e sempre convidava a moça para passear nas cercanias da fazenda.

AMOR

$\mathcal{C}$erto dia, Rosalina, aproximando-se de Margarida, comentou:

— Margarida, o *sinhô* Gustavo está apaixonado por você.

— Deixe de bobagem, Rosa! Gustavo é apenas um bom amigo.

— Vejo como ele olha para você! Não é um olhar de amigo.

— Não diga uma coisa dessas! Gustavo é para mim um irmão querido, nada mais que isso.

Rosalina, percebendo que Margarida estava fugindo do assunto, continuou:

— Não vejo por que não aceitá-lo, trata-se de um homem bonito e de bem.

— Rosa, você tem cada ideia! Se Gustavo nutre algum sentimento por mim, nunca deixou transparecer.

— O pior cego é aquele que se recusa a ver o que está diante de seus olhos...

Margarida pediu licença e se retirou, indo descansar em seu quarto. Ao entrar, ficou pensando nas palavras de Rosalina e, pela primeira vez, notou que a amiga tinha razão. Ela, tentando afastar os pensamentos, disse para si mesma:

— Amei somente um homem, que a vida me tirou. Gustavo deve contentar-se em ser somente meu amigo.

E, com esses pensamentos, ela adormeceu. Sonhou que estava em um belo jardim e sob a copa de uma frondosa árvore estava José.

— José, é você? – perguntou ela.

— Sim, minha flor-do-campo.

— Por que nunca veio me visitar?

— Sempre vou visitá-la, mas sou invisível aos seus olhos.

— Esta não é a fazenda de meu pai. Onde estamos?

José, com tranquilidade, respondeu:

— Esta é uma das moradas do Pai. Saiba que estou feliz, aqui não há escravidão nem diferença entre raças, todos são iguais perante Deus.

Margarida notou que ele estava ainda mais bonito e seu olhar transmitia paz.

— Gustavo está apaixonado por mim e não quero magoar seus sentimentos.

José, com tranquilidade, pediu:

— Liberte-se do passado, Margarida. Você não pode se condenar a viver sozinha porque nosso amor não deu certo. Eu continuo a amá-la, mas compreendo que vivemos em mundos diferentes. Tudo tem uma razão de ser. Quando voltamos à Terra, sabemos que vamos nascer e um dia morrer no mundo físico. Essa é uma constatação lógica, mas o que esquecemos com a nova roupagem física é que a vida continua, e eu continuei a viver depois do meu desenlace. Assim como minha vida continuou, a sua também tem de continuar. Por que se condenar a viver na solidão quando pode compartilhar sua companhia com outras pessoas? O solitário é um egoísta, pois priva outras pessoas de usufruírem sua companhia.

Margarida percebeu que José estava pronunciando melhor as palavras e, sem dizer nada, continuou a ouvi-lo.

— Você sempre foi uma pessoa generosa; portanto, dê a esse rapaz a chance de conhecê-la melhor. Não pudemos viver juntos nesta existência, mas saiba que Deus, em sua infinita bondade e misericórdia, oferece aos seus filhos novamente o que não puderam viver em sua última vida terrena. Portanto, tenha paciência e confie, um dia estaremos juntos desfrutando de verdadeira liberdade.

— Como assim, estaremos juntos?

– Um dia você estará vivendo ao meu lado, aqui neste lugar bendito. Não viveremos como marido e mulher, mas viveremos um amor fraterno e, se for da permissão de Deus, poderemos voltar à Terra para usufruirmos o que a vida nos negou em nossa última existência. Mas isso é apenas cogitação. Deixe o passado para trás e viva o presente que a vida está lhe ofertando. Ame na medida do possível e permita-se ser amada por Gustavo. Vocês têm o mesmo ideal e, juntos, assistirão a um marco na história.

Margarida, olhando para a fisionomia tranquila de José, comentou:

– Como pode dizer que me ama se pede para que eu me case com outro?

José, sorrindo, tomou sua mão e, com voz terna, respondeu:

– O amor não escraviza, liberta! E o que estou fazendo neste momento é libertando-a de uma obrigação que adquiriu depois de minha morte. Você não tem de terminar seus dias sozinha só porque me prometeu fidelidade. Trilhe sua felicidade com um homem que a ame verdadeiramente. E Gustavo é esse homem.

Margarida viu José se afastar lentamente e, de repente, acordou lembrando-se de suas últimas palavras: "Trilhe sua felicidade com um homem que a ame verdadeiramente. E Gustavo é esse homem".

Margarida sentou-se na cama e ficou pensando em José, porém se sentiu livre de qualquer obrigação para com ele. Passou a pensar em Gustavo de maneira diferente e, pela primeira vez, admitiu: "Gustavo me ama! E seus gestos contam-me o que vai em seu coração. Sinto por ele algo que não sei explicar: ele é bonito, inteligente, generoso e gentil. Tem todos os atributos que sempre procurei em um homem".

Depois desse sonho, Margarida passou a ser mais amável com Gustavo. Certo dia, caminhando pelas cercanias da fazenda, o rapaz lhe disse:

– Margarida, sinto grande afeição por você e gostaria de pedir sua mão em namoro a seu pai. O que me diz?

Margarida pensou por alguns instantes e se lembrou do sonho que tivera dias antes. Sorrindo, respondeu:

– Digo sim! O senhor tem tudo o que sempre esperei em um homem e não vejo motivos para recusá-lo.

Gustavo, feliz com a resposta da moça, tomou suas mãos.

– Não sabe o quanto me faz feliz.

Margarida, sorrindo, apertou-lhe uma das mãos.

– Gustavo, você é um presente que Deus me deu.

Os dois voltaram à casa-grande e, como já estava perto da hora do jantar, Eleonora disse:

– Gustavo, mandei colocar um prato a mais na mesa e não admito que recuse meu convite.

– Mesmo que a senhora não me convidasse eu mesmo me convidaria para o jantar.

– Não precisa se convidar, você sempre é bem-vindo nesta casa.

Jacob entrou na casa e notou que a filha estava mais feliz, diferente do que costumeiramente.

– Que bom encontrá-lo, Gustavo. Quero saber como está sua colheita.

Sorrindo, ele respondeu:

– As medidas que tomei em minha fazenda só me trouxeram benefícios. Os escravos trabalham felizes e o rendimento superou minhas expectativas. As primeiras casas já ficaram prontas, mas ainda há algumas famílias morando na senzala. Quero que saiam o quanto antes.

– Seus escravos trabalham dez horas por semana e isso impossibilita que eles concluam suas casas. Por que não dá para os que ainda não terminaram a casa alguns dias de folga? Determine um prazo e certamente eles trabalharão com vontade. E como estão as finanças?

– Estão indo muito bem. Tenho certeza de que alguns dias de folga para meus escravos não fariam falta.

– Por certo terminarão suas casas em poucas semanas, pois eles não gostam de viver na senzala.

Margarida pediu licença e se retirou para a sala de jantar. Sozinha com a mãe, perguntou:

– Mãe, o jantar vai demorar para ser servido?

Eleonora, sem compreender a pressa da filha, respondeu:

– Que estranho... Você nunca se importou com o horário do jantar. Por que pergunta?

Margarida não se conteve.

— Mãe, Gustavo vai pedir a minha mão em namoro para meu pai.

Eleonora sentiu o coração descompassar.

— Não acredito que vai me dar tamanha alegria...

— Mamãe, sinto que meu coração pertence a ele e vou procurar viver feliz ao seu lado.

Eleonora, abraçando a filha, falou:

— Seu coração não podia ter feito melhor escolha.

Eleonora foi até a cozinha e apressou Rita. Em poucos minutos, todos foram convidados a se sentarem à mesa. Gustavo evitou falar sobre o assunto durante o jantar, preferindo conversar com o pai de Margarida quando estivessem tomando um licor. O jantar transcorreu tranquilamente e, depois que todos terminaram, Jacob convidou Gustavo e as duas mulheres a irem para a sala de estar tomar um licor e conversar sobre assuntos diversos.

Gustavo, ao sentar-se, olhou seriamente para o coronel e, depois de pigarrear, anunciou:

— Estava esperando que o amigo me convidasse para tomar um licor, pois tenho um assunto sério para tratar.

Jacob, ignorando completamente de que se tratava, perguntou:

— Fale, Gustavo! Deve ser algo sério para deixá-lo tão sem jeito.

— Frequento a casa do amigo desde que meu pai faleceu e, durante minhas visitas, descobri que tenho muitas coisas em comum com sua filha.

Jacob, percebendo aonde o rapaz queria chegar, empertigou-se na poltrona e lançou um olhar indagador à filha, que continuava de cabeça baixa.

Gustavo continuou:

— Muito bem, hoje tive uma conversa com Margarida e a pedi em namoro. Ela aceitou, porém não achei que seria digno iniciar esse relacionamento sem conversar com o senhor antes.

Jacob, feliz com a perspectiva de ver a filha casada, abriu um enorme sorriso.

— Gustavo, conheço-o bem. Saiba que não poderia oferecer a mão de minha única filha para melhor pessoa; portanto, dou-lhe o consentimento para namorá-la, e espero que esse namoro chegue ao altar.

Gustavo replicou:

– Não desejo outra coisa, coronel.

– Precisamos comemorar; afinal, não é todo dia que um bom rapaz vem à nossa casa pedir a mão de nossa única filha em namoro.

Jacob chamou Rita, Rosalina e Zaqueu para presenciar o momento. Depois de pegar uma garrafa de vinho fez questão de servir a todos.

Gustavo sentou-se ao lado de Margarida enquanto Eleonora lhe dava os parabéns.

Jacob, ao abrir a garrafa de vinho, disse:

– Dessa união quero muitos netos.

Margarida pensou em José, mas logo se lembrou do sonho em que ele dizia que ela deveria se casar. Assim, conseguiu se descontrair e somente tarde da noite Gustavo saiu da casa da futura noiva.

Rosalina, ao se ver sozinha com Margarida, indagou:

– Por que escondeu de mim que estava apaixonada pelo *sinhô* Gustavo?

– Por que nem eu mesma sabia que estava apaixonada. Depois que tive um sonho estranho com José tomei essa decisão, pois ele deixou claro que era a coisa certa a fazer.

Rosalina, não querendo ser indiscreta, não fez mais perguntas e abraçou a amiga.

– Que Deus a abençoe todos os dias de sua vida. E que dessa união venham muitos filhos.

Rosalina, ao dizer essas palavras, sentiu seus olhos marejarem.

– Primeiro foi Luzia que se casou e foi embora – falou com tristeza –, agora é você. E quanto a mim? Acho que estou destinada a viver sozinha.

– Rosalina, você ainda pode encontrar alguém que vá lhe fazer feliz. E saiba que nada será obstáculo entre nós, nem mesmo Gustavo.

As duas amigas se abraçaram e Rosalina saiu do quarto sentindo seu coração oprimido por medo de terminar seus dias sozinha.

∽∝

Os meses se passaram e Margarida não deixava de notar as boas qualidades de Gustavo, de modo que se sentia cada vez mais apaixonada. Certa noite, estando com a família da noiva, Gustavo disse:

– Coronel, gostaria de pedir a mão de Margarida em casamento; creio que o senhor não levantará objeções quanto a isso.

Jacob, que gostava sinceramente de Gustavo, perguntou:

– E qual é a data que escolheram?

Margarida, fitando Gustavo, contou:

– Pretendemos nos casar no dia treze do mês que vem.

Jacob se lembrou de que Gustavo tinha responsabilidades na fazenda e perguntou:

– E onde pretendem morar?

– A princípio, pensei em morar em minha fazenda, mas depois mudei de ideia, pois sei o quanto Margarida ama esta fazenda e todos aqui. Não quero privar minha esposa de coisa alguma.

– Ótimo! Se desejasse levar minha filha embora eu não permitiria – brincou ele.

Eleonora chorou ao saber da data do casamento da filha e, com alegria, falou:

– Que venham nossos netos!

Gustavo brindou o momento com os sogros e a futura esposa.

Assim começaram os preparativos para o casamento. O casal decidiu que viajaria à Europa.

ಬುಕ್

Margarida sentia-se feliz, embora soubesse que não amava Gustavo como amara José.

Jacob contratou músicos da capital da província e também pediu que trouxessem um abade.

Padre Bento, ao ficar sabendo que o coronel mandara levar um abade da capital da província, sentiu-se desrespeitado e pediu transferência para outra vila.

Finalmente chegou o dia do casamento. Margarida estava feliz com o enlace, porém Gustavo estava ainda mais. O enxoval havia sido comprado por dona Eleonora e Rosalina.

Jacob convidou personalidades importantes da capital da província, como juízes e advogados. Sabendo que eles eram escravagistas, não convidou os negros para o casamento; porém, mandou que os servissem em suas casas, a fim de que eles fizessem a própria festa.

O abade fez um belo discurso de casamento e, depois que abençoou as alianças, declarou os noivos como marido e mulher perante as leis da igreja.

Gustavo, quando se viu a sós com a esposa, comentou:

— Hoje é o dia mais feliz da minha vida!

— O dia de hoje deve ser apenas o começo; quero compartilhar uma vida feliz ao seu lado, assim como minha mãe compartilha da felicidade ao lado de meu pai.

— Margarida, eu a amo. E você, me ama?

— Se não o amasse não estaria casada com você.

— Você ainda ama José?

— José foi um sonho de amor que não se concretizou, mas o ontem não importa, o importante é o agora. Se me casei com você é porque meu amor é verdadeiro e sincero.

A festa terminou e os noivos seguiram para a capital da província, onde ficariam por uma semana e depois seguiriam à Europa em lua de mel.

Jacob, depois do casamento, disse satisfeito:

— Agora todo o meu trabalho será recompensado com netos, e quando eles voltarem da lua de mel passarei algumas responsabilidades a Gustavo.

— Jacob, não se entusiasme muito – pediu Eleonora –, afinal, Gustavo tem a outra fazenda para cuidar.

— Talvez Gustavo tenha de vender sua fazenda; afinal, Margarida tem terras mais que suficientes para sustentar Gustavo e os filhos que virão.

— Que ideia mais estapafúrdia, meu marido! Se Gustavo vender a fazenda que era de seu pai, como ficarão os negros? Certamente voltará a lei da chibata naquelas terras que já carregam o sangue de tantos daqueles pobres!

– Você tem razão! Talvez seja o caso de eu não me aposentar agora; poderei trocar de lugar com Gustavo, pois aqui são duas fazendas e lá é apenas uma, assim dividirei o trabalho com ele.

– Por que nos preocuparmos agora? Eles acabaram de se casar, deixemos isso para depois.

Jacob sorriu envergonhado e abraçou a mulher, virando-se de lado; queria naquele momento uma boa noite de sono.

⁂

Margarida, antes de pegar o trem que ia para a capital da província, aproximou-se de Rosalina.

– Minha irmã, sentirei sua falta...

– Nossa separação se faz necessária, mas lembre-se de que, onde estiver, ali estarei; onde pernoitar, ali pernoitarei; onde comer, ali comerei; onde chorar, ali chorarei; porque nem o céu, nem a terra poderão me afastar de você. Estamos ligadas por sentimentos sinceros e sua felicidade também será a minha. Hoje você começará uma nova família e, quanto a mim, continuarei aqui, esperando-a para lhe servir como sempre, minha irmã.

– Rosalina, nada nos separou por todos esses anos e tem minha promessa de que assim continuará a sê-lo; afinal, o amor não tem cor e graças a esse amor pude ser feliz ao seu lado por todos esses anos, minha amiga. Você é a irmã que Deus me deu; portanto, nada vai nos separar.

Rosalina abraçou fortemente Margarida, que retribuiu o abraço chorando concomitantemente com Rosalina.

Embora Margarida estivesse feliz, sentia seu coração oprimido; afinal, ela deixaria sua irmã para seguir com seu marido. E foi com pesar que se afastou do abraço de Rosalina.

– Gustavo quer ir à Europa, o que quer que eu lhe traga?

Rosalina pensou por alguns instantes.

– Não preciso de nada, Margarida! A única coisa que quero é que o *sinhô* Gustavo traga você de volta para junto de mim.

Margarida, sem se conter, voltou a abraçar Rosalina e, nesse momento, foi interrompida por Eleonora, que se comoveu em ver aquela despedida.

Gustavo estava apreensivo; afinal, sabia que a viagem à capital da província era longa. No caminho, ele perguntou:

— Vejo que está triste por deixar seus pais, mas nunca se esqueça de que a esposa tem de acompanhar o marido.

— Só me separei de meus pais quando frequentei o colégio para moças na capital da província, deixá-los é muito penoso. Mas o que me entristece mais é deixar Rosalina. Ela é minha irmã do coração.

— Não sofra! Você só se ausentará por um ou dois meses. Logo estaremos de volta.

— Nunca havia pensado em me casar depois que José morreu, mas não me arrependo pela escolha.

Ao chegarem à capital da província, instalaram-se em uma hospedaria, pois em cinco dias estariam seguindo para a Europa.

༄༅

Dois meses se passaram desde que Margarida se casara. Rosalina, vez por outra, ia ao quarto da amiga e chorava sua ausência. Eleonora sabia que Rosalina estava triste por sentir falta de Margarida, porém preferia ser discreta e não comentava o assunto.

Rosalina não era uma moça bonita. Era magra ao extremo; seus cabelos, cortados pelo pai, estavam sempre cobertos por lenços, a fim de esconder o pixaim.

Certa tarde, ela estava com Rita na cozinha quando Zaqueu entrou com um envelope. Curiosa, ela perguntou:

— O que traz na mão, moleque?

— Trago uma carta para o coronel e a *sinhá* Eleonora.

Rosalina pediu:

— Pode deixar que eu entrego.

Zaqueu, não fazendo questão de entregar o envelope, deixou-o com Rosalina, que se encarregou de fazê-lo. Ao ler o remetente, ela não se conteve e, sorrindo, disse para Rita:

— Essa carta é de Margarida!

— Vá entregar logo para *sinhá* Eleonora, a fim de que ela possa lê-la.

Rosalina, feliz com a carta na mão, foi ter com Eleonora, que fazia calmamente seu bordado.

– *Sinhá*, tenho uma carta de Margarida.

– Ora, o que está esperando para me entregar?

Eleonora, ao abrir o envelope, passou a ler a carta em voz alta; e na missiva a moça dizia aos pais que estava com saudade e que voltaria em alguns dias, pois já estavam na capital da província e Gustavo iria resolver alguns assuntos.

Margarida encerrava a carta dizendo:

– Minha querida irmã Rosalina, saiba que não deixei de pensar em você um só dia durante esse tempo em que estive fora. Trouxe-lhe uma fazenda de pano da Itália e espero que faça um belo vestido. Beijos para todos.

Rosalina ficou feliz não por saber que Margarida havia comprado um presente para ela, mas antes por ter recebido a notícia de que sua amiga e irmã estava retornando ao lar.

Passadas duas semanas, Eleonora estava sentada na varanda bordando um lençol, quando viu uma carruagem se aproximar da porteira. Assim que a carruagem se aproximou da escadaria da casa-grande, ela percebeu que era Margarida que havia voltado e, entusiasmada, começou a chamar por Rosalina:

– Rosalina! Nossa Margarida está de volta!

Rosalina, ao ouvir os gritos de euforia de Eleonora, correu até a varanda e, para sua alegria, viu Margarida descendo da carruagem. Margarida abraçou a mãe e depois Rosalina.

Gustavo cumprimentou a sogra e, discretamente, fez o mesmo com Rosalina, que, sorrindo, estendeu-lhe a mão.

Margarida entrou entusiasmada na casa-grande contando as novidades da viagem. A moça trouxera presentes para todos, inclusive Natanael e Benedito. O coronel, ao saber que a filha voltara de viagem, foi até sua casa, a fim de saber das novidades.

Naquela noite tudo foi alegria; porém, Rosalina se sentia sozinha e, embora estivesse sempre rodeada de pessoas, a solidão chegava a fustigar seu coração. Sozinha com Margarida, enfim confessou:

— Margarida, você está feliz?

— Nunca pensei que existisse tanta felicidade, Rosalina! Mas por que pergunta?

— Margarida, não sei por quê, mas estou me sentindo muito só, talvez sinta falta de um companheiro.

— Rosalina, o tempo passou, mas a vida não terminou. Certamente virá ao seu encontro um homem que será seu companheiro, pois ninguém nasceu para viver sozinho.

— No tempo em que era para eu pensar em me casar e constituir uma família, dediquei-me a Luzia, de que não me arrependo, mas hoje estou aqui sozinha, nem você tenho mais.

— Rosa, compreenda que ninguém poderá nos separar. Minha amizade é sincera e você pode contar sempre comigo. Não é o fato de eu ter um marido que me afastará de você.

Nesse momento, Margarida se aproximou de Rosalina e a abraçou ternamente, demonstrando todo o carinho que sentia pela irmã do coração.

ഇരു

O coronel não cabia em si de tanta felicidade. Gustavo era um bom marido, atencioso e gentil, e ainda se preocupava tanto com os negócios da fazenda do sogro quanto com os da sua.

Certa feita, estava indo com Jacob para negociar café e cana-de-açúcar quando ambos se sentaram numa venda para tomar vinho com outros fazendeiros. Manoel Valadares então disse:

— Gustavo, você se casou muito bem, estou vendo que é tão ambicioso quanto seu pai.

Gustavo, entendendo o que o homem quis dizer, respondeu com altivez:

— Amigo Valadares, nunca havia pensado em casamento antes. Posso afirmar que o fiz por amor e não por um jogo de interesse político e financeiro; mesmo que Margarida não fosse filha de quem é, teria me casado com ela da mesma forma, por esse motivo não permito que se levante suspeita sobre mim.

Jacob, desaprovando a atitude de Manoel Valadares, tentou proteger o genro.

– Se Gustavo não amasse minha filha, jamais teria permitido tal união e, além do mais, minha filha é a moça mais bonita das redondezas.

Manoel retrucou:

– Jacob, o amigo há de convir que eu não disse isso com tal intenção, por esse motivo peço que me perdoe.

– Vamos deixar de bobagens e aproveitar essa oportunidade para tomarmos um cálice de vinho por minha conta – disse Jacob.

Gustavo, apesar de obedecer ao sogro, não gostou da insinuação de Manoel e passou a defender a abolição. Manoel, que tinha rixa contra Venâncio, pai de Gustavo, tentou mais uma vez alfinetá-lo.

– Sou contra o abolicionismo e você também deveria sê-lo, pois sua fortuna vem do trabalho escravo.

Gustavo não gostou da afirmativa daquele homem arrogante.

– O amigo tem razão quando diz que toda a fortuna de meu pai veio do trabalho escravo, mas devo acrescentar que essa fortuna é manchada de sangue, pois muitos infelizes morreram no pelourinho da fazenda, e disso não me orgulho.

Manoel, olhando para Jacob, respondeu:

– Mas esses negros são malditos! Nunca concordei com seu pai; afinal, sempre se mostrou ambicioso e trapaceiro, mas com respeito ao tratamento dispensado aos negros sempre fui a favor.

Jacob, irritado, respondeu:

– Não concordo com o amigo. Os negros são seres humanos e, se os tratarmos bem, os resultados serão ainda mais positivos. Sempre tratei os negros com benevolência e o que colhi foi fidelidade, sem contar com os ganhos financeiros, que não foram poucos. Meu pai pensava como o amigo e costumava castigar os negros gratuitamente, porém tripliquei o patrimônio deixado por ele.

Manoel, discordando, respondeu:

– Esses negros merecem mais castigo que comida! Desculpe minha sinceridade, coronel, mas o amigo tem se mostrado fraco com seus negros.

Gustavo, irritado, disse:

– Meu sogro não é frouxo! É apenas um homem bom, que tem amor por seus escravos. Quanto aos tiranos de nossa região, o que ganham de seus escravos? Os negros têm medo dos seus senhores, que na verdade não passam de algozes, mas isso não quer dizer que tenham respeito. Meu sogro tem o respeito profundo de seus escravos e nenhum ousou fugir de suas terras. E quanto ao senhor? Fiquei sabendo que só nos primeiros seis meses deste ano já perdeu treze negros e ainda não os recuperou, o que deve ter gerado grandes prejuízos em seus cofres.

– São ingratos! Esses malditos fugiram, mas isso não quer dizer que eu não vou recuperá-los. Quando puser minhas mãos neles, farei questão de deixar aquela pele imunda grudada no pelourinho!

Jacob, irritado, respondeu:

– Muito me admira um homem ilustre, que frequenta a igreja todos os domingos com sua família, dizer que vai matar um ser humano no pelourinho. O que tem aprendido na igreja, senhor Manoel Valadares? Acaso nunca leu na bíblia que Jesus sempre tratou a todos com amor?

Gustavo, sorrindo com sarcasmo, disse:

– Não perca tempo em ir à igreja, senhor Manoel! O senhor está muito longe de praticar tudo o que aprendeu durante todos esses anos. Isso me faz lembrar do sermão do padre Bento que falava sobre a parábola do salteador.

Manoel era um homem que seguia as tradições de seus pais e quando ia à igreja dormia flagrantemente nos sermões de padre Bento.

Gustavo, ao ver que o outro não sabia nada sobre a parábola, passou a dizer:

– Certo homem, devendo uma grande soma ao seu rei, pediu-lhe clemência, pois não havia como quitar sua dívida.

"– Senhor, tem misericórdia de mim, que lhe pagarei tudo o que lhe devo."

– O rei, fitando-o com um olhar compassivo, respondeu:

"– Doravante não me deve nada, vá em paz."

– Ao sair da presença do rei, ele encontrou com um coescravo, que lhe devia apenas cem dinheiros. Logo começou a esbravejar, dizendo que queria o pagamento. O homem lhe pediu:

"– Tem misericórdia de mim, que lhe pagarei tudo o que lhe devo."

– Aquele homem, sem pensar, pegou seu irmão pelo pescoço, porém outros que assistiam à cena trataram de relatar ao rei tudo o que estava acontecendo. No mesmo instante, o rei mandou chamá-lo.

"– Por que não perdoou a dívida de seu irmão? Acaso não lhe perdoei dez mil denários? Escravo mau; ficarás na prisão até me pagar."

Gustavo, após contar em breve palavras a parábola do escravo mau, comentou:

– Como pode pedir perdão a Deus pelos seus pecados se não consegue nem mesmo perdoar um de seus escravos? Certamente não poderá dormir tranquilo sabendo que suas mãos estão sujas de sangue dos negros que ajudaram a construir sua fortuna e tiveram como pagamento o sangue deles escorrendo pelo pelourinho. Meu sogro tem a consciência tranquila; afinal, não tem as mãos sujas do sangue dessas pobres criaturas. De que vale ir à igreja todos os domingos e durante a semana matar negros em sua fazenda?

Manoel, olhando-o com raiva, respondeu:

– Esses negros fazem por merecer! Não me arrependo por ter matado alguns deles em minha fazenda.

Jacob, indignado, disse:

– Os negros são criaturas dóceis e a revolta deles é justificada pelos maus-tratos. Sou a favor da abolição e tenho certeza de que nosso trabalho não vai parar caso venha a haver uma lei que os liberte da escravidão; portanto, não acho necessário o amigo ficar sentado em um banco de igreja e não aplicar o que aprende.

Gustavo continuou:

– É uma pena que os negros não saibam da força que têm, pois, se fossem mais unidos, iriam se voltar contra esse sistema brutal e derrubariam a escravidão de uma vez por todas de nosso país. Para mim, a escravidão será uma mácula que perdurará em nossa história por muito tempo.

Manoel, irritado, respondeu:

– Essas criaturas são desprovidas de inteligência suficiente para comandar a própria vida, e são conduzidos como animais.

– Como pode dizer uma coisa dessas? Os negros são tão inteligentes como qualquer branco e muito me admira o senhor dizer tal asneira – afirmou Gustavo.

Manoel, irritado, continuou:

– Vocês, abolicionistas, são todos baderneiros e, no íntimo, defendem o abolicionismo, mas desejam que a escravidão se perpetue.

Gustavo, soltando uma gargalhada, retrucou a alfinetada:

– Muito me admira o senhor dizer isso, pois as campanhas abolicionistas são formadas por advogados, jornalistas, e apoiadas por Joaquim Nabuco, um homem de estirpe. Os escravagistas temem que os abolicionistas tomem seu espaço de modo que os atacam veementemente na intenção de os fazerem se calar, mas esse movimento está crescendo por todo o país e a escravatura começa a ver abalados seus alicerces.

Manoel disse a Jacob:

– O coronel precisa reavaliar seus conceitos, pois sem o trabalho dos negros vai acabar com sua fortuna em pouco tempo.

– Quero viver o suficiente para ver o fim da escravidão e, certamente, minhas fazendas continuarão a produzir, pois outros se prontificarão para o trabalho.

– Não se fie nisso! – respondeu Manoel com desdém.

Gustavo intrometeu-se novamente:

– O movimento abolicionista vem ganhando força e o Império não conseguirá contê-lo por muito tempo. Nas grandes capitais da província muitos estão aderindo a essa causa, de modo que o senhor estará vivo para presenciar esse momento que marcará definitivamente a história deste país.

Manoel, percebendo que não tinha como contra-argumentar, levantou-se e despediu-se de Gustavo e Jacob.

Jacob abriu um sorriso para o genro:

– Quem diz o que quer ouve o que não quer.

Os dois concordaram e trataram de voltar à fazenda; afinal, tinham muito trabalho a realizar naquele dia.

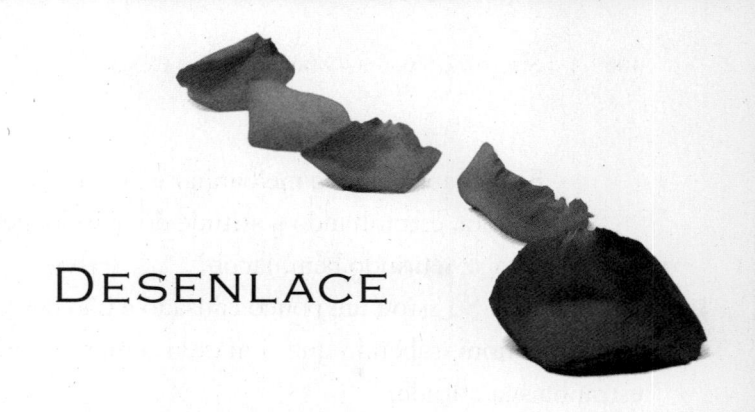

Desenlace

Margarida, na tentativa de ajudar o pai e o marido, ficava horas trancada no gabinete fazendo contas. Naquele início de tarde, o pai entrou e lhe disse:

— Margarida, não se esqueça de colocar no livro-caixa a venda desta colheita para que não dê diferença.

— Não se preocupe, meu pai, já anotei tudo, o caixa está fechado.

— Vejo que puxou a mim em questão de organização.

— Papai, tudo depende de organização; se não for assim acharemos dinheiro de mais ou de menos.

— Margarida, você se casou e ainda não me deu netos, acaso está doente?

— Não lhe dei netos porque ainda não chegou a hora, meu pai. Fique tranquilo, está tudo bem.

— Espero estar vivo para ver meu neto.

Margarida pela primeira vez olhou para o pai e notou que ele estava com aspecto cansado e triste. Com suavidade na voz, respondeu:

— Acalme seu coração, meu pai. O senhor verá seu neto correndo por estes pastos sem fim...

— Tomara, minha filha... Tomara...

Jacob, pedindo licença, retirou-se e, ao sair do gabinete, viu a esposa, que vinha em sua direção.

– Estou cansado, vou me banhar e descansar.

Eleonora, estranhando a atitude do marido, perguntou:

– Está se sentindo bem, Jacob?

– Sim! Só estou um pouco cansado e não descerei para o jantar.

Eleonora, sabendo que o marido sempre tivera bom apetite, achou estranha sua atitude.

– Desde que nos casamos você nunca deixou de estar presente às refeições.

– Estou sem fome e por essa razão vou descansar.

Ao dizer essas palavras, Jacob subiu lentamente as escadas, deixando a esposa intrigada.

Eleonora pensou: "Nunca vi Jacob tão abatido, será que está com algum problema e não quer me contar?"

Preocupada, voltou à cozinha e passou a contar a Rita seus temores.

– Jacob está estranho, nunca o vi tão abatido.

– É o sol, *sinhá,* o calor está terrível!

– Tem razão! Jacob só está cansado; afinal, já não é nenhum jovenzinho.

Depois do jantar, Eleonora arrumou um prato de sopa e levou para o marido. Ao chegar ao quarto, encontrou-o dormindo e, bem devagar, aproximou-se.

– Jacob! Acorda, menino preguiçoso.

Ao ouvir a voz da esposa, ele respondeu:

– O que quer desta vez, mulher?

– Vim lhe trazer um prato de sopa; não é bom que fique sem comer, poderá sentir fome durante a noite.

Jacob sentou-se na cama.

– O que seria da minha vida sem você?

– Seria o que sempre foi: calma e tranquila.

Jacob ajeitou-se na cama e passou a tomar a sopa com um pedaço de pão. Enquanto isso, Eleonora lhe fez companhia.

– Não gosto de fazer as refeições sem você.

– Não diga isso; afinal, nossa filha e seu marido estavam à mesa.

Eleonora sorriu sem nada dizer e, mais uma vez, observou o abatimento do marido. Sem pensar, perguntou:

— Jacob, acaso não se sente bem?

— Estou bem — respondeu Jacob —, só um pouco cansado.

— Tem trabalhado demais, acho que está chegando a hora de passar as responsabilidades das fazendas para Gustavo.

— Nossa filha se casou e ainda não falou nada sobre netos, será que ela tem algum problema?

— Talvez não, acho que Margarida tem medo de engravidar.

— Bobagem! Por quê? Margarida é uma mulher saudável e poderá encher essa casa de filhos.

— Já conversei com ela sobre o assunto e ela diz que Deus ainda não permitiu que ela fosse mãe.

— Vou morrer e não verei esta casa cheia de netos.

— Jacob, acaso está me escondendo alguma coisa? Você está muito estranho, primeiro falta ao jantar e agora fala em morte? O que está sentindo?

— Não estou sentindo nada! Estou bem, só estou cansado, nada mais que isso.

— Fiquei sabendo que chegou um novo médico à vila. Ele veio substituir o doutor Afonso, que morreu há alguns meses.

— Qual é o nome dele?

Eleonora, que ficara sabendo do médico devido à visita de Esmeralda, esposa do fazendeiro Leopoldo, disse:

— Dona Esmeralda disse que seu nome é José Gonzaga. É um homem bem-nascido da capital da província.

— Nenhum médico se compara ao querido amigo Afonso, que não era só um médico, mas um amigo fiel.

— Amanhã você não vai trabalhar, mandarei chamar o doutor José Gonzaga para que o examine.

Jacob sabia que quando Eleonora colocava uma ideia na cabeça não havia quem a demovesse, de modo que concordou:

— Está bem! Mas não vai adiantar, pois tenho certeza de que se trata de um médico recém-formado, que não possui nenhuma experiência.

– Não seja teimoso; se esse homem tem o diploma de médico é porque tem capacidade para exercer sua profissão com maestria.

Depois de jantar, Jacob voltou a deitar-se e não saiu do quarto até o dia clarear.

Eleonora, ao acordar, ouviu o marido vestir-se com cuidado.

– Aonde pensa que vai?

– Ora, mulher, vou descer para tomar café; afinal de contas estou faminto, pois ontem à noite tomei apenas aquela sopa e nada mais.

– Está bem! Vou descer e tomar café com você.

Jacob, percebendo que não haveria jeito de escapar da mulher, decidiu esperá-la para o café da manhã. Pela primeira vez em tantos anos de casados, marido e mulher desceram juntos para fazerem o desjejum.

Ao sentarem-se à mesa, Eleonora ficou observando furtivamente o marido, que comia com rapidez a fim de ver seu trabalho no celeiro, pois levava ao pé da letra o ditado que dizia: "A engorda do boi muito depende do olhar do dono".

Ele tomava seu desjejum calado quando Gustavo se juntou a eles. Sabia que deveria estar na fazenda que fora de seu pai antes do horário previsto, pois tinha de dar as coordenadas para o trabalho do dia e voltar às fazendas do sogro para ajudá-lo.

Jacob, ao ver o genro, perguntou:

– Que horas pretende voltar da fazenda Tronco Seco?

A fazenda de Gustavo era conhecida assim, pois um grande jacarandá havia secado, e seu pai fizera questão de deixá-lo dentro de sua propriedade, a fim de servir como ponto de referência.

Gustavo respondeu:

– Pretendo vir na primeira parte da tarde, pois tenho algumas coisas que pretendo fazer no celeiro da outra fazenda.

Eleonora, observando a expressão cansada do marido, comentou:

– Não acham que está na hora de delegarem tarefas? Uma fazenda dá muito trabalho, mas vocês têm três e percebo que já estão cansados.

Gustavo pensou por alguns instantes.

– Talvez minha sogra tenha razão! Estou cansado, pois são tantos problemas a resolver que todas as noites me sinto excessivamente exausto.

Jacob, que não gostou da ideia, perguntou:

— Por que isso agora, mulher? Sempre cuidei de minhas fazendas e nunca deixei serviço para trás. Por que iria delegar as tarefas que sempre cumpri muito bem?

— O tempo passou e você já não é o mesmo homem forte, está cansado e logo lhe faltarão forças.

— Quem lhe disse que estou cansado? Ontem realmente estava muito cansado, mas isso ocorreu devido ao calor escaldante e nada mais.

— Não se faça de ingênuo! Você não estava cansado somente por causa do sol, mas antes porque seu corpo já está demonstrando as primeiras falhas e você não quer ver isso. Está na hora de arrumar um bom homem que venha ajudá-los nas tarefas diárias.

Jacob lembrou-se de Silvino.

— Por que arranjaria um homem para me ajudar? Você se lembra muito bem do último homem que tive em minhas fazendas e o que ele nos fez; portanto, não colocarei outra pessoa em minhas terras enquanto viver; continuarei a cuidar do que é meu!

— Teimoso! Sempre foi teimoso, mas agora que está ficando velho está pior!

— Acaso minha esposa está pensando que não posso mais cuidar do que é meu porque estou velho? Engana-se, minha cara, e pode escrever: enquanto eu tiver forças, continuarei a trabalhar e ninguém vai me impedir.

Gustavo estava constrangido por ouvir a discussão do casal. De repente, interrompeu-os.

— Com licença! Tenho de ir à fazenda para observar os trabalhos, mas logo estarei de volta.

— Está vendo o que fez? Gustavo nem mesmo tomou seu café, preferiu sair a ficar ouvindo você discutindo comigo.

— Eu, discutindo com você? Por favor, Jacob, não me faça rir. Hoje mesmo mandarei chamar o médico para consultá-lo.

— Faça como quiser, quando o doutor chegar mande me avisar.

Eleonora ficou observando Jacob se retirar e pensou: "Se acontecer alguma coisa com ele, não saberei o que fazer da minha vida".

ജഇര

Eleonora chamou Zaqueu e pediu que ele fosse até a vila chamar o doutor José Gonzaga para examinar o marido. O médico prontamente foi à fazenda Rio Claro; afinal, só ouvira falar do coronel, mas ainda não tivera a oportunidade de conhecê-lo.

José Gonzaga, um homem com pouco mais de quarenta anos, trabalhara por algum tempo na capital da província e, como sempre sonhara, comprara uma casa na vila e passara a clinicar ali. Era casado com uma mulher da mesma idade e tinha duas filhas. Diferente de Afonso, que vivia sozinho desde que sua esposa falecera no parto.

Ao chegar à fazenda, ficou encantado com as terras e, principalmente, com a liberdade dos negros de ir e vir sem terem um capitão do mato no seu encalço e muito menos pelourinho.

O médico gostava de sua profissão, mas simpatizava com o movimento abolicionista da capital da província. E logo percebeu que sua clientela diminuía dia a dia depois que as pessoas souberam que ele tinha por ideal a liberdade definitiva dos escravos.

Ao entrar na casa-grande foi recebido por Eleonora, que se esmerou na arte de bem receber. Ele ficou aguardando a chegada de Jacob e, assim que o homem entrou, portou-se como verdadeiro cavalheiro.

— O que o senhor está sentindo, coronel?

Jacob, olhando para o médico, respondeu de forma ríspida:

— Nada! Isso é coisa da minha esposa, só porque eu não quis jantar ontem.

— É comum o senhor perder o apetite?

— É mais fácil perder um boi de vista do que perder o apetite.

— Além da falta de apetite, o que o senhor está sentindo?

Jacob, percebendo que o médico estava sendo o mais profissional possível, respondeu:

— Para falar a verdade há dias venho sentindo um cansaço que me tira as forças.

— Talvez o senhor esteja trabalhando demais e o descanso se faz necessário.

– O que na verdade vem acontecendo é que minha única filha se casou e ainda não me deu um neto para alegrar minha vida. Confesso que já estou preocupado com essa demora.

– Tenha paciência, seu neto logo chegará. É só uma questão de tempo.

– Minha filha puxou à mãe, minha esposa também demorou para engravidar. Temo que não viverei para conhecer meus netos.

– Se o coronel se cuidar, viverá muito mais que isso.

Jacob sorriu para o médico e, logo que a consulta terminou, convidou-o para conhecer a fazenda. O coronel gostou do médico e pediu que voltasse no fim de semana e almoçasse com a família.

Os dias foram passando e Jacob sentia-se cada vez mais cansado. Por essa razão, chamou o genro para uma conversa.

No gabinete, sentado diante do coronel, disse curioso:

– O que meu sogro quer falar comigo?

– Quero falar sobre meu neto que não vem; acaso minha filha tem algum problema?

Gustavo, sentindo-se embaraçado, respondeu:

– Estou aflito com essa demora; afinal, todo homem quer ter um filho, mas sua filha evita falar sobre o assunto.

– Vá chamar Margarida! Quero conversar com ela.

Gustavo, percebendo a alteração do sogro, obedeceu sem contestar. Logo Margarida juntou-se a eles, e Jacob perguntou:

– Margarida, por que meu neto está demorando para chegar?

A moça, sentindo-se invadida em sua privacidade, respondeu:

– Papai, as coisas não são como queremos, antes como Deus quer; por essa razão, acalme-se.

Jacob, em tom sério, falou:

– Acalmar-me? Talvez eu já não tenha tanto tempo para ter calma; estou me sentindo cansado a cada dia que passa, e vejo que minhas forças estão falhando. Será que vou morrer sem ver um neto correndo pela casa?

Margarida observou o pai e novamente percebeu que seu semblante estava cansado e em seu rosto já não havia o mesmo vigor de outrora.

– O senhor está doente, meu pai?

– O que está havendo com vocês?

– Não está acontecendo nada, meu pai! Tenho boa saúde e seu neto está demorando a vir porque Deus assim o quer.

– Deixe Deus fora disso! Se meu neto está demorando a vir é porque vocês não estão fazendo as coisas direito.

– Papai, não lhe dou a liberdade de me dizer tal coisa! Saiba que minha vida íntima é assunto meu e de meu marido!

– Minha filha, compreenda, trabalhei tanto para assegurar uma vida tranquila a você e a seus filhos, mas vejo que meu trabalho foi em vão. Você se casou e ainda não me deu netos. Quando isso acontecer talvez eu já nem esteja mais entre vocês.

– O que o senhor vem sentindo, meu pai?

– Nos últimos meses não venho me sentindo bem; além do cansaço, sinto fortes dores no peito, acho que não tenho muito tempo de vida.

– Mamãe sabe disso?

– Não! Nem quero que saiba. Por que fazê-la sofrer? A vida é um ciclo breve e ninguém foge a isso; por esse motivo insisto tanto em ter um neto, para que ele possa dar continuidade ao trabalho de gerações.

– Talvez esteja na hora de procurar um médico. Para tudo há remédio.

Jacob, observando a aflição da filha, respondeu:

– O que não tem remédio, remediado está! Por ora só peço a vocês que me presenteiem com um neto e ficarei feliz.

– Mamãe precisa saber disso!

– Não! Sua mãe é minha alegria e adoro vê-la sorrindo; proíbo-a de comentar sobre o assunto.

– Meu sogro, agora não é hora de se despedir do mundo querendo um neto para dar continuidade ao trabalho; é hora de cuidar da sua saúde para que veja esse neto não somente nascer como crescer feliz por estas terras.

– Talvez tenha razão! Perdoe-me por me intrometer na vida de vocês.

Gustavo, preocupado, comentou:

– A partir de amanhã, o senhor não precisará se preocupar com o trabalho da fazenda; cuidarei de tudo, de modo que o senhor não terá com o que se desgastar.

– Mas como fará para cuidar de três fazendas, Gustavo?

– Enquanto Gustavo cuida das nossas fazendas, cuidarei da fazenda que ele recebeu como herança.

Gustavo, sorrindo, tomou a mão da esposa.

– Não podia esperar outra coisa de você, minha querida! Tenho certeza de que se sairá muito bem.

Jacob respondeu:

– A partir de amanhã, vou descansar, mas, quando precisarem de minha ajuda, estarei aqui para socorrê-los.

Margarida assustou-se em ver o pai aceitando a ajuda do marido sem contestar. E imaginou que ele devia estar mais doente do que ela pensava.

Jacob convidou o casal para voltar à sala; porém Margarida não estava tranquila, percebia que seu pai falava pouco e se cansava facilmente. Depois daquela conversa, o coronel ficava em casa a maior parte do tempo. Margarida cuidava da fazenda que o marido recebera como herança e Gustavo cuidava com esmero das fazendas do sogro.

Certa manhã, Eleonora, vendo que o marido não saía do quarto, resolveu chamá-lo para fazer seu desjejum; porém, ao chegar ao quarto constatou que ele não respirava. Ela se desesperou e começou a gritar. Os escravos domésticos correram até a *sinhá* para saber o motivo do seu desespero.

Rosalina mandou Zaqueu ir à vila chamar o doutor Gonzaga, mas, quando o médico chegou, já não havia mais nada a fazer. O velório do coronel se deu em meio a vários fazendeiros, e até o juiz Teodoro, que era seu amigo íntimo, veio lhe prestar as últimas homenagens.

Eleonora, inconsolável, foi amparada pela filha e pelo genro, que não a deixaram sozinha por nenhum minuto. Os escravos choraram muito a morte do bondoso coronel. Benedito compareceu ao velório; porém, velho e cansado, olhando a fisionomia do amigo, disse:

– Logo estaremos juntos, meu amigo.

Rosalina abraçou o pai.

Reencontro

Alguns anos se passaram desde que o coronel Jacob partira, e, embora Gustavo cuidasse bem dos negócios das fazendas e os negros continuassem a ser bem tratados, eles ainda choravam a falta daquele homem que tanto bem fizera enquanto vivo.

Benedito, desde que o coronel morrera, envelhecera visivelmente; já não trabalhava mais e passava quase o dia todo na casa do filho, Natanael. Com o tempo, este passou a ter visões e a receber visitas de espíritos, que o instruíam em como curar por meio de ervas. Benedito sentia falta de Luzia, que vinha visitá-los uma vez por ano. Ele sempre conversava com o filho e perguntava sobre os que haviam partido. Natanael dizia que não recebia visitas de Josino nem de sua mãe. Quem o visitava era o espírito do Preto-Velho Pai João, que havia vivido nos primórdios da escravidão.

Certa tarde, Natanael estava ocupado no preparo de um remédio para a ferida de uma mulata da fazenda que Gustavo herdara, quando Benedito se aproximou.

– Que remédio é esse? – perguntou.

Natanael, com sua habitual paciência, respondeu:

– Estou preparando esse unguento para curar a ferida de dona Sebastiana, que sofre há anos com aquela ferida na perna. O espírito de Pai João me instruiu a fazer o remédio.

– Você vê esse espírito, meu filho?

– Não o vejo, meu pai, apenas o ouço.

Os negros da fazenda de Gustavo tinham total liberdade de ir à fazenda de Margarida a fim de pedirem remédio para Natanael.

– Filho – disse Benedito –, deixei café na chapa do fogão e o jantar está pronto. Tenho de voltar para casa.

– Papai, já lhe disse tantas vezes para morar comigo! Mas o senhor sempre arranja uma desculpa para não trazer suas coisas.

– Só vou sair da casa em que fui feliz com sua mãe quando estiver morto.

– Papai, o senhor está cansado e logo vai precisar da ajuda de alguém.

– Aí você vai morar comigo, meu filho. Se o coelho não vai até o mato, o mato vai até o coelho.

Natanael sorriu. Vendo que não havia como argumentar, ficou olhando o pai se afastar lentamente em direção a sua casa.

Benedito, seguindo por um atalho para chegar mais rápido em casa, de repente, foi surpreendido por uma jararaca-de-rabo-branco, que estava enrodilhada, pronta para dar o bote. Ele percebeu que havia sido mordido no calcanhar, pois ainda conservava o costume de andar descalço. Sentindo muitas dores, sabia que não conseguiria voltar para a casa do filho, de modo que se sentou e esperou que aparecesse alguém para ajudá-lo.

A noite caía e a angústia do ancião aumentava. Ele temia morrer sozinho naquele lugar. Logo depois da mordida, o homem percebeu que o sangue não parava de escorrer, mesmo ele tendo rasgado a camisa e colocado o pano no local. Em volta do ferimento, começaram a surgir bolhas, e as dores se tornaram insuportáveis. Sua visão ficou turva e, à medida que a noite caía, ele foi se sentindo ainda pior e, para seu desespero, ninguém apareceu.

⁂

No dia seguinte, Natanael levantou-se e deu pela falta do pai, que ainda não havia chegado. Era comum ele levantar com o pai o chamando.

Natanael pensou: "O que será que aconteceu para papai ainda não estar aqui? Será que foi visitar Rosalina?". Enquanto ele lavava o rosto, uma voz branda lhe disse:

— Natanael, vá ajudar seu pai que está caído no meio do caminho. Ontem ele foi atacado por uma cobra e em poucas horas estará morto.

Natanael, ao ouvir o que o espírito lhe disse, correu até a casa do pai, porém não encontrou nada pelo caminho. Lembrou-se então do atalho.

Pegou o atalho e não demorou a encontrar seu pai caído em meio à vegetação. Desesperado, ele carregou-o até sua casa, porém viu que já era tarde; o veneno da cobra havia se espalhado por todo o organismo de Benedito e ele já estava morto. O filho chorou a morte do pai e, com pesar, foi até a casa-grande para informar a uma sobre o ocorrido. Ele se sentiu culpado; achava que devia ter acompanhado o pai na volta para casa.

Rosalina, ao ficar sabendo, chorou copiosamente e, como Eleonora estava acamada, vítima de uma doença que a acometera depois da morte do marido, decidiu não contar sobre a morte do pai.

Margarida ordenou que o corpo de Benedito fosse levado à capela da fazenda, a fim de que todos lhe prestassem as últimas homenagens. O enterro ocorreu em uma tarde chuvosa de verão. E os negros tocaram seus tambores demonstrando sua dor. Rosalina chorava a falta do pai e, ao ver o caixão baixar à sepultura, disse:

— Vá com Deus, meu pai! Tenho certeza de que o senhor estará com mamãe e todos os que amou.

Rosalina chorou por alguns dias. Era-lhe muito difícil ver todos os que ela amava partirem. Assim, passou a se sentir ainda mais sozinha.

∞Ω∞

Margarida continuou com sua rotina: durante o dia as escravas cuidavam de sua mãe, presa à cama, e à noite ela fazia questão de ficar até tarde com a mãe.

Certa noite, Eleonora, olhando para a filha, disse:

— Seu pai veio me visitar, minha filha. Disse-me que logo meu sofrimento vai acabar.

Margarida não levou em consideração as palavras da mãe e mudou de assunto. Eleonora voltou a dizer:

— Seu pai disse que está me esperando.

Margarida, não gostando do rumo da conversa, disse:

— Deixe de bobagem, minha mãe! Papai faleceu há vários anos.

Eleonora, percebendo que a filha não estava acreditando, resolveu se calar.

Margarida ficou mais alguns minutos com a mãe e depois se despediu, dizendo que voltaria no dia seguinte. Estava cansada; afinal, fora obrigada a tomar muitas decisões naquele dia e, ao entrar em seu quarto, encontrou o marido esperando-a. Relatou tudo o que a mãe lhe falara e Gustavo apenas disse:

— Margarida, não dê créditos às palavras de sua mãe. Quando uma pessoa está há muito tempo acamada, costuma delirar e, infelizmente, dona Eleonora está delirando e vendo seu pai.

— Tem razão! Minha mãe vem perdendo pouco a pouco a lucidez.

— Isso é uma pena! Dona Eleonora sempre foi uma mãe para mim.

No dia seguinte, Gustavo levantou-se e, como fazia todas as manhãs, foi ao quarto da sogra para lhe desejar um bom-dia. Ao entrar, viu que ela ainda estava dormindo e, sorrindo, disse:

— Bom dia, minha sogra!

Eleonora estava deitada de lado, e continuou com os olhos fechados, sem se mover. Gustavo voltou a dizer as mesmas palavras, mas Eleonora continuou inerte. Preocupado, ele a chamou, mas ela não respondeu. Finalmente, ele tocou o corpo da sogra e não foi difícil perceber que ela estava morta. Assim, ele foi até o seu quarto e encontrou Margarida se arrumando para a lida do dia. E, sem jeito, contou:

— Margarida, acabo de vir do quarto de minha sogra.

— E como ela acordou hoje?

Gustavo tocou o ombro da esposa.

— Seja forte; infelizmente, ela não se encontra mais entre nós.

Margarida, sem dizer uma única palavra, correu até o quarto da mãe e a encontrou imóvel e sem vida. Seu corpo já estava gélido. Ela começou a gritar, chamando a atenção de todos os escravos. Rosalina, ao ouvir os gritos da amiga, correu até o quarto de Eleonora e a encontrou amparada pelo marido e gritando:

– Mamãe! Acorde, pelo amor de Deus!

Rosalina chorou com Margarida, desejando ardentemente poupá-la daquele sofrimento. Gustavo pediu a Rosalina que trouxesse um copo com água e açúcar para a esposa.

Rosalina saiu em busca do copo com água, e Margarida abraçou a mãe dizendo as mesmas palavras. Ao voltar, Margarida recusou-se a tomar a água que a amiga lhe trouxera. Rosalina avisou aos outros escravos o que havia acontecido e todos choraram a perda da *sinhá* querida. Gustavo suspendeu os trabalhos do dia e logo providenciou o funeral e o enterro de Eleonora.

Não demorou e todos na vila ficaram sabendo do passamento da mais benquista senhora da região. Todos os fazendeiros da região acompanhados por suas esposas compareceram ao funeral para prestar a última homenagem a Eleonora.

Gustavo fez questão de que os escravos estivessem presentes ao funeral. Na hora do enterro, Margarida desmaiou ao ver o caixão da mãe baixar à sepultura. Rosalina sofria imensamente por ver o sofrimento da irmã de coração.

Gustavo fez uma lápide: "Eleonora da Cunha, mãe de todos".

Assim que terminou o enterro, seguiram para a casa-grande. Foi José Almirante quem disse:

– Gustavo, o que acha de vender a outra fazenda? Se resolver fazê-lo, sou o primeiro da fila.

Gustavo, irritado com a colocação de José Almirante, disse com rispidez:

– Não pretendo vender minha fazenda, depois a hora não é apropriada para falar sobre esse assunto, estamos consternados com a perda que acabamos de sofrer e espero que respeite nossos sentimentos!

José Almirante, percebendo que havia sido infeliz em sua colocação, pediu desculpas e se retirou das terras de Margarida.

Naquela noite, em sinal de respeito, todos os negros ficaram diante da casa-grande transmitindo forças para Margarida, que agora era órfã de pai e mãe.

☙❧

Eleonora acordou em um quarto que para ela era totalmente estranho. Olhando para todos os lados, tentou se situar, sem sucesso.

Uma senhora entrou sorridente.

— Como está se sentindo, Eleonora?

— Estou me sentindo bem, mas que lugar é este?

— Meu nome é Dirce e estou aqui para ajudá-la no que for preciso.

— Mas que lugar é este?

— Não se preocupe, você está entre amigos e logo poderá receber visitas.

— Sinto-me cansada.

Dirce estendeu a mão sobre sua cabeça e ela voltou a dormir um sono tranquilo. No corredor do Centro de Recuperação estavam Josino e Jacob, aguardando o despertar de Eleonora.

Ao verem Dirce, Jacob perguntou preocupado:

— Como ela está?

— Calma! Eleonora está descansando e, assim que acordar e se situar sobre sua nova condição, vocês poderão lhe fazer uma visita.

Jacob havia se habituado a sua nova vida e seu tempo era dividido entre o trabalho e o estudo em um dos cursos que a cidade espiritual oferecia. Ele sempre estava às voltas com Josino e Ageu, a quem muito se afeiçoara enquanto vivia na Terra. Gostava da colônia, porém, às vezes, sentia-se triste por saber que seus pais não compartilhavam da mesma vida que a sua.

Na cidade espiritual havia um espaço denominado centro musical, onde os espíritos aprendiam música, e lá o ex-coronel aprendia a tocar piano. Rafael era seu professor. Ele lia as partituras com maestria, embora tivesse dificuldade na hora de executá-las. Rafael dizia:

— Calma! Lembre-se de que esses conhecimentos vão acompanhá-lo aonde quer que vá e, além disso, não desanime, pois o que um espírito tem de sobra é tempo para aprender.

Certa noite, saindo da aula de música, Jacob encontrou Albano, que conversava com um grupo de rapazes sobre a escravatura. Dirigindo-se a Albano, disse:

— Albano, assim que terminar a conversa poderia me dar um minuto de sua atenção?

— Certamente que sim.

Os rapazes, despedindo-se de Albano, deixaram-no a sós com Jacob, que disse:

— Sinto saudade de minha filha e gostaria de visitá-la.

— Já não era sem tempo; desde que chegou aqui fez muitos progressos e não vejo motivos para não ir à crosta.

Jacob mal podia acreditar. Abriu um largo sorriso e, com entusiasmo, perguntou:

— Quando poderíamos ir?

— Nossa colônia tem um regimento interno e para isso é necessário seguir alguns passos.

— Que passos?

— Para voltar à crosta terrestre é necessário que eu comunique a necessidade de se formar uma comitiva, esperar que o primeiro coordenador avalie a condição de todos os que formarão a comitiva e, enfim, marcar uma data; portanto, só podemos sair em comitiva depois de todos os passos tomados.

— Você acha que eles permitirão o meu retorno à crosta?

— Não vejo motivos para impedirem, você tem-se portado bem e seu equilíbrio é notório.

— Sermos equilibrados neste lugar maravilhoso é fácil. Mas quero ver como me saio na crosta.

— É por esse motivo que tem de se avaliar se o irmão está pronto para visitar os seus na Terra.

— Só de pensar em minha filha, meu coração se enternece.

– Não se preocupe. Margarida vive bem com o marido, porém ela não teve os filhos que você queria. Mas saiba que ela tem como filhos todos os negros e se sente responsável por eles.

Jacob, lembrando-se do rosto de Margarida, comentou sorrindo:

– Minha filha sempre teve compaixão pelos negros e não tenho do que me queixar.

– Agora, resta pedir a Deus que esse reencontro se torne possível.

Jacob, vendo que a conversa chegara ao fim, despediu-se de Albano e caminhou lentamente pela alameda arborizada. Ao ver um banco, resolveu se sentar para pensar em como estaria Margarida depois de todos aqueles anos.

"Logo Eleonora vai se sentar ao meu lado neste banco e juntos poderemos admirar a noite estrelada...", pensou Jacob.

Naquele momento, ele se sentiu impelido a agradecer a Deus por tanta beleza.

Passados alguns dias, quando estava terminando sua tarefa como assistente de coordenador de cursos, Albano se aproximou.

– Jacob, que bom encontrá-lo! Tenho boas-novas.

– E então, minha visita à crosta foi aprovada?

– Essa é uma das boas-novas que tenho para você.

– E quais são as outras?

Albano, ao ver a curiosidade de Jacob, soltou uma gargalhada.

– Além dessa que acaba de mencionar só há mais uma – completou.

– E qual é a notícia?

– Eleonora aceitou de bom grado o fato de estar vivendo como espírito, de modo que você pode visitá-la quando quiser.

– Não posso crer que posso visitar minha querida Eleonora e depois minha filha. Albano, essas notícias foram as melhores que recebi nos últimos tempos.

– Por que ainda está aqui, Jacob? Vá visitar Eleonora, que está ansiosa para vê-lo.

Jacob abraçou Albano e caminhou a passos rápidos até o Centro de Recuperação em que Eleonora estava. Ao chegar, ele subiu as escadarias que davam na recepção e, ao ver uma atendente simpática, disse:

– Quero visitar Eleonora, que se encontra na recuperação.

– Quer que eu chame alguém para levá-lo até o quarto dela?

– Sim! Não estou certo do caminho.

A moça, vendo uma senhora que entrava no grande corredor, disse:

– Marieta, acaso vai à ala feminina?

– Sim!

– Por favor, faça a gentileza de acompanhar Jacob até o quarto de Eleonora da Cunha.

– Mas em que lugar Eleonora se encontra?

– No corredor quatro, quarto vinte e três.

– Vamos até Eleonora, que ficará feliz com sua visita.

Jacob sorriu sem querer prolongar a conversa. Andando ao lado de Marieta por alguns minutos, entrou e saiu dos corredores, até que chegou ao corredor em que estava o quarto de Eleonora.

– Agora estou reconhecendo este corredor...

– Talvez esteja enganado, aqui todos os corredores são iguais, de modo que é fácil se perder...

– Tenho certeza de que é este corredor em que se encontra Eleonora.

– Tem boa memória, pois o corredor quatro é aqui mesmo e o quarto vinte e três fica lá no fundo. Quem foi esse espírito para você?

– Foi minha esposa enquanto vivia na crosta.

– É bom quando um casal se encontra depois de anos de separação. – Diante da porta, Marieta disse: – Este é o quarto.

– Você não entrará comigo?

– Está bem! Vou entrar, mas não posso me demorar.

– Você trabalha aqui?

– Não! Trabalho nas zonas inferiores e hoje estou visitando uma irmã que chegou há pouco tempo da Terra.

– Estou bem? Como estão os meus cabelos?

– Compreendo sua preocupação, mas tenho certeza de que Eleonora ficará feliz em vê-lo e nem prestará atenção em seus cabelos.

Jacob, sorrindo, respirou fundo e, em seguida, bateu levemente à porta. Uma voz amigável respondeu:

– Entre!

Ele abriu a porta e encontrou Dirce, que sorria enquanto conversava com Eleonora. Ela, ao ver seu companheiro de jornada, abriu um largo sorriso.

– Acho que estou sonhando...

– Eleonora, você não está sonhando – afirmou Dirce.

Jacob se aproximou do leito de Eleonora e, sentando-se na beira da cama, tocou a mão da boa mulher.

– Minha querida, como senti sua falta...

– Meu querido marido, não imagina a lacuna que deixou em minha vida quando partiu.

– Não vamos falar sobre isso, estou muito feliz pelo reencontro.

– Se soubesse que a morte era assim, certamente teria desejado morrer antes.

Eleonora, olhando para o lado e vendo Marieta, que ficara a um canto observando o reencontro, perguntou:

– Quem é ela?

– Está é Marieta, trabalhadora das zonas inferiores.

Eleonora lançou um olhar curioso a Marieta e não deixou de perceber que se tratava de uma mulher muito bonita. Como Jacob sempre soube que Eleonora era ciumenta, adiantou-se:

– Eleonora, neste lugar você aprenderá que todos nós somos irmãos.

Marieta, educadamente, cumprimentou:

– Muito prazer! Infelizmente tenho de visitar minha irmã...

Eleonora, com um sorriso amável, respondeu:

– O prazer é todo meu. Venha me visitar outras vezes.

Marieta, sorrindo, prometeu que voltaria. Eleonora viu quando ela se afastou e, sorrindo, pediu:

– Jacob, conte-me como foi sua chegada a este lugar.

– Não se preocupe, logo teremos tempo suficiente para conversarmos sobre isso.

– A morte é assim? Fechar os olhos na Terra e acordar em um lugar estranho como este?

— Eleonora, quando sair do Centro de Recuperação, verá que a morte não existe, pois se fecham os olhos físicos e abrem-se os olhos espirituais. Em um dos cursos que fiz, aprendi que a morte é apenas o fim para o corpo físico, para que o espírito se livre da matéria. Enquanto estamos encarnados é como se o espírito estivesse encarcerado, na matéria bruta, que é o corpo humano. Mas no momento desse fenômeno absolutamente natural chamado de morte é que o espírito alça novos horizontes e passa a viver plenamente como espírito. Claro que nem todos os que passam pela morte vêm para lugares como esse, pois, como Jesus nos ensinou, na Casa do Pai há muitas moradas e cada espírito vai para o local onde precisa estar para sua evolução espiritual. O espírito está em permanente processo de crescimento e renovação, e a morte é a forma de forçar essa transformação.

— Jacob, você está diferente, mas não consigo precisar essa mudança.

— O mundo passa a todo o momento por mudanças; infelizmente, as pessoas não se dão conta disso. Há mudanças que acontecem para melhor, outras nem tanto, mas tudo muda o tempo todo no mundo. Portanto, é imperioso que aceitemos essas mudanças, pois isso é o que se chama de evolução.

Eleonora não estava compreendendo muito bem o que Jacob tentava lhe dizer sobre as transformações pelas quais o mundo passa, porém se sentia feliz por vê-lo novamente.

Dirce observou certo cansaço em Eleonora.

— Infelizmente, o horário de visita terminou — avisou ela. — Eleonora ainda se cansa facilmente e é necessário descansar.

Jacob ficou triste, pois gostaria de ficar ao lado dela por mais tempo, mas, compreendendo as recomendações, finalmente disse:

— Agora descanse, prometo que voltarei outras vezes para visitá-la.

Eleonora, lembrando-se das outras pessoas que lhe eram caras, perguntou:

— Josino, Ernestina e os outros também estão neste lugar?

— Sim! Logo eles virão visitá-la; portanto, obedeça Dirce e logo poderá vê-los.

Jacob se curvou sobre Eleonora e beijou-lhe ternamente a testa. Em seguida, despediu-se.

Dirce, a sós com Eleonora, perguntou:

— Percebi que você sente imenso carinho por Jacob.

Eleonora, olhando em direção à porta, respondeu:

— O que sinto por Jacob é mais que carinho, posso dizer que é admiração pelo marido e pai que sempre foi.

Dirce, sorrindo, estendeu a mão sobre a cabeça de Eleonora e ela voltou a dormir tranquilamente. Enquanto Jacob saía do Centro de Recuperação, pensava: "Em todas as minhas vidas quero ter Eleonora como minha companheira de jornada".

Com o passar do tempo, Eleonora se sentia cada vez melhor, até que um dia Jacob entrou em seu quarto e disse:

— Eleonora, o que acha de caminharmos sob o sol em um lindo jardim?

Eleonora, sorrindo, levantou-se rapidamente e foi até a grande janela que ficava do lado direito do leito.

— Acho essa ideia maravilhosa; afinal, não sinto o peso da idade e parece-me que tenho vinte anos.

— Dirce já está a caminho, encontrei-a no corredor e ela me disse que você está bem; portanto, esperemos que ela volte e lhe arranje algumas roupas de passeio para que possamos andar pelo jardim.

Jacob acabava de falar sobre Dirce quando ela, sorrateiramente, entrou no quarto.

— Hoje será seu primeiro passeio.

— Estou mais feliz ainda por passear com meu marido, pois quando vivíamos na fazenda ele não tinha tempo para nada...

— Dirce, por favor, dê roupas para Eleonora; afinal, não ficará bem passear de camisola.

— Aqui neste armário estão dois vestidos, e pelo que ficamos sabendo eram seus vestidos preferidos; portanto, escolha qual deles quer usar.

— Não acredito! Vocês trouxeram meus vestidos favoritos?

— Estes não são os mesmos vestidos que você tinha quando estava na Terra, mas podemos dizer que fizemos cópias deles. Seus vestidos da Terra continuam na Terra, nós apenas os plasmamos para que você pudesse tê-los aqui. Aqui e em outras colônias, temos a capacidade de plasmar, ou seja, modelar o que bem desejarmos. Neste caso, com a ajuda de Jacob, plasmamos para você os dois vestidos de que mais gostava.

Eleonora, sorrindo para Jacob, comentou:

— Nunca pensei que reparasse em meus gostos.

— Eleonora, eu sempre soube tudo de você, apenas não tecia qualquer tipo de comentário.

Eleonora se aproximou do vestido creme.

— Você continua a me surpreender, mesmo depois de morto.

— Morto? Eu não estou morto, apenas mudei de lugar, e é isso que você aprenderá aqui na colônia.

Jacob, ao dizer essas palavras, pediu licença para Dirce a fim de que Eleonora se trocasse. Depois de um tempo, ela saiu do quarto em que estava e viu que Jacob a esperava com ansiedade no corredor. Ao olhar para ela, ele não deixou de perceber que ela havia rejuvenescido vinte anos ou mais e, com satisfação, disse:

— Eleonora, você está linda, como nos bons e velhos tempos.

— E você continua o mesmo galanteador de sempre.

Dirce, sorrindo, ficou observando o casal que se afastava a passos lentos. Eleonora, braço dado com Jacob, e ele, com modos fidalgos, conduzindo-a para fora do prédio. Ela, ao observar o belo jardim do Centro de Recuperação, afirmou:

— Jacob, estou no paraíso.

— Você terá mais surpresas.

— Este lugar é lindo!

Jacob e Eleonora desciam a escadaria do Centro de Recuperação quando viram um homem negro. Eleonora não o reconheceu prontamente, porém se sentiu bem ao ver aquele sorriso.

— *Sinhá* Eleonora, que bom voltar a vê-la.

Eleonora olhou para o homem e percebeu se tratar de Benedito.

— Benedito, é você?

— Sim! E estou feliz em vê-la entre nós.

Eleonora abriu os braços para Benedito.

– Só percebi que era você pela sua maneira de falar. Está muito diferente.

– Neste lugar, rejuvenescemos dia a dia.

– Minha amiga Ernestina se encontra aqui?

– Sim! Ela tem se mostrado uma incansável trabalhadora na seara do bem, vemo-nos todos os fins de tarde e relembramos os bons tempos que vivemos na companhia de vocês.

– Espero que aqui não haja discriminação racial como há na Terra.

– De maneira alguma! Neste lugar bendito somos todos iguais.

– Benedito, você, quando jovem, tinha essa aparência ou mudou alguma coisa?

Benedito e Jacob entreolharam-se, sorrindo, e com a voz calma de sempre ele respondeu:

– Quando era jovem, eu tinha essa aparência, mas depois me tornei aquele homem cansado, de que a *sinhá* se recorda. Mas, neste lugar, voltamos a ter não a aparência e a disposição de um jovem.

– É verdade – Jacob concordou –, também me sinto como um jovem. Este lugar tem o dom de levantar os caídos.

Benedito se juntou ao casal e explicou sobre os cuidados do jardim e os responsáveis por tão primoroso trabalho. Eleonora ficou encantada em ver como as pessoas do local se tratavam, sem diferenciação de raça. Por um momento ela se sentiu cansada e preferiu sentar-se em um banco, sob a copa de frondosa árvore.

Jacob, sorrindo, explicou-lhe calmamente sobre o funcionamento da colônia.

– Meus conhecimentos sobre este lugar são pequenos. Você aprenderá muito mais fazendo os cursos que a colônia espiritual oferece.

– Não tenho por que fazer cursos; tudo o que tinha a aprender, aprendi enquanto vivia na Terra: falo francês fluentemente e sei bordar como ninguém.

Jacob, sorrindo, respondeu:

– Os cursos que se aprendem aqui não são de números ou letras; os cursos aos quais me refiro ensinam a viver em espírito e a entender os ensinamentos de Jesus.

Benedito, ouvindo os comentários do amigo, interrompeu a conversa:

— Mas foi aqui que aprendi a ler e a escrever, Jacob.

— Logicamente que se ensina a ler e a escrever, porém, os cursos são mais abrangentes que o ensino na Terra.

Eleonora ainda se sentia atordoada com tanta informação. Assim, disse:

— Deixemos esse assunto para depois, agora quero saber de minha amiga Ernestina, sinto tanta saudade...

Benedito pensou por alguns instantes.

— Por favor, não saiam daí, vou procurar por Ernestina.

Nesse meio-tempo, Jacob ficou relembrando os fatos passados, histórias que ora faziam Eleonora rir, ora a faziam ficar calada lembrando-se de Margarida.

Não demorou e Benedito se aproximou com Ernestina. Eleonora, ao ver a amiga sorrindo, levantou-se e a abraçou fortemente.

— Minha amiga, não sabe o quanto me fez falta.

— Não pensemos no passado, minha *sinhá*; antes devemos dar graças a Deus por permitir tal reencontro.

Ambas, ignorando a presença de Jacob e Benedito, ficaram conversando sobre muitas coisas referentes à cidade espiritual.

Eleonora, feliz, disse:

— Sempre tive pavor da morte, mas agora vejo como estava enganada, pois a morte é uma brisa suave, que nos alivia de muitas dores.

Ernestina, que havia feito vários cursos na colônia espiritual, lembrou-se de uma aula sobre a morte e passou a transmitir os ensinamentos para a amiga:

— O ser humano evita falar na morte, pois não sabe o que vem depois; mas em um dos cursos que fiz aprendi que a morte nada mais é que uma mudança de estado, ou seja, ora estamos em corpo de carne, ora em corpo espiritual, mas em qualquer das formas aprendemos a evoluir. A Terra é um lugar onde o espírito aprende e prossegue com sua evolução, porém há muitos que acabam se perdendo e se entregando às más paixões, ao materialismo e à imperfeição. O ser humano também evita falar sobre a morte, pois teme que a morte seja o fim.

Eleonora, interrompendo a amiga, disse:

– Mas nós, espíritos, sabemos que a morte do corpo físico não significa a morte definitiva, senão não estaríamos reunidos neste belo lugar.

– Por ora sabemos, mas quando encarnamos nos esquecemos temporariamente de tudo o que aprendemos e ficamos apenas com uma intuição de que a morte não é o fim de tudo.

– Ernestina, isso me parece tão confuso...

– Compreendo que para a *sinhá* tudo pareça confuso, mas, à medida que continuar neste local, aprenderá que a morte não é o fim de tudo e que há consequências funestas ou venturosas para cada ato praticado na Terra. Não estamos aqui porque merecemos, pois somos todos imperfeitos ao extremo e, muitas vezes, erramos. Mas Deus permitiu que espíritos amigos nos ajudassem. Em um dos cursos que fiz aprendi que mesmo encarnado é possível se livrar do temor da morte.

– Mas como uma pessoa pode se livrar do medo da morte?

– Para se livrar desses temores é preciso encarar a morte, penetrar no mundo espiritual e fazer dele uma ideia tão exata quanto possível, o que denota certo desenvolvimento e aptidão para se desligar da matéria. O homem teme a morte por não compreender que o corpo é apenas uma vestimenta que o espírito usa durante certo tempo e depois o abandona, voltando a viver como espírito em evolução.

Eleonora observava os modos de Ernestina e não deixou de perceber que ela não se mostrava a mesma criatura ignorante de outros tempos. Ernestina, percebendo o que Eleonora estava pensando, disse:

– Todos nós, quando voltamos à vida espiritual, temos a oportunidade de aprender, e comigo não foi diferente. Enquanto vivi na casa-grande não tive essa oportunidade, porém, ansiosa para fazer os cursos da colônia, dediquei-me ao aprendizado e, hoje, quando não estou trabalhando ou fazendo cursos, estou na biblioteca aprendendo sobre as verdades espirituais.

Eleonora espantou-se; afinal, não havia comentado sobre o que lhe passara em sua cabeça. Assim, perguntou:

– Ernestina, estava pensando justamente em como você está mudada, porém não disse uma única palavra. Explique-me como percebeu o que eu estava pensando?

– A *sinhá* tem muito o que aprender; portanto, tenha paciência, tudo tem seu tempo.

Benedito, impaciente com a longa conversa das duas mulheres, disse em voz alta:

– Jacob, elas nos deixaram de lado, o que acha de separarmos a dupla?

Jacob sorriu e viu quando Ernestina, pegando suavemente no braço de Eleonora, aproximou-se e respondeu:

– Não os deixamos de lado, apenas estava falando sobre a venturosa vida neste lugar bendito.

Os quatros então passaram a relembrar os assuntos do passado. Eleonora, sem se conter, disse:

– Preocupo-me com Margarida; afinal, nenhum de vocês me deu notícias de minha filha.

Jacob, sorrindo, respondeu:

– Não se preocupe, Eleonora. Margarida está bem e, num tempo não muito distante, estará entre nós.

Eleonora, olhando para o horizonte, disse:

– Rendo graças ao Pai por permitir o reencontro com pessoas tão queridas.

Os três, Jacob, Benedito e Ernestina, sorrindo, responderam em uníssono:

– Que assim seja!

Eleonora passou a se dedicar a ajudar Dirce no Centro de Recuperação.

ABOLIÇÃO

O tempo havia passado e Margarida, cansada de esperar o filho que não vinha, dedicou-se incansavelmente à abolição da escravatura. Gustavo a apoiava em todas as suas decisões e o casal passou a fazer reuniões abolicionistas na casa-grande. As reuniões aconteciam duas vezes ao mês e lá se ficava sabendo das novidades vindas da capital da província. Alguns fazendeiros, sabendo da adesão do casal, passaram a se opor ferozmente ao movimento.

Certa feita, José Almirante, tentando intimidar Gustavo e Margarida, mandou atear fogo ao celeiro da fazenda principal; porém, Carmosino, que já não trabalhava mais devido à idade, com insônia, viu quando dois capatazes do fazendeiro se aproximaram e puseram fogo no celeiro. Ele avisou Gustavo, que, com a ajuda dos escravos, conseguiu controlar o fogo.

– Margarida, está na hora de pararmos com essas reuniões em nossa casa. Desta vez eles não conseguiram destruir o celeiro, mas da próxima temo que eles não só coloquem fogo no celeiro como nesta casa – comentou Gustavo.

Margarida, indignada com o medo do marido, disse:

– Esses miseráveis não vão me intimidar! Vamos continuar a realizar as nossas reuniões e filiar mais pessoas ao movimento. Não aguento mais tanta maldade! Sempre alguém nos conta que algum negro morreu no pelourinho e, enquanto eu tiver forças, vou lutar em favor dessas boas criaturas. Se meu pai estivesse vivo, iria me apoiar nessa questão e não ficaria com medo de represálias.

Gustavo, que aprendera a conhecer a determinação da esposa, calou-se diante de suas palavras.

Margarida, não se dando por vencida, continuou:

– Por enquanto, não fizemos nada a não ser ajudar as pessoas a conhecerem a causa, mas de hoje em diante farei algo de que esses fazendeiros jamais se esquecerão.

Gustavo, trêmulo, perguntou:

– O que tem em mente, mulher?

– Facilitarei a fuga dos negros!

– Não seja insensata! Se fizer isso, seremos alvo de fazendeiros ensandecidos.

– Não tenho medo! Eles tentaram nos intimidar, porém o que fizeram me deu forças para agir.

– O que pretende fazer?

– Ainda não sei. Mas esses bárbaros não podem dispor da vida de um ser humano como se ela não valesse nada.

Gustavo sabia que Margarida era uma mulher decidida e, embora sentisse medo, não deixou de ter orgulho da esposa. Naquela noite, Margarida revirou-se na cama sem conseguir conciliar o sono. Pensava em várias maneiras de facilitar a fuga dos negros, porém em todas encontrava um obstáculo diferente.

Gustavo também não conseguiu dormir, pois temia pela esposa. Somente no meio da madrugada conseguiu conciliar o sono. Ao perceber que ele havia adormecido, Margarida levantou-se e foi ao quarto de Rosalina. Gostava de saber a opinião da amiga.

– Rosalina! Acorde, preciso falar com você.

– Entre, Margarida.

– Rosalina, não consegui conciliar o sono, meu espírito está aflito.

– Não precisa ficar nervosa, fiquei sabendo que o fogo mal começou e já foi apagado.

– Não estou aqui pelo fogo do celeiro. Graças a Deus nada de mais grave aconteceu.

Rosalina, sentando-se rapidamente na cama, perguntou:

– Se não é por causa do fogo que está aqui, o que está havendo?

Margarida colocou o lampião sobre a mesa do quarto.

– Rosalina, esses fazendeiros maldosos estão ficando cada vez piores, por isso cheguei à conclusão de que devo fazer alguma coisa por sua gente.

– Mas o que pretende fazer?

– Ainda não sei, mas não posso ficar apenas fazendo reuniões abolicionistas, sem impedir as maldades desses tiranos.

Rosalina, sem compreender, ficou observando o rosto de Margarida à luz bruxuleante do lampião.

– Margarida, cuidado com o que vai fazer, lembre-se de que quando éramos meninas suas ideias nunca davam certo.

– Mas agora não se trata de ideia de criança, estou pensando seriamente em uma maneira de facilitar a fuga de alguns negros das fazendas desses homens maldosos.

Rosalina, percebendo a gravidade do assunto, exclamou:

– Margarida, o que está me dizendo?

– Minha irmã, estou pensando em ajudar os negros, porém não encontro uma maneira de fazê-lo.

– O *sinhô* Gustavo está sabendo disso?

– Sim! E ele sabe que, quando coloco uma ideia na cabeça, nada é capaz de me deter.

Rosalina, nervosa, levantou-se da cama e ficou perambulando pelo quarto.

– Margarida, não faça isso! Há *sinhôs* maldosos que poderão se vingar de você e do *sinhô* Gustavo.

– Não tenho medo! Vou fazer o que acredito ser certo.

Rosalina convidou Margarida para ir até a cozinha enquanto ela lhe servia um café da noite anterior, que estava sobre a chapa do fogão.

Margarida, sorvendo a bebida lentamente, continuou:

— Rosalina, sempre que tive minhas ideias você me apoiou, não acredito que não vai me apoiar agora; afinal, faço isso por sua gente.

— Margarida, sempre vou apoiá-la, mas, infelizmente, sua ideia é perigosa, pois vai mexer com homens poderosos que poderão lhe fazer mal. Você pretende facilitar a fuga dos negros e mandá-los para onde? Esqueceu que cada fazendeiro tem seus capitães do mato, que caçam os pobres negros como animais selvagens e depois os castigam? Onde pretende colocar essas pobres criaturas?

Margarida não conseguia planejar para onde mandaria os negros, porém não conseguia tirar da cabeça que devia fazer alguma coisa.

Rosalina continuou:

— Margarida, tire isso da cabeça, pois evitará muitos aborrecimentos.

— Não vou tirar essa ideia da cabeça, vou amadurecê-la para ajudar essa pobre gente. Pensando bem, já sei o que fazer! Facilitarei a fuga de alguns negros e os esconderei em minhas fazendas, depois fornecerei a eles uma carta de alforria, dando-lhes meu sobrenome, e poderei mandá-los à capital da província com algum dinheiro.

— Você enlouqueceu? Como poderá dar a carta de alforria para um negro que não lhe pertence? Isso até poderá dar certo, mas lembre-se de que é roubo e eu jamais vou apoiá-la!

— Creio que tem razão!

Rosalina, percebendo que Margarida estava voltando atrás, disse:

— Vejo que quer ajudar os negros, por que não compra alguns deles e lhes dá a carta de alforria?

— Se fosse comprar negros para alforriá-los acabaria com a fortuna que meu pai me deixou em pouco tempo. Mas farei o seguinte: vou visitar os fazendeiros da região com meu marido dizendo que pretendo comprar escravos e verei suas condições; depois, poderei comprar os que sofrem mais e alojá-los em nossas fazendas.

— Essa é uma ideia sensata! Procure os fazendeiros que estão acostumados a matar negros no pelourinho.

— Minha irmã, o tempo passou, mas você continua a transmitir-me paz.

Rosalina, sorrindo, lembrou-se das reuniões na casa-grande.

– Margarida, você não poderá sair com o *sinhô* Gustavo para comprar negros; afinal, os fazendeiros já sabem das reuniões que você faz em favor da abolição.

– O que posso fazer?

– O que acha de deixar de fazer essas reuniões? Para falar a verdade, até agora não entendi o motivo delas; afinal, vocês falam e nada fazem.

– Essas reuniões, na verdade, são encontros para saber como está o movimento na capital da província e seus avanços, mas até agora poucos fizeram alguma coisa.

– Essas reuniões são como cães que ladram, ladram, mas não mordem.

– Mas nos encontramos para tentar fazer alguma coisa em favor da causa.

– Acalme seu coração, Margarida. Confie em Deus, tudo acontece na hora certa.

Margarida concordou com Rosalina e decidiu que deveria procurar descansar e conversar com o marido no dia seguinte. Despediu-se da amiga e voltou para o quarto, sabendo que em poucas horas teria de se levantar para mais um dia de trabalho.

Margarida adormeceu e seu sono foi tranquilo e sem sonhos.

❧

Naquela manhã, Gustavo acordou preocupado e pensando no ocorrido da noite anterior. Decidiu tomar seu café e ver o celeiro. O fogo não havia tomado grandes proporções graças a Carmosino. Depois de mandar fazer alguns reparos, ele decidiu que a partir daquele dia dois escravos vigiariam o celeiro e a casa-grande.

Margarida acordou e passou o dia pensando na conversa que tivera com Rosalina. Decidiu conversar com o marido:

– Hoje não nos vimos ainda, Gustavo. Por que não me chamou pela manhã?

– Como poderia chamá-la sabendo que dormiu tarde da noite, pensando em uma maneira de ajudar os negros das fazendas vizinhas?

— É sobre isso que quero lhe falar, senhor meu marido.

— O que pretende fazer?

— Ontem me ocorreu facilitar a fuga de alguns negros das fazendas vizinhas, mas achei um plano perigoso, porém, durante a madrugada, conversando com Rosalina, cheguei à conclusão de que devo comprar os negros sofredores e lhes dar a carta de alforria.

— Isso e inviável, pois ficará muito caro.

— Mas não podemos ver essas maldades acontecendo sem fazermos nada, sinto-me de mãos atadas.

— Margarida, se fôssemos comprar todos os negros que sofrem nas mãos dos seus donos, faríamos verdadeiras comunidades negras em nossas fazendas e acabaríamos na miséria. O melhor que temos a fazer é esperar o tempo passar e torcer para que venha logo a libertação dos escravos.

— Fiquei sabendo que os negros fujões estão se refugiando em quilombos. Talvez se facilitássemos a fuga dando-lhes cavalos e mantimentos eles poderiam se juntar aos outros.

Gustavo pensou e respondeu:

— Margarida, se os fazendeiros souberem que estamos fazendo isso, poderemos sofrer represálias e manchar a boa reputação construída ao longo dos anos.

— Gustavo, ajude-me a ajudar essas pobres criaturas.

— Devemos continuar com nossas reuniões e agir no momento certo.

Margarida, com os olhos marejados, pediu licença ao marido dizendo que iria descansar um pouco antes do jantar.

Gustavo a observou sair de cabeça baixa e, com o coração oprimido, disse a si mesmo: "Pobre Margarida... Por ora não podemos fazer nada para ajudar essa gente".

Ao entrar em seu quarto, ela pensou: "Meu pai não assistiu à libertação dos escravos e eu também talvez não assista a ela, pois, enquanto os poderosos detiverem o poder, esses negros estão fadados a morrer nos pelourinhos espalhados pelas fazendas de todo o país". Lembrando-se do rosto singelo de Rosalina, ela pensou: "Minha irmã, gostaria de fazer mais por sua gente, mas me sinto impotente..." E, desanimada, chorou copiosamente.

ഇരു

Margarida continuava realizando as reuniões com alguns abolicionistas da capital. Entre eles estavam Teobaldo Martins, Antonio de Souza, Eusébio da Costa, Joaquim Valadares, José de Toledo e Romão Queiroz.

Teobaldo era o abolicionista mais entusiasmado pela causa, tornando-se assim muito amigo dela. Todos os abolicionistas eram amigos de Gustavo, e todos eram bacharéis em Direito na capital da província. Teobaldo reunia todos os amigos, a fim de viajarem juntos ao interior da capital para falarem livremente sobre a abolição. O único casado do grupo era Gustavo; os demais permaneciam solteiros, entregando-se aos seus ideais de libertação dos negros.

Naquela manhã, Zaqueu, que crescera trabalhando na casa-grande, recebeu uma missiva vinda da capital da província e entregou-a para Gustavo, pois Margarida estava na outra fazenda.

Gustavo leu a missiva e pediu que Zaqueu fosse avisar Margarida de que no dia seguinte receberiam os amigos da capital. Margarida, assim que soube da notícia, ficou feliz, pois tinha grande plano em mente.

O dia transcorreu tranquilamente e, depois de tomar algumas decisões na fazenda e fazer as devidas anotações no livro-caixa, ela decidiu que estava na hora de o marido vender as sacas de café estocadas no celeiro.

Desde que passara a cuidar da fazenda que o marido herdara, ela fizera muitas mudanças, principalmente na casa-grande. Os escravos da fazenda, que outrora fora de Venâncio, tinham verdadeira adoração pela *sinhá*, e os que trabalhavam na casa-grande faziam de tudo para agradá-la.

Gustavo ia à fazenda somente no dia em que ia vender os grãos, porém ficava pouco tempo, logo saía em direção à vila.

As responsabilidades da casa-grande da fazenda principal estavam nas mãos de Rosalina, que fazia tudo com esmero, e, sempre que tinha algo a dizer, fazia-o diretamente a Margarida.

Ao chegar em casa, Margarida se dirigiu a Rosalina.

– Rosa, os amigos de Gustavo vão se hospedar aqui na casa-grande. Por favor, cuide dos quartos de hóspedes.

Rosalina, acostumada a receber os visitantes, apenas respondeu:

— Eu mesma farei isso.

— Minha amiga, não sei o que seria da minha vida sem você.

— Não seria diferente do que é...

Margarida, que não conseguia esconder nada da amiga, falou:

— Rosalina, estou casada há um bom tempo e Deus não me presenteou com um filho; portanto, adotei cada negro como membro de uma grande família.

— O que está querendo dizer, Margarida?

— Há muito tempo adotei a libertação dos escravos como ideal, mas agora está na hora de fazer alguma coisa em defesa dessa causa, e, como sabe, pensei em muitas coisas, mas não consegui chegar à conclusão alguma.

— Margarida, para tudo há um tempo e pode ter certeza de que a libertação virá e você assistirá a ela com alegria.

— Talvez não, minha amiga, os poderosos deste país se aproveitam da escravidão para encher suas burras de dinheiro.

— Há algumas noites tive um sonho onde um senhor dizia que a liberdade seria uma questão de tempo.

— O sonho nada condiz com a realidade. Não acredito que a liberdade venha antes de minha morte.

— Cruz-credo! Não diga uma coisa dessas! Só de pensar que isso poderá acontecer já me corta o coração.

— Minha amiga, não fique assim, pois hei de viver muito para ver a libertação de sua gente.

Rosalina compreendia que Margarida queria ver os negros livres, porém não sabia como ela iria fazer depois que os negros fossem libertos. Assim, disse:

— Margarida, minha irmã, hoje você luta pela liberdade dos escravos, mas como fará quando essa liberdade finalmente chegar? Onde vai arrumar gente para os trabalhos nas lavouras?

— Ainda não sei; mas deixemos isso para depois, pois o futuro a Deus pertence e tenho certeza de que não faltará mão de obra para o trabalho.

– Tem razão, por que sofrermos pelo amanhã se ele ainda nem chegou? Venha, vou lhe servir uma xícara de café.

ഇന്നുക്

No dia seguinte, Teobaldo e os outros chegaram à fazenda para a reunião, que aconteceria à noite. Todos foram bem recebidos tanto por Gustavo como por Margarida, que se esforçava na arte de bem receber.

Teobaldo, sorrindo, contou:

– Tenho novidades da capital: os abolicionistas estão fazendo grandes avanços.

Margarida, entusiasmada, perguntou:

– Então, por que não nos conta sobre esses avanços?

Gustavo, controlando a curiosidade da esposa, disse:

– Deixemos esse assunto para a noite, pois certamente nossos convidados estão cansados da viagem.

Margarida, percebendo que o marido estava com a razão, anuiu com a cabeça.

Teobaldo e os outros foram instalados em quartos diferentes. Margarida, ao se encontrar a sós com o marido, disse:

– Gustavo, por que me envergonhou diante dos convidados?

– Não fiz isso para ofendê-la, minha querida. Apenas percebi que os rapazes estavam cansados e sugeri um bom descanso.

– Deixemos isso de lado. Realizamos nossas reuniões há muito tempo, porém pouco fazemos em favor da causa; portanto, vou sugerir que façamos algo para os negros.

– Vá com calma, minha querida, pelo que sei, nós somos os únicos abolicionistas da região; e não se esqueça de que, dependendo do que vai fazer, isso poderá trazer grandes problemas para nós.

– Não tenho medo desses fazendeiros e, além disso, todos eles precisam de nós de alguma forma. Quando meu pai era vivo, eles viviam pedindo favores a eles; agora, vivem pedindo favores a você; portanto, eles terão muito mais a perder que nós.

Gustavo, percebendo que a esposa ainda estava irritada, apenas disse:

— Mas não herdei o título de coronel de seu pai.

— Isso porque não se envolve em questões políticas, pois, se o fizesse, certamente o teria recebido há muito tempo, pois temos dinheiro e muito prestígio.

— Não é bem assim, de que vale prestígio se os fazendeiros não nos respeitam, chegando a ponto de querer nos intimidar com incêndios?

— Gustavo, do que tem medo?

— Tenho medo que algum fazendeiro faça alguma bobagem e isso a machuque.

Margarida respondeu com ternura:

— Não se preocupe; não vão me machucar, sei o que estou fazendo.

— Margarida, se acontecer alguma coisa a você, o que será de mim?

— Será o que vem sendo todos esses anos... Nada mudará.

— Não é bem assim, você é meu bem mais precioso e, se alguma coisa lhe acontecer, jamais me perdoarei.

— Nada vai me acontecer! Espere e verá. Sou muito mais esperta que todos os fazendeiros juntos.

Gustavo, sorrindo das palavras da esposa, meneou a cabeça, como a dizer que ela não tinha jeito.

— Daqui a pouco os rapazes sairão dos quartos; peço que seja sempre uma boa anfitriã, pois tenho muitas coisas para fazer no dia de hoje.

Margarida, percebendo que o marido estava querendo ficar sozinho, pediu licença e se retirou. Ao atravessar a sala de visita, encontrou com Teobaldo.

— Senhor Teobaldo, vejo que já se recompôs.

— Para lhe falar a verdade, não estava tão cansado, só me dirigi ao quarto porque Gustavo sugeriu.

Margarida, sorrindo, perguntou pelos outros.

— Certamente se lavaram e estão dormindo.

— O que acha de me acompanhar até a varanda? Preciso lhe falar sobre algumas coisas.

෴

Gustavo, depois que se casara com Margarida, vez por outra, ia à capital da província, e, não raro, ia até o escritório de advocacia conversar com Rafael, um velho amigo advogado.

Quando Gustavo estava estudando, Rafael lhe deu trabalho no escritório de advocacia e mais tarde se tornaram bons amigos.

Rafael gostava de contratar estudantes a fim de lhes ensinar a arte de advogar, e com isso o bom homem acabou por ajudar advogados que se tornaram famosos na capital da província.

Gustavo foi não somente um aluno brilhante, como um bom aprendiz no escritório de Rafael, de modo que o advogado, quando recebia Gustavo, sempre lhe falava de um caso ou outro, pedindo sua opinião.

Teobaldo trabalhava no escritório de Rafael, embora não tivesse concluído o curso de bacharel em Direito. E foi assim que Gustavo o conheceu. Mais tarde, conheceu os outros estudantes amigos de Teobaldo, todos abolicionistas convictos, que não tinham vergonha de se expor.

෴

O amigo acompanhou Margarida até a varanda e lá conversaram sobre outros assuntos, porém ela, não conseguindo controlar sua curiosidade, perguntou:

– Quais são as últimas novidades da capital?

– O movimento abolicionista vem ganhando força em todas as grandes capitais do Brasil. As principais atividades do movimento têm sido facilitar as fugas em massa de escravos e encaminhá-los para o Quilombo do Jabaquara, em Santos.

Margarida surpreendeu-se com as revelações de Teobaldo.

– Essa é a minha ideia! Facilitar a fuga dos negros das mãos dos fazendeiros tiranos e encaminhá-los para os quilombos.

– Não acha perigoso, Margarida?

– Acho que devemos fazer alguma coisa, pois há anos estamos realizando nossas reuniões e nada fazemos em favor da causa.

— Mas como pretende fazer isso? Levá-los até o Quilombo do Jabaquara é algo inviável.

— Podemos ajudar na fuga, dando-lhes toda a assistência que precisarem: cavalos e mantimentos. Se fugirem a pé, poderão ser pegos facilmente.

— Essa é uma boa ideia! Mas quem poderá ajudá-la nesse plano audacioso?

— Cada um dos senhores que fazem parte das reuniões poderão ficar em minha casa por tempo indeterminado e minhas condições permitem ajudá-los financeiramente, se for o caso.

— Creio não ser possível! Ainda não terminamos o curso de bacharel em Direito, e isso só se dará daqui a alguns meses.

— Podemos esperar que se formem e depois poderão ficar na casa-grande da outra fazenda pelo tempo que desejarem.

— Essa é uma proposta tentadora, porém é algo que não posso decidir sozinho, antes temos de falar com os outros integrantes do grupo.

— Vou fazer tal oferta na reunião de hoje; portanto, peço que não antecipe o teor de nossa reunião aos demais.

Teobaldo, ao mesmo tempo que tinha receio, sentia euforia por imaginar entrar nas fazendas e abrir as portas das senzalas. De todos os rapazes do grupo, Margarida simpatizava mais com ele, que sempre se mostrara destemido. Depois de tudo combinado, ela passou a falar sobre a lealdade dos negros em suas fazendas.

Gustavo saiu do gabinete e encontrou com Rosalina, que conversava com Rita sobre o estado de saúde do irmão Natanael. Rita nunca confessara a ninguém, mas sempre nutrira a esperança de que um dia ele a levasse para morar em sua casa, porém Natanael resolvera abraçar a missão de ajudar os negros doentes da fazenda de Margarida e de outras fazendas também.

Sempre recebia a visita de Josino e Rosa, e eles lhe passavam instruções sobre as ervas medicinais.

Gustavo, ao ver Rosalina, perguntou:

— Onde está minha esposa?

— Está na varanda conversando com o doutor Teobaldo.

– Obrigado, Rosalina. Vou ter com minha esposa; tenho certeza de que ela deve estar colocando caraminholas na cabeça de meu amigo.

– Margarida não faz isso; pelo contrário, ela é uma criatura afável e todos gostam de estar ao seu lado.

Gustavo abriu um largo sorriso e, pedindo licença, retirou-se em direção à varanda. Ao chegar, disse:

– Teobaldo, o que minha esposa está lhe dizendo? Tenho certeza de que deve estar falando sobre alguma ideia mirabolante para libertar os negros.

– A companhia da senhora Margarida é sempre muito agradável, meu amigo.

– Os demais ainda estão em seus quartos?

Teobaldo, sorrindo, respondeu:

– Sim! Infelizmente meus amigos são uns preguiçosos.

Margarida sorriu, pediu licença e foi ter com Rosalina.

Os dois ficaram observando Margarida se afastar, e Teobaldo comentou:

– Dona Margarida é uma senhora lúcida, engajada nos assuntos pertinentes de nosso país.

– Margarida sempre se preocupou com os negros e tem por ideal a abolição.

– Um dia a mulher terá força política, não só em nosso país como em todo o mundo.

– Enquanto esse dia não chega, Margarida me preocupa.

Os dois sorriram e trataram de mudar de assunto. O dia transcorreu tranquilamente.

À noite, após o jantar, Gustavo chamou todos à sala e deu início à reunião:

– Todos nós temos como princípio ajudar a sociedade a ver que os negros não são animais sem alma, como dizem, mas antes são seres humanos, que merecem o respeito e a consideração de todos; afinal, se não fosse por eles, os grãos estariam apodrecendo nas lavouras.

Teobaldo, sorrindo, interrompeu:

– Não tardará e a liberdade despontará no horizonte enquanto a escravidão apenas será um marco triste de nossa história.

Margarida, ouvindo os comentários, perguntou:

– O que quer dizer?

– Segundo as últimas notícias, a Inglaterra está pressionando não só o Brasil como outros países escravocratas a libertarem seus escravos.

Gustavo, desconhecendo o assunto, perguntou:

– Mas por que a Europa se preocuparia com os assuntos internos de nosso país?

– Ainda não sabemos ao certo, por enquanto são só especulações, mas dizem que a Inglaterra está produzindo instrumentos agrícolas avançados; porém, enquanto a escravidão estiver instalada, seus produtos ficarão nos depósitos por falta de compradores.

Margarida, que não queria saber de especulações, disse:

– Enquanto as pessoas não tomam uma atitude positiva em favor da abolição, vejo a necessidade de fazermos alguma coisa em favor desse povo sofrido. Os senhores se dizem abolicionistas, porém pergunto: o que fazem para aliviar o sofrimento dessa gente?

– O que a senhora está querendo dizer com isso? – questionou Eusébio.

– Os senhores se dizem abolicionistas, porém nada fazem para ajudar os negros, que sofrem nas mãos de seus senhores. Limitam-se a falar sobre as últimas novidades da capital! Perdoem-me minha sinceridade, mas apenas ficar falando sobre o assunto não resolve. Há mais de um ano nos reunimos em nossa casa e até agora nada de concreto foi feito. Palavras não resolvem os problemas deles, temos de ter uma atitude positiva. Enquanto discutimos sobre o problema, quantos negros são mortos pelos capitães do mato nos grossos pelourinhos das fazendas desses grandes fazendeiros? A última notícia que o senhor Teobaldo nos trouxe da capital foi que está proibido o castigo corporal dos negros, porém os senhores ricos desobedecem a essa lei e os negros continuam sendo açoitados. E nós, o que fazemos? Nada!

Gustavo ficou admirando a postura firme de Margarida, mas manteve-se calado, esperando que ela concluísse.

– Muitas leis foram promulgadas e aprovadas, porém os poderosos de nosso país se recusam a cumpri-las. Penso que está na hora de pararmos de falar sobre o assunto; temos de fazer alguma coisa para que não continuem a sofrer nas senzalas ou nas casas dos senhores. Deus criou o homem para ser livre, mas infelizmente o que vemos são pessoas subjugando outras e machucando não só seus corpos, como suas almas. Desde que nasci meu pai havia abolido a lei da chibata em sua fazenda, mas isso mitigou apenas a dor de alguns, enquanto a maioria vem sofrendo todo o tipo de abuso nas mãos desses maldosos senhores. Nossas reuniões não passam de conversas, que não ajudam em nada os negros que, vergonhosamente, foram escravizados pelos brancos. Enquanto a escravidão é apenas assunto político, o sangue desses coitados continua a escorrer nos pelourinhos espalhados pelo país. Tenho passado noites insones tentando arrumar uma solução para essas pobres criaturas, enquanto os políticos de nosso país apenas promulgam leis que não são cumpridas. Talvez esteja na hora de pararmos de falar sobre as últimas novidades da capital e agirmos de acordo com nossa consciência. Acredito que não devamos nos preocupar com assuntos externos, mas antes com os assuntos que estão próximos a nós. Sei das boas intenções dos senhores, mas só boa intenção não resolverá os problemas desse povo.

Margarida nunca havia participado ativamente das reuniões feitas em sua casa; afinal, era assunto de homens, mas, naquele momento, não conseguindo esconder sua indignação, disse tudo o que lhe ia na alma.

Eusébio, que vez por outra olhava para Gustavo na intenção de fazer com que ele silenciasse a mulher, disse com desprezo:

– Mas a senhora tem algo em mente?

– Sim! Penso que está na hora de ajudarmos os negros a fugirem do jugo de seus senhores.

Joaquim Valadares perguntou:

– Mas como a senhora pretende fazer isso?

– Tenho em mente um plano audacioso, porém conto com a coragem dos senhores.

Gustavo, intrigado, perguntou:

– Do que se trata, Margarida?

– Penso que devemos abrir as portas das senzalas e deixar os que têm forças para enfrentar uma longa viagem fugirem para os quilombos.

Teobaldo objetou:

— Não sei como conseguiremos fazer isso, pois em todas as fazendas da região há capitães do mato que, certamente, vão ao encalço desses coitados e os matarão no pelourinho.

— Podemos arrumar um jeito de fazer com que os capitães do mato não os peguem – disse Margarida.

Teobaldo continuou:

— Não podemos entrar nas fazendas da região, pois os capitães do mato estão fortemente armados e as senzalas são vigiadas por homens de confiança dos fazendeiros. Seremos perseguidos.

Margarida disse:

— Poderiam fazer isso com o rosto coberto, pois assim ninguém os veria.

Gustavo disse:

— Margarida, todos os fazendeiros da região sabem que somos abolicionistas, de modo que viriam nos pedir satisfações.

Margarida, sorrindo, disse:

— Isso não é problema. Desde que não deixemos pistas, nada poderão provar contra nós.

Romão Queiroz, que até então estava calado, tomou a defesa de Margarida.

— Dona Margarida tem razão! Ficamos horas na taberna do Tobias na capital tomando vinho e falando sobre a abolição, porém nada fazemos para defender nossos ideais. Sabemos que é perigoso entrar nas fazendas; afinal, podemos nos ferir com os armamentos dos capitães do mato e seus vigias, mas precisamos amadurecer essa ideia e agir com cautela. Seria imprudência libertar um negro da senzala e deixá-lo à própria sorte, pois ele seria capturado facilmente pelos capitães do mato que, além de cavalos, têm cães que facilitam a recaptura.

Margarida, satisfeita por ver o entusiasmo do rapaz, completou:

— Podemos esconder os negros em nossas fazendas e depois de alguns dias lhes fornecer cavalos e alimentos para a viagem. Aqui perto, há o Quilombo do Jatubá. Lá, os negros matam qualquer branco que se aproxima, de modo que os capitães do mato não ousam chegar perto.

Gustavo empertigou-se na cadeira.

– Margarida, os senhores presentes não poderão fazer tal trabalho, pois ainda estudam na capital da província.

Desta vez, foi Antonio quem falou:

– Quanto a isso não tem problema. Estou cursando o último ano de Direito e para terminar faltam apenas dois meses.

Teobaldo, entristecido, disse:

– Posso inventar uma doença e pedir licença do curso.

Os outros rapazes, sorrindo, disseram que fariam o mesmo.

Gustavo, preocupado, indagou:

– O que diriam aos seus pais?

Teobaldo, sorrindo, respondeu:

– Podemos dizer que vamos fazer um trabalho na casa do amigo e, certamente, eles não vão levantar objeções.

A preocupação de Gustavo aumentou ao ver que os rapazes estavam entusiasmados com a ideia de Margarida.

Antonio disse:

– Mas por quanto tempo a senhora pretende facilitar a fuga dos negros?

– O tempo suficiente para o Brasil libertá-los.

Gustavo, preocupado com os estudos dos rapazes, disse:

– Talvez seja prudente os senhores concluírem seus cursos e depois realizarmos tal feito.

Teobaldo disse:

– Dona Margarida tem razão; se esperarmos o término dos estudos, muitos negros serão mortos nos pelourinhos.

Margarida, pensando no futuro dos rapazes, disse:

– Os senhores logo entrarão em recesso. Vamos esperar, depois poderão ficar hospedados em nossa casa, mas ninguém na região deve saber onde os senhores estão a fim de não levantar suspeitas.

Gustavo disse:

– Penso que os senhores, após voltarem ao curso, poderão realizar tal feito uma vez ao mês.

Margarida aprovou a ideia do marido.

– Não podemos interferir nos estudos dos senhores – disse ela –, pois o futuro de cada um muito dependerá do diploma. Os nossos ideais são nobres, mas não podemos permitir que eles venham a atrapalhá-los.

Depois de muito falarem sobre o assunto, decidiram a data que iriam pôr o plano em ação. Gustavo, além da admiração que tinha pela esposa, guardava em seu coração a preocupação de que acontecesse algo a alguns dos rapazes, de modo que, estando a sós com Margarida, disse:

– Margarida, se alguma coisa acontecer a um desses rapazes, não vou me perdoar.

Ela, embora estivesse contente com a decisão tomada na reunião, não escondeu sua preocupação.

– Não vai acontecer nada; eles são jovens, destemidos e corajosos.

Gustavo completou:

– Participarei de cada fuga realizada.

Margarida, sorrindo, continuou:

– E quanto a mim vou cuidar dessas criaturas e prepará-los para a viagem.

Naquela noite, Margarida pensou em Jacob: "Papai, espero que sinta orgulho de mim onde quer que esteja".

Gustavo se deitou e logo adormeceu. Margarida ficou se remexendo na cama e pensando: "Para realizar tal trabalho, serão necessárias duas pessoas; vou escalar dois rapazes por vez".

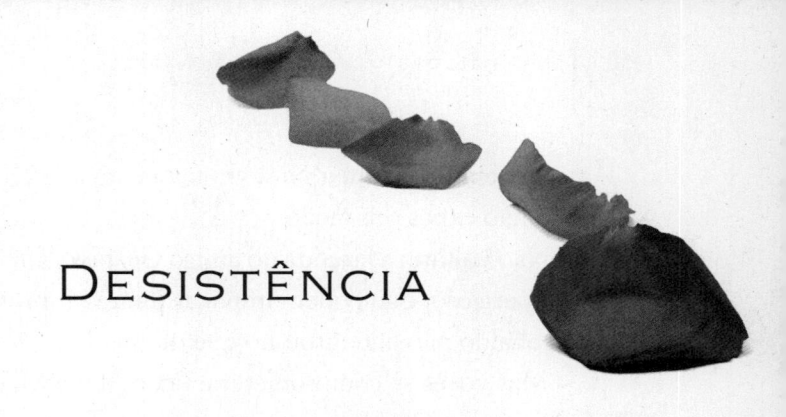

DESISTÊNCIA

Alguns dias se passaram desde a reunião. A princípio, os rapazes se entusiasmaram, mas, com o passar dos dias, desistiram, temendo o perigo que se apresentava.

Eusébio, Antonio, Joaquim, Romão e José, conversando na taberna do Tobias, passaram a falar sobre o assunto.

Romão disse:

— Dona Margarida é corajosa, porém acho seu plano não só audacioso como perigoso. Se nos machucarmos em tal empreitada o que diremos aos nossos pais?

Eusébio respondeu:

— Tenho pensado muito no assunto e, sinceramente, estou pensando em desistir, pois, se meu pai souber que estou envolvido com os abolicionistas, não me dará nenhum tostão e isso complicaria e muito minha vida; afinal, todos nós sabemos o quanto o dinheiro é importante.

Os outros concordaram com Eusébio. Romão comentou:

— Meu pai poderá me forçar a deixar o curso de bacharel em Direito.

Assim, os quatro concordaram que não deveriam voltar à fazenda, e assim não precisariam dizer que haviam desistido do plano.

Estava se aproximando o dia de irem à fazenda quando Teobaldo, unindo-se ao grupo de amigos, disse:

– Devemos embarcar na sexta-feira para a fazenda do amigo Gustavo.

Romão expôs seu medo:

– Não voltarei à fazenda do amigo Gustavo. Facilitar a fuga dos negros é um ato perigoso, que poderá implicar muitas confusões.

Teobaldo não acreditou no que ouviu.

– Mas vocês se comprometeram com dona Margarida.

Antonio respondeu:

– Se me comprometi, agora estou me descomprometendo. Se meu pai descobrir que estou envolvido em fuga de negros, poderei perder o dinheiro que ele envia e isso dificultará minha vida.

Os outros concordaram com Antonio. Teobaldo se sentiu sozinho e, com coragem, disse:

– Nunca pensei que fossem tão covardes! Como podem se dizer abolicionistas?

Eusébio, que já havia bebido duas canecas de vinho, com ar de deboche, falou:

– Mais vale um covarde vivo que um herói morto.

Os outros riram da expressão do amigo e foi Antonio quem concluiu:

– Teobaldo, não se envolva com isso; pode lhe custar a vida.

– Não me importa que eu morra, desde que minha consciência esteja tranquila!

Romão, alterado pelas canecas de vinho, disse:

– Vou levar flores ao seu túmulo.

Teobaldo, insatisfeito com a atitude dos amigos, disse a si mesmo: "Nunca pensei que meus amigos fossem covardes e sem palavra; manterei minha palavra com dona Margarida".

No dia combinado, Teobaldo chegou à fazenda mal escondendo a sua contrariedade, afinal, seus amigos tinham voltado atrás com a palavra. Porém, ao ser recebido por Margarida, disse:

– Os outros desistiram temendo morrer, porém eu mantenho o prometido.

Margarida, sorrindo, respondeu:

– Não nos preocupemos com isso. Para realizar tal trabalho, precisamos de uma ou duas pessoas, o grupo estava muito grande.

– Quando colocaremos o nosso plano em ação?

– Amanhã de madrugada. Estive conversando com Gustavo e achamos por bem irmos no meio da noite.

Teobaldo sentia-se ansioso, afinal chegara o momento de provar a si mesmo sua coragem. Desapontado com os amigos, comentou:

– Nunca pensei que meus amigos fossem desistir no último momento.

Margarida fixou o olhar em Teobaldo e, com sinceridade, disse:

– Teobaldo, quando mencionamos nossos planos, percebi que eles se entusiasmaram, porém nunca esperei que eles cumprissem com a palavra. Eu sabia que, mais dia menos dia, o entusiasmo acabaria e eles desistiriam de nos ajudar.

– A senhora pensou que eu também fosse desistir?

– Não! Para falar a verdade, de todo aquele grupo, você sempre foi o único abolicionista, os demais apenas aderiram ao modismo. Por tudo o que nos conta, o abolicionismo é o principal assunto na capital da província, de modo que o tema se tornou popular. Entre os abolicionistas estão advogados, estudantes e jornalistas, pessoas de nome, e seus amigos queriam ser vistos como pessoas importantes. Abolicionismo é um ideal, porém, os verdadeiros abolicionistas não são os que o seguem porque existem pessoas importantes envolvidas, antes esse ideal nasce no coração. Não devemos culpar seus amigos por se acovardarem, e sim ter compaixão por eles, por não serem pessoas que realmente desejam a libertação definitiva dos negros. Embora muitas pessoas digam que são abolicionistas, isso não quer dizer que realmente o sejam.

– A senhora tem razão! Eusébio sempre falou dos negros como se eles fossem animais, demonstrando sua aversão pela raça negra.

– Essa é a diferença: o verdadeiro abolicionista não faz distinção de cor. Já aquele que se diz abolicionista e se porta como superior à raça negra realmente não o é.

– Como nos enganamos com as pessoas...

– Embora eles sejam falsos abolicionistas, isso não quer dizer que sejam falsos na amizade que têm pelo senhor. Não seja extremista; uma coisa é lutar por um ideal em que se acredita e outra é demonstrar a verdadeira amizade. Seus amigos sempre demonstraram consideração pelo senhor, não duvido de que realmente sejam seus amigos.

– A senhora tem razão. Todos do grupo me provaram por mais de uma vez que são verdadeiramente amigos.

Margarida, sorrindo, continuou:

– Um amigo é aquele que permanece ao nosso lado mesmo na fase adversa da vida, é aquele que ri com nossa alegria e chora com nossa tristeza. Deus não me deu irmãos de sangue, porém me deu uma pessoa que é mais que minha amiga, é minha irmã.

Teobaldo, que não havia percebido a amizade estreita de Rosalina e Margarida, perguntou:

– Mas de quem se trata?

– Trata-se de Rosalina, que trabalha em minha casa.

– Mas ela é uma negra!

– E que diferença isso faz? Rosalina é a pessoa mais digna que já conheci. Uma amiga sincera, que chegou a ponto de dormir escondida em meu quarto quando voltei doente da capital da província. É uma amiga que sempre esteve ao meu lado em todas as etapas de minha vida e que trocaria sua vida pela minha se preciso fosse.

– Talvez ela tenha se mostrado sua amiga somente pelo fato de a senhora ser sua *sinhá*.

– O senhor está enganado. Certa vez, meu pai chegou a preparar as cartas de alforria para a família inteira e todos eles devolveram-na a meu pai; exceto Ageu, o irmão de Rosalina, que pegou sua carta e foi embora, saindo sem rumo por este mundo. Muitos anos depois ele voltou por não ter para onde ir e se restabeleceu aqui. Rosalina chorou, dizendo que se sua família quisesse ir embora ela nada poderia fazer, mas ela não sairia da fazenda de meu pai, pois não iria me deixar sozinha. Ela me serve por amor e, para isso, não existe cor. Não tenho uma serva, tenho uma irmã, que nada nem ninguém conseguirá separar de mim.

Teobaldo ficou comovido em saber da história de Rosalina e Margarida.

– Pelo que vejo o amor não tem cor. A senhora ama Rosalina independente de qualquer coisa.

– Agora o senhor disse uma grande verdade, o amor não tem cor e nunca terá, desde que seja desinteressado.

Margarida deu a conversa por encerrada e pediu licença. Retirou-se e foi ter com Rosalina. Entrando na cozinha, encontrou-a conversando com Rita. Sorrindo, comentou:

– Rosalina, estive conversando com Teobaldo sobre nossa amizade e ele ficou surpreso ao saber que somos íntimas.

– Mas por que Teobaldo ficou surpreso? Só por que sou negra?

– Não pelo fato de você ser negra, mas antes pelo fato de ser escrava.

– Margarida, enquanto as pessoas não compreenderem o verdadeiro sentido da amizade, elas continuarão a ser solitárias.

– Mas quem disse que você é minha amiga?

– E não sou?

– Não! Você é minha irmã.

Ao dizer essas palavras, Margarida abraçou Rosalina enquanto Rita sorria ao ver a amizade sincera que havia entre as duas criaturas.

Margarida se afastou de Rosalina e continuou:

– Rosa, peça a Zaqueu que venha conversar comigo.

Margarida estava em seu gabinete quando o moço se apresentou.

– A *sinhá* mandou me chamar?

– Zaqueu, quero que coloque sela no cavalo de Gustavo e em mais dois.

– Mas qual deles posso pegar, *sinhá*?

– Pode pegar qualquer cavalo do pasto.

Zaqueu, concordando com as ordens de Margarida, retirou-se a fim de fazer o que lhe fora ordenado.

O dia transcorreu tranquilamente e Teobaldo ficou longas horas conversando com Margarida sobre o plano. A noite chegou e, durante o jantar, evitaram falar sobre o assunto. Teobaldo falava sobre os últimos acontecimentos na corte.

No meio da noite, Gustavo e Teobaldo saíram em direção à fazenda de José Almirante. Margarida ficou esperando que os dois homens retornassem em segurança e com bons resultados. Gustavo e Teobaldo vestiram roupas pretas e deixaram para colocar os capuzes quando estivessem chegando à fazenda.

Gustavo disse:

– Vamos entrar pelo lado esquerdo, já visitei essa fazenda e sei onde fica a senzala.

Teobaldo estava hirto de medo, porém seguiu Gustavo, que andava se escondendo por entre os arbustos.

Ao se aproximarem da senzala, perceberam que não havia ninguém vigiando a entrada.

Gustavo falou:

– Vou entrar e trazer dois homens, enquanto isso você fica vigiando e a qualquer barulho assovie alto para me avisar.

Como a lua era cheia, o caminho estava iluminado. Teobaldo observou Gustavo se afastar. Gustavo percebeu que não havia correntes fechando a senzala e pensou: "O vigia deve estar dormindo em qualquer lugar".

Sorrateiramente, ele entrou e falou baixo:

– Estou aqui para facilitar a fuga de alguns. Quem se prontificaria a me acompanhar?

Os negros, assustados, continuaram calados por alguns instantes, e então Sebastião respondeu:

– Eu o acompanho.

Nisso, mais dois negros resolveram acompanhá-lo. Os quatro saíram rapidamente da senzala e, juntando-se a Teobaldo, que esperava do lado de fora, saíram da fazenda.

Ao se aproximarem da porteira, Gustavo indagou:

– Como faremos? Estamos em cinco e só temos três cavalos.

Sebastião respondeu:

– Vou andando, conheço essas terras como ninguém.

Gustavo disse:

– Não posso deixá-lo sozinho, o capitão do mato logo o encontrará.

Teobaldo, temendo pela vida do pobre homem, sugeriu:

– Gustavo, vou com você em seu cavalo e os três homens poderão seguir conosco, ficando dois em um cavalo e um no outro.

Gustavo gostou da ideia e logo os cinco homens galoparam sem parar em direção à fazenda Rio Claro.

Ao chegarem, Margarida os esperava ansiosa e Gustavo, assim que entrou, avisou:

– Trouxe três negros. E agora, o que faremos?

Margarida pensou e respondeu:

– Vamos escondê-los em nosso celeiro; em alguns dias eles poderão seguir para o quilombo.

Margarida mandou que trouxessem os três escravos e, em tom sério, disse:

– Vocês são os primeiros a fugirem com nossa ajuda. Ficarão escondidos em nossas terras por alguns dias e depois seguirão para o quilombo. Vamos lhes dar roupas, comida e cavalos, a fim de que possam chegar em segurança.

Sebastião, satisfeito, disse:

– Não precisa dar cavalos, podemos ir a pé pelo meio do mato.

Margarida respondeu:

– De maneira alguma! Os capitães do mato os capturariam facilmente, a cavalo vocês podem ter vantagem.

Sebastião, humildemente, desabafou:

– Para mim não importa se vamos a pé ou a cavalo, desde que fujamos das garras daquele *mardito*.

Margarida notou o quanto José Almirante era odiado pelos seus escravos.

– Vocês poderão seguir viagem daqui a três dias – disse ela –, mas enquanto isso ficarão escondidos em meu celeiro.

Os três homens mal acreditavam no que estavam ouvindo e, de cabeça baixa, agradeceram simultaneamente.

Margarida acrescentou:

– Enquanto estiverem aqui, poderão descansar a fim de seguirem viagem, mas sempre que alguém entrar no celeiro se escondam.

Sebastião, Afrânio e Barnabé anuíram com a cabeça em obediência. Margarida pediu a Rosalina que fizesse algo para os três negros comerem e, em seguida, mandou que eles fossem ao celeiro.

Gustavo e Teobaldo estavam satisfeitos por libertarem os três negros e, após contarem sobre o medo que haviam sentido, Margarida disse:

– Da maneira que os senhores estão dizendo parece que a tarefa está cumprida, mas não se esqueçam de que esse é apenas o primeiro passo; só me darei por satisfeita quando souber que os fugitivos não foram recapturados.

Gustavo, percebendo a seriedade da situação, comentou:

– Eles não podem ficar em nossa fazenda por muito tempo; se os encontrarem aqui, estaremos em sérios apuros.

Margarida, preocupada, replicou:

– Não podemos deixá-los ir agora, pois o capitão do mato do senhor José Almirante certamente estará no encalço deles; devem ficar aqui por três ou quatro dias e depois partir.

Teobaldo, que até aquele momento estava calado, deu sua opinião sobre o assunto:

– Senhora Margarida, daqui a três ou quatro dias o capitão do mato estará afoito para colocar as mãos neles; a senhora terá de mantê-los em sua fazenda por quinze ou vinte dias.

– O senhor tem razão! Nesses três ou quatro dias que eles ficarem aqui, as buscas serão intensificadas, de modo que os pegariam facilmente. Ficar com eles aqui por muito tempo é demasiadamente perigoso; sendo assim, vamos lhes dar cavalos, comida e arma para que possam fugir em segurança para o quilombo.

Gustavo, respirando aliviado, perguntou:

– Onde estão os negros?

– Estão na cozinha fazendo suas refeições.

– Peça a Rosalina para preparar alimento suficiente para a viagem enquanto vou providenciar armas para os três. Quanto aos cavalos, poderão levar dois dos que usamos na fuga – disse Gustavo.

– Poderei ir com Zaqueu buscar outro animal – afirmou Teobaldo.

Margarida disse:

– Peço ao senhor que vá sozinho, não quero envolver os escravos nisso; eles nos são fiéis, mas não sabemos como reagem diante de alguma pressão.

Gustavo concordou com Margarida e Teobaldo foi preparar o terceiro cavalo para a fuga.

Margarida avisou os três escravos de que seria perigoso eles ficarem em sua fazenda e os escravos concordaram com a boa *sinhá*. Não demorou e logo os três negros estavam saindo da fazenda agradecendo pela bondade de Margarida e do marido. No restante da madrugada, Margarida mal pôde conciliar o sono, pois ficou preocupada com os negros.

No dia seguinte, passava pouco mais de dois quartos de hora quando Gustavo chamou Teobaldo para irem à vila. Assim que chegaram à venda, souberam que três escravos do senhor José Almirante haviam fugido com a ajuda de um negro liberto. Gustavo ficou satisfeito em saber que não haviam relacionado seu nome à fuga dos escravos. Soube também que o capitão do mato estava no encalço deles, porém até aquele momento não havia obtido resultado.

Ao sair da venda, Gustavo disse a Teobaldo:

– O capitão do mato não conseguirá recapturar os negros.

– E o melhor de tudo isso é saber que essa proeza recaiu sobre um negro liberto.

Os dois sorriram aliviados e, mudando de assunto, voltaram à fazenda. Teobaldo voltou à capital da província satisfeito, porém decidiu que nada falaria sobre os resultados dos planos para seus amigos.

José Almirante colocou dois sentinelas para vigiar a porta de sua senzala, porém nas noites seguintes nenhum fazendeiro da região ouviu falar em fugas.

Desde a primeira fuga não houve mais reuniões na casa de Gustavo e Margarida. Nenhum dos negros fugitivos foi recapturado, de modo que passaram a dizer que o negro liberto sabia para onde levá-los.

Os fazendeiros redobraram a vigilância, porém Gustavo adotou a postura de visitá-los para saber sobre o dia a dia de cada um, e passou a agir de acordo com essa rotina.

Margarida estava satisfeita, mas em seu íntimo sabia que isso não resolveria os problemas dos negros que permaneciam nas senzalas. Para ela, a fuga de alguns negros era apenas uma medida paliativa.

O tempo foi passando e sempre que Teobaldo voltava à fazenda dos amigos relatava que os abolicionistas estavam facilitando as fugas. Margarida passou a desejar ardentemente que viesse a lei da libertação, porém se sentia cada vez mais distante dessa realidade.

Nesse meio-tempo, Rosalina passou a sentir fortes dores no peito e sempre estava às voltas com o irmão Natanael em busca de remédio. Ele dava chás para a irmã, porém eles não surtiam efeito.

Certa dia, Rosalina, conversando com o irmão, lamentou-se:

— Já faz tempo que Luzia não vem nos visitar, temo morrer e não tornar a vê-la.

— Em poucos dias Luzia virá com seu marido e seus três filhos. Acalme seu coração, minha irmã, pois ela sente tanto sua falta como você sente a dela.

— Você e suas previsões...

— Não costumo fazer previsões, só falo o que me dizem.

Rosalina sabia que o irmão matinha contato com os espíritos e ficou feliz por saber que Luzia viria visitá-la.

Logo receberam a visita de Luzia, seu marido e seus filhos. Rosalina ficou imensamente feliz por vê-la, porém em seu íntimo sabia que seria a última vez que estariam juntas.

Luzia ficou na fazenda por três semanas e depois retornou à capital da província, para a tristeza da tia. Depois de alguns dias que Luzia voltou para a capital, Rosalina, arrumando o quarto de Margarida, sentiu terrível mal-estar e caiu desacordada.

Margarida, ao entrar em casa, procurou por Rosalina e foi Rita quem disse que ela estava arrumando os quartos. Ela, querendo conversar com a amiga, dirigiu-se ao andar de cima. Entrou primeiro no quarto de hóspedes e, sem encontrar Rosalina, decidiu procurá-la em seu quarto.

Ao entrar, Margarida encontrou Rosalina caída e, desesperada, começou a gritar por ajuda. Não demorou e Zaqueu, Rita e outros escravos entraram no quarto de Margarida, constatando que a melhor amiga de Margarida havia morrido.

Gustavo foi informado de que Rosalina havia passado mal e mandou Josué buscar o médico na vila. Margarida estava inconsolável, pois sabia que a amiga já estava morta. O médico chegou e confirmou: nada mais podia fazer. Ela morreu por causa desconhecida.

Margarida ficou inconsolável, pois jamais imaginara viver sem a presença da amiga de infância. Gustavo tentou consolá-la, mas ela só fazia dizer que sua irmã havia partido antes dela.

O marido tomou todas as providências para o funeral e enterro enquanto Margarida não saiu do lado do corpo. Rita, chorando, comentou:

– Ela já não vinha se sentindo muito bem havia algum tempo.

– E por que você não me disse que minha querida Rosalina não estava se sentindo bem?

– Porque ela não queria preocupar a *sinhá*.

Margarida, percebendo que Rita não era culpada de nada, decidiu se calar e prantear o passamento de uma pessoa tão importante em sua vida como fora Rosalina. Gustavo, que aprendera a gostar de Rosalina, não deixou de chorar, porém o fez sozinho em seu gabinete. Por exigência de Margarida, um artesão da vila fez o caixão, pois ela queria que ele fosse tão bonito quanto o de seus pais.

Todos os negros prantearam a morte de Rosalina; afinal, ela havia se tornado tão querida quanto Benedito e Ernestina.

O corpo de Rosalina foi velado na capela da fazenda e Margarida não saiu de perto do caixão por nenhum momento. O marido, preocupado, sugeriu diversas vezes que ela fosse descansar, porém Margarida se manteve impassível.

Enquanto olhava para o rosto tétrico de Rosalina ela se lembrava de quando a conhecera e dos momentos memoráveis de sua infância e adolescência.

Quando o enterro estava prestes a sair, Margarida entregou-se ao desespero, ora chorando, ora dizendo:

– Minha irmã, por que me deixou sozinha? Eu só tinha você, agora estou só...

Gustavo, penalizado, tentava acalmá-la, porém não havia palavras para amenizar sua dor. Margarida pediu que Rosalina fosse enterrada próximo a seus pais.

Luzia não conseguiu chegar a tempo de prestar as últimas homenagens à tia. No momento que o caixão estava baixando, Margarida, não contendo a dor, falou repetidas vezes:

– Minha irmã, você partiu e me deixou sozinha.

Assim que o corpo foi enterrado, todos os presentes se retiraram, ficando ali somente Margarida e Gustavo. Nesse momento, apareceu Natanael, abatido. Com a voz triste disse para Margarida:

– *Sinhá*, não fique assim, Rosalina vai ficar bem.

– Eu queria ter ido em seu lugar... E agora, Natanael, como será minha vida sem minha irmã do coração? Quem me ajudará nos momentos difíceis da vida?

– Deus não desampara ninguém e, acredite, minha irmã será feliz com nossos pais.

Gustavo interrompeu a conversa:

– Margarida, vamos voltar para casa, logo a noite cairá.

– Para mim a noite caiu no momento em que Rosalina partiu e me deixou aqui sozinha nesse vale de lágrimas.

Natanael anuiu com a cabeça e, com tristeza, falou:

– *Sinhá*, o *sinhozinho* tem razão, está na hora de voltar para casa, pois o sol se esconde no horizonte, avisando que a noite já vem.

– Rosalina está em algum lugar além do horizonte e um dia estaremos juntas relembrando esse dia tristonho.

Gustavo, com carinho, disse:

– Margarida, vamos voltar para casa.

Margarida resolveu obedecer e, olhando para Natanael, disse:

– Você se afastou da casa-grande por muitos anos, agora faço questão que passe a frequentar minha casa.

Natanael nada disse, apenas anuiu com a cabeça enquanto observava Margarida se afastar amparada pelo marido. Quando ela já estava a certa distância, o irmão de Rosalina disse a si mesmo: "A vida uniu essas duas criaturas e a morte as separou..."

Ao entrar em casa, Margarida disse ao marido:

– Não quero mais ficar no quarto em que Rosalina morreu. Espero que me entenda.

– Assim será, Margarida. Amanhã mesmo providenciarei nossa mudança para outro quarto.

Margarida se dirigiu ao quarto de hóspedes e se deitou pensando em Rosalina. Aos prantos, disse em voz alta:

— Nós, minha irmã, quando dissemos que nem a morte iria nos separar, estávamos enganadas, pois a morte veio e tirou você de mim...

Gustavo, preocupado com a esposa, pediu que Rita fizesse um chá e levasse para ela. Ao entrar no quarto, Rita viu que Margarida estava estirada na cama, como se não se importasse com nada do que estava acontecendo a sua volta. Assim, disse:

— Trouxe um chá de camomila para a *sinhá*.

— Não quero chá, a única coisa que eu queria era minha irmã de volta.

— *Ara, Sinhá!* Rosalina não vai voltar! Agora, ela está com Deus.

— Deus? Que Deus é esse que leva todas as pessoas que amo? Primeiro foi meu pai, depois minha mãe e agora Rosalina. Rita, por favor, deixe a bandeja sobre a mesa, daqui a pouco tomarei o chá, por ora quero ficar sozinha.

Rita, obedecendo, retirou-se com lágrimas nos olhos e, levando a mão ao peito, disse:

— Senhor, dê forças a *sinhá* para enfrentar essa dura realidade.

Nos dias que se seguiram Margarida não saiu do quarto, ficando somente a pensar no passamento de Rosalina. Gustavo, preocupado com o estado depressivo dela, ia várias vezes ao dia conversar sobre o funcionamento das fazendas. Contudo, a esposa estava alheia e parecia que tudo havia perdido o sentido para ela.

— Não se preocupe com as fazendas, pois um dia vamos embora como Rosalina e nada levaremos.

Gustavo, por saber o quanto Margarida estimava Teobaldo, pediu que o rapaz viesse lhe fazer uma visita. Assim, Teobaldo viajou para a fazenda.

— Que bom ver o amigo! Pedi que viesse, pois desde que Rosalina morreu Margarida não se importa com nada; já não sai do quarto e chora quase o tempo todo.

— A senhora Margarida tinha Rosalina em alta conta.

— Rosalina era estimada por todos e até hoje nunca vi duas criaturas se amarem dessa maneira. Vou chamar Margarida. Aproveite para lhe falar sobre os últimos acontecimentos da corte.

Teobaldo ficou observando Gustavo subir a escadaria e com tristeza pensou: "A senhora Margarida precisa superar essa perda, pois, se continuar assim, poderá adoecer..."

Gustavo entrou no quarto da esposa e, com largo sorriso, disse:

— Teobaldo veio visitá-la.

— Perdoe-me, Gustavo, mas não quero receber ninguém.

— Margarida, você sempre foi uma dama e não acredito que fará essa desfeita ao nosso amigo.

Margarida pela primeira vez prestou atenção no marido e não deixou de perceber que em seus olhos havia muito sofrimento; penalizada com a situação, concordou:

— Está bem! Diga que me espere, que em pouco tempo vou descer para recebê-lo.

— Não imagina o quanto me deixa feliz.

Gustavo desceu e pediu que Balbina ajudasse Margarida a se vestir. Balbina fora levada para a casa-grande desde que Rosalina falecera. Era uma bela mulata, porém seus modos ainda eram grosseiros. Ela a ajudou a se vestir e, assim que Margarida se arrumou, desceu para receber Teobaldo, que permanecia na sala conversando com Gustavo.

Margarida entrou na sala e, esboçando um triste sorriso, cumprimentou:

— Como tem passado, senhor Teobaldo?

Teobaldo, ao olhar para Margarida, notou que ela havia emagrecido a olhos vistos e em seu olhar não havia o mesmo brilho de antes. Ele se curvou e beijou ternamente a mão dela.

— Meus sentimentos, senhora. Peço desculpas por não ter podido vir antes; as obrigações me impediram.

— Mas que bons ventos o trouxeram?

— Vim para lhes trazer informações sobre o movimento abolicionista que está ganhando mais força com a pressão da Inglaterra.

Margarida olhou para Teobaldo e, desanimada, disse:

— Os problemas políticos são quimeras perto da morte.

Gustavo, não querendo que Margarida voltasse a falar sobre Rosalina, fingindo um entusiasmo que estava longe de sentir, perguntou:

– Margarida, o que acha de abrirmos a porta de mais uma senzala esta noite?

– Para que continuarmos a abrir as portas das senzalas se nem ao menos sabemos se os fugitivos chegaram em segurança ao quilombo?

Teobaldo tentou animar Margarida:

– Certamente que sim, minha senhora. Se assim não fosse, eles já teriam sido capturados pelos capitães do mato.

– Quem poderá garantir? O caminho é longo e eles podem ter morrido no percurso. Para que tirá-los de seus donos? Para morrerem no meio do mato?

Naquele momento, Teobaldo percebeu o quanto Margarida estava sofrendo, e procurou mudar de assunto. Gustavo estava cansado; afinal, Margarida lhe era muito importante, mas notava agora que não era tão importante assim para ela. E, sem se conter, perguntou:

– Margarida, se fosse eu que tivesse morrido, será que estaria nessa mesma situação?

– Gustavo, se fosse você que tivesse morrido, eu estaria sofrendo da mesma maneira. Mas por que a pergunta?

– Faz exatamente dois meses que Rosalina partiu e você parece ter se fechado para o mundo e se trancado em sua dor sem se preocupar com nada do que acontece a sua volta.

– Como se sentiria se perdesse um irmão que amasse muito?

– Iria sofrer, mas não deixaria de viver só porque ele morreu.

– O senhor diz isso porque não sabe o que é um amor genuíno; afinal, nunca teve irmão.

– Mas você também não teve um irmão!

– Rosalina era mais que uma amiga, era minha irmã, e espero que o senhor respeite isso.

Nesse momento, Margarida pediu licença a Teobaldo e se retirou. Gustavo, ao ver a esposa se afastar, disse ao amigo:

– Não sei o que fazer para trazê-la de volta à realidade. Notou como ela emagreceu? Se continuar assim, ficarei sem minha esposa, pois ela vai morrer de tristeza.

— Cada um sofre de uma maneira. Dona Margarida está longe de superar a morte de Rosalina; porém, nada é eterno e um dia essa dor será amenizada.

— Tenho minhas dúvidas. Margarida e Rosalina sempre foram muito unidas e tenho medo de que se unam também na morte.

— Ora... Não pense uma coisa dessas, afinal essa não é a primeira perda que dona Margarida sofre.

— Margarida sofreu muito quando seus pais morreram. Ficou triste, chorou, mas algumas semanas depois estava se fingindo de forte; porém, agora, percebo que ela está se entregando.

— Quando ela perdeu os pais, era jovem e sonhava em realizar alguma coisa, mas hoje já não tem a mesma disposição de antes e essa perda a abalou profundamente. Procure compreendê-la e não se comparar com dona Rosalina; afinal, são amores diferentes, você é marido e dona Rosalina era a irmã que o coração dela adotou.

— Teobaldo, você tem razão, fui extremamente egoísta com minha esposa e tenho de me redimir.

— Faça isso! Certamente ela vai se sentir melhor.

Gustavo pediu licença e foi ter com Margarida, que voltara ao quarto.

— Margarida, podemos conversar? Espero que compreenda meu desespero; faz dois meses que perdemos Rosalina e, desde aquele dia, você não se preocupa com mais nada, nem mesmo a fuga dos negros lhe interessa. Você não se preocupa comigo nem com como me sinto diante dessa situação. Acha que gosto de vê-la definhar dia a dia neste quarto?

— Gustavo, você tem sido um bom marido, porém não compreende a minha dor e muito menos a respeita. Perder Rosalina foi como perder uma parte de mim, da minha história. Eu a conheci na minha infância e crescemos juntas. Ela foi uma amiga fiel e uma irmã devotada. Quando perdi meu pai sofri muito, porém a vida me preparou, pois ele já estava velho e doente e durante sua enfermidade eu já vinha me preparando para o pior, e da mesma forma ocorreu com minha mãe. Mas com Rosalina é diferente, ela era apenas um ano mais velha que eu e vivia comandando minha casa com maestria. Confesso, meu marido, que um turbilhão de sentimentos tomou conta de mim, principalmente a dor e a revolta. A vida me preparou para enfrentar a morte de meus pais, porém não fez o mesmo com Rosalina, levando-a de repente quando eu pensava que tudo estava indo muito bem. O senhor vem me fazer cobranças quando não há o que cobrar. Rosalina partiu e me fez pensar que isso poderá acontecer comigo a qualquer momento. Espero que saiba que sentimentos não se comparam, não amo mais Rosalina que o senhor, mas antes posso lhe dizer que a amo de maneira diferente; afinal, é meu marido e ela, minha irmã.

— Perdoe-me, querida. O egoísmo me cegou e prometo que de hoje em diante procurarei compreender suas razões.

— Gustavo, tenha paciência! Estou sofrendo e no momento prefiro me afastar de tudo e de todos para não manifestar minha revolta contra a vida.

— Acalme seu coração, minha querida. Natanael já nos disse que Rosalina não estava se sentindo bem havia algum tempo, porém não se queixou.

— Mas por que ela não nos contou? Por que preferiu se calar a dizer o que estava acontecendo?

— Rosalina não era uma mulher queixosa e talvez tenha pensado que não era nada grave.

— Gustavo, agora só me resta você. Por favor, não me deixe assim como fizeram os outros.

— Minha querida, sou seu companheiro acima de tudo e prometo que nunca vou deixá-la.

O casal chorou por algum tempo quando, então, Gustavo decidiu deixá-la descansar.

ORAÇÃO E FÉ

esde que Rosalina faleceu, Margarida nunca mais foi a mesma e, embora tenha saído de sua reclusão, permanecia alheia todo o tempo, pouco se importando com os acontecimentos à sua volta.

Gustavo, percebendo o quanto ela havia envelhecido naqueles meses, decidiu levá-la à capital da província para fazer compras. Apesar de não se sentir disposta, ela obedeceu ao marido, que fazia de tudo com a intenção de vê-la reagir.

Enquanto estiveram na capital da província, Margarida ficou a maior parte do tempo na casa que herdara do pai. Gustavo foi resolver alguns assuntos pendentes, deixando-a sozinha. Naquela tarde, enquanto ela dormia, sonhou que via Rosalina em um jardim florido e ao lado dela estava sua mãe. Sorrindo, perguntou:

– Rosalina, mamãe, são vocês?

Eleonora respondeu:

– Sim, minha filha! Por que o espanto? Acaso não aprendeu que a morte não é o fim, mas a continuação de uma nova vida? Tem sofrido, mas saiba que seu sofrimento se deve à sua falta de fé em Deus. A fé é a expectativa certa de coisas ainda não observadas; você ainda não vislumbrou a continuidade da vida, porém poderá fazê-lo por meio da fé. Rosalina está aprendendo muito neste lugar bendito de meu Pai, e, um dia, por sua misericórdia, você estará entre nós.

— Por que vocês me deixaram?

Rosalina respondeu:

— Margarida, a vida tem um propósito; cada espírito que volta à Terra tem uma missão a cumprir e, quando esta termina, ele se vê obrigado a retornar ao seu lugar de origem, que é o mundo espiritual. Não sofra por mim, pois seu sofrimento deixa meu espírito aflito e sem paz. Se me ama, ore por mim e acalme seu coração.

Margarida, tomando a mão de Rosalina, disse:

— Desenterrei o anel e o cordão de ouro e me lembrei da promessa que um dia fizemos uma a outra.

Rosalina respondeu:

— Nem a morte pode nos separar. Embora não estejamos juntas em corpo, você está todos os dias em meu coração e em minhas orações.

Margarida perguntou:

— E meu pai e os outros?

Eleonora respondeu:

— Todos estamos juntos, orando por você e pedindo a Deus que lhe dê forças para enfrentar suas provações.

— Este lugar é muito belo...

Rosalina, sorrindo, respondeu:

— Esse é mais um motivo para você não ficar chorando nem se lamentando. Por enquanto, basta saber que estamos bem acolhidas em uma das moradas do Pai. Agora, vá e lembre-se de que nem a morte pode nos afastar.

Margarida, naquele momento, sentiu o suave perfume das flores do jardim e acordou, lembrando-se do sonho que tivera com sua mãe e Rosalina.

— Nunca havia sonhado com minha mãe e a vi ao lado de Rosalina. As duas pareciam tão felizes... O sonho foi tão real que continuo a sentir o cheiro das flores daquele belo jardim. — Ela se lembrou da frase de Rosalina: "Nem a morte pode nos separar. Embora não estejamos juntas em corpo, você está todos os dias em meu coração e em minhas orações". Sorrindo, pensou: "Rosalina está bem, não vou mais perturbá-la com minhas lamentações".

Assim, levantou-se, penteou os cabelos, chamou Maria das Dores, a escrava que cuidava da casa na capital, e anunciou:

— Vamos preparar um jantar saboroso para o senhor meu marido.

Maria fora levada para a fazenda assim que Margarida se casara, e, como gostava muito da patroa, ficou feliz em ver seu bom ânimo.

À noite, quando Gustavo chegou, admirou-se ao ver a diferença da esposa e, feliz, perguntou:

— Será que a paz voltou a reinar sobre nossa vida?

— Gustavo, tive um sonho em que Rosalina e minha mãe me diziam para eu não perturbá-las com minhas lamentações e lágrimas, que eu deveria orar por elas.

— E elas estavam bem?

— Muito bem! Rosalina me pareceu tão serena...

Gustavo, que ouvira falar que os espíritos vinham visitar a pessoa enquanto esta dormia, afirmou:

— Rosalina se preocupou em lhe trazer notícias.

— Minha mãe e minha irmã estão bem e isso me basta para retomar minha vida.

— Bendito seja Deus, que permitiu que as duas viessem lhe trazer notícias.

Margarida lembrou-se do rosto de Rosalina e, por um momento, entristeceu-se, mas, ao se lembrar que suas lágrimas deixavam o espírito dela aflito, decidiu não mais chorar a falta da irmã querida.

Margarida e Gustavo ficaram mais alguns dias na capital da província. Quando Margarida retornou à fazenda, voltou a dormir com seu marido em seu quarto.

⊱⊰

Todos ficaram admirados ao ver a mudança de Margarida. Ela voltou a se interessar pela fuga dos negros, porém se conscientizou de que era perigoso seu antigo plano, pois soube que os fazendeiros haviam se juntado para pegar o tal "negro liberto", que facilitava as fugas.

Em uma tarde, Margarida estava sentada na varanda, onde sua mãe costumava bordar, quando se lembrou dos tempos de criança e do sorriso alegre de Rosalina.

Margarida sentiu saudades da irmã e, entrando no gabinete do marido, se pôs a escrever.

Caiu a noite em minh'alma
Desde o dia em que partiu.
Sinto-me serena e calma,
E em meu coração há um vazio.

Onde está agora, minha irmã, minha amiga
Que Deus apartou de mim?
Choro sua ausência, irmã querida,
E o deserto que se tornou minha vida.

Onde está, Rosalina querida?
Criou asas e junto de Deus voou.
Fiquei sozinha chorando sua partida,
E o rio de lamentações que minha vida se tornou.

Rosalina, irmã querida.
Os bons tempos não mais hão de voltar.
Guarde no coração as lembranças
De sua irmã que sempre vai amá-la.

Caiu a noite em minh'alma
E essa destemidamente resiste,
Troco a máscara, fingindo-me calma.
E digo comigo como minha alma é triste.

Desde que Margarida tivera aquele sonho com Rosalina e sua mãe, nunca mais havia chorado a morte da amiga, porém, às vezes, pensava na amiga com tristeza.

Em uma manhã, Margarida viu Teobaldo chegando. Descendo da carruagem, ele falou:

— Bom dia, dona Margarida.

— Teobaldo, que bons ventos o trazem?

— Dona Margarida, estou aqui para convidar a senhora e o senhor Gustavo para meu casamento.

— Casamento? Não sabia nem que tinha uma pretendente.

Teobaldo contou-lhe que conhecera a moça quando ainda morava na fazenda dos pais e ela apenas esperava que ele terminasse os estudos. Margarida o felicitou e agradeceu o convite. Teobaldo, como bom abolicionista, perguntou:

— Dona Margarida, o que acha de abrirmos a porta de alguma senzala?

— De que adianta ajudar alguns, se a maioria ainda está no cativeiro? Não posso continuar de maneira irresponsável expondo a sua vida e a de meu marido.

— A senhora nunca nos expôs a perigo algum; as fugas foram bem-sucedidas. De todos os negros que libertamos, nenhum foi capturado.

— Teobaldo, compreendo que quer ajudar essas pobres criaturas, mas de maneira alguma deve expor sua vida em favor dessa causa. O senhor é jovem e tem um futuro inteiro pela frente, talvez seja melhor ser paciente e esperar até que a libertação realmente aconteça.

— Dona Margarida, nunca escondi meus ideais, porém quero me tornar útil de alguma forma para atenuar essa mancha que existirá para sempre em nossa história.

— Já fui entusiasta como você, meu bom amigo, porém o tempo nos dá maturidade para aprendermos que nada acontecerá porque queremos, mas, antes, tudo acontece no tempo certo. Houve tempos em que duvidei de que a libertação viria, mas hoje penso de maneira diferente e, por conta dos acontecimentos, posso afirmar que o sol da liberdade já desponta no horizonte como um sol reluzente.

— A senhora acredita mesmo nisso?

— Não só acredito, como tenho certeza. Gustavo esteve na capital da província e trouxe notícias que não me fazem pensar o contrário.

Teobaldo lembrou-se de alguns fatos isolados e concordou com Margarida. Assim, os dois ficaram conversando sobre os últimos acontecimentos até que Gustavo, sem saber que o amigo estava em sua casa, chegou e, sorrindo, perguntou:

— Teobaldo, que satisfação revê-lo.

Margarida se antecipou:

— Nosso amigo nos trouxe notícias alvissareiras.

Gustavo, sem saber o que a esposa estava tentando lhe dizer, perguntou:

— E que notícias são essas?

Teobaldo informou sobre seu casamento e os grandes avanços que o movimento abolicionista estava tomando nas principais cidades.

— Pelas notícias que traz, a libertação dos escravos logo será uma realidade, meu amigo — constatou Gustavo.

— Realmente, é só uma questão de tempo.

Os três ficaram conversando por mais algumas horas.

— Margarida, o almoço está servido? — indagou Gustavo. — Ainda hoje tenho de ir à vila para negociar o café, que está tomando todos os nossos celeiros.

Margarida, sorrindo, pediu licença e foi ter com Rita. Gustavo perguntou:

— O que achou de Margarida?

— Percebi que ela não se encontra mais no marasmo de antes; achei-a mais disposta.

— Sempre vi em minha esposa uma fortaleza, porém a morte de Rosalina a deixou em frangalhos. Graças a Deus, está melhor.

Teobaldo, não querendo voltar a assuntos tristes, mudou discretamente o rumo da conversa. O dia transcorreu tranquilo. Teobaldo passeou com Margarida pelas cercanias da fazenda e viu que a esposa do amigo já não era mais a mesma. Se antes Margarida demonstrava um vivo interesse pela vida, as coisas para ela haviam se tornando indiferentes e até mesmo a libertação dos escravos, que era seu assunto favorito, agora já não lhe tomava a atenção. Teobaldo conversou sobre flores, sua noiva e, principalmente, seus pais, que moravam na região de Santos.

À noite, após o jantar, os três foram para a sala conversar. Margarida ouvia a conversa e, em dado momento, comentou:

– Gustavo, como não temos filhos nem temos para quem deixar nossa fortuna, o que me diz de dividirmos a fazenda que o senhor herdou de seu pai entre todos os nossos escravos quando chegar a libertação deles?

Gustavo, estupefato, disse:

– Margarida, fazer uma coisa dessas seria uma sandice.

Margarida, em tom calmo e respeitoso, afirmou:

– Não vejo em que isso seria uma sandice! Temos três fazendas, não temos filhos nem ninguém para quem deixar nossa herança quando morrermos; e, além do mais, de que adiantará a liberdade para essas pobres criaturas se não terão como sobreviver? Todos falam em liberdade, porém não pensam o que os negros farão de suas vidas quando a liberdade vier; além do mais, isso seria pouco diante do muito que essa gente já fez pelos nossos cofres.

Gustavo, surpreso, por alguns momentos, pensou que sua esposa não estivesse em seu juízo perfeito.

Teobaldo, que nunca havia pensado no assunto, disse:

– A senhora tem razão, todos falam da tão sonhada liberdade, porém ninguém pensa em como essas criaturas vão sobreviver. Talvez a falta de meios de sobrevivência force os negros a continuarem trabalhando por um prato de comida.

Margarida, sorrindo, continuou:

– Muitos brancos vão se negar a lhes pagar pelos serviços e, embora a libertação venha, ela não vai livrá-los do preconceito por serem negros e mulatos.

– A senhora tem razão, os senhores brancos vão se recusar a pagar pelo trabalho de um negro, preferindo assalariar um branco.

Gustavo, não conseguindo conciliar os pensamentos, falou:

– Mas esse é um assunto que cabe aos governantes deste país.

Margarida, percebendo que o marido jamais concordaria com sua ideia, disse resoluta:

– Se o senhor não quiser dividir suas terras, saiba que dividirei as que herdei de meu pai.

Gustavo, contrariado, comentou:

– Com esse gesto, Margarida, vai desperdiçar o trabalho de seu pai e de seu avô.

– Não desperdiçarei nada, senhor meu marido! Antes, vou restituir a essas criaturas algo de bom pelos serviços prestados ao longo de anos, sem contar as humilhações impostas por meu avô e o sangue que fez escorrer no pelourinho. A liberdade de nada valerá se não houver meio de subsistência.

– Depois falaremos sobre isso.

– Gustavo, não temos filhos; portanto, não temos para quem deixar nossa fortuna, devemos doar por princípio, justiça, amor e gratidão a essa gente que garantiu nosso conforto durante tantos anos. Josino sempre dizia que o que era da terra ficará na terra. Quando morrermos, não levaremos nem pés de café, nem terras, nem dinheiro; enfim, não levaremos nada, apenas as boas ações que praticarmos.

Gustavo concordou com a veracidade das palavras de Margarida.

– Margarida, creio não ser conveniente discutirmos isso agora; afinal, a libertação ainda não chegou e nós não vamos morrer.

Margarida, sorrindo, respondeu:

– Antes que eu morra, hei de ver minha gente recebendo por uma vida inteira de trabalho.

– Minha gente... Acaso me casei com uma negra e não sei?

– De certa forma, sim! Acaso esqueceu que minha melhor amiga e irmã era uma negra? Perante Deus somos todos irmãos.

Gustavo, percebendo a irritação da esposa, resolveu mudar de assunto.

Teobaldo admirava a maneira que Margarida defendia os negros e sempre falava de seus feitos entre as rodas de abolicionistas.

Gustavo, que a princípio não aprovou a ideia de Margarida, logo compreendeu que ela estava apenas preocupada com a libertação e a sobrevivência dos negros em um país onde imperava o preconceito racial. E, assim, decidiu que, quando fosse proclamada a libertação dos escravos, a fazenda que herdara de seu pai seria dividida de maneira igual entre os negros das três fazendas.

O tempo foi passando e certo dia Teobaldo e a esposa chegaram à fazenda de Margarida.

– Meus amigos! Segundo consta, a pressão sobre a princesa Isabel se tornou constante e, pelos boatos, a libertação dos negros é questão de dias. Há muito, os escravagistas estão perdendo forças e a pressão está obrigando a princesa Isabel a tomar uma atitude diante da escravidão.

Margarida se entusiasmou com a notícia.

– Já não era sem tempo, acabar com essa indecência que se tornou a escravidão em nosso país. Como isso é questão de dias, quero voltar àquele assunto de dividir as terras da fazenda que fora de seu pai.

Gustavo, sorrindo, disse:

– Será como quiser, Margarida. Não se preocupe, não me esqueci em nenhum momento de minha palavra.

– Margaret, o que acha de deixarmos os dois conversando a sós e irmos para a varanda? – perguntou Margarida.

– Certamente, dona Margarida. Estou cansada de ouvir Teobaldo falar sobre isso.

Margarida caminhava lentamente com Margaret quando passou mal e caiu. A moça, aflita, gritou por ajuda e não demorou para que os dois homens fossem ver o que estava acontecendo. Margarida foi levada ao quarto e recobrou a consciência, perguntando:

– O que houve?

Gustavo, preocupado, respondeu:

– A senhora sofreu uma vertigem e desmaiou na varanda.

Margarida se lembrou de que estava com Margaret.

– Espero não tê-la assustado.

– Não se preocupe, está tudo bem.

– Margarida, há tempos venho percebendo que não se encontra bem, por esse motivo o doutor Gonzaga está a caminho – avisou Gustavo.

– Não vejo motivos para chamar o médico, estou me sentindo bem.

– Fique deitada, quem dirá se está bem ou não é o médico.

– Gustavo, se alguma coisa me acontecer, por favor, não sofra. Ficarei bem.

Gustavo, irritado com a conversa, falou:

– Você não vai morrer, eu a proíbo de falar isso.

– Um dia, todos nós morreremos.

– Mas não você, minha querida! Eu a amo e penso o que será de mim se um dia chegar a faltar.

– O senhor sempre foi um bom marido, tanto quanto meu pai foi para minha mãe. Saiba que muito o estimo.

Gustavo, pegando na mão de Margarida, perguntou:

– Por que nunca diz que me ama?

– Eu o amo, aliás, amo-o muito.

Gustavo percebeu que Margarida estava sendo sincera. Beijou-lhe amorosamente o rosto.

– Descanse, logo o médico chegará.

Margarida virou a cabeça no travesseiro enquanto o marido pensava: "Margarida não é mais a mesma desde que Rosalina faleceu. Como é possível duas criaturas se amarem dessa maneira? Talvez ela esteja querendo morrer para se juntar a Rosalina".

Assim que o médico chegou, Gustavo lhe contou o que havia acontecido. O doutor Gonzaga havia se tornado um ancião experiente em sua profissão.

– Antes de falar alguma coisa, preciso ver a enferma.

Gustavo acompanhou o médico até o recinto onde estava Margarida e ficou a um canto enquanto o médico a examinava e lhe fazia algumas perguntas.

– O que a senhora sentiu, dona Margarida?

– Senti minhas vistas se turvarem e uma fraqueza imensa nas pernas, depois não me lembro de mais nada.

O médico, não podendo afirmar com precisão o mal que a acometia, apenas disse:

– Julgo ser necessário que permaneça em repouso e se alimente bem.

Depois de longos quarenta minutos, o doutor saiu do quarto e, a sós com Gustavo, disse:

– Não percebi nada de anormal com sua esposa, porém ela está abatida e fraca, talvez um bom caldo lhe faça bem.

Gustavo se lembrou de que nos últimos tempos Margarida não se alimentava direito.

— Desde que Rosalina faleceu, Margarida já não é mais a mesma.

— Quem era Rosalina?

— Era uma escrava que foi criada com Margarida. As duas eram como irmãs.

— Talvez sua esposa esteja com os nervos abalados, mas pelo que me disse não sente dores, talvez tenha sido um mal súbito passageiro.

Gustavo, mais calmo depois das afirmações do médico, acompanhou-o até as escadarias da casa-grande.

Teobaldo e sua esposa, depois de ficarem três dias na fazenda de Gustavo, decidiram que voltariam à capital da província.

Passados quinze dias, Margarida, não aguentando permanecer em repouso, levantou-se para tomar sol na varanda. Sentia que sua saúde estava abalada, mas temia preocupar o marido, assim decidiu nada contar. Gustavo estava satisfeito com sua aparente recuperação.

Em uma tarde, Margarida estava com Etelvina, uma escrava, quando viu uma carruagem entrar em suas terras levantando poeira. Pensou: "Que descortesia entrar em propriedade alheia dessa maneira!"

Etelvina, sorrindo, comentou:

— A pessoa que está na carruagem está com pressa, *sinhá*!

Margarida, indignada com aquela atitude, nada respondeu. Permaneceu com o olhar fixo na carruagem que se aproximava. Assim que a carruagem chegou diante da casa-grande, Teobaldo desceu dela com um sorriso aberto.

— Boa tarde, dona Margarida!

— O que faz aqui, senhor Teobaldo? Ainda mais levantando poeira para todos os cantos?

Teobaldo, ignorando a pergunta, aproximou-se e, beijando a mão de Margarida, disse:

— Fico feliz em vê-la bem-disposta.

— Onde está sua esposa?

— Está na capital da província. Senhora, gostaria de falar com seu marido imediatamente.

Margarida então pediu:

– Etelvina, diga a Zaqueu que chame meu marido no celeiro. Por favor, senhor Teobaldo, queira se sentar.

Gustavo logo se juntou a eles.

– O que o amigo faz aqui uma hora dessas?

– Creio que o amigo ainda não está sabendo da última novidade da corte.

– Como posso saber se o amigo ainda não me contou?

– Vim informar aos amigos que lutaram comigo na causa da abolição que foi extinta de uma vez por todas a escravidão no Brasil.

Margarida, exultante, disse:

– Ouvi bem, senhor Teobaldo?

– Sim, senhora Margarida, no dia de ontem, treze de maio, foi divulgada a extinção da escravidão no Brasil.

Margarida, sorrindo, disse:

– Gustavo, diga que não estou sonhando; afinal, foram mais de trezentos anos de escravidão no Brasil. Diga que essa tortura a essa pobre gente chegou ao fim.

– Segundo nosso amigo, você não está sonhando! Os negros estão livres.

Margarida abriu um largo sorriso e Gustavo, prestando-lhe atenção, pensou: "Não a vejo sorrir assim há muito tempo...".

Voltando-se para Teobaldo, perguntou:

– E então, como estão as coisas na capital da província?

– O fim do regime escravocrata é o assunto principal e está sendo divulgado pelo partido abolicionista e pelos fazendeiros progressistas que moram na capital. É importante destacar que o fim da escravidão já vinha se reforçando pouco a pouco e alguns negros já haviam comprado sua carta de alforria com o dinheiro recebido pelo trabalho deles nas cidades. A lei João Alfredo foi aprovada na câmara dos Deputados e no Senado, mas houve os que protestaram por serem a favor do regime escravocrata.

– A votação foi unânime?

– Não. Os parlamentares, representantes dos interesses dos proprietários agrários do vale do Paraíba, opuseram-se, votando contra. Mas foram derrotados pela ampla maioria de votos a favor. Quando dona Margarida disse que a liberdade despontava nos horizontes do nosso país, ela estava com a razão.

Margarida pediu:

— Gustavo, agora chegou a hora de falarmos sobre o assunto da divisão de terras.

— Margarida, precisamos amadurecer essa ideia com paciência.

— O senhor me disse que poderíamos fazer quando viesse a liberdade. Por fim, a tão sonhada liberdade chegou e agora o senhor está querendo deixar esse assunto para depois... Não sou criança, senhor meu marido!

— Está bem! Hoje vamos informar para essa gente que já não são mais escravos. Os que ficarem receberão um pedaço de terra.

Margarida chamou Zaqueu e, assim que ele se aproximou, ela ordenou:

— Zaqueu! Chame todos os escravos, tenho um comunicado importante a fazer.

Zaqueu olhou para Gustavo, que reforçou a ordem:

— Faça o que Margarida está pedindo.

Zaqueu saiu e não demorou para que todos os escravos se juntassem em uma pequena multidão diante da casa-grande. Ignorando o que os patrões tinham a lhes falar ficaram esperando Gustavo se pronunciar, porém ele deixou que Margarida transmitisse as boas-novas.

Margarida, tomando fôlego, começou a dizer:

— Meus amigos, é com imenso prazer que venho lhes dar boas notícias vindas da capital da província.

Rita, Etelvina e Zaqueu permaneceram atrás de Margarida enquanto ela falava.

— Nosso amigo Teobaldo veio nos informar que a escravidão deixou de existir; portanto, meus amigos, vocês estão livres para ir e vir de onde quiserem, pois não será necessária carta de alforria para atestar a veracidade da liberdade de vocês. A partir de agora, são livres!

Os escravos sorriram felizes, não por eles, mas por saber que seus irmãos de cor estavam livres dos maus-tratos dos brancos.

Margarida, com voz embargada, continuou:

– Aquele que quiser gozar a liberdade e ir embora de minhas fazendas poderá fazê-lo, pois nada os impedirá.

Os negros olharam um para o outro. Logo se fez um pequeno burburinho, e foi Tomás quem disse:

– *Sinhá* Margarida, para mim essa lei não muda muita coisa; afinal, tanto a *sinhá* como seu pai deixaram-nos livres em suas fazendas. Não poderei responder pelos outros, mas quanto a mim não arredarei o pé de suas terras, a não ser que a *sinhá* não me queira mais aqui.

Os outros escravos, que até aquele momento estavam calados, começaram a dizer:

– Eu também não quero sair daqui!

Logo um coral dizia:

– A liberdade veio, mas a *Sinhá* e o seu pai nos livraram antes!

Margarida, não conseguindo entender o que eles estavam gritando, pediu um minuto de silêncio.

– Desculpem, meus amigos, mas não posso ouvir o que os senhores têm a nos dizer; portanto, levantem as mãos os que querem ir embora de nossas fazendas.

Assim, ela constatou que nenhum escravo queria deixar a fazenda. Satisfeita, ela olhou para o marido e continuou:

– Meus amigos, é com satisfação que lhes informo que, pelos trabalhos prestados nestas terras para meu pai, meu avô e meu bisavô, todos os senhores ganharão um pedaço de chão para recomeçar suas vidas, como homens e mulheres livres, que serão capazes de plantar e colher, e viver do seu trabalho.

Os ex-escravos, ao ouvirem as palavras finais de Margarida, passaram a gritar:

– Viva a *sinhá* Margarida! Viva!

Margarida, sorrindo, fez sinal para que eles continuassem a ouvi-la:

– Hoje vocês poderão festejar! Não é todo dia que se acaba com mais de trezentos anos de escravidão.

O burburinho era geral e os negros falavam todos ao mesmo tempo. Margarida fixou seu olhar nos festejos e, por um momento, lembrou-se de Rosalina. Olhando para o céu, disse:

— Minha irmã, como gostaria de vê-la festejar com os seus...

Gustavo intercedeu:

— Hoje é dia de alegria! Vamos entrar e ouvir as festas dessa pobre gente.

Teobaldo, feliz, afirmou:

— Muitas pessoas estão dando vivas à princesa Isabel.

Gustavo, pensativo, disse:

— Muitos vão se referir a ela como redentora dos negros.

Teobaldo respondeu:

— Talvez esse seja o início de outros sofrimentos, pois nossa sociedade é racista ao extremo e pouco fará para ajudá-los.

— É por esse motivo que darei a cada família um pedaço de terra, para que produzam e vivam do seu trabalho honestamente – ponderou Margarida.

Gustavo, sorrindo, disse:

— Margarida, concordei em dar um pedaço de terra para cada família, porém não darei a casa-grande, pois é o único bem que me resta da parte de meu pai.

— Nunca pretendi tomar a casa-grande do senhor. Darei apenas a terra, mas a propriedade construída ainda continuará a nos pertencer.

Teobaldo, sorrindo, perguntou:

— E os senhores não vão à outra fazenda dar a notícia aos negros? Creio que eles também têm o direito de saber.

Margarida, cansada, respondeu:

— Infelizmente estou cansada, o senhor poderia nos fazer esse favor, Gustavo?

— Talvez seja necessário que a senhora o faça; afinal, eles a adoram.

Margarida concordou em ir à outra fazenda e, assim que lá chegaram, a boa mulher deu as boas-novas aos negros, que igualmente festejaram e também se recusaram a partir. O que muito alegrou Gustavo, que no dia seguinte foi pessoalmente até a venda para saber das últimas notícias.

Depois de tomar uma caneca de vinho, Gustavo perguntou:

— Chico, como foram os festejos por aqui?

— Que festejos, senhor Gustavo?

– Ora, Chico, acaso não sabe que a escravidão foi abolida definitivamente de nosso país?

– Não acredito! Certamente isso é uma mentira dos abolicionistas para pressionarem os fazendeiros.

– Acaso sou homem de brincadeiras? A princesa Isabel decretou a lei da abolição da escravatura!

– Já não era sem tempo! A escravidão é um ato cruel para com o ser humano.

Assim que José Almirante chegou, Chico lhe deu a notícia. O arrogante homem replicou:

– Não acredito em uma coisa dessas! Se isso for verdade onde arranjaremos mão de obra para nossa lavoura?

– Pelo que se fala, parece que virão italianos para trabalhar em nossas terras.

– Os italianos são brancos e jamais trabalharão na terra como os escravos trabalham!

– Os italianos não virão trabalhar como os escravos. Serão assalariados, e isso porá fim à exploração de mão de obra em nosso país.

– Para mim não fará diferença quem fará o trabalho na lavoura; afinal, já estou velho e esse será um assunto para o meu filho resolver.

Gustavo levantou um brinde ao fim da escravidão:

– Brindemos à libertação dos negros, que sempre foram explorados e maltratados em nossas terras. Que Deus os abençoe a construir uma nova história.

– Para mim um negro será sempre um negro! E não me importa se são livres ou não; se um deles me afrontar, mandarei colocá-lo no pelourinho!

– Não acredito que o senhor possa fazer isso, senhor José. Fiquei sabendo que a integridade física do negro será mantida com a ajuda do governo.

– Acho bom o amigo mudar o rumo da prosa; afinal, não sabemos se isso é verdadeiro.

– Se o amigo não acredita, vá até a capital da província para saber das últimas novidades. E, quem sabe, comemorar com os negros!

José Almirante olhou para Gustavo e se retirou a passos lentos. Gustavo, olhando para Chico, comentou:

– Homens como ele aproveitaram dos negros para encher as burras de dinheiro; se continuarem com essa empáfia toda, terão de ir com os filhos cuidar da lavoura, ou se preferirem terão de deixar os grãos apodrecendo no campo!

Chico, que particularmente não gostava de José Almirante, soltou tremenda gargalhada.

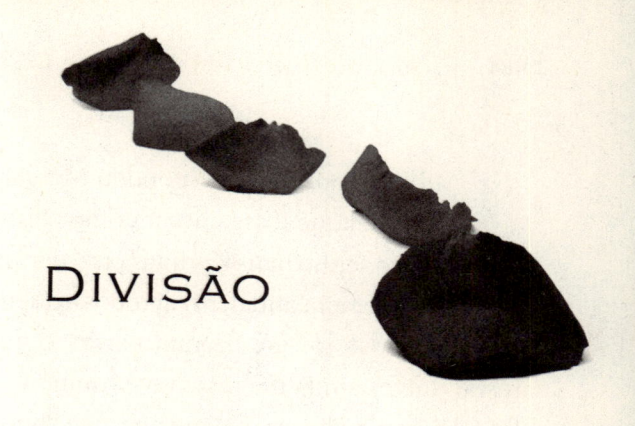

DIVISÃO

Margarida distribuiu as terras da fazenda do marido entre os negros. Todos ficaram imensamente felizes por receber seu pedaço de chão, apenas um negro se recusou a tomar posse da terra, dizendo que já não tinha o mesmo vigor da juventude para cuidar dela.

E, assim, os negros continuaram trabalhando na fazenda, mas agora eram remunerados. Quanto a Natanael, ele passava o dia cuidando das ervas medicinais e atendendo a cada um que dele precisasse.

Certa manhã, Natanael estava lidando com suas ervas quando caiu no terreiro. Floriano chegou e o viu inerte; estava morto. Margarida foi avisada e pediu ao marido que cuidasse do funeral e do enterro.

Natanael era muito querido pela comunidade de negros da fazenda e todos prantearam seu passamento. Margarida ficou extremamente triste ao saber que o ancião havia partido, de modo que acompanhou o féretro com os negros. Sua saúde estava frágil, porém ela fez questão de chorar a morte de Natanael, de quem cuidara desde a morte de Rosalina.

Luzia, a filha de Natanael, já estava viúva e foi, sem a companhia dos filhos, prantear a morte do pai. Assim que o enterro terminou, Margarida voltou para casa acompanhada de Etelvina e Gustavo. Ao olhar para a esposa, ele disse:

– Como se sente, minha querida?

— Estou cansada — respondeu Margarida.

— Pensei que fosse chorar como chorou quando Rosalina partiu.

— Não tenho mais lágrimas para derramar, Gustavo. Elas secaram com o passar do tempo; afinal, perdi todos a quem amava. O tempo se encarregou de levar todos os que fizeram parte de minha história. Agora, o que me resta? Talvez ainda me reste viver num mundo de lembranças onde um dia fui feliz com todos os que me amaram.

Gustavo, percebendo a amargura na voz dela, replicou:

— Não se lamente, Margarida. Todos os que chegam a este mundo um dia terão de partir, e, por enquanto, estamos aqui, mas logo teremos de ir nos juntar àqueles que se foram.

Margarida lançou um olhar triste ao marido e, olhando para Etelvina, falou:

= Etelvina, ajude-me a ir ao quarto, preciso descansar.

Deitada, Margarida começou a relembrar sua infância e juventude e, vez por outra, chorava ao se lembrar da fisionomia faceira de Rosalina. Lembrou-se dos pais, a quem muito amou, e, principalmente, em como fora amada por eles. Com esses pensamentos, adormeceu e seu sono foi tranquilo.

À noite, Etelvina se aproximou do leito dela, dizendo baixinho:

— *Sinhá*! Acorde!

— O que quer, Etelvina?

— *Sinhá*! Trouxe seu jantar.

Margarida sentou-se na cama com dificuldade e tomou um pouco da sopa.

Etelvina perguntou:

— A *sinhá* quer mais alguma coisa?

— Não! Obrigada, Etelvina.

Ao se ver sozinha, Margarida disse em voz alta:

— Como gostaria de sentir novamente o vigor da juventude e rever meus pais e minha irmã Rosalina...

Nesse momento, passou a chorar baixinho. Sentia saudade de um tempo que sabia não mais voltar.

Certa manhã, sentada em uma cadeira de balanço na sala, sentiu uma forte dor no peito que lhe tirou o ar. Tentou chamar Etelvina, porém sua voz não saiu. Levando a mão ao peito, sentiu uma fisgada aguda e perdeu a consciência.

Etelvina, ao chegar à sala, observou o rosto contraído de Margarida e não demorou para notar que a boa *sinhá* estava morta. Gritou e logo um grupo de empregados negros ficou em volta do corpo de Margarida.

Gustavo, que estava em seu quarto, ao ouvir a gritaria, desceu com dificuldade. Assim que chegou, olhou para Margarida e deixou que as lágrimas surgissem aos borbotões. Sempre havia achado que morreria antes de Margarida. Mas a vida seguira seu curso e fazia agora o pobre homem chorar a perda de sua esposa.

Assim que a notícia da morte de Margarida se espalhou, todos os negros, que outrora foram seus escravos, dirigiram-se à sede da fazenda e lá choraram e fizeram preces por sua alma.

Gustavo não teve forças para tomar providência do velório e funeral da esposa, deixando tudo nas mãos de Jacinto, que fora contratado para tomar conta dos negócios das fazendas.

Apesar de se encontrar em idade senil, sua percepção continuava igual à de quando era jovem. Assim, ele se dirigiu ao gabinete e passou a escrever o que estava sentindo.

Havia muitas pessoas no velório de Margarida. Os negros choravam abertamente a sua morte. Para eles, ela fora uma verdadeira santa.

Margarida foi enterrada ao lado do túmulo de seus pais e também daquela que não se envergonhara em chamar de irmã.

⊱⊰

Margarida acordou em um quarto sem ter noção de quanto tempo estivera dormindo. Olhou para o lado e não viu ninguém. Lembrou-se de ter sentido uma dor aguda no peito e se perguntou: "Que lugar é este? Por que Gustavo permitiu que eu fosse trazida para cá?".

De repente, uma senhora sorridente entrou no quarto.

– Como se sente, Margarida?

– De onde me conhece?

— Meu nome é Dirce, e estou aqui para cuidar de você e de suas necessidades.

Margarida tentou se levantar, porém se sentiu cansada.

— Que lugar é este?

Dirce, vendo que Margarida ainda não estava preparada para mais informações, respondeu:

— Não se preocupe com isso no momento, apenas pense em restabelecer sua saúde.

Margarida sentiu-se atordoada e quando ia fazer mais perguntas a boa senhora espalmou a mão sobre sua cabeça, fazendo-a sentir um leve torpor que a fez adormecer.

Voltou a acordar dias depois, porém para ela pareciam ter passado apenas algumas horas.

Dirce entrou no quarto novamente.

— Bom dia, Margarida. Como se sente?

Margarida voltou a olhar para os lados e perguntou:

— Por que ainda estou aqui? Onde está Gustavo?

Dirce, gentilmente, pediu:

— Margarida, por favor, sente-se e diga-me como está se sentindo.

— Estou me sentindo muito bem! Agora quero saber por que meu marido me trouxe para cá!

Dirce percebeu se tratar de um espírito voluntarioso, por isso respondeu:

— Você está neste lugar para se refazer do mal súbito de que foi vítima.

— Gustavo não tinha o direito de me trazer para cá sem minha permissão.

— Margarida, este lugar se chama posto de recuperação. Você está aqui para se recuperar.

— Gostaria de me levantar. Você pode me ajudar?

— Margarida, você não precisa de ajuda, levante-se e ande pelo quarto.

— Não vê que não tenho vinte anos? Sou uma senhora com idade avançada e já não me levanto sem ajuda há muito tempo.

Dirce, olhando para Margarida com carinho, esclareceu:

– Margarida, enquanto pensar que é uma senhora idosa continuará a depender de ajuda para se levantar, e seus movimentos continuarão a ser limitados, mas, quando pensar que pode se levantar sem ajuda, levantará sem esforço.

– Não é minha cabeça que determina os anos que tenho, mas antes o meu corpo, que se encontra velho e cansado.

– Pense que poderá se levantar sem a minha ajuda e veja os resultados.

Margarida, com olhar desafiador, fez silêncio e se esforçou para se levantar. Não demorou para perceber que seus movimentos eram ágeis.

Assombrada, disse:

– Sinto meu corpo leve. O que a senhora fez comigo?

– Nada! Você foi responsável por isso.

Entusiasmada, Margarida se levantou da cama e passou a andar pelo quarto sorrindo. Voltando o olhar para Dirce, falou:

– Vocês operaram verdadeiro milagre em mim.

– Não fizemos nada. Você está em um posto de recuperação, e está reagindo bem ao tratamento.

No quarto havia uma grande janela do lado direito. Assim, ela se pôs a olhar pela janela e ficou observando as pessoas, que conversavam alegres em um belo jardim.

– Que lugar lindo!

Dirce, olhando para Margarida, achou que aquele era o momento apropriado para lhe contar a verdade, e passou a dizer:

– Margarida, acaso se lembra do momento em que passou mal?

– Como posso me esquecer? A dor foi tamanha que pensei que fosse morrer.

– Bem, naquele momento você abandonou aquele corpo cansado e velho e passou a viver como espírito.

Margarida, voltando sua atenção para Dirce, perguntou:

– Do que está falando?

– Não se assuste, a morte só existe para o corpo físico. Continuamos a viver em espírito. Voltamos à verdadeira vida.

– A senhora está querendo dizer que todos os que estão aqui estão mortos?

– Não há mortos neste belo lugar, há somente espíritos que enfrentaram os desafios da vida na Terra e retornaram a uma das moradas do Pai. O homem vê a morte como a grande inimiga da humanidade, porém ela nada mais é que o ciclo da jornada na Terra. A vida continua depois da morte do corpo físico. E, voltando para a vida espiritual, cada espírito avalia seu desempenho como encarnado e programa o seu retorno. Isso, Margarida, chama-se vida! Deus, em sua infinita bondade e misericórdia, permite que cada espírito se redima de seus erros por meio do retorno à vida corporal.

– Mas, se é assim como diz, onde estão meus pais, Rosalina e outros que morreram antes de mim?

– Todos estão neste lugar bendito. E posso lhe garantir que estão felizes por seu retorno.

– Mas, se estão aqui, por que não vêm me visitar?

– Não vieram visitá-la porque sabiam que você tinha de tomar consciência de sua nova vida.

– Dirce, quero ver meus pais e Rosalina. Será que pode chamá-los?

– Claro, eles estão esperando no corredor.

– Por favor, deixe que entrem, sinto saudades imensas de todos.

– Eles também estão ansiosos por vê-la.

Margarida ajeitou a camisola e voltou a deitar, a fim de que não a vissem em trajes menores. Não demorou e logo Jacob e Eleonora entraram no quarto. Margarida, ao vê-los, exclamou:

– Meu Deus! Mal posso acreditar no que está diante de meus olhos.

Jacob, aproximando-se do leito, disse:

– Acredite, minha filha. Estamos neste lugar devido à misericórdia divina.

– Se soubesse que a morte era isso, teria desejado vir antes do tempo.

– Minha filha, não diga isso – falou Eleonora. – Para tudo há um tempo determinado debaixo do céu: há tempo para plantar e tempo para colher; tempo para chorar e tempo para rir; tempo para nascer e tempo para morrer. Você não veio nem antes nem depois da hora; podemos afirmar que você retornou à verdadeira vida na hora exata; portanto, aproveite esse tempo para aprender e se preparar para seu próximo retorno à Terra.

— Vocês não imaginam o vazio que deixaram em meu coração — disse-lhes Margarida.

— Minha filha, compreenda que se tratou apenas de uma separação temporária e que agora nos reencontramos para desfrutar da companhia uns dos outros — esclareceu Jacob.

— E Rosalina, José e os outros, que partiram antes de mim? Estão todos aqui?

Eleonora respondeu:

— Contenha-se, minha filha. Logo você poderá sair deste quarto e reencontrar cada um deles.

— Se isso é um sonho, não quero acordar.

Margarida olhou para os pais e notou que eles mantinham a mesma aparência de quando ela era criança. Curiosa, comentou:

— Vocês estão jovens e quanto a mim continuo uma idosa.

— Minha filha, a aparência não tem importância — falou Eleonora. — O que realmente importa são os sentimentos que nos unem, além disso, logo você voltará a ter a aparência que desejar.

Margarida, sorrindo, tomou a mão da mãe.

— A casa-grande ficou tão vazia sem vocês!

Os pais apenas sorriram, sem nada dizer. Margarida continuou:

— Papai, perdoe-me por não ter lhe dado os netos que o senhor queria.

— Minha filha, quando passamos a viver como espíritos, compreendemos que nossa vontade nada muda o rumo das coisas. Se você não os teve é porque não era para tê-los. Mas, minha filha, cada negro que você ajudou foi como um filho que adotou em seu coração; portanto, você me deu muitos netos.

— Papai, eu não pude fazer muita coisa por aquela pobre gente, mas, o que estava em minhas mãos, eu fiz.

Dirce, que estava a um canto, disse:

— Margarida, precisa descansar. Talvez seja prudente que continuem essa conversa em outra hora.

— Por favor, vivi muitos anos sem meus pais e gostaria de tê-los comigo — pediu Margarida.

Jacob, sorrindo, falou:

– Minha filha, não se preocupe, teremos muito tempo para desfrutar a companhia um do outro. Faça o que Dirce está lhe pedindo e quando se sentir melhor poderá sair e passear no jardim.

– Mas, papai...

Eleonora interrompeu Margarida.

– Minha filha, a obediência é uma virtude. Obedeça às regras do Centro de Recuperação.

– Farei tudo como me pedem; tranquilizem o coração de vocês.

– Eu não esperava outra coisa vinda de você – disse Jacob.

– Margarida precisa dormir – completou Dirce.

– Mas não estou com sono!

Os três espalmaram as mãos sobre ela e logo uma luz irradiou-se, fazendo-a adormecer tranquilamente.

Quando acordou, antes de abrir os olhos, pensou: "Que belo sonho tive com meus pais". Mas, ao olhar para o quarto, disse a si mesma: "Não foi um sonho! Estou ao lado de meus pais".

Assim, sentou-se rapidamente no leito e ficou esperando que alguém entrasse. Não demorou para que Dirce aparecesse.

– Margarida, o que acha de sair para o jardim?

– Adoraria!

Margarida percebeu que sua voz estava diferente, já não era uma voz desgastada pelo tempo. Olhando para seus braços, percebeu que sua pele já não estava tão enrugada. Surpresa, perguntou:

– Dirce, esse sono é rejuvenescedor? Veja, minhas mãos não estão tão enrugadas como antes.

– Margarida, seu corpo físico sofreu a ação dos anos, porém seu espírito continua jovem. Verá que, à medida que passar o tempo, suas rugas desaparecerão por completo.

– Isso é uma maravilha!

– Levante-se, tem muitos amigos que estão ansiosos para revê-la.

– Como poderei passear de camisola?

Dirce, sorrindo, abriu a porta de um pequeno guarda-roupa.

– Este vestido está bom para você?

– Esse vestido branco com detalhes brancos foi o meu preferido na Terra.

– Vista-se e depois vou levá-la ao jardim.

Vestiu-se e logo estava saindo do prédio em direção ao jardim. Sentia-se imensamente feliz por sentir os raios do sol em sua pele.

– Venha, seus pais a estão esperando logo mais à frente – esclareceu Dirce.

Margarida andou a passos rápidos e viu seus pais, que conversavam animadamente. Ao chegar perto deles foi recebida com entusiasmo e passou a conversar sobre muitas coisas a respeito da nova vida.

Um rapaz se aproximou.

– Margarida, quanto tempo...

Margarida, voltando sua atenção em direção à voz, viu que se tratava de José. Ela sentiu o coração palpitar e, sorrindo, falou:

– José, nunca pensei vê-lo novamente.

– A vida é feita de separações e reencontros. Deus permitiu que nos reencontrássemos em uma de suas moradas.

Margarida se sentiu como se tivesse vinte anos; afinal, todo o sentimento represado por vários anos voltou com grande intensidade.

Jacob, ao perceber a emoção da filha, comentou:

– O amor tem o dom de unir as criaturas; portanto, aproveite este momento para demonstrar esse amor. Mas lembre-se de que o amor carnal pertence à Terra; aqui o que impera é o amor fraternal.

Margarida não compreendeu o que o pai estava tentando lhe dizer e, olhando para José, apenas sorriu.

Passada a emoção dos primeiros momentos, ela voltou a conversar com os pais e com José. Não demorou para que Josino e Ageu se juntassem ao grupo. Ernestina e Benedito se aproximaram, saudando a recém-chegada.

Margarida falava sobre a abolição da escravidão e a felicidade dos negros. Todos ouviam atentos cada palavra que ela dizia. Sentada em um banco do jardim, não percebeu quando Rosalina se aproximou.

Rosalina ouvia a conversa animada e, observando Margarida, ria com o bom ânimo da amiga. Margarida sentiu que havia alguém atrás dela. Ao olhar, viu a amiga, que lhe sorria com serenidade. Rapidamente se levantou e abraçou-a com entusiasmo.

— Minha irmã, quanta falta me fez...

— Não importa o que passou, o importante é que Deus nos juntou neste lugar de beleza e amor. Senti muito sua falta, mas sabia que um dia iríamos nos reencontrar.

Margarida ora a abraçava, ora ria. Passada a emoção do reencontro, todos foram lentamente se despedindo, ficando somente Margarida e Rosalina.

Margarida, que não havia deixado de segurar a mão de Rosalina, disse:

— Minha irmã, tantas coisas aconteceram depois que partiu...

— Sei de algumas coisas que aconteceram e, com o passar dos dias, você poderá me contar sobre as outras, mas para mim o importante é saber que Deus permitiu que estivéssemos juntas.

Margarida percebeu que Rosalina estava diferente, os modos já não eram rústicos; ela falava as palavras corretamente e sua serenidade era visível.

Rosalina tirou do pescoço um cordão de ouro e o pingente, que era um anel malfeito de arame, e perguntou:

— Lembra-se desse cordão, Margarida?

— Como esse cordão e esse anel estão com você? Eles estavam em minha caixa de joias.

— Essa é uma cópia, de modo que me lembro todos os dias do juramento que fizemos quando crianças.

Margarida, deixando as lágrimas brotarem em seus olhos, expressou:

— Rosalina, cumprimos fielmente a promessa, pois nada nos separou, nem mesmo a morte teve o poder de destruir o que sinto por você, pois você é e sempre foi minha irmã e assim continuará sendo por tempo indeterminado. Onde dormi, ali estava você; onde comi, estava eu dividindo o mesmo prato com você; quando chorei, ali estava você me consolando; e, quando partiu, deixou meu coração despedaçado.

— Margarida, nem a vida, nem a morte conseguiram nos separar.

– Certa vez um amigo me disse que o amor não tem cor, e posso lhe afirmar o quanto essas palavras são verdadeiras.

Os dois espíritos, sem se lembrarem que aquela união vinha de muitas vidas, abraçaram-se, comungando o mesmo sentimento de amor fraternal que une as criaturas e as elevam a Deus.

SAUDADE

Gustavo não conseguia deixar de pensar em Margarida um só dia. Jacinto, o homem contratado anos antes para ajudá-lo nas tarefas da fazenda, passou a ser seu companheiro de todas as horas.

Certa tarde, Gustavo estava sentado na varanda quando se lembrou das palavras que escrevera para Margarida na ocasião de sua morte. Levantou-se trôpego e entrou em seu gabinete. Ao sentar-se na cadeira, abriu vagarosamente cada gaveta. Ao abrir um livro-caixa, encontrou um papel, que começava a amarelar em decorrência do tempo. Com as mãos trêmulas, leu vagarosamente. Chorou sozinho, pois aquelas eram palavras escritas em um momento muito difícil de sua vida. Saindo do gabinete, chamou Jacinto.

— Acompanhe-me ao túmulo de minha esposa.

Juntos, saíram e caminharam lentamente. Ao chegarem, Gustavo colocou o papel aberto em cima da lápide e prendeu-o com uma pedra, dizendo ao empregado:

— Talvez esteja curioso para saber o que está escrito neste papel!

— Sim, *sinhô* Gustavo.

Gustavo, com a voz cansada, passou a ler:

Por trás de um túmulo gelado,
Existe um corpo inerte e sem vida.

Tudo na vida foi deixado,
Querida e doce Margarida.

A vida só lhe deu alegria,
Por tratar os outros com bondade.
Conquistou de todos a simpatia,
Esquecendo o mal e a vaidade.

O tempo só deixou saudades
Daquela que me orgulhei em conhecer.
Só tratou aos outros com bondade,
E seu formoso rosto não consigo esquecer.

Perco-me a pensar naquela alma,
Que tem tudo na vida que amei.
Minha boca não tem mais palavras
Pela doce Margarida, que deixei.

Dói-me ao pensar
Na ausência de minha querida,
Faço versos com destreza
Para aquela que amou e amou a vida!

FIM

L Ú M E N
EDITORIAL

Av. Porto Ferreira, 1031 | Parque Iracema
CEP 15809-020 | Catanduva-SP
17 3531.4444

www.**lumeneditorial**.com.br | www.**boanova**.net
atendimento@lumeneditorial.com.br | boanova@boanova.net